我的出版实践与观察

周百义 / 著

Wode Chuban Shijian Yu Guancha

华中师范大学出版社

新出图证（鄂）字 10 号
图书在版编目（CIP）数据

我的出版实践与观察/周百义著. —武汉：华中师范大学出版社，2020.4
（出版学建设丛书）
ISBN 978-7-5622-8959-3

Ⅰ.①我… Ⅱ.①周… Ⅲ.①出版工作—中国—文集 ②中国文学—当代文学—作品综合集 Ⅳ.①G239.2-53 ②I217.2

中国版本图书馆 CIP 数据核字（2020）第 051757 号

我的出版实践与观察
ⓒ周百义 著

责任编辑：冯会平　梅　杰	责任校对：王　炜
封面设计：胡　灿	
编辑室：学术出版中心	电话：027-67867792/3220
出版发行：华中师范大学出版社	社址：湖北省武汉市珞喻路 152 号
电话：027-67863426（发行部）	
网址：http://press.ccnu.edu.cn	电子信箱：press@mail.ccnu.edu.cn
印刷：湖北恒泰印务有限公司	督印：刘　敏
开本：710 mm×1000 mm　1/16	字数：430 千字
版次：2020 年 9 月第 1 版	印次：2020 年 9 月第 1 次印刷
印张：28.5	定价：59.00 元

敬告读者：欢迎上网查询、购书；欢迎举报盗版，电话 027-67867353

一位编辑家的纵横捭阖

百义先生要我为他这本《我的出版实践与观察》文集作序,是有其过硬理由的:百义先生曾是中国编辑学会副会长,至今还担任着湖北省编辑学会会长的职务。一位学会老领导请现任学会会长为他即将出版的文集作序,我确实不好推辞。何况在与百义先生长期的工作交往中,在有关编辑学、编辑人才、编辑业务工作的会议或论坛上,在若干有关编辑出版工作的刊物或报纸上,总能看到他的身影,听到他的声音或者读到他的文字。特别是在笔者任会长的第五届和第六届期间,他作为老资格的学会领导和地方编辑学会会长,对整个学会的工作给予了多方面支持,为他的文集作序,我还有感谢他的一层意思在里面。当然,我主要是对他人品和文品的认可与钦佩。

为什么题目用到了"纵横捭阖"这个成语呢?这完全是百义先生的这本文集内容所致。从文集所呈现的板块看,有"理论研究"、有"出版实务",还有"书评影评"和为自己或别人的书所作的"序与跋",附录中也有别人研究他的文章。而且在每个板块里,所载内容也是多元的,譬如"书评影评"中就有研究小说、戏曲还有电影的文章。在"出版实务"中,也是既有市场调研、选题策划、阅读研究,还有参加出版会议时的一些讲话。如此大的跨度与内容集合,简直等于为作序人设置一串大大小小的迷宫,以考量作序人的文字辨识能力,我只好用"纵横捭阖"来加以概括,总算梳理出了一些似乎能够提纲挈领的线条。

(一)

百义先生首先是一位成功的编辑家,一位成功的文学编辑家。

说他是一位成功的编辑家,当然和他的一系列头衔有关,在国家层面,2010年他被授予"新中国60年百名优秀出版人物"称号,2014年他获得了中国"韬奋出版奖"之殊誉。在省级层面,他先后获得"湖北省有突出贡献中青年专家"（1999年），"湖北省第三届出版名人奖"（2002年），"湖北省首届优秀出版人物奖"（2009年），首届"湖北省文化名人"（2014年）等含金量很高的荣誉。他曾担任长江文艺出版社社长和湖北长江出版集团总编辑。退休后，他被湖北省委留任湖北省优秀传统文化头号工程——《荆楚文库》编纂工作的实际牵头人，这也表明了他作为一位编辑家的社会公认程度。当然，支撑这些头衔和称号的根本原因还在于他在编辑工作任上，确实发现、挖掘、编辑、打造了改革开放以来在国内外有着持续影响力的经典式作品，其中一部是二月河的《雍正皇帝》（3卷本），另一部是熊召政的《张居正》（4卷本）。

《雍正皇帝》是他初当编辑时抓到的选题。当时二月河的"帝王系列"之一《康熙大帝》已在黄河文艺出版社出版了第一卷，接下来的《雍正皇帝》，作者也准备交由该社出版，但尚未开始写作。百义先生找到了二月河，对他讲，"你走过了黄河，还应跨越长江，才能占领全中国的市场"。经过百义的努力，二月河终于答应把《雍正皇帝》交由长江文艺出版社出版。此后，虽然他一度到湖北省新闻出版局任职，但一直担任该套书的责编工作。这套书经过持续不断的营销宣传，与二月河"帝王系列"中其他作品一起，成为历史小说的经典蜚声海内外。这一切，与百义先生的专业鉴赏力、经营管理能力和他对于出版规律的把握是分不开的。

长篇历史小说《张居正》是他担任责任编辑推出的第二个重头产品。当年，他看完熊召政整整齐齐的《张居正》第一卷书稿后认为，作品"太拘泥于史实，缺少灵动和感染力，小说可以出版，但出版后不会产生什么影响"。作者经过慎重考虑，决定把几十万字的书稿来一次"黛玉焚诗"，重新构思，重整旗鼓。《张居正》获得茅盾文学奖之后，熊召政在送给百义的书法作品上写道："百义兄……有点石成金之妙。"从此，《张居正》成了名著，写书人成了名家。长江文艺出版社以这两部享誉中外的长篇历史小说为核心，形成了我国优秀长篇历史小说精品生产基地，不断地爆出亮点。

如果说这两部当代经典体现了作家的功力与编辑的智慧的话，那么我们至少可以看出，编辑家周百义先生的成功体现在三个方面：第一方面，是他深厚的专业素养。他上大学前就已经有自己的文学作品集子出版，虽然名气不大，但打下了很好的基础。后来他上了武汉大学中文系的作家班，又在文学理论上得到了补充。在编辑实践和理论研究中，他更多地关注历史小说。他在历史文学作品的创作、出版与研究中,形成了自己的价值体系。他判断一部历史小说是否成功,往往从人物形象、情节设置、语言特色、文化氛围几个维度来衡量和判断作品。第二方面,是他精湛的职业素养。职业素养主要是作为一位成熟的编辑,能够从读者的角度对书稿的框架(结构)、内容,包括对矛盾冲突方面的处理等,提出中肯的修改建议,并能从作者的角度,抓住他的根本性需求与辅助性需求。第三方面,就是他一以贯之的敬业精神,即对编辑工作的热爱与投入。这方面,百义先生可圈可点的事例更多。比如他的理念:一位编辑的使命就是要为世人留下有价值的精神产品!比如他的"三不信"精神,即"不相信有克服不了的困难,不相信有战胜不了的敌人,不相信有完成不了的任务"。长江文艺出版社从一个地方文艺出版小社成为全国性的文艺出版大社,就体现了他的智慧与能力。

(二)

成为编辑家谈何容易,但成为编辑家以后的工作,更能衡量出一个人的家国情怀与远大志向及不懈努力。百义先生就是这样一位为自己不断设立新目标、向社会争取新动能的编辑家。

他是一位不断注意提高自己理论素养的编辑家。毛泽东说过:"感觉到了的东西,我们不能立刻理解它,只有理解了的东西我们才能更深刻地感觉它。"[①] 百义先生尽管有很好的专业素养和职业素养,但他没有止步于此,且一直在研究出版理论,并撰写了上百篇文章。收在本集中的《新时期以来历史小说出版探析》一文,就集中体现了他对历史小说创作与出版的深入思考。他将新时期历史小说发展划分为三个阶段(粉碎"四人帮"之后、20世纪90年代前后、互联网时期)。他界定了历史小说的概念内涵,表明主要人物、主要事件必须是历史上真实发生过的,刻画人物时采取现实主义与浪漫主义相结合的经典表现手法,历史小说必须是历史科学与小说艺术的结合(二月河讲,"我遵循的基本创作原则是,历史事实由历史设定,人物个性、心灵轨迹、言语形容、诗词由我来设计")。新时期历史小说在历史判断和审美判断上寻找那些被意识形态遮蔽的历史真相,尽量恢复历史本来面貌,挖掘人物内心世界,展示历史人物丰富的精神内涵,塑造人物时注意文化的作用与力量,注意营造历史氛围,把人物

---

① 毛泽东.《毛泽东选集》(第一卷)[M].北京:人民出版社,1991:286.

放进其中去表现。他有集历史真实与艺术真实于一体的关系之见解（熊召政作品的历史真实体现在三方面：典籍制度、风俗民情、文化真实，前两个是形似，后一个是神似）。他有对历史小说家创作准备的建议以及尊重历史、跳出历史的主张，有对敬畏历史与漫画历史的描述，对历史小说创作与出版中的价值导向问题研究。他还有对繁荣历史小说创作与出版的几条建议：作家是关键，要坐得住冷板凳，找到构成历史的细枝末节，把握历史的宏观走向；编辑要选择、把关、引导与示范，通过阅读已有历史小说，提高批评能力，最好自己动手写作来提高鉴赏力和判断力等等。这些都显示了他在理论思维高度上的攀登和在思想深度上的掘进。

（三）

他是一位具有战略思维的编辑大家。

从编辑家到编辑大家，最典型的案例就是他退休之际受命主持《荆楚文库》的浩大文化工程，这既是对他二十多年编辑出版生涯的肯定，又是进一步提升他作为编辑大家影响力的重托之举。他十分重视对自己所从事工作的研究，如他的《文库出版：找寻文化的根与魂》一文，谈到了文库出版的指导思想、文化积累、文化研究（考镜源流，辨章学术）、文化传承的作用，讲到了文库出版的特点，如要比较各地编撰体例之差别，寻找文库编纂单位之不同，分清组织机构之各类别。文库出版有大压力，要上不负先贤，下无愧子孙，总体设计要科学，把关重在细节。其中特别强调要甄别真伪，选好版本，认真整理，内容与形式结合，尽可能运用现代技术等，体现了他对这项工作的前瞻性思考。他关于崇文书局起始于李瀚章，发展于张之洞，及崇文书局恢复后的编纂建议，有一定的远见卓识。他以《朝读经典》为例，对于传统文化读本的五个关键点的分析，颇有见地。如要寻找切入点，找准结合部；要抢占制高点，瞄准最权威；要聚焦知识点，拓展大视野；要掌握重难点，把好质量关；要迈向新起点，延伸产业链。这些都是十分深刻的见解与掷地有声的建议。

（四）

百义先生还是一位文武兼备的大编辑家。

他不仅是一位成功的编辑家，而且不断地积极实践，大胆创新，且认真地衔接理论、总结经验，形成新的观念，反过来又指导实践，推进实践，不断向编辑出版事业的高处登攀。比如，他不但注意带领员工独辟蹊径，策划出好的选题，而且把选题转化成实实在在的"双效益"；不仅巩固和提高了"双效益",而且用"双效益"打造成系列的品牌书,形成很好的良性循环。

除此之外,他还十分重视出版理论的研究。在此之前,他曾经出版了《出版的文化守望》等三个集子,研究的领域,从具体的产品生产到出版社的经营管理,现在又拓展到与出版相关的传播理论研究。如他对出版在经典建构中的重要作用的分析,提出了经典的高度(要有学术价值与审美价值)、宽度(影响范围,超越本民族为他民族所接受)与长度(经过漫长时间检验,穿越黑暗隧道)的概念及其内涵。他强调了读者和发现人在经典建构中承担着重要的作用。如孔子对于《诗》成为《诗经》的巨大贡献。莎翁剧作成为经典,出版商、编辑、印刷者等功不可没。美国作家菲茨杰拉德的《人间天堂》等作品之所以能够成为美国文学史乃至世界文学史上的不朽经典,查尔斯·斯克里伯纳出版社的"英雄编辑"珀金斯的慧眼功不可没。

出版社不仅要出版经典,而且要通过一系列的出版编辑环节来建构经典,完成作品经典化的过程。这些过程包括创办选刊、出版选本、编纂丛书、出版点评本、加大外译、评奖确认等环节。

他还专门研究媒介传播在文学经典化、普及化中的效应:纸介质出版物是基础;不同媒介报道、评介,扩大影响力,改编不同形式传播,为经典化打开大门;大量研究文章发表,为经典化提供学理支持;理论专著与教材,从文学史角度肯定了其经典价值等。他的这些研究,为我们认识出版的价值,打开了另外一扇窗口。

总之,阅读百义先生在一定时间阶段内理论研究与实践的经验总结,并为之写序,不用心琢磨是不可以的;阅读后不咀嚼思考也是不可以的;咀嚼之后不进行抽象梳理同样是不可以的。经过了这些环节之后,完成的序文,能否让作者朋友认可、满意,笔者心里也没有底,只好求助于诸君的包涵谅解了。

此为序。

中国编辑学会会长
郝振省
2020年4月23日

目　录

第一辑　理论研究

文库出版：找寻文化的根与魂 3
关于"崇文书局版刻丛刊"编纂出版的建议 10
传统文化读本开发中的五个关键点——以湖北人民出版社、武汉大学出版社《朝读经典》为例 13
出版在经典建构中的重要作用——经典、经典化与出版功能研究 20
文学经典化、普及化过程中媒介传播的效应研究——以二月河长篇历史小说《雍正皇帝》为例 37
编辑在打造出版精品中的主体作用——以美国查尔斯·斯克里伯纳出版社资深编辑珀金斯为例 51
精品打造过程中编辑的价值 58
融合与坚守 70
从三个维度看融合出版 73
传统出版单位的融合出版之道 79
融合出版产品开发中的金融与出版相结合的有益探索 85
国有出版传媒企业融合出版发展中的体制与机制问题探析 93
网络文学发展现状探析 100
主题出版如何更上一层楼 111
民营书业"走出去"的现状、问题与对策 116
出版领军人与领军人才 121
构建出版社编辑人才队伍成长的机制——以长江文艺出版社为例 125

编辑的不朽……………………………………………………………… 132
数字化时代的阅读 ……………………………………………………… 136
借问出版何处去 ………………………………………………………… 147
科技出版与科技强国 …………………………………………………… 151
湖北出版四十年掠影 …………………………………………………… 153
新时期以来历史小说出版探析 ………………………………………… 159

第二辑　出版实务

参加出版社招聘，你应当作好哪些准备？ …………………………… 189
编辑要耐得住寂寞 ……………………………………………………… 192
市场调研的重要性 ……………………………………………………… 195
寄语青年编辑 …………………………………………………………… 198
从《我不是药神》的成功看图书选题策划 …………………………… 202
图书选题策划面面观 …………………………………………………… 205
编辑的宽容 ……………………………………………………………… 234
鹏城书香味犹浓——我看深圳第二十八届全国图书交易博览会 …… 236
我的出版实践与观察 …………………………………………………… 240
为时代大学的成立点赞 ………………………………………………… 251
林语堂教我们出版如何"走出去" …………………………………… 253
《荆楚文库》编纂出版大事记 ………………………………………… 257

第三辑　书评影评

40年40部小说评选给我们的启示 ……………………………………… 283
为时代存史，为出版立传 ……………………………………………… 288
给刘道玉校长出自传 …………………………………………………… 293
诗史互证的时尚读本 …………………………………………………… 297
从此"章"到彼"章" ………………………………………………… 299
一部民国出版生态的百科全书——浅谈《民国图书出版史编年》的
　　特点与价值 ………………………………………………………… 303
款款深情写芳华 ………………………………………………………… 307

雅俗共赏的《中国戏曲》 310
浅浅深深蓝花楹 314
周大新与他的泣血之作 320
"挖"来的获大奖图书 324
为孩子搭建一座成长的桥梁 327
狗年抖擞狗精神 329
阳海清与《现存湖北著作总录》 333
读《往事》，忆往事 336
《芳华》与《无问西东》成功之因 339
《流浪地球》的灾难意识与悲剧情怀 341
《海寇诗经》与瑞典小镇 344

第四辑　序与跋

《长江十年》跋 351
过往岁月的一部分——《周百义文存》跋 353
一个85后的青春记忆——周昊《清醒梦》序 355
为《出版科学》20岁生日放歌 358
一山有歌山山应——"商城民间文化艺术丛书"序 360
我们应当救赎什么——《生死救赎》序 363
诗痴陈有才 365
玫瑰园中的夜莺——《泥土书》序 367
去年想你到今朝——读余水主编《商城民间文学集成》 370
睹乔木而怀故家——作渊公《杜诗约选五律串解》整理札记 374
游子心中的故乡——《曾庆棠散文集》序 379
不忍回眸的一段历史 382
我与湖北少年儿童出版社 385
心存感激的祝福——为《编辑之友》创刊十周年而作 387
相约江城 389
致五月书市 391
十月放歌 393

桥……………………………………………………………… 395
幸运撞了我的腰…………………………………………… 397
新年祈望…………………………………………………… 399
"出版六家"开张序语……………………………………… 402
岁末随想…………………………………………………… 404

附　录

我和我的两个责任编辑（二月河）………………………… 409
一个作者对编辑的祝福（二月河）………………………… 411
说说我的责任编辑（熊召政）……………………………… 413
文化的脊梁——致周百义和他的出版时代（安波舜）…… 416
论周百义的出版评论活动及特征（范军、曾建辉）……… 418
汇入奔腾不息的长江（胡思勇）…………………………… 429
长江上的击浪者（朱勇慧）………………………………… 432

第一辑　理论研究

文库出版：找寻文化的根与魂

从上个世纪末开始，各地政府和出版界开始重视文库的出版，从《楚学文库》《广州大典》的编纂出版始，到目前为止，据初步统计已有十余种之多。详情请见下表：

表1　全国文库出版统计表

名称	启动	计划种（册）数	实施数	投资方	承担单位
楚学文库	1988年	30种	30册	自筹	湖北教育出版社
岭南文库	1991年	未定	300册	省财政	广东人民出版社
中国文库	2004年	1000种	410册	自筹	有关出版社
广州大典	2005年	4000种	540册	市财政	省内各社
世纪文库	2005年	未定	213册	自筹	市内各社
湖湘文库	2006年	700种	702册	省财政	省内各社
凤凰文库	2007年	未定	600册	自筹	省内各社
中原文化大典	2008年	55种	55册	集团	中州古籍出版社
齐鲁文化大典	2009年	22种	22册	自筹	齐鲁书社
巴蜀全书	2010年	1000种	112册	省财政	省内各社
浙江文丛	2011年	500册	500册	省财政	浙江古籍出版社
新疆文库	2011年	1000册	69册	省财政	全区各社
山西文华	2013年	1500册	133册	省财政	省内各社
荆楚文库	2014年	1372种	92种	省财政	省内各社

对于中国出版界大规模地组织编纂文库，特别是地方文献的编纂出版，业内外有人提出质疑。他们认为各地竞相出版所谓的文库，在某种程

度上是政府推动的形象工程，是出版资源的重复与浪费，谈不上是文化建设等等。然而各地的出版主管部门和出版社，却坚定地认为文库的编纂出版意义重大，大有在各省蔚然成风之势。

文库者，多册成套的图书也。纵观图书市场，以"文库"冠名的图书很多，如"语言学文库""外国通俗文库"等。这些文库，大多是某一类型图书的汇集，或者是由某一家出版单位多年连续出版的图书。如中国出版集团组织编选的《中国文库》，凤凰集团编选的《凤凰文库》，上海世纪出版集团编选的《世纪文库》等。文库的出版，实际上始于19世纪初，德国的Reclam出版社即推出了口袋本的黄皮书"万有文库"。日本出版界可能受此影响，岩波书店最先推出"岩波文库"，尔后讲谈社有"讲谈社文库"，角川书店有"角川文库"等。本文关注的范围，主要是以编纂、整理古籍文献为代表的大型丛书，兼及少量收录今人著作的文库本。

中国编纂大型文库的历史悠久，从唐代的《艺文类聚》（100卷），宋代的《太平御览》（1000卷）、《册府元龟》（1000卷），明代的《永乐大典》（22877卷），到清代的《古今图书集成》（10000卷）、《四库全书》（3503种，79337卷）。随着经济的发展，统治者对文化事业的重视，造纸、印刷技术的提高，图书的编辑出版活动更加活跃，按照一定的编辑思想指导编排的大型类书和丛书便应运而生。从编辑出版史的角度考察，这些大型的类书和丛书一般都是由统治者推动而成。如乾隆在表明纂修《四库全书》的旨意时称："国家当文治休明之会，所有古今载籍，宜及时搜罗大备，以光册府，而裨艺林。""为天地立心，为生民立道，为往圣继绝学。""嘉与海内之士考镜源流，用昭我朝文治之盛。"其实，尽管统治者没有明说，但他们的出发点和初衷显然是为了加强文化统治。不过，文库的纂修，对当世和后代的文化发展和学术研究却起着重要的作用。如郭伯恭在《四库全书纂修考》中说："海汇百川，纲举条贯，萃四千余年之文化，以成历代典籍之大观。"学界普遍高度肯定由统治者推动编纂修订的大型文献汇编整理的典籍。

一、文库出版的指导思想

盛世修大典，太平纂鸿帙。社会稳定，经济发展，才能具有一定的人力、物力和财力来编纂大型的丛书。从全国各地以搜集、整理地方古籍文献为主要任务的各种文库出版情况来看，主要有以下几种指导思想：

（1）文化积累。从各地文库的编纂出版来看，收录的范围主要是历代本省或本地区籍贯作者的著述，有时兼及外籍人士在本地游宦寓居时的著述，或外籍人士撰写本地的重要著作。这些著作一部分今人曾经点校并出版过，有些在当时曾经刻印过，有些仍是钞本。有些虽然曾经刻印过，但属于孤本。如果再不复制出版，就有可能毁坏消失。这些文献有些存放在国内的各家图书馆，有些由于种种原因，散佚在世界各地。如编纂者在编纂《广州大典》过程中，发现了张之洞主持《广雅丛书》修纂时，留下了很多没有来得及刻印的书稿。还有清乾隆年间编修《四库全书》时曾被抽毁、全毁的书籍，如释函昰的《瞎堂诗集》、释今释的《徧行堂集》、屈大均的《翁山诗外》、王邦畿的《耳鸣集》、陈恭尹的《独漉堂集》等近30种文献。我们在编纂《荆楚文库》书目时，发现了一些珍贵的民间文书和近代史的重要的资料。如19世纪的海关史料、清末一些重要的工矿企业的史料等。

（2）文化研究。中国地域广大，虽然都属于中华民族这个大家庭，但在历史的演变过程中，先后形成了不同地域独具特色的文化。如齐鲁文化、燕赵文化、荆楚文化、湖湘文化、巴蜀文化等。这些文化的载体，主要是各种文献和出土文物。研究一地的文化，"考镜源流"，必须要"辨章学术"。那么整理承载着文化信息的文献，就显得十分必要。如《湖湘文库》提出：系统地整理湖湘文献，深入地研究湖湘历史人文，传承弘扬湖湘文化。《浙江文丛》的宗旨：在于积累，在于传承，在于资政，在于育人，为先贤建一座丰碑，给后人留一笔财富。《广州大典》旨在：系统搜集、整理、抢救和保护广州文献典籍，传播广州历史文化。《荆楚文库》编纂者提出：全方位搜集、整理湖北历代文献，建立完整的研究湖北的资料系统，以深入认识湖北地域特色，传承弘扬优秀的文化，促进湖北文化繁荣发展。

（3）文化传承。积累和研究传统文化，其主要目的还是要为今天的发展寻找精神营养和力量的支撑。《广州大典》提出，编纂这套书的目的，就是"寻找一个地区一座城市文化的根和魂"。时任湖北省委书记李鸿忠在《荆楚文库》编纂出版启动大会上说："'五个湖北'建设，其中的'文化建设'，就包括文化典籍整理研究。""战略支点必须同时是文化的支点、文化的高地。博大精深的荆楚文化是促进湖北发展的宝贵资源。全面系统地整理研究、传承创新荆楚文化，编纂出版《荆楚文库》，是实现建成支点、走在前列奋斗目标的一项重要基础性工作。"

二、文库出版的特点

1. 各地文库的编纂体例的特点

《湖湘文库》《荆楚文库》《新疆文库》等，除了收录有史以来的地方文献外，还包括今人对地方文化的研究性成果。《浙江文丛》《广州大典》《燕赵文库》《山西文华》等，主要是对地方历代文献搜集、整理与出版。《中原文化大典》则按卷编排，分《总论》《学术思想典》《文学艺术典》《科学技术典》《民俗典》《教育典》《文物典》《人物典》《著述典》《大事记》共10个部分，体现其集成性和门类性，属于类书的性质。而《中国文库》《凤凰文库》《世纪文库》，无论古今，主要收录20世纪以来出版的不同门类的有积累价值的著作。

2. 文库编纂出版单位的类别

（1）一家出版社承担。如《浙江文丛》，全部由浙江古籍出版社负责编纂出版。《齐鲁文化大典》由齐鲁书社一家负责编纂出版。

（2）统一规划，各家出版社承担。如《中国文库》《凤凰文库》《世纪文库》均由集团统一规划，书目确定后，由原来负责编辑出版的出版社自行负责出版。《中国文库》除了中国出版集团属下的出版社承担主要任务外，还有其他入选图书的出版社按照统一体例承接部分任务。

（3）成立专门的机构负责规划设计。如《湖湘文库》《荆楚文库》《燕赵文库》《新疆文库》，都由政府指定专人负责，办事机构一般放在出版局或者出版集团。

（4）由出版单位之外的机构来组织实施。如《广州大典》由广州市委宣传部和文化厅负责。

3. 文库的组织机构的种类

（1）由省委原主要领导担任工作委员会和编纂委员会负责人的。如《荆楚文库》，由原省委书记李鸿忠亲自出任工作委员会和编纂委员会主任。

（2）由省委主要领导任顾问，由退居二线的省级领导任编委会主任的。如《湖湘文库》由张春贤任顾问，省政协原副主席文选德担任编辑出版委员会主任；《燕赵文库》由省政协原主席担任编辑出版委员会主任。

（3）由省委宣传部负责人担任文库主编的。如《岭南文库》由广东省委宣传部原部长任主编；《广州大典》由广州市委宣传部原部长、后担任广州市市长的陈建华任主编。

（4）由出版社自行组织编纂出版，聘请有关专家担任主编的。如《楚学文库》。

4. 文库的编纂出版经费的几种来源

一是由地方财政立项拨款，二是由国家出版基金资助，三是由出版社承担少量的费用。如《荆楚文库》，湖北省委省政府高度重视，初步预算经费约2亿元，但省财政厅表示只要工作需要，经费上不封顶。仅2015年，就拨付了5000万元工作经费。《湖湘文库》共使用经费6000万元，其中省财政出资5000万元，中南传媒出资1000万元。《浙江文丛》的出版由省财政每年拨付500万元，共计2500万元。

三、关于文库出版热的思考

1. 前期整体设计十分重要

编纂出版文库，历时较长，参与者较多，开始一定要规划好，文库的编辑指导思想与体例确立，要充分征求各方意见后再确定，不要中途变更，否则会体例不一，延误时日。如《岭南文库》的编纂者在谈及该套书的得失时说："鉴于定位在学术层面的《岭南文库》因编辑方针和体例所限，不能涵盖一些具体而微的岭南文化形态，故有必要营造新的合适载体以补不足。"再如《湖湘文库》，立项时为了体现整体性，对每种计划列选的书目都进行了编号，后来因为种种原因不能实施，结果就造成了被动。再如在古籍文献的整理时是采取传统的四分法，按经、史、子、集四部来归类整理，还是按照类书的方法来归类，还是按照"以人系书"的方法来整理，需要通盘考虑。

2. 避免重复出版

盛世修典，是承先启后、发扬光大的善事，但省市之间，各单位之间，不要重复立项、重复出版。在一个省内，文化积淀、文献资料基本相同，如果省市之间、不同出版单位之间先后出版两套基本相同的文献，不仅浪费财力，也会浪费人力、物力。特别是省会城市、计划单列市与本省的关系之间，要统筹考虑。但是，有时考虑到各种不同文化的源流发展，有些重要的作者，可能在不同的文库中都会涉及。如楚国，其强盛时治理范围包括现在的湖南、湖北、河南、山东直至安徽、江苏的部分地区，如果探索荆楚文化的源与流，势必要涉及这些地区。但任何一个地区都有其核心区与非核心区之分，对于一些非收不可的作者，如老子、庄子，虽然他们的出生地现在属于河南、安徽，但当时是楚国的领地，是楚文化的重要代表人物，《荆楚文库》不能不收。如《楚辞》，是荆楚文化的重要组成部分，也是湖湘文化不可或缺的内容，虽然屈原的出生地是现在的湖北境内，但《湖湘文库》也收录了屈原的作品。当然，有些不重要的作者，就尽量不再重复。再如有些作者，出生地与以后生活、建功立业的地方不在一处，如何收录，就要慎而又慎。

3. 要突出各自的特色

各省区出版文库，不仅要全，要新，还要突出自己的特色。如《新疆文库》，其中60%的汉民族文献，40%属于少数民族文献。这是其他省、市文库目前所未有的特点。如《山西文华》，突出当地古建筑以及壁画、彩塑、石刻等山西的文化特点。如《湖湘文库》，明清时期人才辈出，且红色文化独树一帜，突出这些特点，也就彰显了湖湘文化的特色。所以，各地在文库的规划时，就要考虑到如何在同中求异，如何在全中求新，如何做到精益求精。

4. 全国通力合作，择其善者而用之

有些文献资料，特别是重要的著作，新中国成立近70年来已经陆续整理出版过，各省在出版本省区的乡邦文献时，如果没有新的发现和新的观点，为保证质量和节省时间计，可以与版权拥有方共同出版，或者通过购买版权来实现双赢。

5. 质量十分重要

整理出版地方文献，倡导者和整理者的初衷，都是抱着"上不负先贤，下无愧子孙"的愿望；但古籍图书的整理出版，需要专业人员，需要时间。《永乐大典》《四库全书》《古今图书集成》的编纂整理，均由当时硕儒大师出任总纂，皇家成立专门的机构，调动全国的资源为其所用，并有严格的奖惩制度，也不急功近利，用时甚长。如《永乐大典》从1388年到1408年，前后历时20年方修缮完成；《四库全书》则耗时13年；《古今图书集成》编辑历时28年。文库的质量在各个环节都要注意把关。一是确定选目时要甄别文献真伪，防止以假乱真。二是要精选版本，择其善者而用之。三是要选择胜任者认真点校，利用不同版本互勘。四是在编辑校对环节不可松懈。

6. 整理与保护相结合

在文库的编纂出版中，对于古籍文献是适应现代读者的需要，加以点校好，还是保持原貌，尽量原汁原味呢？各地的做法不尽相同。如《广州大典》在整理文献时，采取"不编、不选、不校、不点"，追求原汁原味的原则，但很多省的文库为了方便今天的读者阅读，在编纂出版时采取点校和简单加注的方法。是保持原貌还是加工整理，笔者认为古籍文献要在新时代发挥作用，应当与时俱进。不过，二者各有侧重，各有优劣。

7. 运用现代化手段，发挥古籍文献的作用

文库的规划之初，就要考虑将古籍文献数字化，一是便于保存，二是便于发挥作用。文献的数字化，一种是制成PDF文件，通过关键字检索；一种是通过重新排版，由专业人员建成数据库。通过加注索引，方便检索。

（原刊于《出版参考》2015年第15期）

关于"崇文书局版刻丛刊"编纂出版的建议

崇文书局又名湖北官书局,是晚清全国著名的四大官办书局之一。清同治六年(1867年),李瀚章署湖广总督奏设崇文书局刊刻经籍。光绪十五年(1889年)张之洞督鄂后,崇文书局的刻印事业更加蓬勃发展,且雕版工艺精致,"镌工精雅,为各省官书之冠"。在美国圣路易斯万国博览会上,清政府派团参加,从崇文书局图书中遴选了包括《剡川姚氏本战国策》在内的198部1965册图书参展。这些图书后藏于美国国会图书馆。

据不完全统计,至1936年歇业止,崇文书局在70年间共刻书382种以上,广涉四部,儒家、兵家、法家、农家、杂学、小说家、道家等,一应俱全。因其所刻之书不仅数量较大,质量亦精,且流传甚广,影响甚大,客观上对于中国历史、文学等方面的研究和教育事业的发展贡献甚巨。更为难能可贵的是,崇文书局虽力图办成具有商业营利性质的现代出版机构,其经营宗旨却始终是文化为尚,"凡一切有用之载籍,补残而印,求善而刻,不惜乎度支之繁费"。

现在,以弘扬"崇文书局精神"的现崇文书局出版公司计划将历史上优秀的版刻经过挑选重新影印出版,这不仅体现了我们今天的出版人对历史的尊重,对优秀历史文化传承的责任与决心,也说明崇文书局后继有人。

当然,凡编选图书,均有其编选宗旨,辑录依归。梁太子萧统主持编选的《昭明文选》,强调凡入选作品"情义与辞采"要并茂;蘅塘退士在编选《唐诗三百首》时,考虑了易诵、易懂等因素。本次崇文书局从已刊刻的300余部旧籍中挑选22种贡献给世人,其意是向世人展示崇文书局悠久的出版历史,严谨的出版态度,广泛的出书范围,经营者的文化追求。

从本次提供的选目来看,编选者考辨源流,搜罗版本,提供学人评价，用功甚多，但由于客观原因，目光始终囿于省、市图书馆现有藏本，异型本不收，规模较大品种不收，并限于现有资助款项。所以，所选书目没有完全体现出版者此次为清代崇文书局留史、张目的初衷，也没有达到传播、研究的全部目的。希望出版者厘清思路，审视现有初选书目，争取这次版刻丛书的出版能够为中国出版史、文化史留下珍贵的史料。

我建议：

（1）选择清代崇文书局不同历史时期的代表性刻本，为清代崇文书局留史，为当代研究者提供史料。如同治六年（1867年）楚北崇文书局刊刻的张伯行撰《小学集解》，此为目前清代崇文书局创建时间的最确凿证据。因为关于崇文书局的创办时间，学界一般认为有三个时间：同治六年、同治七年（1868年）、同治八年（1869年）。楚北崇文书局原为民办书局，后李瀚章奏设崇文书局，将这家设在汉口花楼街的民办书局收为官书局，所以楚北崇文书局同治六年的刻本是滥觞之作。选目中虽然收录有楚北崇文书局的其他版本，但没有收这本刊刻时间最早的一个品种。

（2）隶于清代崇文书局名下的刻本，署名者多，有官书局、官书处，还有鄂北崇文书局、湖北崇文书局、楚北崇文书局、湖北书局、武昌书局等，是否择其不同时期署名的代表性品种，便于研究者留作资料。现有选目已经有不同牌照的书局版刻，但应再有心为之，让研究者通过这套书勾勒出崇文书局的发展轨迹。

（3）以清代崇文书局的名义版刻的著作，不仅内容上良莠不齐，在刻工上也有差异。如此次提供的书目中，第11、12号收录的《子书百家》，胡适、郑振铎、孙犁等人对此评价甚为不高，认为"其书版大而纸劣，墨色不匀，字大而扁"（孙犁），"光绪元年（1875年）崇文书局所刻《子书百家》，为子书合刻中最差的一种，刻印既不佳，校对又不精确"（孔毅《湖北文史资料》）。建议此两种删去，应选刻工优异者辑入。

（4）《快枪图说》系引进德国的武学教材，虽能体现崇文书局与时俱进的精神，但应当聚焦在传统文化上为宜；《鹤归来传奇二卷》反映了崇文书局的商业理念，但如果不是从当下阅读出发，也略嫌分量不足。

（5）丛刊已收了少量的乡邦文献，如陈士元的《论语类考》，但不够全，也不够权威。如屈原原著、朱熹集注的《楚辞集注》，张居正的《张文忠公集》，张之洞的《劝学篇》《輶轩语》等，都可以收入。如果这套书在乡邦文献上采取高仿影印，内容与形式俱佳，可作为"省礼"经营，省委省政府届时可能会将此作为礼品赠送。同时，也突出了这套书的特色。

（6）研究 1904 年送到美国圣路易斯万国博览会的版本，从中遴选出符合上述标准的品种。从今天来看，代表清朝政府送到国外参展的图书，应当是从内容到刻工上，都是最优秀、最具代表性的善本。如果从此代表"国家形象"的版本中选择，一是质量可以保证，二是宣传上可以大做文章。应当先核算一下所需成本，如果原有资助费用不济，可再行申请。李尔纲先生当年曾从美国友人处得到此赠品的全部书目，可从中一窥全貌。

（7）此次重新影印崇文书局清代刻本，是崇文书局发展史上的一次重要事件，一定要考虑周详，争取出手则让人眼睛一亮，不要囿于费用，不要赶工期，一定要打磨出最能代表崇文书局品质的佳作。

（根据"崇文书局版刻丛刊"座谈会发言整理）
2015 年 12 月 24 日

传统文化读本开发中的五个关键点
——以湖北人民出版社、武汉大学出版社《朝读经典》为例

中华传统文化博大精深，体现了中华民族的精神追求，代表着中华民族独特的精神标识。20 世纪 80 年代伊始，中华传统文化的普及与传播受到社会的高度重视，以中华书局、上海古籍出版社、岳麓书社为代表的出版社抢救性地系统整理了一批中华传统文化典籍，解决了因"文革"而造成的书荒，掀起了出版界的第一次传统文化图书出版热。第二次传统文化图书出版热是时隔数年后在中央电视台《百家讲坛》的带动下而形成的。其中易中天《品三国》首开先河，这种用电视"讲书"的形式开启了传统文化图书走进读者的大门。但目前据北京开卷信息技术有限公司（以下简称开卷）的监测，传统文化图书的出版与销售又进入了一个低潮期。造成这种局面的原因，据有关专家研究认为，传统文化图书出版的瓶颈主要是"重复出版与质量参差不齐并存、图书的内容与形式创新不够"①。如何通过商业开发将中华传统文化发扬光大，是出版界需要探索的一个问题。本文试以湖北人民出版社、武汉大学出版社联合开发的《朝读经典·践行社会主义核心价值观》（以下简称《朝读经典》）读本为例，探讨在当下环境中如何通过出版物有效地开发和弘扬中华优秀传统文化。

《朝读经典》学生读本共 10 册，于 2015 年 7 月开始上市，截至 2017 年 5 月，湖北省内共发行 1060 万册。出版社通过版权输出，与青岛、云南、河北、青海、甘肃、江西、广东、内蒙古、安徽、新疆、山东、湖南、浙

---

① 翟玮，孟庆春. 我国传统文化出版的现状、问题及思考[J]. 北京印刷学院学报，2007（1）：28-31.

江、江苏、吉林、河南、上海等18个省市的出版社展开版权合作,各省、市地方版将于2017年秋季面市。与此同时,以纸介质读本为核心的数字出版物,也以不同形式正在开发,将于近期陆续上线。

在此之前,有些出版社已相继出版过以学生为读者对象,以传统文化为主要内容的出版物,但由于"缺乏体系性、内容选取不合适、结构和内容编排不科学、教材适用性不强"①,大多数传统文化读本没有达到预期效果。湖北版《朝读经典》问世后不仅得到教育行政部门的认可,在本省中小学学生中受到欢迎,而且在全国20个省市铺开使用。据笔者分析,主要有如下几个特点。

一、寻找切入点,找准结合部,奠定读本成功基础

弘扬中华优秀传统文化,是出版工作者的职责所系。20世纪80年代以来,湖北人民出版社和武汉大学出版社都先后出版过一些承载中华优秀传统文化的出版物。但这些出版物销量比较少,印数少则一两千册,多则也仅万册左右。出版资金要么是作者自费,要么是有政府资金支持。出版社也希望在传统文化的出版上有所作为,但收效甚微。2013年12月23日,中共中央办公厅印发《关于培育和践行社会主义核心价值观的意见》;2014年3月26日,教育部印发《完善中华优秀传统文化教育指导纲要》。出版社敏锐地感觉到,党的十八大以来以习近平同志为核心的党中央重视培育和践行社会主义核心价值观,大力弘扬中华优秀传统文化,对于出版行业而言,这是一个千载难逢的机遇。中华优秀传统文化是涵养社会主义核心价值观的重要源泉,而阅读经典则是培育社会主义核心价值观的一种重要形式。政府的重视,领导人的提倡,是弘扬优秀传统文化最好的时机。现在,天时、地利、人和,三者俱备,学生不仅是最大的读者群体,而且也是弘扬中华传统文化的后备军和祖国的未来。如果出版社将传统文化、核心价值观、学生读本三种要素以一种形式叠加在一起,形成一个具有创新性的平面载体,对于出版工作者而言,这是一个很好地体现社会效益与经济效益的切入点。出版社于是决定组织编写《中华传统文化

---

① 王翠叶.关于中小学中华传统文化教材研发出版的思考[J].中国编辑,2016(4):23-30.

读本》，希望这套读本不仅能够进课堂，而且能够满足一般读者对传统文化阅读的需求。

二、抢占制高点，瞄准权威，确保读本内容质量

国内很多出版社都曾经出版过类似弘扬传统文化的读本。据统计，全国有200余种之多，其中有国家级出版社编写的，也有地方出版社组织编写的。但正如前所述，专家研究认为，"许多教材不能适应教育的需要……低水平重复较多"①，要想编辑出一套能够全面、系统，经得起时间检验，而又得到各方认可的读本，必须抢占质量的制高点。抢占质量制高点、打造权威的读本关键在于要有一流的作者队伍，一流的编辑出版队伍。于是，出版社聘请了武汉大学博士生导师、著名的历史文化学家冯天瑜先生为主编。冯先生在中国思想文化史领域的学术成就享誉海内外，已出版《中华元典精神》《中华文化生成史》等专著。其几年前曾经为北京大学出版社编写过上、下册的《传统文化读本》，积累了丰富的经验。于是，出版社聘请冯老师担纲，组织武汉大学中国传统文化研究中心、文学院、历史学院及台湾研究所等部门的十余位教授、副教授、博士后讲师参与读本的编写工作。与此同时，出版社组建了《朝读经典》项目组，15名资深编辑和责任心强的员工共同负责此项工作。参加该项目组的编辑均是文史专业出身，其中部分编辑有多年的文史图书编辑经验。

宏伟的目标还需要具体的落实，如何打造一套有特色、有高度、有深度的读本，需要一个明确的编写指导思想。根据中共中央办公厅《关于培育和践行社会主义核心价值观的意见》和教育部关于印发《完善中华优秀传统文化教育指导纲要》的通知精神，编写者经过充分讨论，确定根据中华传统文化的自身特性，从家国情怀、社会关爱、人格修养三个层面建构框架。从典籍中遴选出能够凸显中国智慧、弘扬中国精神、传播中国价值的经典片段，充分展示其国文（语言文字）、国史（历史系统）、国伦（伦理道德）及德性、知性、美感统一的综合性特点，并紧密关照社会主义核心价值观，充分挖掘中华优秀传统文化的当代价值，实现中华文化的创造

---

① 王翠叶.关于中小学中华传统文化教材研发出版的思考[J].中国编辑，2016（4）：23-30.

性转换与新生，赋予其崭新的时代意义。如在读本的内容和版式设计上，采用分级阅读模式，内容设置和编排充分尊重学生心理发展不同阶段的特点，做到针对性与系统性相结合。充分考虑不同年龄段读者的心理特点和接受能力，逐册、逐层深入地安排各篇内容，通过系统性、连贯性和阶段性的相互匹配，达成中华优秀传统文化和社会主义核心价值观教育的有机结合。如篇目选取力求平和中正，典雅优美，贴近生活，明白晓畅；内容设置由易到难，由浅入深，循序渐进，合理编排，便于青少年充分领会传统文化的趣、美、真，进而至于善。如小学一年级，分为"孝悌先""遵礼仪""惜光阴""过能改""勤且俭""赤子心"六个单元，主要选取童蒙读物中浅显易懂的诗文，告诉学生要尊敬父母，遵守礼仪，珍惜光阴，知错能改等做人的基本道理。到了高中阶段，则培养学生的国家民族意识。如分为"中华民族""富国强兵""民惟邦本""民胞物与""法不阿贵""百家争鸣""兼济天下""浩然正气"等。

三、聚焦知识点，拓展大视野，突出读本精华要义

为全方位地展现中华优秀传统文化的美丽与魅力，《朝读经典》以"大文化史"的视角统摄全书，在选取材料时博采众长，引用典籍文献300余种，精品图画近200幅；篇目选取不限某家某派，不拘文类，义理、诗文、史传等兼收并蓄。既有经典的四书五经与诸子文本，也包括各类史籍和文学总集、别集等；既有儒家经典、先秦元典，也包括童蒙读物、经典诗词以及传统音乐、戏剧、书画、历法、节日等内容。且根据单元主题和选篇内容，辅以知识卡和延伸阅读栏目，进一步扩展学生的视野，丰富知识，深化主题。因此全书内容覆盖了童蒙读物、经典诗词、诸子百家，以及传统音乐、戏剧、书画、历法、节日等诸多内容。

在充分体现中华文化共通性的同时，充分考虑到中华文化的地域性特征，特别开辟了地域文化单元，选取有关地区的国故典章、风俗民情，展示地域文化的独特魅力，培养学生的乡土认同感和文化亲切感。同时，以不同的文化主题为单元，统摄多样化的选篇，集中展示某一主题的内容，使得读本"同一主题，内容开阔；不同主题，视野开阔"，主题、篇目等读来自然有序，衔接流畅，多而不乱，杂而不越，真正展现了中华优秀传统文化的异彩纷呈。《朝读经典》除对篇目内容进行严格筛选外，还注重

口头诵读的感受。篇目力求朗朗上口，使青少年在诵读的韵律美中，自然而然地感受和记忆。

全套书采用大16开本，全彩印制，内文以极富中华优秀传统文化特色的审美元素，包括原创手绘粉彩图画、中国传统书法、中国传统绘画精品、文物精品图片等。在版式设计上也精心考虑，低年级段的图文风格细腻生动、轻松活泼，色彩饱满绚烂，直观地展现场景，真实有趣，代入感强；高年级段的图文则气势豪放，凸显神韵。图片与文字在排版、布局上不拘程式，疏密有致，气韵流动，充满传统艺术美感。

读本依据教育部《完善中华优秀传统文化教育指导纲要》编写，共10册，1—9年级每年级1册，每册6个单元，小学每单元28篇课文，初中每单元30篇课文；高中全一册，10个单元，共50篇课文。读本涵盖了小学至高中不同年龄段，创新性地将中华优秀传统文化教育与培育和践行社会主义核心价值观生动结合。

四、掌控重难点，把好质量关，铸就读本精品地位

为保证《朝读经典》读本的质量，出版社通过责编审读、交换审读、小组审读、全组通读，以交叉校对、比对校对、专项校对等方式，对书稿内容进行全覆盖、地毯式的审校。这样，每本图书大约经过了30次审读、30次校对，确保以零差错的优质读本与读者见面。

为做到选篇精当、注释准确、译文雅畅，出版社编辑都以做学问、做研究的态度进行编校，先后查阅了近300种文献典籍和几十种工具书。对选篇，反复比较节选版本，选出最优，力求精当；对注释，则利用多种工具书反复查证，多方考据，择优而定，力求准确、凝练；对译文，更是字斟句酌，力求文字表达晓畅、典雅。

在充分审校的基础上，出版社还特邀十多位国学、文物考古、书法艺术、思想政治教育等方面的专家学者进行专业审读把关。读本充分吸纳了审读专家的意见，进一步提升和完善了编校质量。除此之外，在编校过程中，还就篇目选取、容量大小、难度梯度分级等问题，充分征求了一线教研人员及骨干教师的意见，对读本内容进一步修订完善。

为保证读本的印刷质量，在读本每一次大批量开印之前，先由印厂提供印刷样，并进行仔细检查核对，确保文件无错误；在大批量开印后，社

领导带领编辑团队和印制主管下厂督印，查看印制情况，确保印制质量。

2016年初，湖北省教育厅组织专家，对《朝读经典》学生读本进行了审定，认为其立意高，特点鲜明，制作精美，质量高于国内同类的读物。

五、迈向新起点，延伸产业链，推动读本融合出版

《朝读经典》的市场定位，是既立足于出版社自主推广，也寄希望于进入政府购买的通道。2015年，出版社以《中华优秀传统文化》的初级读本先期自行在湖北省各地中小学发行了20余万册，后经湖北省中华传统文化教育指导委员会审定，内容局部进行调整后，以《朝读经典·践行社会主义核心价值观》读本的形式纳入2016年政府购买范围。同时，出版社希望继续拓展市场，扩大使用范围，正在开发不同形式的版本，如双册版、通行版等，以期满足不同群体的阅读需求。此外，出版社还积极与外省市出版社联系，努力输出版权，最大限度地扩大《朝读经典》读本的社会效益与经济效益。由于《朝读经典》编写起步较早，成功地将中华传统文化与践行社会主义核心价值观紧密结合，加上整套读本完整的知识体系，恰当的选文和优美的插图，全国部分省市经过认真审阅评估后认为这套读本旨意宏远，文质俱佳，效益明显，引进出版可以达到互利双赢的目标。至2017年5月，已有青岛、云南、河北、青海、甘肃、江西、广东、内蒙古、安徽、新疆、山东、湖南、浙江、江苏、吉林、河南、上海等20个省市的出版社与湖北人民出版社展开版权合作，各省地方版《朝读经典》也将于2017年秋季大范围面市。根据各省市的不同需求，湖北人民出版社对原有的版本进行了具有个性化的修订。如《朝读经典》在湖北使用时每一册都有一个单元介绍荆楚文化，于是各省市也要求加上与本省市相关的内容。由于《朝读经典》在最初的构想时就采取模块化的单元设计，外省市在增加本地内容时，出版社只需将其中一个单元抽出即可更换，不需要对整个篇目进行调整。与内蒙古、新疆等少数民族地区开展合作时，出版社主动降低版权使用费用，并表示如果翻译为多语种版本，对少数民族语本将给予优惠，不收取版权费用。

与此同时，出版社积极搭建数字平台，即将推出全媒体《朝读经典》。在《朝读经典》策划之初，出版社就考虑过运用互联网技术与数字技

术开发全媒体数字化读本。特别是低介质读本取得全面胜利之际，出版社更是加大了开发力度，与湖北博盛数字教育服务有限公司合作共同实施。全媒体《朝读经典》以互联网、多媒体为技术支撑，提供在线学习、观看、收听、检索、互动等多元化形式的应用服务。全媒体读本既有以学生为应用对象的电子教材、微视频和示范课、讲堂、学习分享等，也有针对教学群体（包括教师、作者、教研员、家长在内）为应用对象的教案、示范课、课件素材、在线备课、课程助教等。该项目已于 2016 年 10 月启动，拟于 2018 年 9 月完成，计划总投资 1422 万元，主要用于数字化资源建设及平台搭建、维护等方面，包括电子教材、移动 App 等。资源加工平台搭建的一期工程已有阶段性成果，将于 2017 年 8 月完成；平台功能拓展、在线应用、研修培训和资源生产等持续性工作将作为项目二期主体，在 2018 年 9 月完成。

总之，中华传统文化的再造与商业开发，必须与时代共振，才能受到读者的关注；必须寻找不同的表现形式，才能赋予其新的生命力；必须有一支高水平的编纂与编校队伍，才能打造出高质量的读物；必须运用市场手段，才能实现两个效益的有机结合；必须与新媒体融合发展，才能拓展传统文化的影响力与生命力。

（在第二十二届华文出版年会暨两岸出版高峰论坛上的发言，2017 年 10 月 13 日，厦门）

出版在经典建构中的重要作用
——经典、经典化与出版功能研究

近年来,鉴于阅读现状,社会上有一种呼声,强调读书要远离平庸,提倡阅读经典。其因有二:一是图书品种繁多,良莠不齐,人生而有涯,学而无涯,要注意提高阅读质量;二则无论高层还是有识之士,无不忧心互联网时代的浅阅读、快餐化阅读带来的弊端。对此,北京大学钱理群教授在接受腾讯网采访时曾指出:"经典是时代、民族文化的结晶。……要用人类、民族文明中最美好的精神食粮来滋养我们的下一代,使他们成为一个健康、健全发展的人。"他呼吁青少年学生的阅读要从阅读经典开始,认为这是关乎一个民族精神建设的大事。要通过对经典的原汁原味的阅读与理解,国人从中了解人类文明与智慧的优秀成果,体味人类文化与文学的源远流长、博大精深。

一、关于经典阅读与经典出版

关于经典,从字面上来看,经,指织布机上的纵线;典,原指放置于架子上的简册。《说文解字·丌部》称:"典,五帝之书也,从册在丌上,尊阁之也。"刘勰在《文心雕龙·宗经》中言:"经也者,恒久之至道,不刊之鸿教。"布鲁姆在《西方正典》中说:"一切强有力的文学原创性都具有经典性。"① 陶东风则认为:"经典是人类普遍而超越(即非功利)的审美价值与道德价值的体现,具有超越历史、地域以及民族等特殊因素的普

----
① [美国]哈罗德·布鲁姆. 西方正典[M]. 江宁康,译. 南京:译林出版社,2005:18.

遍性与永恒性。"① 总之，经典要有一定的"高度"，即作品要有学术思想、审美价值；经典要有一定的"宽度"，即指作品影响的范围，不仅在本民族的文化语境下有影响，还要能为世界上不同民族所接受；经典要有一定的"长度"，即指作品必须经过漫长时间的检验，穿越黑暗的隧道而能传之后世。

世界不同的民族，在"轴心时代"（公元前6世纪前后）均产生了一批经典。因其是人类进入文明时期的最初成果，历史学家冯天瑜先生称其为"元典"。如印度的《吠陀本集》《梵书》《奥义书》《佛经》、希腊的《荷马史诗》《理想国》《形而上学》、希伯来的《圣经》、中国的《诗》《书》《礼》《易》《春秋》等②。这些作品经过后人不断地阐释与补充，成为一个民族一种文化的代表之作。之后，不同的时代、不同的领域、不同的学科、不同的体裁，又涌现了一批被后人称为"经典"的图书。如春秋战国时期的《论语》《墨子》《孟子》《老子》《庄子》等。史书从《史记》《汉书》《三国志》《后汉书》等"四史"发展到今天的"二十五史"。从实践中看，江山代有才人出，一个时代有一个时代的经典。从儒家倡导阅读的四书五经到历代学人开列的书单，以及今人遴选的"必读书目"，均反映了一个时代对经典的理解。

提倡阅读经典，是对阅读的一种科学理解。卡尔维诺在《为什么读经典》中说："经典作品是一些能产生某种影响的书，它们要么以自己的方式给我们的想象力打下印记，要么乔装成个人或集体的无意识隐藏在深层记忆中。"③ 从荀子的《劝学篇》到张之洞的《劝学篇》，先贤无不强调阅读经典的重要性，无不强调学以致用的必要性。同时，今天我们提倡阅读经典，则是对互联网时代泛阅读现象的一种反驳与补充。在政府和各界人士的倡导下，阅读经典已经成为一种共识。在这种背景下，出版界作为人类精神产品的提供者，开始高度重视经典作品的开发与出版。无论是中国的传统文化，还是现当代有影响的著作，抑或是域外经典作品，都成为出

---

① 陶东风. 文学经典与文化权力（上）——文化研究视野中的文学经典问题[J]. 中国比较文学，2004（3）.
② 冯天瑜. 中华元典精神[M]. 上海：上海人民出版社，2014：22.
③ [意大利]卡尔维诺. 为什么读经典[M]. 黄灿然，李桂蜜，译. 南京：译林出版社，2006：3-6.

版社关注和竞争的对象。特别是超过版权保护期，进入公共领域的著作，更是成为大多数出版社必出之常备书。也许是物极必反，重视经典出版却演变成了重复出版，各种版本、不同包装的经典名著，在一定程度上可以说是泛滥成灾。据开卷统计，英国女作家夏洛蒂·勃朗特的《简·爱》一书，全国有186个版本；中国古典文学名著《红楼梦》一书，则有500多个版本。作为出版企业，从商业利益出发，开发经典名著无可厚非，但在一定程度上，出版社一窝蜂地争相出版，则说明了出版资源的匮乏，经典名著的稀缺。

那么，何处去寻找经典呢？

近年，国内外学术界关于经典和经典化的问题有很多的讨论。1997年1月，荷兰莱顿大学举行国际会议，讨论文学经典问题，会后出版学术论文集《经典化与去经典化》。2013年11月，中国作家协会召开研讨会，讨论作家作品经典化的问题。这些会议都涉及一个问题，如何来评价经典以及如何来经典化现有的作家和作品。

二、关于作家作品经典化的思考

关于文学的经典化，斯蒂文·托托西说："经典化产生在一个累积形成的模式里，包括了文本、它的阅读、读者、文学史、批评、出版手段（例如，图书的销量，图书馆使用等等）。"① 童庆炳认为经典的构成有"六要素"：文学作品的艺术价值；文学作品的可阐释的空间；意识形态和文化权力变动；文学理论和批评的价值取向；特定时期读者的期待视野；"发现人"（又可称为"赞助人"）。他指出："'读者'和'发现人'是内部和外部的中介因素和连接者，没有这两项，任何文学经典的建构都是不可能的。"② 这充分说明作为中介者的出版机构，在经典的建构中，承担着重要的作用。

关于出版机构和编辑建构经典的实践，出版史上已经有很多范例。如

---

① ［加拿大］斯蒂文·托托西. 文学研究的合法化［M］. 马瑞琦，译. 北京：北京大学出版社，1997：44.

② 童庆炳，陶乐风. 文学经典的建构、解构与重构［M］. 北京：北京大学出版社，2007：80.

名列"五经"之首的《诗》，司马迁认为，是孔子这位大编辑家编纂修订而成的。他在《史记·孔子世家》中写道："古者诗三千余篇，及至孔子，去其重，取可施于礼义，上采契后稷，中述殷周之盛，至幽厉之缺，始于衽席，故曰'《关雎》之乱以为《风》始，《鹿鸣》为《小雅》始，《文王》为《大雅》始，《清庙》为《颂》始'。三百〇五篇，孔子皆弦歌之，以求合韶武雅颂之音。"虽然人们对司马迁的判断还有质疑，认为《诗》不是孔子整理的，三百〇五篇孔子出生以前已厘定，《论语》中他与学子的对话中曾多次提到三百〇五篇，以此证明孔子没有参与《诗》的修订，但这是学术探讨，一家之言，孔子对于《诗》成为《诗经》的经典化过程中做出的巨大贡献学界则无异议。

西汉的刘向、刘歆父子，受命统领一批专家学者整理从全国各地征集来的典籍。这些典籍是用简牍作为载体，因时间久远，编绳朽烂，竹简混杂，内容无法衔接；同一图书，因为抄写之故，各有异同。他组织众人"广辑众本、补缺去重"，"校雠全文、厘定文字"，"编定目次、确定书名"，"撮其旨意、撰写叙录"，"杀青定稿、缮写上奏"，"剖判艺文、编成目录"①。经过 20 年的努力，众人前后整理出 6 大类、38 种、634 家、13397 篇、图 45 卷著作，为中华民族保留了西汉以前最为珍贵的文化遗产。刘向将整理时撰写的叙录编在一起，形成《别录》一书，其子刘歆在其基础上压缩为《七略》。《别录》《七略》虽已亡佚，但在《汉书·艺文志》中仍能窥其一斑。《别录》不仅开创了我国目录学、校勘学的先河，也是西汉及以前学术史的完整总结。

世界文学名著的经典化过程莫不如此。莎士比亚剧作成为经典，众多研究者认为，出版商、编辑和印刷者在其中发挥了很大的作用。17 世纪初，莎士比亚的才华因为缺少传播的原因，并不为知识阶层，特别是贵族阶层知晓，身份卑微的剧院演员、编剧莎士比亚甚至遭到不少人的揶揄和指责，直到出版商布朗特（Edward Blount）和吉嘉德父子（William and Isaac Jaggard）为他印刷了对开本的两首长诗《维纳斯和阿多尼斯》《鲁克尼斯受辱记》，莎士比亚才受到伦敦知识阶层和贵族的关注。之后，他的 18 个剧本多次重印，英国的知识阶层广泛地阅读、批评，这才标志着诗人经典化的成功。雅致而稀有的对开本是印刷业对作家实行经典化的重

---

① 肖东发，等. 中国出版通史［M］. 北京：中国书籍出版社，2008：164-168.

要表征。此前，仅有乔叟、斯宾塞、本·琼生等极少数诗人印行过对开本。而19世纪美国作家菲茨杰拉德的《人间天堂》《了不起的盖茨比》、沃尔夫的《天使，望故乡》《时间与河流》、海明威的《太阳照常升起》《永别了，武器》《丧钟为谁而鸣》等作品，之所以能够成为美国文学史乃至世界文学史的不朽经典，则得益于美国查尔斯·斯克里伯纳出版社，特别是出版社英雄编辑珀金斯的慧眼才得以实现的。无论是菲茨杰拉德、海明威，还是沃尔夫，当初都是寂寂无名的初学写作者，是出版社不断地将他们的作品送到读者、评论家那儿，才使他们从无名作者变成知名作家，才使他们的作品历经考验终成为传世之作。沃尔夫在长篇小说《时间与河流》的扉页上献给珀金斯的题词，也许最能说明出版社和编辑在作家经典化中的作用——"献给麦克斯韦尔·埃瓦茨·珀金斯：一位杰出的编辑，一个勇敢、诚实的人。他坚持与本书作者度过苦涩、无望和疑虑的日子，让作者在绝望之时也不放弃。"①

中国当代作家作品的经典化过程中出版单位也同样发挥了重要的基础作用。如作家莫言，1981年初登文坛，在保定文联主办的《莲池》上发表处女作《春夜雨霏霏》，到1985年《小说选刊》选载短篇小说《大风》始。据统计，1985年至2009年，《小说选刊》共选载莫言中短篇小说15篇。特别是1986年，《小说选刊》选载了他的中篇小说《红高粱》及几部中篇小说，一下将莫言推到了全国读者面前。1985年，莫言在《中国作家》上发表中篇小说《透明的红萝卜》，中国作协为之召开研讨会。第二年，作家出版社将《透明的红萝卜》放在"文学新星丛书"第二辑中，以单行本的形式出版。1987年，山东师范大学召开莫言作品研讨会，会议论文汇编成《莫言研究资料》。1995年，40岁的莫言出版五卷本《莫言文集》。在此前后，莫言的作品在国内外屡获大奖，各种选本和文集相继出版，不少大学聘请莫言担任兼职教授。莫言从一个山东高密最初仅有小学学历的写作者成为一个享誉世界的作家，并最终荣获诺贝尔文学奖，出版界功莫大焉。对出版界的功劳，莫言在不同的场合，多次表示由衷的感谢。

---

① [美] A. 司各特·伯格. 天才的编辑 [M]. 彭伦，译. 桂林：广西师范大学出版社，2015：324.

三、出版社要采取措施发挥经典化的功能

出版单位在作家和作品经典化的过程中发挥的基础作用和传播效能，已经毋庸置疑。但从过往的作家经典化的范例来看，仅仅印刷成出版物或者放在新媒体上，作家作品立即受到关注的时代已经过去。出版社不仅要出版经典，更要主动建构经典。建构经典是作家经典化的过程，需要出版单位在这个长长的链条中发挥主体作用。

任何一部具有经典意义的作品，首先是通过出版发挥中介传播的效能，才让社会充分了解其独特的魅力。出版是桥梁，是助产士，但出版并不是"照单全收"，而是通过编辑按照一定的标准选择、加工，才使其达到出版水准。所以，是否能成为经典，出版还具有评判功能。世界各个民族最初的元典，是通过一代一代人的抄写、雕刻、印刷，才可能让后人沐浴到先哲睿智的思想光辉。如贝叶上的《佛经》，羊皮上的《旧约全书》，竹简上的《诗》《书》《易》《礼》《春秋》。屈原啼唱了中国诗歌的先声，后经过汉代王逸的选编与解读，通过佣工的抄写才让我们领略到《楚辞》的瑰丽。再如当代作家阿来的长篇小说《尘埃落定》，题材新颖，立意深邃，因其相较以往作品的"陌生性"，多家出版社难识"庐山真面目"，最后还是人民文学出版社《当代》杂志的周昌义、洪清波慧眼识珠，才得以没有让这部经典作品明珠暗投。

随着出版图书的便捷，无论是传统媒体还是新媒体，作品数量都呈爆炸性增长。中国的纸介质媒体每年出版的新书达到 20 余万种，新媒体上的作品更是多如繁星。何种作品具有经典性，对于读者和评论者而言往往是"乱花渐欲迷人眼"，找到经典作品犹如大海捞针。因此，出版社要掌握经典化的主动权，采取不同的措施建构经典。

1. 创办选刊

新时期以来，各种期刊如雨后春笋般纷纷涌现，但由于品种繁多，优秀作品散见于各种期刊之中，于是，一种以体裁划分精选优秀作品的期刊应运而生。如中国作家协会和百花文艺出版社于 1980 年分别创办了《小说选刊》和《小说月报》。1981 年，福建省文联创办了《中篇小说选刊》。1984 年，河南省文联创办了《散文选刊》，郑州市文联创办了《小小说选

刊》。1990年，百花洲文艺出版社创办了《微型小说选刊》。1993年，人民文学出版社创办了《中华文学选刊》，吉林创办了《杂文选刊》。2000年，河北省作家协会创办了《诗选刊》。虽然，选刊所选作品因为种种原因并非篇篇都是珠玑，或者说还有遗珠之憾，但各种体裁作品中的佼佼者，通过选刊的集中遴选，基本上尽入彀中。这些选刊不仅给出版单位带来了丰厚的利润，还对作家的经典化起到了化石点金之妙。洪子诚先生在《中国当代文学史》（修订稿）一书中指出选刊的作用："它们受到读者的欢迎，也一定程度起到'经典化'筛选的效果。"① 如莫言的作品多次被《小说选刊》选载，从1985年到2009年，共选载了莫言15部中短篇小说。莫言在谈到与《小说选刊》的关系时曾说："创刊于上个世纪八十年代的《小说选刊》，毫无疑问已经是当今的著名刊物。现在活跃于文坛的作家，大概都与这家刊物有过联系……如果有过两三篇作品被转载，那他或她，几乎就可以堂而皇之地将作家的桂冠戴在头上了。"② 其实，包括莫言在内，作家们都以作品被选载为荣，他们在介绍自己的年度成果或者履历上，很多人都会写上某某作品被某家刊物选载。由于选刊集中了年度最佳作品，国内的各种奖项，如全国优秀中篇小说奖、全国优秀短篇小说奖、全国优秀诗歌奖，包括后来的鲁迅文学奖，很多获奖作品都出自这些选刊。如1984年至1986年的两届全国优秀短篇小说奖，所有的获奖作品《小说选刊》都无一遗漏地选载过。

2. 出版选本

从古至今，有识之士在某一体裁的作品达到一定的积累程度后，都会从中遴选优秀的作品，汇编成书而广泛传播。选家要么怀抱着理想，以自己的价值标准来挑选作品，借以传达自己的追求和倡导；要么从商业目的出发，将同一题材、内容、时间的优秀作品集中出版。虽然主观愿望不一，但客观上发挥了经典化的功能。如编选《昭明文选》时，梁太子萧统组织一批文人，针对先秦两汉以来文史哲综而不分的现象，对文学性强的

---

① 洪子诚. 中国当代文学史（修订稿）[M]. 北京：北京大学出版社，2007：255.

② 莫言. 我与《小说选刊》[EB/OL]. [2004-01-02]. http://vip.book.sina.com.cll.

作品进行了梳理和区分。他认为经史诸子都以立意纪事为本，不属辞章之作，只有符合"事出于沉思，义归乎翰藻"标准的文章才能入选。《昭明文选》是我国第一部按体裁区分的规模宏大的文学总集，开创了中国文学史的新篇章。再如《唐诗三百首》，编者蘅塘退士从唐朝289年间的5万多首诗中选收了77位诗人的310首诗。因其诗体完备、作者广泛、朗朗上口，易于成诵，所以超过众多选本而流布甚广。到了近代，上海良友图书印刷公司出版了由赵家璧主编的10卷本文学选集《中国新文学大系》，由胡适、郑振铎、鲁迅、茅盾、周作人、朱自清、郁达夫等负责分卷编选，蔡元培撰写总序。由于编者权威，选编精当，为新文学创作及理论研究留下了一批珍贵的史料，其中不少作品成了中国现代文学的经典。

还有一些选本，以时间为界限，持续出版，也较好地形成了一定的文学史效应。如人民文学出版社、上海文艺出版社在20世纪80年代初曾经出版过一些年度文学选本，对于读者阅读当年度的优秀文学作品很有裨益。1995年，长江文艺出版社接续了年度文学选本的出版，与中国作协创作研究部合作，开始编选"文学作品年度选本"。其中包括中篇小说、短篇小说、散文、诗歌、报告文学，后来出版社在此基础上又扩大到微型小说、随笔、儿童文学、散文诗、杂文、青春文学、故事等20余个品种。紧随其后，1998年，漓江出版社相继出版了由不同编者遴选的年度文学选本。这些选本因为从沙里淘金，汇集了年度精品，广泛受到读者欢迎。长江文艺出版社的年度文学选本最初每本销售在3000册左右，到了1998年，平均达到万册以上，最多的曾销售到2万册。目前这种年度文学选本全国已有时代文艺出版社、辽宁人民出版社、花城出版社等十几家出版社在编纂出版。在谈到为什么编选年度文学选本时，文学评论家雷达在长江文艺出版社年度文学选本的编选说明中写道："每个年度，文坛上都有数以千计的各类体裁的新作涌现，云蒸霞蔚，气象万千，它们之中不乏熠熠生辉的精品，然而，时间的波涛不息，倘若不能及时筛选，并通过书籍的形式将其固定，这些作品是很容易被新的创作所覆盖和湮没的。观诸现今的出版界，除了长篇小说热之外，专题性的、流派性的选本倒也不少，但这种年度性的关于某一文体的庄重的选本，则甚为罕见。也许这与它的市场效益不太丰厚有关。长江文艺出版社出于繁荣和发展文学事业的目的，不计经济上一时之得失，与我部合作，由我部负责编选，由他们负责出版，向社会，向广大读者隆重推出这一套选本，此举实属难能可贵。"① 2009 年，在新中国成立 60 周年之际，长江文艺出版社请王蒙担纲《新中国六十年文学大系》的主编，由中国作协创研部的研究员们负责各卷的编选，又选编了中篇小说、短篇小说、小小说、散文、诗歌、报告文学、散文诗、儿童文学、文学评论等 9 种选本。这些选本总结了 60 年来中国文学除长篇小说以外主要的文学体裁的创作成果。那些经过 60 年漫长的时间迭次洗礼的作品，最后集结在"大系"中，留下中国文学一甲子的记忆。

3. 编纂丛书

丛书，是指由很多书汇编成集的一套书，按一定的目的，在一个总名之下，将各种著作汇编于一体的一种集群式图书，又称丛刊、丛刻或汇刻等。形式有综合型、专门型两类。从出版的角度，丛书具有完整性与系统性，方便读者阅读，但从经典化的角度来看，丛书还是具有择优汰劣的作用。中国丛书的编纂始于宋代，盛于清代。宋人俞鼎孙、俞经的《儒学警悟》可算为丛书的鼻祖。清代《四库全书》收书 3503 种，共 36304 册，约 9.12 亿字，分经、史、子、集四部，是中国古代丛书之最。到了近代，商务印书馆和中华书局相继编纂了按经、史、子、集划分的《四部丛刊》《四部备要》。当代有影响的丛书编纂，始于 20 世纪 80 年代。如四川人民出版社策划的《走向未来丛书》，湖南人民出版社策划的《走向世界丛书》。前者包括社会科学和自然科学各个方面的著作，代表了改革开放之初中国知识分子思想解放的前沿思考，后者则集中了近代中国一批睁眼看世界的官员和学子出访世界各国时的文字心得。除此之外，在展示改革开放以来文学创作成绩的，还有长江文艺出版社编纂出版的大型文学丛书《跨世纪文丛》。

20 世纪 80 年代，伴随着思想解放的深入，文学创作空前繁荣，作家作品无论是题材，还是表现手法，都呈现出百花齐放的局面。一批被雪藏的老作家焕发新生，一批年轻作家脱颖而出，总结文学创作成果，推出文学选本便应运而生。1992 年，由中国社会科学院文学所研究员陈骏涛主编的《跨世纪文丛》第 1 辑 12 种出版。第 1 辑收录了王蒙、苏童、格非、

---

① 雷达. 中国文学作品年度精选 [M]. 武汉：长江文艺出版社，1996：1.

叶兆言、刘恒、贾平凹、池莉、方方、陈染、余华、刘震云、陈村等12个人的作品。《跨世纪文丛》前后出版了7辑，共收录了66位作家的作品集，凡新时期以来国内有影响的作家作品，基本都"一网打尽"。这套文丛入选的作家，很多是第一次出选集，不少作品带有与传统现实主义截然不同的先锋色彩。这套丛书出版至今已30年，今天来看很多作品都还具有一定的经典意义，成为入选作家的代表作。所以国内专家称赞该文丛是"新时期文学的一座丰碑"，是对20世纪90年代文学创作的一次确认。"在文学史、出版史、文学研究史上都是有重要价值的"。① 当时，不少作家把加盟《跨世纪文丛》作为表明自己身份的一种标志。如张抗抗的作品被收进第4辑后，她在《越海之舟》一文中写道："我已经出版过多种小说集。但自从得知《跨世纪文丛》横空出世，便在心里认为：自己若不跨入《跨世纪文丛》，一定是跨入那个新世纪的莫大遗憾……由于《跨世纪文丛》收入了几乎所有我喜欢的当代作家的中短篇小说……更由于《跨世纪文丛》在如今商业气息甚嚣尘上的流俗文化中坚守了至今痴心不改、初衷不改的纯文学品格。"②

4. 出版评点本

评点、注释、疏证、正义、章句经典作品，是中国学术界和出版界的传统。无论是最早对《春秋》进行演绎补充的《春秋左传》《春秋公羊传》《春秋谷梁传》，还是对文学总集《楚辞》进行补充注释的《楚辞章句》，以及唐太子李贤注释的《后汉书》，都是通过一代又一代人的解读与评判，使其完成经典化的过程。如明清时期的通俗小说，本被士人认为不能登大雅之堂。《汉书·艺文志》曾曰："小说家者流，盖出于稗官，街谈巷语，道听途说者之所为也。"但通过李贽、金圣叹、张竹坡、毛宗岗等批评家的评点，明清小说的社会意义、艺术价值得到肯定，明清小说得以从"小道"而成为文学上乘。如毛宗岗本《三国演义》《李卓吾批评忠义水浒传》，脂砚斋本《红楼梦》，李渔评点的《新刻绣像批评金瓶梅》等，风行一时。这种评点本虽然没有形成系统的理论批评，但有助于读者对小说的

---

① 陈骏涛. 陈骏涛口述历史：主编跨世纪文丛及其他 [J]. 名作欣赏，2015 (10)：67-68.
② 张抗抗. 越海之舟 [N]. 中国图书商报，1998-02-06.

阅读理解，扩大了作品的影响力。今天，一些当代作家作品也相继出现了评点本。如贾平凹、陈忠实、金庸、二月河、孙皓晖、唐浩明等的作品，皆有今人的评点本出版。贾平凹在长江文艺出版社出版《土门》《浮躁》《白夜》《高老庄》评点本时在前言中写道："参加这次评点的肖云儒、费秉勋、孙见喜、穆涛诸先生都是著名的学者、教授和作家，他们有兴趣做这项工作，并十分地严肃认真，着实让我感动，向他们致以谢意。"①

5. 加大图书的对外翻译工作

作为人类文明成果的中国作品，要成为世界经典，让各民族分享中国经典的价值，只有通过翻译才能达到目的。同时，很多作品，如果能受到异域读者的重视，也会加快中国经典化的进程。中国经典译介到国外最早而且版本最多的是《老子》，17世纪末，比利时传教士卫方济将《老子》部分译成拉丁文在欧洲出版。斯达尼斯拉·于连（Stanislas Julien, 1797—1873）在1842年出版了法文版《道德经》全译本。据统计，《道德经》目前全球有500多个版本，销量仅次于《圣经》。西方不少政治家、哲学家、军事家、文学家都曾多少受到老子思想的影响。列夫·托尔斯泰正是通过斯达尼斯拉·于连译本知晓了老子的思想，并深刻影响了他晚年的处世方式。但是，《老子》引起西方的重视源于传教士希望从中找到上帝的痕迹，起因并非重视东方的文化。因为语言、政治、经济、文化背景诸多因素，中国的图书走向世界十分缓慢。据国家统计局发布的版权贸易数据，1995年到2005年的10年间，中国版权贸易输入与输出之平均比例为10.17：1，引进远远大于输出。2016年，这个比例已经缩小到2：1。这缘于中国政府近年来力推的经典翻译工程和出版社与"一带一路"沿线国家版权的合作。在中国的图书市场上，引进版的管理类图书和文学类图书曾连续多年占据国内图书排行榜。如美国作家丹·布朗创作的长篇小说《达·芬奇密码》，2004年在中国上市，连续3年高踞全国畅销书排行榜榜首。让中国当代作品走向世界，成为世界性的经典，必须重视对外翻译工作。莫言获诺贝尔文学奖，则得益于他的作品很多被译介到国外。他的第一个中短篇小说集《爆炸》1992年就在美国出版，之后几乎年年都有作品在世界上翻译或获得各种奖项。其实中国作家获诺贝尔奖比

---

① 贾平凹. 关于我的小说评点本[N]. 中华读书报，2003-03-01.

较少的原因，有汉学家认为，是评委懂得中文的太少，中国作品翻译到西方的太少。西方学者评价陈忠实时曾说，"从作品的深度和小说的技巧来看，《白鹿原》肯定是大陆当代最好的小说之一，比之那些获得诺贝尔文学奖的小说并不逊色"①。因此，出版单位要积极主动将本单位最为优秀的作品译介到国外，这样才能引起重视。长江文艺出版社北京中心出版的长篇小说《狼图腾》被译成30多种语言，在全球100多个国家发行，小说被改编成电影由中法合拍，这与责任编辑安波舜不懈地向外国出版商推介《狼图腾》是分不开的。2005年，小说在中国图书市场产生一定影响后，他就用英语做成《狼图腾》推广文案，主动选择国外的主流媒体发表书评。如德国的《南德意志报》、意大利的《意大利晚邮报》、英国的《泰晤士报》、美国的《纽约时报》等，并且放弃国内的版权代理机构而直接与外国出版商联系，实现了《狼图腾》一书价值的最大化。

6. 通过评奖来确认经典价值

评奖是一次价值判断，也是一次去粗取精的过程。虽然，无论任何奖项都带有一定的意识形态色彩，或者受到当时政治形势的左右，但如果是确有价值的作品，往往通过评奖这种筛选过程而被人发现。目前国家级的出版奖有"五个一工程"奖、中国出版政府奖、中华优秀出版物奖、韬奋出版奖，同时还有一些省部级的奖项，如中国作家协会设立的茅盾文学奖、鲁迅文学奖。尽管入选作品因为种种因素并不都能被称为经典，但具有思想性与艺术性的优秀作品还是不会被遗漏。如被人认为是新时期文学最重要收获的长篇小说《白鹿原》，虽然因为作品中关于国共两党"翻鏊子"的一番话曾引起争议，但评委们想方设法，以修订本的名义让其入选。其实陈忠实也打算修改这部作品，但当时并没有动手。这部以"修订本"名义入选茅盾文学奖的长篇小说，开创茅盾文学奖评选先河。尽管有专家和刊物认为此举并不公平，但大多数评委们认为如果《白鹿原》这部作品不能入选茅盾文学奖，会让这个奖项的含金量受损，评委们也都会终生遗憾。当然，评奖并不是评判作品是否经典的唯一标准，如二月河先生的长篇历史小说《雍正皇帝》，评论家丁临一认为："《雍正皇帝》可以说

---

① 寿鹏寰. 西方学者评《白鹿原》：不比获诺贝尔奖小说逊色［N］. 法制晚报，2016-05-03.

是自《红楼梦》以来，最具思想与艺术光彩、最具可读性，同时也最为耐读的中国长篇历史小说，称之为50年不遇甚至百年不遇的佳作并不夸张。"① 该书两次参评茅盾文学奖，但最终以一票之差而落选。不过，《亚洲周刊》将此书评为"20世纪中文小说百年百强"之一，足见经典是不会被湮没的。

除了政府机构设立的奖项外，出版单位自己通过设立奖项，来推动作品的经典化，也不失为一种策略。上述香港《亚洲周刊》组织专家评选"20世纪中文小说百年百强"即为一例。评选时，编辑部先提供500种图书的书目，聘请中国大陆、中国台湾、中国香港和新加坡、马来西亚及北美的知名专家组成评委会。经过多轮淘汰，最终评出在世界华文圈产生了广泛影响的100部作品。由于参评专家权威，评奖过程无权力干预，评奖结果得到各界认可。再如人民文学出版社，先后设立了《当代》长篇小说年度奖、春天文学奖、年度翻译文学奖。长江文艺出版社设立了九头鸟长篇小说奖。这些由出版社自己设立的奖项表明了出版社寻找经典的努力，也确实让人们发现了一些好作品。如作家张一弓虽然写了很多作品，但专家认为新闻烙印太重，而入选长江文艺出版社第一届九头鸟长篇小说奖的《远去的驿站》，从历史的角度写出了时代与人性的复杂，代表了作家创作的新高度。这部长篇小说后来入围茅盾文学奖终评，并获得了中宣部"五个一工程"奖、国家图书奖。姜戎的《狼图腾》也曾入选第二届九头鸟长篇小说奖，后此书获得亚洲曼氏文学奖。同时，不同的协会及学会还设立了各种体裁的年度排行榜。如中国小说学会、中国散文学会每年评选小说排行榜、散文排行榜，通过排行来确认作品的经典意义。

7. 加大发行力度

让更广大的读者，包括专家学者了解作品。当然，作品是否具有经典价值，要接受读者包括专家学者的检验。因此，出版单位要尽可能地扩大发行，只有充分地占有市场，读者才有可能更好地了解作品的内容。如余华的长篇小说《活着》1993年由长江文艺出版社出版后，因为印数很少，很长一段时间在国内很少有影响。作品虽由张艺谋改编成电影，但由于电

---

① 丁临一. 二月河横空出世[N]. 北京青年报，1996-02-01.

影在国内没有放映,对图书也没有产生推动作用。后来此书的法文版、意大利文版、日文版、英文版等相继在国外出版,并获得意大利格林扎纳·卡佛文学奖(1998年),中国台湾的十本好书奖(1994年),中国香港"博益"的十五本好书奖(1990年),《活着》在国内才逐渐产生影响并大量印刷发行。该书作者因此获法兰西文学和艺术骑士勋章(2004年),作品入选香港《亚洲周刊》评选的"20世纪中文小说百年百强",入选中国百位批评家和文学编辑评选的90年代最有影响的十部作品。

也许有人会说,图书的销量并不能代表图书是否经典,有些十分畅销的大众普及读物与经典无关。畅销书是不能与经典画等号,但如果具有经典价值的图书能够畅销,则增加了读者和专家的关注,而使经典化成为可能。在中外出版史上,畅销书成为经典传世的不乏其书。如司汤达的《巴马修道院》、丹尼尔·笛福的《鲁滨孙漂流记》、巴尔扎克的《悲惨世界》、安徒生的童话、中国的古典四大名著《红楼梦》《西游记》《三国演义》《水浒传》等,出版后都曾一度洛阳纸贵,家喻户晓。图书的畅销并不代表其媚俗,反是彰显其价值的最好机会。如当初曾被道学家斥为"淫书"的《红楼梦》,几度被禁,近代研究该书还成了一门显学。

8. 要加大作品的宣传推广力度

中国目前一年有几十万种新书上市,一部再有价值的作品,如果不进行宣传和推广,都可能会被淹没在书海中。特别是互联网时代,信息泛滥,图书众多,一本书的学术价值和艺术价值如果不能很好地被挖掘,读者则无从知晓,专家也不会引起注意。图书宣传的方式本文不再详述,但如果彰显作品的经典意义,一般性的广告、出版消息,无论是传统媒体还是新媒体,采取大众狂欢的方式来推广作品,不会产生很好的效果,相反还会降低作品本来的经典价值,而沦为一种大众普及读物。突出作品的经典意义,召开专家座谈会,请专家撰写有分量的文章,对作品的内涵进行深入解读,然后通过文字的形式,在报刊上发表,或者进入大学的课堂,这对作品的经典化会产生催化作用。

专家研讨会上正面的评价是必需的,但如果讨论缺乏真诚的批评,而是一味地赞扬,不仅不利于读者对作品的理解,也不利于作家的成长。因写一篇称赞的文章,从而获得几千元酬劳的"红包评论","实质是市场规则对艺术原则的侵蚀和扭曲"①，对于作品的经典化也毫无意义。如果有人提出尖锐的批评，或者撰文反对，相信作品的价值会越辩越明。如张一弓在新时期之初发表的中篇小说《犯人李铜钟的故事》，巴金主编的《收获》冒着风险刊发后，也曾引起巨大争议，但作品直面现实，敢于反映历史创伤的无畏精神最终得到认可，小说获得了首届全国中篇小说奖。张贤亮的《灵与肉》《男人的一半是女人》等作品出版后，也有批评家认为性的描写太多，但作家反思历史、面对伤痕的真实描写赢得了读者和专家的认可。再如熊召政获茅盾文学奖的长篇历史小说《张居正》出版后，也有专家撰文对其提出尖锐的批评，认为有些情节与史实不符，出版社出版研究论文集时，特意将这篇持不同观点的文章收入其中，那位专家知道后，十分赞许出版社和作者的胸怀。

近年来由于大众媒体的兴起，传统纸介质媒体对读者的吸引力在下降，如果通过延伸产业链，将作品改编成不同的艺术形式，如电影、电视剧，扩大受众范围，则会加快作品经典化的步伐。虽然电影、电视剧属于大众传媒，但电影的放大效应会促使读者进一步阅读纸介质出版物。当然，如果电影、电视剧拍摄得十分低劣，对于纸介质出版物也可能还会带来负面效应。如人民文学出版社出版的周梅森的长篇小说《人间正道》，电视剧放映前图书销售还不错，但电视剧放映后，销售反而下降。当然，如果作品是经典，第一次改编不理想，后面还会有多轮的改编。如《巴马修道院》《悲惨世界》《红楼梦》《三国演义》等中外名著，都经过了多轮的不同艺术形式的改编。

结　语

关于经典的界定，也许是仁者见仁，智者见智，很多被称为经典的作品随着时间的流逝，人们最后发现其并不具有经典意义；而另外一些不被人重视的作品却浮出水面，显示出了作品的内在价值。考察中外经典诞生的过程，这是一种符合事物认识规律的客观现象。有专家认为："真正的'文学经典'都要经历过反反复复的'去经典化'、'再经典化'的拉锯式的演变过程，或者说，所谓文学的'经典化'从来不是一次性的、一劳永

①　杨晓华. 岂能因红包而评论［N］. 中国文化报，2014-11-07.

逸的，而是持续的、接受各种力量考验的保值、增值或者减值的动态过程。"王国维也指出："凡一代有一代之文学：楚之骚，汉之赋，六代之骈语，唐之诗，宋之词，元之曲，皆所谓一代之文学，而后世莫能继焉者也。"① 如"文革"中十分有影响的长篇小说《金光大道》《艳阳天》，因为特定的历史原因，随着时间的推移，这些带有很强意识形态色彩的图书退出了人们的视线。还有些作品，因为某些政治原因，或者阅读趣味的变迁，当时并不为人看好的作品，又被重新发现价值。如沈从文的边地小说，张爱玲的女性小说，周作人、林语堂等的散文，时隔几十年，再度进入大陆读者和研究者视野。有人统计过，如果一个作家去世20年后还有人阅读其作品，在一定程度上该作品能够属于经典之列。

　　同时，经典也是在不断丰富完善的。如儒家经典《诗》《书》《礼》《易》《春秋》，在战国时与墨家、法家等被作为一家之言而对待，汉代经董仲舒等人提议，汉武帝"罢黜百家，独尊儒术"，将儒家思想确定为主流意识形态，儒家著作才被称为"五经"而对待，但后来发展到唐代，将《春秋》分为"三传"，即《左传》《公羊传》《谷梁传》；《礼经》分为"三礼"，即《周礼》《仪礼》《礼记》。这六部书再加上《易》《书》《诗》，并称为"九经"，也立于学馆，用于开科取士。晚唐文宗开成年间，除了"九经"之外，加上了《论语》《尔雅》《孝经》，成了"十二经"。宋代又将《孟子》收录，就成了如今的"十三经"。再如《史记》，按当时正统观念看来，《史记》是离经叛道之书。司马王允说："昔武帝不杀司马迁，使作谤书，流于后世。"② 魏明帝说："司马迁以受刑之故，内怀隐切，非贬孝武，令人切齿。"③ 除此之外，史学在汉代还没有独立的地位，这种文化背景也影响到《史记》作为经典的建构过程。直到东汉中期以后，《史记》才渐渐受到重视。《汉书·司马迁传》载："迁死后，其书稍出。宣帝后，迁外孙平通侯杨恽祖述其书，遂宣布焉。"魏晋之后，史学摆脱经学的束缚，在学术领域形成一门独立的学科，《史记》的史学价值与文学价值才得到人们的认识。再如《圣经·新约全书》，成书之际曾受到罗马统治者的贬抑排斥，只是作为非法抄本在下层人民中秘密流传。

---

① 王国维. 宋元戏曲史自序［M］. 上海：华东师范大学出版社，1998：1.
② （南朝·宋）范晔. 后汉书·蔡邕传［M］. 武汉：崇文书局，2017：1471.
③ （晋）陈寿. 三国志·魏志·王肃传［M］. 北京：中华书局，1959：418.

总之，出版社要有历史意识与经典意识。一部作品是否能成为经典，虽然并不是出版者单方面一厢情愿的结果，如前所述，作品的经典化有诸多要素。但是，作为出版单位，在市场经济和新技术带来的双重挤压下，要承担出版人传承文明的神圣职责，我们则一定要坚守本位，不能做金钱的奴隶、商品的附庸，我们要赢得尊敬，就要多出好书，就要让好书成为经典传之后世。这是时代赋予我们这一代人的责任，这需要全体出版工作者而为之努力。

（原刊于《出版科学》2017年第6期）

文学经典化、普及化过程中媒介传播的效应研究
——以二月河长篇历史小说《雍正皇帝》为例

文学经典反映了一个时代人类精神的面貌,体现了作者在特定文化背景下的生命体验和想象生成。但是,文学的经典化,不仅受到文学作品本身内部质量的制约,也受到外部诸因素的影响,其中媒介的影响最为显著。如加拿大学者斯蒂文·托托西说:"经典化产生在一个累积形成的模式里,包括了文本、它的阅读、读者、文学史、批评、出版手段(例如,图书的销量,图书馆使用)、政治等等。"① 本文将以二月河先生的3卷本历史小说《雍正皇帝》为例,来讨论在该书的经典化和普及化过程中,媒介在传播过程中所起到的效应。

一、纸介质出版物的问世,为《雍正皇帝》的阅读和研究提供了言说的基础

《雍正皇帝》第一卷于1991年出版,最后一卷出版于1994年,前后历时3年。而向二月河约稿,则早在1987年8月。这是我从事出版工作第一次外出河南南阳组稿。这次,我与二月河达成口头约定,由长江文艺出版社出版他将要写作的《雍正皇帝》。1988年5月,我第二次去到河南南阳,代表出版社与二月河签署了约稿合同,但到1990年夏天,二月河才将第一卷《九王夺嫡》书稿交来。此时出版社还没有自办发行,图书的征订和销售主要靠省级新华书店。当时,出版社对二月河的长篇小说销售

---

① [加拿大]斯蒂文·托托西. 文化研究的合法化[M]. 马瑞琦, 译. 北京:北京大学出版社, 1997: 44.

前景并没有信心，作为只有初审权的责任编辑，我也担心审稿通不过，在审稿单上"大胆"夸口说希望能征订5000册，并表示如果宣传到位，后续还有销售潜力。我当时为什么对二月河如此没有信心呢？一是因为二月河在黄河文艺出版社虽然出版了《康熙大帝》的前3卷，但在图书市场上并没有产生多大影响，用二月河本人的话说，"名气"还只是"区域性的"①。二是1988年，农村读物出版社出版了由王云高、计红绪创作的同名长篇历史小说《雍正皇帝》。这本《雍正皇帝》虽然有中央电视台一频道的同名电视剧配套播放，但也没有产生相应的效应。所以二月河的《雍正皇帝》未有付印，1990年8月，出版社就先通过省新华书店率先向全国征订，目的是试探一下市场的反应。出乎我们意料的是，各地报来的征订数有1.17万册，这让出版社有了信心。我将稿子整理完并经二审、三审后，方于1991年7月与二月河签订出版合同。

美国学者麦克·马斯特将媒介分为三个阶段，即口传文化阶段、印刷文化阶段和电子媒介文化阶段②。1994年中国虽然开始接入世界互联网，但从《雍正皇帝》的出版历程看，完全还处于印刷文化阶段。3卷本《雍正皇帝》的排版印刷，还处于"铅与火"的活字印刷时期。如果用加拿大学者马歇尔·麦克卢汉的分类，印刷术属于"热媒介"，他的储存信息的能量超过口语文化，这种"热媒介"，给读者理解知识与延伸人类的认识，带来了方便，拓宽了道路。果如其然，随着3卷本小说的陆续出齐，《雍正皇帝》在读者中的口碑效应已经显现。到1995年9月我到长江文艺出版社担任社长时，二月河的《雍正皇帝》各地书店已在陆续添货。但由于出版社当时缺少生产资金，没有印刷厂愿意垫资印刷，我们只好通过职工集资180万元来印刷这套书。1996年，出版社全年销售《雍正皇帝》70503套，501万元码洋。1997年，全年销售《雍正皇帝》35798套，266万元码洋。1998年，半年销售《雍正皇帝》17003套，127万元码洋。与此同时，在各地的图书批发市场上，出现不同版本的盗版《雍正皇帝》，据初步估计，不下于10万套。以至于1995年底第四届茅盾文学奖评选时，评选读书班里的专家有的读到的竟是从市场上买到的盗版书。正版与

---

① 二月河. 我与我的两个责任编辑 [N]. 光明日报，2007-11-23.
② [美国] 麦克·马斯特. 第二媒介时代 [M]. 范进晔，译. 南京：南京大学出版社，2001.

盗版相加，从1994年到1998年，3卷本《雍正皇帝》精装加平装累计销售，估计已达到30万套。至此，作为一部纸质印刷本长篇小说，从传播的角度来看，至少阅读者已达到上百万人次，这对于普及和研究这部长篇小说，已经打下了较好的文本基础。

二、不同媒介上关于《雍正皇帝》一书的消息和评介，进一步扩大了小说的影响力

二月河的《雍正皇帝》出版之前，他已经在黄河文艺出版社出版了4卷本的《康熙大帝》，但是，媒介对这匹闯进文坛的黑马，除了极少量的报道之外，基本持沉默态度。针对这种现象，评论家张志忠在1996年5月11日的《作家报》上曾撰文指出："当代文坛尤其是评论界似乎掉进了一个怪圈里，要么是漠然无视，要么是一惊一乍，二月河的《雍正皇帝》在问世之初所受的冷遇，突然间的大红大紫就令人感到不解。"①

《雍正皇帝》第1卷出版后到张志忠这篇文章发表之前，正如其所言，除了武汉本地的报纸上我写了几篇短小的书评之外，再有就是我在《小说评论》上发表的《不同凡响的艺术魅力——读二月河历史小说〈雍正皇帝·九王夺嫡〉》一文。这个阶段，业内的专家和作家普遍认为，二月河的小说，充其量是"通俗历史小说"，他们不屑于浪费笔墨评价一个地方业余作者的一部通俗小说。这个时段的二月河，在文坛上是寂寞的，他的作品并没有进入精英阶层和专家的视野。二月河开始受人关注，是1995年第四届茅盾文学奖评选读书班上专家的发现。中国社会科学院文学所研究员、第四届茅盾文学奖评委蔡葵在评注本《雍正皇帝》的序言中也曾写道："评论界对它们的关注则稍为滞后，也许原先认为它们不过是一般的畅销书。记得是在1995年10月第四届茅盾文学奖评选读书班上，大家才惊喜地发现《雍正皇帝》是一部难得的佳作。"②

1996年元月，中国作家协会创作研究部、长江文艺出版社联合在北京文采阁召开了二月河《雍正皇帝》作品研讨会，除了各方的专家学者与

---

① 张志忠. 《雍正皇帝》是评论的一面镜子[J]. 当代作家评论，1996；4.
② 蔡葵. 评注本雍正皇帝·序[M]//二月河. 雍正皇帝. 武汉：长江文艺出版社，2009；3.

会，投资改编电视剧的北京四汇公司负责人苏斌和刘文武也参加了会议。会上专家们分别从小说的情节、语言、人物形象、历史氛围、文化意蕴等方面进行探讨。会后，中央电视台、《人民日报》、《光明日报》、《中国新闻出版报》、《文艺报》、《中华读书报》、《中国图书商报》、《中国青年报》、《长江日报》等媒体对这次研讨会分别进行了报道。《北京青年报》则用了半版的篇幅摘要发表了专家们的意见。标题十分醒目：《雍正皇帝》横空出世，京都文坛好评如潮。这个专题分别发表了评论家蔡葵、丁临一、白烨和胡平的笔谈，专家们高度评价了《雍正皇帝》的艺术价值，认为小说是"现代乃至近代以来，历史小说创作的最为重大的收获"。接着，中央电视台又做了一个12分钟的专题节目，请上述四位专家再次就《雍正皇帝》的艺术价值发表自己的感受。评论家丁临一先生再次强调《雍正皇帝》是"五十年不遇，甚至是百年不遇"，"《红楼梦》之后，就是这部《雍正皇帝》"之类的评价。胡平后来撰文说："《雍正皇帝》，起初以为只是一部普通的通俗读物，经过认真翻阅，才发现是一部不可多得的相当有分量的长篇小说。此作通过雍正夺嫡继位、励精图治、抱恨东逝三个人生阶段中一系列惊心动魄的政治斗争，全方位、多侧面地展现了从康熙末年到雍正王朝半个多世纪间中国政治、经济、军事、文化及民族生活的全景画卷。"① 湖北电视台也制作了一个关于《雍正皇帝》的专题节目，约请评论家陈美兰、张国光、蔚蓝等人谈该书杰出的艺术成就。

随着大众媒体上关于二月河及《雍正皇帝》各种消息的传播，《雍正皇帝》一书犹如一道美丽的风景线，呈现在中国文学界和读者的眼前。专家对小说的高度评介，引起了众多研究者的关注，也唤起了海内外读者的阅读兴趣。

三、根据小说改编的电视连续剧的热播，为《雍正皇帝》的普及化打开了通向不同阶层读者的大门

20世纪20年代，电视的出现，让麦克卢汉看到了新媒介对人的深刻影响。一方面，他认为电子媒介促进了人类集体意识的进一步发展，以地球村的形式重塑世界；另一方面，他认为，媒介即讯息，媒介技术更多的

---

① 胡平. 我所经历的第四届茅盾文学奖评奖 [J]. 小说评论，1998（2）：7.

是通过它们的形式而非它们所传递的内容来塑造社会。换句话说，媒介不仅仅是载体和中介，媒介更是生产力。根据二月河小说改编的44集电视连续剧《雍正王朝》首播以及此后每年的重播，印证了麦克卢汉关于新媒介中的技术是人的力量的延伸的理论。《雍正王朝》的艺术探索与成功实践，使这部电视连续剧成了电视发展史上的一座里程碑事件，更让出版界从此惊叹于影视对纸介质出版物销售的拉动作用，还在读者中掀起了一股对明清历史关注的热潮，对历史知识的普及与重新认识发挥了催化剂的作用。同时，电视连续剧的热播，对小说走进不同阶层的读者和实现经典化起到了推波助澜的牵引作用。

纸介质出版物的艺术魅力征服了投资人苏斌和刘文武以及编剧刘和平，他们从书中看到了作者独特的历史观和小说情节的张力。电视剧从改编到拍摄、播出历经了数年，曾经经历了资金短缺和传播渠道匮乏等一系列困难，1999年1月3日，中央电视台在一频道的黄金时间终于播出了根据二月河《雍正皇帝》改编的44集电视连续剧《雍正王朝》。电视剧播出前，出版社主动印了4万套《雍正皇帝》，结果只发出去了1万多套。电视剧开播前三集，市场上并没有什么反应，到了第五集，由于故事情节的紧凑、人物命运的跌宕起伏、演员演技的传神与灵动以及对历史的重新解读与认识，这部电视剧播放期间出现"万人空巷看电视"的局面，电视收视率达到14.06%，在首都北京的收视率达到19%①。迄今为止，这个高收视率纪录还没有被哪一部历史体裁的电视剧所突破。在中央电视台1998年的第255期简报上，刊载了当时的人大常委会委员长李鹏、国务院副秘书长刘奇葆传达副总理吴邦国、国务委员罗干等称赞这部电视连续剧拍得精彩的信息②。

与此同时，《雍正王朝》电视连续剧的版权陆续输出到境外，横扫中国台湾、中国香港及东南亚市场和海外华人地区，覆盖面之广，同样无剧能及，它甚至成为中国台湾地区重播次数最多的大陆电视连续剧③。

---

① 颜鹏. 大众文化背景下的历史题材创作:《雍正皇帝》与电视剧《雍正王朝》的比较分析[M]//程光炜,吴圣刚. 二月河研究. 开封:河南大学出版社,2015:211.
② 周百义. 长江十年[M]. 南昌:江西高校出版社,2018:172.
③ 幽若. 历史正剧《雍正王朝》,当年如何做到雅俗共赏,收视大爆？[EB/OL].[2019-02-12]. https://www.lovove.com/55034.

1999年，中国虽然已经加入了全球互联网，但由于当时只能通过电话线、调制解调器才能进入互联网，因此网络并没有完全普及到普通百姓家中。电视媒介以其即见即视的视觉特点，迅速"俘虏"了广大的观众。这些观众不满足于每天仅播出一集的速度，急于想知道剧中人物的命运，以便寻找原著探寻故事发展的脉络；或者不满足于电视对情节的删改，想从小说中看到丰满完整的历史事实。于是，从纸质媒介开始，到电视媒介的互动，又回到纸质媒介的闭环开始形成。备货的4万册图书全部发出去之后，出版社内添货的电话和订单仍络绎不绝。这种情景，出版社开始并没有估计到，只好临时采取措施，从一家印刷厂扩大到三家同时开印。发货不及，社里只好租车往全国各地送。押车送货的同志最晚的一拨到腊月二十九日晚10点才到家。杭州的《钱江晚报》在头版曾刊载一条消息：《杭州告急，长江文艺千里送书解危（主标题）；今晨1000套〈雍正皇帝〉抵杭（副标题）》。据长江文艺出版社社讯记载，加印至10万套依然使我社发行部门捉襟见肘，不得不每每调整供货计划，勉强分出"轻重缓急"，以致造成要货者在电话中苦苦哀求，发货者在电话中频频道歉的场面不断出现。因为电视剧的拉动，1999年，《雍正皇帝》一书正版销售达到25万套，多次登上全国畅销书排行榜。

从某种程度上来看，互联网普及前信息传播的"霸主"是电视无疑，今天虽然再无法复制电视一统天下的时代，对受众感官感知的主导权已经交给了互联网（中国的网民每天在互联网上的时间已达到5小时23分钟），但每年央视四频道和央视十一频道依然至少重播两次《雍正王朝》。电视所代表的大众文化和流行文化，纸介质出版物所代表的雅文化和精英文化，通过不同媒介之间的互相渗透与影响，达到了双赢局面。《雍正王朝》的高收视率与《雍正皇帝》的热销，在影视和小说互动之间得到了充分的印证。

四、大量研究论文的撰写和发表，为《雍正皇帝》的经典化提供了学理上的支撑

关于经典的建构，文学史家和理论家、批评家从不同角度进行阐释可能的途径。童庆炳综合各派的观点，认为一部作品能否成为经典有六个要

素,其中提到"文学作品可阐释的空间"和"文学理论和批评的观念"①。而《雍正皇帝》出版近30年来,畅销不衰,与媒介的广泛关注与批评有密切的关系。

《雍正皇帝》出版之后,正如评论家张志忠所言,在一段时间内备受冷落。在知网查询得知,1995年第四届茅盾文学奖评选之前,仅有4篇研究文章。其中,包括本人1992年发表在《小说评论》上的一篇。1999年电视剧播放之前,只有18篇研究文章。直到第四届茅盾文学奖的评委们从数百种图书中发现了这部图书的独特价值,到终评时因一票之差与茅盾文学奖擦肩而过的遗憾传出,再到改编成44集电视连续剧后的热播,并最终引起了评论界的关注。从1999年开始,一大批学术论文相继发表。在知网上输入关键词"二月河"全文检索,有3758条结果;输入关键词"二月河历史小说"全文检索,有2340条结果;输入关键词"二月河历史小说雍正皇帝"全文检索,有1006条结果。如果按年度来区分,主要集中在电视连续剧《雍正王朝》播放之后。如在读秀网输入关键词"二月河"查询,有6503条信息。

在这些研究的文章中,以二月河历史小说为研究对象或在研究中涉及二月河的硕士和博士论文,有975篇,其中有硕士论文695篇、博士论文280篇。研究论文中学位授予单位排名居前的是华中师范大学、河北大学、山东师范大学。在相关刊物上检索,有关二月河小说研究的文章,《小说评论》上有33篇,《文学评论》上有27篇,《当代文坛》上有24篇,《红楼梦学刊》上有23篇。研究二月河的作者中,有国内的重要文学批评家,如雷达、曾镇南、童庆炳、白烨、吴秀明等,南阳师范学院中文系的教师刘克发表的研究文章最多,共有26篇。他的研究课题"全球化语境下的本土性创作——二月河历史小说论"被列入了"河南省哲学社会科学规划项目"。

在这些研究文章中,主要围绕着小说的历史观、历史真实与艺术真实、雅与俗三个方面来讨论。

如关于二月河历史小说中作者的历史观,齐裕焜认为:"作者摒弃了狭隘的大汉族主义观念,以开放的心胸,选择了最能表现历史发展的重大

---

① 童庆炳. 文学经典建构诸要素及其关系[J]. 北京大学学报,2005(5).

事件，公允、客观地肯定康熙、雍正、乾隆这三位杰出的历史人物的历史作用，逼真地再现了当时惊心动魄的斗争和经济繁荣的景象。"① 当然，也不乏对作品的批评声音。如王增范说他曾经调查了河南的十几位文学界的"专业"人士，他以"我们"的姿态评价二月河的历史小说，得出的结论是，"二月河的创作有严重的缺陷"。他指出："我们看到的只不过是对封建帝王的由衷的崇拜、赞叹、敬仰和惋惜，是对明君盛世的由衷崇拜和缅怀……把一个黑暗落后专制的社会描绘得绚烂雍容、金光四溢，似乎是同一历史时期内全世界文明的顶点。"② 徐庆辉在肯定二月河小说的优点后也认为，小说肯定了皇权政治，缺少现代意识。"我们从字里行间并不能看到二月河在权谋叙事时的批判态度……甚至有时流露出对权力运作的欣赏与同情……这种缺乏颠覆与重建的认同致使其作品丧失了现代民主与人性人道意识，缺乏现代性的逻辑视点。"③

在历史真实与艺术真实的关系处理上，大多数专家认为这部小说的成功就在于将历史真实与艺术真实很好地结合在一起。胡平在谈到《雍正皇帝》时说："长期以来我们看惯了两种历史小说：一种是由历史学家写的充满史实而缺少情趣的小说，一种是由小说家写的不乏想象力而缺少实感的小说。现在有了《雍正皇帝》，便令人大喜过望。"为什么让他"大喜过望"呢？他说："很长时间没有读到过这种作品了，那是真正的小说。读小说是一种享受，这部小说给人带来的享受是全方位的，要什么有什么。"④ 作家在作品中是如何体现历史真实的呢？白烨认为："作者是以忠实历史的态度，去全方位地恢复历史和再现历史。"⑤ 蔡葵也认为："它是那种真正意义上的历史小说。它通过丰富生动的细节描写，展现出康熙雍正时期富有生活气息的民俗风情，人间百态，从而营造出了一种极其浓厚

---

① 齐裕焜. 二月河"清帝系列小说"得失谈[J]. 福建师范大学学报，2000（2）：40.

② 王增范. 二月河清帝系列小说的缺陷[J]. 中州学刊，2006（256）：207.

③ 徐庆辉. 认同还是颠覆——二月河历史小说中的权谋文化解读[J]. 合肥学院学报，2008（25）.

④ 胡平. 评《曾国藩》与《雍正皇帝》的竞领风骚[J]. 当代文坛，1997（8）.

⑤ 白烨. 参见刘学明《长篇历史小说〈雍正皇帝〉研讨会纪要》[J]. 当代作家，1996（3）.

的历史氛围。"① 但也有专家认为小说不符合历史真实,王增范认为:"为了突出封建帝王勤政爱民的形象,作者刻意回避封建王朝本质上对人民的压迫和奴役,绝口不提封建帝王的残暴独裁和非人性,甚至连历史上最醒目的尽人皆知的民族大屠杀和文字狱都做了改头换面的处理。"② 作为历史文学,历史真实与艺术真实的处理与统一显得尤为重要。在这个方面,大多数专家对此持肯定态度,杨世伟认为,二月河的长篇历史小说"把真实的历史人物和事件的具象与人物和情节的虚构相互穿插、融合,使之浑然一体,呈现出一幅活生生的历史图景,完成了一次成功的艺术再创造"③。吴圣刚认为:"二月河首先是尊重历史,绝不以文学艺术的名义编造历史,而是在解读和研究历史中,力求形象地、生动地还原历史的本来面目。"④

在雅与俗的问题上,大部分专家认为小说雅俗共赏。一方面,二月河以严肃的态度和忠实的立场,展现了封建社会末期是如何由晚霞般灿烂辉煌而又走向黑暗的历史过程,通过对宫廷上下权力斗争的描写,揭露封建社会政治黑暗与文化上的反人性,体现了作者的批判精神。因而,小说在思想史和文化史上是有贡献的,所以称它是一部严肃的文学作品。另一方面,小说大雅若俗,在小说的叙事方式上,采用大众喜闻乐见的章回体,情节张弛有致,疏密得体,体现了中国古典小说的美学风范;借鉴话本小说的艺术形式,运用俚语、俗语和民间谜语、民间故事、笑话,结合武侠、公案小说的表现方法,充分发挥文学想象和形象思维,刻画出了一批栩栩如生的人物,丰富了中国历史小说画廊;同时小说采取拟古的语言,大量使用诗词歌赋,用来渲染环境和表现人物的性格,更说明作品的内在精神气质与文化内涵。胡平在谈到这个问题时说:"这部印有墨线插图的章回体小说,起初混在一大堆通俗读物里面没有人理睬,但是当有人一页页翻下去时,竟爱不释手,读完后目瞪口呆的感觉难以形容……二月河对创作主题的深刻把握显示出他是一位正统的纯文学作家,而他的创作方式

---

① 蔡葵. 参见刘学明《长篇历史小说〈雍正皇帝〉研讨会纪要》[J]. 当代作家, 1996 (3).
② 王增范. 二月河清帝系列小说的缺陷 [J]. 中州学刊, 2006 (256): 205.
③ 杨世伟. 评二月河的长篇历史小说 [J]. 文学评论, 1997 (5).
④ 吴圣刚. 二月河历史小说研究综论 [J]. 江汉论坛, 2015 (9): 100.

又显示出他是一位充分学者化的纯文学作家。"①

这些不同观点的批评,有些尽管十分尖锐,或者说偏离了文学批评的范畴,作者一度也曾感到百口莫辩,但通过众声喧哗的大范围讨论,作品的优劣与经典价值反而为更多的人所知晓——这充分彰显了批评在文学经典化过程中的发酵作用。

其实,作品在形式上是通俗的,大众的,让人喜闻乐见的,并不证明或者意味着受大众欢迎的作品就不是经典。世界文学宝库中的许多经典,如《简·爱》《三个火枪手》《巴黎圣母院》等,都既是大众的、畅销的,也是经典的。正如哈罗德·布鲁姆所言:"莎士比亚就是世俗经典,或者说是俗世的圣经,考察前人或后辈是否属于经典作家都须以他为准。"②试想,一部作品如果束之高阁,和之者寡、知之者少,又怎能保证其会注定成为超越时空的经典呢?

五、专著和教科书对二月河《雍正皇帝》的研究,从文学史角度肯定了小说的经典价值

从文学的经典化的过程来看,一部作品能够进入大学课堂,写进文学史,影响一代代的读者,是作品能够成为经典的重要环节和标志。

张炯在主编的3卷本《中华文学发展史》中,写到近代的历史小说创作状况,他将吴因易和二月河作为同一时代的作家来进行研究。他认为二月河的小说,特别是《雍正皇帝》,"人物形象鲜明,情节跌宕起伏,历史细节丰富,生活氛围浓郁,语言典雅中见平白晓畅,雅俗共赏"③。

齐裕焜在《中国历史小说通史》中将"二月河、颜廷瑞、吴因易的帝后系列小说"列为一节进行研究。他对二月河小说的评价,已散见于一些报刊。在这本书中他指出:"以正史为基本线索,重要人物和重大事件基本上是于史有据的,而非主要人物和事件上又充分发挥了艺术虚构和创造的能力,展示了清代社会风俗和人文景观,使作品具有宏伟的'史诗'规

---

① 胡平.评《曾国藩》与《雍正皇帝》的竞领风骚[J].当代文坛,1997(8):5.
② [美]哈罗德·布鲁姆.西方正典[M].江宁康,译.南京:译林出版社,2005:17.
③ 张炯.中华文学发展史[M].武汉:长江文艺出版社,2003:508.

模，采用通俗小说的形式和笔法，作品可读性强。"① 当然，他也认为小说还存在语言粗俗等方面的不足。

吴秀明是研究历史小说的专家，他认为新时期以来历史小说的创作成绩是"继明代中叶首次高潮（以《三国演义》为标志）之后，在五百多年间中国历史小说所仅见的又一次高潮"②。而二月河小说就是其中的重要收获与代表性作品。他在《长篇历史小说的文化阐释》一书中，对二月河小说进行了全方位的分析。他肯定二月河小说不是一般的大众化小说，"而是努力站在国家、民族和百姓的文化立场，用历史唯物史观予以观照把握"。因为，二月河认为凡是在历史上做出贡献的人，都应当大书特书，而康熙、雍正、乾隆正是这样为华夏文明做出了积极努力的帝王。在"权力叙事与文化重建"一节中，他分析认为二月河小说中描写的"宫斗"其实是作者"站在整个社稷民生和社会稳定高度来审视封建帝王个人作为的历史认识"。他肯定二月河在历史真实与艺术真实的关系上，更注重大众化叙事的艺术风格，"为历史叙事的雅俗共赏做了卓有成效的成功尝试"。

於可训在高校中文教材《中国当代文学概论》中认为，《雍正皇帝》与《曾国藩》、《白门柳》等三部历史小说是新时期历史小说的重要收获。他认同作者自己在《新年杂想》一文中关于"落霞三部曲"的定位，即康雍乾三朝是中国封建社会的回光返照，"雍正这十三年是这段长河中的'冲波逆折'流域。宏观地看，是嵌在历史大悲剧中的一幕冲突的悲剧"③。因此，於可训认为二月河写出了雍正希望有所作为与整个官僚制度和皇族之间的悲剧性冲突，雍正为王朝的利益所做的努力和背后所隐含的个人私欲之间的悲剧性冲突，以及雍正在道德与情感方面的悲剧性冲突。当然，於可训也认为小说中的某些情节，如"番僧作祟，道士斗法等，因近于'神魔'而失其实，另有一些情节设置和艺术描写，如兄弟夺爱，父女乱伦等，因偏向传奇而失之'巧'……在一定程度上也影响了作

---

① 齐裕焜. 中国历史小说通史［M］. 南京：江苏教育出版社，1999：398.
② 吴秀明. 长篇历史小说的文化阐释［M］. 北京：文化艺术出版社，2007：7.
③ 二月河. 新年杂想［M］//匣剑帷灯——二月河作品选. 武汉：长江文艺出版社，1998：228.

品的艺术效果"①。

2015年，河南大学出版社出版了由程光炜、吴圣刚主编的《二月河研究》一书。该书内容分为四个部分："自述·访谈·印象记""研究论文选辑""作品年表""研究资料索引"。这部书是河南作家研究之一种，也是研究二月河作品比较集中的一部专著。全书收录的资料以2014年7月为限，但其中还有早期的少量作品没有收入。

除此之外，坊间还有张德礼、曹建玲主编，人民出版社出版的《二月河历史小说的文化阐释》；由张德礼负责，南阳师范学院汇编的《二月河历史叙事的文化审美建构》《全球化语境下的本土创作：二月河历史小说论研究成果资料鉴定》；冯兴阁主编，广东人民出版社出版的《聚焦"皇帝作家"二月河》；鲁钊创作，河南文艺出版社出版的《直面"皇叔"二月河》；郭尊写作，中国矿业大学出版社出版的《姚雪垠与二月河历史小说比较研究》；还有《河南文学史当代卷》《中国现代文学作品导引1917—2000》《最后的浪漫：二十世纪九十年代文学研究》《中国文学世纪初与世纪末》《中国新时期历史题材小说论》《中国大陆当代文学史》《历史与文学的想象》中都有专章和专节介绍二月河的历史小说艺术成就。

六、国内外的评奖和译介，使《雍正皇帝》在儒家文化圈和华人社会产生了广泛的影响，推动小说成为世界性的经典读本

《雍正皇帝》自出版以来，在国内外已经获得了不少奖项。如河南省优秀文艺成果奖、湖北省优秀畅销书奖、"八五"期间全国优秀长篇小说奖、姚雪垠长篇历史小说奖。在刚刚公布的由国内专家和有关领导机构组织评选的"70年70部长篇小说典藏"活动中，《雍正皇帝》荣幸入选。而在这70部小说中，历史小说类仅有《雍正皇帝》与《李自成》两部长篇小说。

2001年，香港《亚洲周刊》组织海内外专家学者评选"二十世纪中

---

① 於可训. 中国当代文学概论[M]//於可训文集. 武汉：长江文艺出版社，2018：416.

文小说百年百强"，《雍正皇帝》也幸运地入选。北美华人社团组织评选"最受海外欢迎的华文作家作品"，二月河成为首选。

二月河的历史小说在大陆以中文简体字出版之后，台湾巴比伦出版社、香港明窗出版社即引进版权，在台湾地区和香港地区出版繁体字本。随即，台湾及东南亚读者成立了"二月河读友会"，定期交流阅读二月河作品的心得体会。

韩国、马来西亚、泰国、越南相关出版社先后引进了二月河的历史小说，以韩文、马来文、泰文、越南文在当地出版。

正如张炯在《中华文学史》中强调的，二月河小说鲜明的艺术特色，得到了海内外华人的欢迎。他的小说"在大陆、台湾和东南亚许多地区反应强烈，为新时期历史小说赢得了声誉"[①]。因此，我们走进世界上任何一家华文书店，几乎都可以看见"有华人处就有二月河小说"的盛大景观。

结　　语

二月河的历史小说，从图书开始，到期刊、报纸、广播、电视等媒介的共同传播，在普及的基础上，终于促成了小说的经典化。《雍正皇帝》第一卷出版到现在，已经 28 年了。如果从他的《康熙大帝》出版算起，已经 35 年了。尽管任何经典都有一个建构与解构的过程，但在可以预见的时间内，二月河的小说不会退出读者的视野。同时，我们还看到，在《雍正皇帝》经典化的历程中，文本是最重要的因素之一，纸介质出版物是传播的基础与源头，但不同的媒介依据其自身的特点，在传播过程中发挥着各自不同的放大与催化作用，形成一个错综交织的传播网络。虽然它们各自的功能与作用不能互相取代，但从媒介的传播效果来看，二月河的小说受到如此广泛的关注，20 世纪末电视的广泛传播起到了至关重要的作用。因为在前互联网时代，电视是大众获取信息最重要的工具，特别是一部成功的电视连续剧，其影响力不是几篇文章可同日而语的。当然，我们不能否认其他媒介的共同参与，它们在作品经典化的过程中，通过自身渠道与传播特点，潜移默化地影响着读者。这种不同媒介的共振形成的合

---

① 张炯. 中华文学发展史 [M]. 武汉：长江文艺出版社，2003：508.

力，才使一部作品从不同角度被人审视，方能让时间与空间留存下它的独特魅力。

　　当然，我们还应看到，《雍正皇帝》虽然诞生和传播在前互联网时代，但从21世纪初开始，《雍正皇帝》也已进入了数字化阅读的阵营。特别是这几年，在大大小小的网站和阅读平台上，都有二月河的历史小说供人欣赏。这在一定程度上，也促成了二月河小说的普及，为小说的经典化发挥了更具时代特点的传播功能。可以预见得到，在未来的数字化阅读时代，二月河作品的普及与经典化，新的传播媒介将会承担更为重要的作用。

编辑在打造出版精品中的主体作用
——以美国查尔斯·斯克里伯纳出版社资深编辑珀金斯为例

一部出版精品的诞生,受制于一定时期的政治、经济、文化、社会心理的变迁,受制于作者的写作能力和提供的书稿质量,但作为一部作品的责任编辑,其对作品的鉴赏、选择、加工、提升、宣传等环节上发挥的主体作用则至关重要。正如《编辑学原理》所说:"编辑人员是图书出版的主体,编辑工作是出版物进入社会流通渠道必须经过的环节……编辑的价值是出版中其他任何环节都不可取代的。"[1] 在中外出版史上,通过编辑的辛勤劳动向读者奉献优秀作品的例子不胜枚举。本文以美国查尔斯·斯克里伯纳出版社(Charles Scribner's Sons)资深编辑珀金斯为例,来说明编辑在打造出版精品中的主体作用。

马克斯韦尔·埃瓦茨·珀金斯(Maxwell Evarts Perkins)是美国查尔斯·斯克里伯纳出版社的一名文学编辑。20世纪20年代,他相继发现和培养了F. 司各特·菲茨杰拉德(F. Scott Fitzgerald)、托马斯·沃尔夫(Thomas Wolfe)、欧内斯特·海明威(Ernest Hemingway)等美国新一代优秀青年作者。他担任编辑,先后出版了菲茨杰拉德的《人间天堂》《了不起的盖茨比》,沃尔夫的《天使,望故乡》《时间与河流》,海明威的《太阳照常升起》《永别了,武器》《丧钟为谁而鸣》等作品。这些作品奠定了作家在现代美国文学史上的地位,使他们成为20世纪20年代"爵士时代"的发言人和"迷惘的一代"的先驱作家,海明威则成为美国精神的象征。珀金斯在查尔斯·斯克里伯纳出版社工作了36年,直到去

---

[1] 吴平,芦姗姗. 编辑学原理 [M]. 武汉:武汉大学出版社,2011:9.

世。正如《天才的编辑》一书中所说："在此期间，没有一家出版社的编辑能像他那样发现这么多才华横溢的作家，出版他们的作品。"人们不禁要问，为什么只有珀金斯能够"幸运"地找到这些作家，为美国文学和世界文学奉献不朽的杰作，在成就作家的同时又成就自己的编辑事业呢？

一、编辑需要有专业的鉴赏能力，能够从大量的来稿中沙里淘金，发现作者与作品的潜在价值

珀金斯在出版菲茨杰拉德的处女作《人间天堂》时，曾遇到很大的阻力。当初在查尔斯·斯克里伯纳出版社讨论这本书是否纳入出版计划时，遭到了很多人的反对，其中包括老板斯克里伯纳。在编辑部月度会议上讨论《人间天堂》的书稿时，斯克里伯纳不置可否，说了句"我为我的出版品牌而自豪，我不能出版没有文学价值的小说"之类模棱两可的话。总编辑、美国极有声望的文学评论家布劳内尔则"断言这本书'轻浮'"。珀金斯毫不掩饰自己的愤怒，他当场表示："出版人的首要责任是出版有才华的作者的作品。如果这么有才华的人的作品我们都不出版，那问题就严重了……那样我们倒不如关门好了。"他对老板斯克里伯纳说："如果我们拒绝菲茨杰拉德这样的作者，我将对出版失去任何兴趣。"为什么36岁的珀金斯对24岁的菲茨杰拉德的小说寄予如此高的厚望，给予如此肯定的评价，甚至不惜向老板斯克里伯纳发出要辞职的通牒呢？这其实源于他了解20世纪20年代一战后被称为"迷惘的一代"的美国年轻人，并对当时美国文学出版中陈陈相因、中规中矩的保守现状表示不满。他认为菲茨杰拉德的处女作虽然在艺术上不成熟，但其中的描写充满了活力，反映了一代美国年轻人的心声。他在编辑部会议上有些固执的坚持，源于他已经让作者做了三次修改。当初编辑部在传阅菲茨杰拉德最初一稿《浪漫的自我主义者》时，总编辑认为"根本读不下去"，而珀金斯不仅饶有兴趣地读了，而且诚恳地指出书稿存在的问题，鼓励菲茨杰拉德认真修改，并且就书名、结构与作者沟通。果然，这本书出版后得到了市场和评论界的认可。《人间天堂》就像整个时代的一面飘扬的旗帜。它不仅引起了文学评论界的广泛注意，销售也势如破竹。"评论家马克·沙利文在《我们的时代》中写道：菲茨杰拉德的第一本书"所创造的分野就算不能说创造了一代人，也可以当之无愧地说它让全世界关注一代新人"。

在编辑海明威的长篇小说《太阳照常升起》时，珀金斯也碰到了类似的问题。珀金斯是从菲茨杰拉德那儿知道这位寓居法国的美国青年的，于是先阅读了海明威已经出版的一本短篇集，认为"海明威的写作有一种特别的气质"，于是向海明威约稿。珀金斯在阅读完海明威寄来的小说《太阳照常升起》的书稿后，写信给海明威，称赞"《太阳照常升起》写得非常出色。别人写不出比这更有生气的书"，认为这本书"堪称艺术之作"。但珀金斯十分担心这部书稿中某些粗俗的语言、与众不同的主题在出版社会通不过，便回家征求妻子路易丝的意见，结果得到妻子的坚定支持。在讨论海明威的《太阳照常升起》之前，老板斯克里伯纳认为海明威的小说中性描写惊世骇俗，被作品中"粗俗亵渎"的内容"惊得目瞪口呆"，但他是一个有文学出版情结的人，既担心放过了优秀的作品，更知道如果断然否定这本书稿会无法说服珀金斯，只好去找作家、格兰特法官听听意见。而珀金斯则认为这不仅是一部书出版与不出版的问题，而是"我们争取年轻作家的关键一步"。尽管后来选题在编辑部会议上以微弱多数勉强通过，但社里的年轻编辑们认为，如果斯克里伯纳真要否决了这本书，那么"珀金斯就要辞职了"。

从以上两部书稿的出版过程来看，珀金斯作为一个普通的编辑，有着与众不同的审美眼光和市场判断力，敏锐地看到一代青年作家突破以往艺术范畴所做的探索。他具有高超的鉴赏能力，但同时又具有担当精神，面对压力，敢于坚持自己的意见。"选择是编辑要素的首要原质"，珀金斯对书稿的正确选择不仅扩大了查尔斯·斯克里伯纳出版社的影响，而且引领了一个时代的文学风尚。

二、编辑要协助作者提高作品的质量，让作品在雕琢中焕发永恒的艺术光彩

从不少传之后世的经典作品的出版过程来看，最初作者本身具有丰富的生活积累，有很强的创新意识，但是作品可能有这样那样的缺陷，而经过编辑的点拨和修改，作品得以完善，方成为传世之作。此时，编辑的价值与主体作用在这里就充分显现出来了。如前面提到的菲茨杰拉德《人间天堂》，珀金斯让其修改了三次。最初菲茨杰拉德投来的是一部杂乱无章的个人文集《浪漫的自我主义者》，珀金斯认真地提出了意见，指出作品

在结构上、情节上、人物处理上都存在问题，但珀金斯没有完全否定作者，去信希望他修改得更为紧凑，"届时我们将马上重读"。珀金斯的话给了菲茨杰拉德极大的鼓舞。他在退伍之后开始重写，并将修改稿再次送给珀金斯。但这部书稿在查尔斯·斯克里伯纳出版社的月度编辑部会议上第二次被否定。珀金斯锲而不舍，建议菲茨杰拉德把小说中的叙述角度从第一人称改为第三人称，这样作者与素材保持一定的距离。菲茨杰拉德听取了珀金斯的意见，才有了第三次险胜的结局。再如海明威的《太阳照常升起》书稿中，原来有"十来处不同的段落可能会触犯大多数读者的第三神经"，因为"污言秽语和不堪的人物描述可能导致整本书被禁，引来诽谤官司"。海明威听从珀金斯的意见，花了一个多月的时间，"尽可能删去他认为可以删去的词"。菲茨杰拉德的长篇小说《了不起的盖茨比》交给珀金斯后，尽管珀金斯认为这部书稿"是非凡的，蕴含了各种思想和情绪"，但作品的人物形象模糊，情节进展缓慢，特别是第6章、第7章的结构显得"松松垮垮"，缺少节奏和连贯性。珀金斯提出的修改意见，菲茨杰拉德十分信服。正在意大利罗马的菲茨杰拉德在回信中说："你的电报和来信对我来说价值百万。"菲茨杰拉德从第1页开始改起，直到自己和珀金斯满意为止。

三、编辑要全方位地服务作者，运用一切手段激发作者的写作欲望，让他们保持旺盛的写作能力

一流的作者才能有一流的作品，在某种程度上，作者是出版社的"上帝"。出版社如何服务好作者，获得作者的信任，培养作者对出版社的忠诚度，作为出版社与作者之间桥梁的编辑，在其中扮演着十分重要的角色。因此，编辑不仅要有责任意识、中介意识，还要有服务意识。正如《编辑人的世界》中所说："忠于你的作者，激发他们潜在的才华，同时好好善待他们。出版你发掘到的或送上门来的最佳作品，假如文稿还有可以改进的空间，就不要急着把它送进印刷厂。"

如何服务作者，首先出版社和编辑要维护作者的经济权益，支付合理的报酬；同时，对于有潜力的作者，出版社不要仅仅局限于一时的得失。正如珀金斯对待菲茨杰拉德和海明威、沃尔夫一样，向他们预支稿费，并且解决他们的一时之需。"我们对作者要绝对真诚，一旦信任作者的写作

水准和作者本人,那么即使有长时间的亏损,我们仍会忠诚地支持他们。"除了在经济上保障作者的权益之外,编辑不要高高在上,要认真倾听作者的心声,理解他们的喜怒哀乐,成为他们精神上的"保姆"和"保健医生"。作者也有七情六欲,因为世俗的困扰,他们往往有情绪低落的时候,编辑要能够把握作者的心理状态,不断地向他们补充正能量。如菲茨杰拉德成名之后,一度沉溺于花天酒地之中,珀金斯不断地提醒他,督促他,促使他写作优秀的作品。在 20 世纪 20 年代无线电通信尚未普及的背景下,给作者写信成了珀金斯与作者联系的唯一方式。他每天都向秘书口授一二十封信,不仅与作者谈作品,还嘘寒问暖,掌握作者思想动态。菲茨杰拉德后来写信给珀金斯说:"我是一个优秀的作家,是你那些了不起的信帮助我树立了这种自信。"麦考米克还称赞珀金斯说:"珀金斯是无法超越的,他具有非常独到、极其敏锐的判断力,又以激发作者写出其最佳作品的能力而闻名。"由于珀金斯为沃尔夫的长篇小说《时间与河流》倾注了大量的心血,沃尔夫将小说题献给了珀金斯。他在扉页上写道:"献给:马克斯韦尔·埃瓦茨·珀金斯,一位杰出的编辑,一个勇敢、诚实的人,他坚持与本书作者度过苦涩、无望和疑虑的日子,让作者在绝望之时也不放弃。"正如美国道尔布戴出版社总编辑肯尼思·D. 麦考米克评价珀金斯时所说:"他会帮助他们确定作品的结构;给书起标题,构思情节;他可以是心理分析师、失恋者的顾客、婚姻法律师、职业规划师,或者放款人。"

四、编辑还要积极推介图书,让社会和读者认识作品的真正价值

编辑发现作者和作品,通过加工修改,编辑校对,装帧设计,使其成为出版物,在现代出版流程中,编辑还不能说是完成了使命。如何让更多的读者了解这本书,放大作者的价值,这既是出版社经营的手段,也是巩固与作者友谊,留住作者的途径。珀金斯经手编辑的每一本书出版后,他都会向很多的作者和评论家推荐新作,向他们寄送样书,请他们写书评。在 20 世纪 20 年代,书评家的好评对于图书的销售是至关重要的一环。海明威的长篇小说《太阳照常升起》出版后,出版社和海明威做了大量的宣传工作,让读者了解这本书的文学价值,结果销量直线上升。原来出版过海明威作品的博尼与利弗莱特出版社的一位合伙人找到他,希望海明威回

到他们出版社继续合作，并允诺支付"大笔预付金"。海明威则直截了当地说，这件事情免谈，他对斯克里伯纳百分之百地满意。他满意的主要因素，是珀金斯为编辑此书而做出的努力以及为此书所做的"铺天盖地"的广告宣传。而在此之前，海明威的作品很多的出版社都不愿出版，现在海明威获得了前所未有的荣誉。菲茨杰拉德一生的所有作品都在珀金斯所在的查尔斯·斯克里伯纳出版社出版，他认为珀金斯是自己"永远"的出版人。正如他写给珀金斯的信中所说："作为年轻人，虽然我不能完全赞同你们的某些出版理念，但你和斯克里伯纳的为人，以及我在那里一直能感受到的严谨、客气和虚心，还有你们对我的作品的礼遇——如果我可以这样说的话——都远远足以弥补我们的差异。"

五、编辑在发挥主体作用时所必须具备的条件

（1）编辑的敬业精神。编辑打造出版精品，如果是凭运气，可能偶尔会碰上一两个优秀的作者，出版一两本好的作品，但一个编辑能够不断地发现新人和新作品，与其高度的责任感和充沛的激情是分不开的。如前所述，珀金斯为了出版具有新质的作品，冒着被辞退的风险，坚持要出版菲茨杰拉德与海明威的作品，与此同时，他不厌其烦，帮助作者一遍又一遍地修改稿件。如沃尔夫当初送来的三大木箱杂乱的《时间与河流》的手稿，他帮助清理，然后与作者一起经过了长达两年的修改，才得以出版。这期间，他不仅奉献了自己的智慧，而且有时通宵达旦地与作者讨论、争执。甚至为了理解作者的写作意图，他们一起到沃尔夫获得灵感的酒吧去体验生活。据沃尔夫自己估计，《时间与河流》中他多写了五十多万字，只有很小一部分被收进了书中。这些被删节的内容，是在珀金斯的一再坚持下而拿掉的。

（2）编辑的专业背景。对一部手稿价值的判断，与编辑的鉴赏能力是分不开的；而编辑鉴赏能力的获得，在于其之前的教育背景与实践经验。如珀金斯毕业于哈佛大学经济系，在学校时担任过校园文学杂志《哈佛之声》的编辑，自己在上面发表过一些作品。毕业后他到《纽约时报》做记者，撰写过一些新闻稿件。后来他到查尔斯·斯克里伯纳出版社担任过广告经理，然后才做文字编辑。他在应聘出版社广告经理时的信中写道："我不仅天生就爱好图书，并深受书的影响，而且我非常渴望这份工作。"

他喜爱文学，反复阅读托尔斯泰的作品，自己买了很多本《战争与和平》送给菲茨杰拉德和海明威以及别的作者朋友。同时，广告经理的经历使他养成了对作品的直觉与鉴赏力，养成了对读者阅读趣向的把握能力。沃尔夫的经纪人玛德琳读了珀金斯修改的《时间与河流》后，曾经问他："你自己为何不写作呢？我觉得你的写作水平会远高于现在的大多数写作者。"珀金斯回答说："因为我是编辑。"所以，"他自愿把自己的想法提供给那些既有时间又愿意投身于单本书写作的作者，以此来宣泄被自己压抑的写作欲望"。正因他具有一定的写作水平与鉴赏能力，对待作者的稿子，他一眼就会看出其中的不足和瑕疵。在珀金斯的编辑生涯中，他向秘书口授了成千上万封给作者的信。这些与作者讨论作品的信件，凝结了珀金斯对文学的思考。收到他的信的很多作家都认为，珀金斯谈起文学时能比任何作家都谈得更好。

（3）编辑的职业素养。"编辑是全面动员自己的个性、人格、人生观、世界观，以及知识、教养、技术，甚至日常生活方式等个人的一切，从事与作者或创作书籍有关的工作。"一位编辑一生中要与很多的作者打交道，正确处理与不同作者的关系，因人施策，也体现出编辑的职业素养高低。珀金斯在编辑实践中，对待不同的作者，则根据他们的性格与阅历，给予不同的指导和帮助。司各特·菲茨杰拉德对批评非常敏感。他可以接受批评，但是做他的编辑，你得对自己提出的任何建议有把握。否则，菲茨杰拉德不会轻易接受意见。海明威比较容易过度修改，矫枉过正。如《永别了，武器》的某些部分他写过五十遍。珀金斯说，"当作者要破坏他作品的本色时，这就是编辑介入的时机。但别介入得太早，一刻都不能早"。如他及时地阻止海明威对《太阳照常升起》的过度修改，保持了作品的特色。再如他花了数百个小时在"丛林般的夏夜"辛苦工作，帮助沃尔夫修改《时间与河流》时，列下了几百条很具体的修改意见。为了一个细节或一个章节，两个人彻夜讨论、争执，以至于后来有人认为此书不是沃尔夫本人写的，而是沃尔夫与珀金斯合作的产物。但珀金斯一直认为："作品是作者本人的。""编辑最多是作者的仆人……不要试图把编辑个人的观点强加于作者，也不要把他的风格变得不像他自己。"

（原刊于《中国编辑》2017 年第 12 期）

精品打造过程中编辑的价值

精品出版物反映了一个时代的文化创造能力,标志着一个民族的思想高度、文化厚度和精神高度。精品出版物一般都具有思想精深、内容精湛、制作精良、经久不衰的特质。而在精品出版物的打造过程中,编辑是出版活动的组织者、出版物的发现者和培育加工者。因此,编辑的高度决定了出版物的高度。在精品出版物的打造过程中,编辑发挥着至关重要的作用。

一、编辑在精品出版物打造中扮演的角色

在精品出版物诞生的过程中,有人说编辑是精品出版物的"助产士""催生婆",这种比喻有一定的道理,在整个出版流程中,作者是关键,编辑只能为作者做一些辅助工作,特别是原创性的作品,单个的作品,编辑无法取代作者的劳动。美国资深编辑珀金斯曾说:"书属于作者,编辑不创造任何东西。"但在很多精品出版物的诞生过程中,我们却可以看到编辑除了当好作者的"助产士"和"保姆"外,有时候,编辑还是精品出版物的组织者、发现者和培育者。

(1)组织者。有不少精品出版物,特别是一些大型的出版项目,是出版社和编辑在宏观把握社会生活的发展变化、市场的需求后而主动策划与组织的,出版者和编辑在其中起着组织者与协调者的作用,甚至起着领导者的作用。如民国时期商务印书馆和中华书局分别出版的《辞源》《辞海》,皆由商务印书馆和中华书局聘请陆尔奎、舒新城担任主编组织完成的,并非某位作者个人的作品。再如商务印书馆总经理王云五在20世纪上半叶策划主编的大型丛书《万有文库》,"为苦难的中国提供书本,而不是子弹"(美国《纽约时报》评价),共有4000册,1721种,这纯粹是由

出版单位自行策划的。20世纪80年代以来，湖南人民出版社相继出版的《走向世界丛书》、湖南科学技术出版社陆续出版的《第一推动丛书》、四川人民出版社逐步完善的《走向未来丛书》、商务印书馆的《汉译世界名著丛书》、长江文艺出版社的《跨世纪文丛》《九头鸟长篇小说文库》等大型丛书，都是由出版社提出策划方案，与主编或作者沟通后，按照体例来组织稿件或者遴选书籍。在这些大型项目的出版过程中，出版社和编辑在其中发挥重要的主导作用。

（2）发现者。有不少的出版物，由于种种原因，藏在深闺人未识，或者说明珠暗投，但碰上了有鉴赏力、有判断力的编辑，作品方得见天日，"丑小鸭"才能变成"白天鹅"。如作家巴金在20世纪30年代完成的中篇小说《幻灭》，本来计划自费出版，但临时担任《小说月报》主编的叶圣陶一天到巴金的朋友索非的办公室去，发现了巴金的这部稿件。叶圣陶读后觉得巴金写出了军阀统治下的上海青年人的抗争与苦闷，塑造了一个为了信仰而甘愿献出生命的青年人形象，决定在刊物上发表并且出版单行本。这极大地鼓励了巴金，他从此走上了文学创作的道路。他终身感谢叶圣陶，认为如果没有叶圣陶他不仅不会成为作家，也可能会饿毙街头。再如四川作家阿来的长篇小说《尘埃落定》，曾先后向数家出版社投稿，但后来人民文学出版社的周昌义、洪清波阅读后，认为这本描写四川少数民族生活的长篇小说有其特殊的价值。小说在《当代》杂志上刊发后，由人民文学出版社出版单行本，最终获得茅盾文学奖。《尘埃落定》奠定了阿来在文坛的地位，也促使他充满信心，创作了一系列的优秀作品。

（3）培育者。有些出版物，可能具有比较好的基础，但离出版或成为精品还有一定的差距，这些作品后来经过编辑的指导、加工，而终于成为精品奉献给读者。如美国的天才编辑珀金斯，当青年作者菲茨杰拉德将处女作《人间天堂》交给他后，他要求列入出版社的出版计划时，曾遭到出版社内很多人的反对，包括出版社的老板，但他坚持认为作者的作品虽然还存在一些缺陷，但主要人物很好地反映了一战后"垮掉的一代"青年人的精神面貌，是一个新的文学形象。他鼓励作者，指导作者修改作品，经过艰苦的努力，最终小说得以出版。菲茨杰拉德从此走上了文学道路，成为20世纪上半叶美国的重要作家。除此之外，珀金斯后来还培养了沃尔夫、海明威等一系列知名作家。这种经过编辑的努力而使作品获得声誉的过程我也曾经历过一次。上个世纪末，当作家、诗人熊召政将他的长篇历史小说《张居正》第一卷的初稿交到我手上时，经审读后，我认为作者在构思时拘泥于史实，没有按照小说的艺术规律展开充分的想象，叙述凝滞，阅读有一定的障碍，希望作家再次进行修改。作家熊召政经过深思熟虑后决定放弃第一稿，重新构思，重新撰写，第二稿与第一稿相比有质的飞跃，最后他的四卷本长篇历史小说《张居正》获得了第六届茅盾文学奖。作者在书赠给我的条幅上称赞我有"点石成金"之妙。当然，这是作者的溢美之词。

二、打造精品出版物的过程中对编辑素质的要求

在打造精品出版物的过程中，能否取得成功，编辑是其中的核心要素。那么，什么样的编辑才能胜任这项工作呢？

（1）教育背景。在教育不昌明的时候，个别人通过自学可以取得成功。如编辑大家王云五，他没有受过系统的学校教育，靠自学获得丰富的知识，曾经自创"四角号码查字法"。还有历史学家张舜徽，自学成才，著述等身。当然，这是特例，不具有普遍性。在教育普及的时代，编辑必须受过良好的教育，具有良好的教育背景。同时，不同专业的出版社必须招聘相对应的专业学生。如医学编辑，古籍编辑，计算机编辑，如果没有经过相应的学历教育和专业教育，是不可能胜任专业工作的。

（2）专业训练。编辑工作有一定的规范，作为一个优秀的编辑，首先要经过职业技能的学习与训练，做到基本技能娴熟，完全能够胜任独立编辑工作才行。按照编辑职业规范，要具有编辑职称才能独立承担图书的编辑任务。这包括要了解编辑工作的全流程，了解稿件审校时的技术要求，文章修改时对语言规范的要求、版式设计时对书籍体例的要求、对现行出版政策的了解，还要有过一些编辑工作实践和经验等。

（3）勤学慎思。获得过高等学校教育对于编辑而言只能表明已经获得了进入出版行业的门槛，经过一段时间的实践，可以担任编辑工作。但如果要成为一个优秀的编辑，还必须与时俱进，不断学习新的知识，做到专与博结合。如有可能，还要进行必要的学术研究。从世界出版史和中国出版史来看，凡是有成就的编辑，大多数自己都是博览群书，术有专攻，写作著述，皆有所成。如鲁迅、巴金、叶圣陶、张元济、周振甫等，既是编辑大家，又是作家、学者。如岳麓书社首席编辑唐浩明先生，从华中师范

大学古典文学专业研究生毕业后，负责编辑《曾国藩全集》，他从担任责任编辑入手，进而开始研究曾国藩，不仅写下了很多研究性的论文，还创作了多卷本长篇历史小说《曾国藩》等，整理评点《曾国藩家书》，成为一个集编辑、作家、学者为一体的角色。

（4）敢于实践。精品的打造需要富有创造性思维的编辑，编辑要敢想、敢干、敢于实践。很多传之后世的精品力作，当初只是一个设想，策划者也并没有估计到将会产生的社会影响，而是在试错中获得成功。陆费逵认为书商要"脑筋清楚，处处留心，要有勇气，不读无益的书"。如湖南科技出版社的《第一推动丛书》，当初学工业理论的李永平受到中国科技大会上郭沫若《科学的春天》一文的启发，希望开发一套提高全民族科学精神的系列丛书。他们引进了霍金的《时间简史》，但第一次征订，订数只有500本，他们没敢开印，直到台湾的繁体字版出版之后，此书在全世界翻译成多种文字后，他们才敢出版简体字版的《时间简史》。湖南科技出版社以此为开端，开始陆续推出霍金及其他作者的类似图书，形成了一套提高中国人科学精神的普及读物。再如长江文艺出版社1992年出版《跨世纪文丛》时，正值严肃文学走入低谷，王蒙的小说集当时在新华书店征订也只有几百册，但出版社与策划人一次推出了格非、苏童、余华、方方、池莉等文学新锐和先锋派的作品12册，结果一炮打响，第一辑销售20多万册，一举扭转了中国内地图书市场上港台言情、武侠作品的一统局面。当时，谁也没有完全估计到这套书出版后能在文学界和作者中产生如此巨大的影响，但出版者和策划人敢于实践的努力，开创了中国文学出版的新局面。这套书后来陆续推出7辑、近70位作家的作品，被文学批评家和文学史家认为是一座"新时期文学的丰碑"。

（5）甘于寂寞。在前不久举行的中国十大优秀编辑评选过程中，商务印书馆的编辑郑殿华进入了终评。如果从他的获奖图书情况来看，与别的候选者比较，他业绩不算最突出。但参加评选的评委对他的情况比较熟悉，说他近年来的主要工作是在负责做《中华学术名著文库》这套书。这套数百册的具有文化积累价值的大书，耗时长，是集大成的工程，很多作品单独拿来评奖没有优势，一套书做出来又需要很多年，但郑殿华作为项目负责人，为此做了多年默默无闻的工作。最后评委还是将票都投给了他，以褒奖他的奉献精神和工匠精神。

在中国近代出版史上，此类埋头苦干、甘作人梯的编辑还有很多。如大家熟悉的周振甫、王仰晨，他们在编辑岗位上几十年如一日，为他人作嫁衣，赢得了作者的尊重，为社会奉献了很多的精品力作。如周振甫年轻时在开明书店担任校对时，发现吕调阳《汉书地理志详释》一书中有不少注释不妥，便撰写长文指出不足，当时开明书店分管他的领导王伯祥认为周振甫的文章有据可依，可以代表编者的意见，同意将这位仍是校对工的文章附在书后。1948年，周振甫担任钱锺书《谈艺录》的责任编辑，为这部书加了提要性的小标题，指出了其中很多可以商榷之处，后征得钱锺书同意，这些修改意见得以刊用。该书出版后，钱锺书亲笔赠言："校书者如观世音之具千手千眼不可。此作蒙振甫兄雠勘，得免于大舛错，得赐多矣。"周振甫一生不仅编辑了很多精品力作，而且自己撰写了几百万字的著作。王仰晨是人民文学出版社的编辑，自学成才，先后编辑了《鲁迅全集》（1981年版）、《茅盾全集》、《巴金全集》、《巴金译文全集》等。1942年他与巴金就相识，从1963年到1995年间，两人有396封通信，巴金尚在世时，有人据此编辑了《巴金书简：致王仰晨》一书。周振甫和王仰晨两位编辑几十年如一日，坚守编辑岗位，一生都没有担任社级领导职务。到了晚年，他们仍以抱病之躯继续为作者服务，默默无闻地奉献一生，为读者打造精品力作。

三、如何打造精品

精品打造，是一项复杂的系统工程，从选题的策划到书稿的落实，从编辑加工到装帧设计，从图书的推广到持续的营销，需要编辑全流程、全方位地参与其间。为了便于大家记忆，我用几组成语来分别概括其要义。用成语来表述出版的过程，可能会出现以偏概全和不科学、不准确之处，仅供参考。

（1）高屋建瓴，统筹全局。一个社出什么书或不出什么书，社长和总编辑一定要站得高看得远：既要着眼当前，又要谋划未来；既要立足于专业分工、队伍禀赋、历史积淀，还要研究市场趋势、竞争对手、读者变化、技术革新。否则，出版社东一榔头西一棒槌，零乱无序，书出了不少，钱也赚了一些，但出版社总是寂寂无名。

着眼当前，出版社要根据自己目前的队伍状况、产品情况，还有在市场上的表现，制定切实可行的短期目标，不要不切实际，想入非非，一心要在短时间内坐上本专业出版的头把交椅。着眼未来,出版社要在队伍建设、产品建设以及配套的制度建设上,拿出切实可行的措施,保证在一定时间内做出成绩。

出版社在统筹全局时,一定要研究市场的发展趋势,即国内外政治、经济、军事、教育、科学、社会生活等方面可能出现的新变化、新发展,特别是要研究与出版社本专业关系密切的领域,及时着眼产品布局。在产品规划时,不仅要知己,还要知彼,要研究竞争对手,密切关注对方的产品战略,随时准备采取应对措施。

因此,出版社的负责人,不仅要明确办社方向、选题思路,还要将此思路落实在每年的选题计划上。在制订年度选题时,出版社负责人征求各方意见后,一定要拿出自己的指导思想。出版社出什么书或不出什么书,计划朝哪个方向发展,要让全体编辑心中有数。选题策划最忌讳的是出版社负责人没有思路,没有方向,编辑们各显神通,报出来的选题如天女散花,形不成拳头和特色。

在中国近代出版史上,中华书局的创始人陆费逵在辛亥革命前夕,仍在商务印书馆供职时,即着手准备适合"共和"的教材,结果武昌起义一声枪响后,他马上拿出了具有时代性的中小学教材,很快打开了中华书局的局面。他在那篇著名的《中华书局宣言书》上,开宗名义地指出"立国根本,在于教育。教育根本,在于教科书"。陆费逵取得成功的根本,是他高瞻远瞩、高屋建瓴的结果。

在世界出版史上,这样具有高瞻远瞩境界的还有德国的苏尔坎普出版社。二战后,德国人的精神大厦完全坍塌,为了重振德国精神,以翁泽尔德为代表的苏尔坎普出版人在1959年开始推出"彩虹系列"图书。从文学、哲学、社会学、历史学、心理学等方面细心选取具有前瞻性,具有引领价值的图书。这套图书对于重建德国文化,提高德意志民族的思想水准,发挥了巨大的作用,受到各方的肯定。

我在长江文艺出版社负责时,根据出版社的专业分工、资源积淀,制订了八条产品线的发展规划。一是原创长篇小说,以《九头鸟长篇小说文库》为代表,先后出版了35位作家的优秀长篇小说。其中有获茅盾文学奖的《张居正》,有在全世界产生影响的《狼图腾》,还有入围茅盾文学奖的作家张一弓的《远去的驿站》、李锐的《银城故事》等;二是以《跨世纪文丛》为代表的新时期作家作品系列;三是历史小说板块,收录了二月河、唐浩明、孙皓晖、刘斯奋等人的36部作品；四是现代作家作品经典，如林语堂、周作人、萧红、鲁迅等人的作品；五是现当代作家散文经典；六是外国文学作品经典；七是当代新锐作家作品；八是文史文化类出版物。出版社重视原创，经营经典，做到了常销书与畅销书相结合的发展策略，出版社稳健持续发展。目前，本部的图书销售码洋达到4亿元左右，年创利2000多万元。这对于一个没有一本教材教辅的地方文艺出版社而言，已属不易。

（2）触类旁通，由此及彼。精品图书的策划出版，有一个互相影响、互相促进的关系。影响不是模仿，而是互相启发。民国时期辞书出版方面，各家出版社之间你追我赶，形成了辞书出版热。如商务印书馆1912年由陆尔奎、蔡文森等费时5年编纂出版了新型语言工具书《新字典》；1915年，中华书局出版了由欧阳溥存等人编纂的收录了4.8万个字的《中华大字典》；1915年，商务印书馆出版了由陆尔奎等人编纂的词典《辞源》；1936年，中华书局出版了大型词典《辞海》。商务印书馆与中华书局互为竞争对手，互为学习对象，在一定程度上促进了精品的出版。与此同时，它们的出版风格，又影响了更多的出版社。

在21世纪来临之际，很多出版社注意总结上世纪的文学艺术的成就，如人民文学出版社出版了《中华百年散文精选》，在市场上反映不错，这时有一位散文家也编选了一本类似主题的书稿，这本书稿在一家出版社曾经三审三校过了，结果一直没有出版。当他把这个选题告诉我时，我立即想到了人民文学出版社的那本书，当即表态同意出版。后来我把这本散文集的题目改为《百年百篇经典散文》，定价28元，封面设计也很醒目，结果在很短的时间内销售了8万余册。在此基础上，我们又组织编辑沿着这个思路，编选了游记、美文、短篇小说、中篇小说、微型小说，接着又延伸到国外，又编选了一些类似经典选本。这些选本的销售，一般的有三五万册，至少也有一万余册。后来出版社又多次改版，这套书现在成了常销书。

这种触类旁通绝不是模仿。如果是模仿，不仅有法律风险，而且不会有大的市场，也不会成为精品传之后世。后出者往往要独辟蹊径，填补空白，而且要超越以往，后出转精。

（3）"攀龙附凤"，"狐假虎威"。出版社尽管提倡要培养新人，发掘作者，但真正能给出版社带来明显效益的，还是一批重量级的作者。一流的

我的出版实践与观察

作者才有一流的作品,所以出版社在一定程度上要"攀龙附凤",去"傍名人"。如果换句话来表述,就是要寻找、遴选优秀的作者,站在巨人的肩膀上,这样才能保证出精品。

这种争夺名人书稿的出版故事,没有比民国时期商务印书馆与中华书局争夺梁启超作品更为典型。

在近代中国,用言论影响国人,并开辟舆论阵地者,梁启超是第一人。梁启超一生致力于政治变革、思想启蒙及文化救国,著述等身。中华书局作为近代中国重要的出版机构之一,成立后便与梁启超建立了密切的合作关系。因此,中华书局20年内连续三次整理出版了《饮冰室集》。

但是,商务印书馆同样看重文化巨匠梁启超。1916年,为争夺《饮冰室全集》的出版权,中华书局曾与商务印书馆发生矛盾。这年六七月间,中华书局首先在报上刊登发售《饮冰室合集》的预约广告,与此同时,商务印书馆也发售了预约征订梁任公先生编定《饮冰室丛著》48册的广告。中华书局见状急了,为了表明自身对梁启超文集的出版拥有权,也为了警告商务印书馆不要插手,中华书局杀鸡儆猴,在报上刊登声明,称对《庸言》及《大中华》杂志上的文章拥有版权,将控告任何编选梁启超作品的出版者。

为了抢得出版权,商务印书馆派律师多次上门与梁启超商谈,愿代偿梁启超向中华书局所借3000元以赎回《庸言》版权,或将《庸言》版权交给商务印书馆。中华书局当然不愿坐视。1916年9月,中华书局负责人陆费逵为此特访张元济于商务印书馆,出示了《大中华》和《庸言》与梁启超所订的契约。而张元济则认为商务印书馆并没有侵犯中华书局版权的意思,梁启超自行编辑,与中华书局无关。当月24日,张元济紧急造访梁启超,梁启超出示了与中华书局所订的《饮冰室合集》合同,并称中华书局已经复信允许其自编文集及采用《大中华》文字。最终的结果,中华书局的《饮冰室合集》和商务印书馆的《饮冰室丛著》在9月同时出版。

长江文艺出版社北京中心将自己"傍名人"的战术概括为"掐尖",意为不是一流的作者不做,是一流的作者就要争取过来。这不能说没有一定的道理。在精品出版的过程中,虽然普通作者也可能会写出有分量的作品,但从保险系数来看,一流作者写出一流作品的概率更大。

(4)推陈出新,升级提档。我们在出版的过程中会发现,精品毕竟是金字塔尖上的少数,很多精品出版物,是通过修订、整合,形成规模化、才彰显出内在的价值。

湖北少年儿童出版社推出的《百年百部中国儿童文学经典书系》,包括了百年来中国儿童文学创作的精华。收入这套丛书的作品,有些过去曾产生了一定的影响,但随着时间的流逝,很多作品已经不为人所知。这次集中成规模推出,影响巨大,向人们展示了中国儿童文学百年的进程与收获,大系出版后,得到了创作界、学界的肯定,成为出版社的看家书和常销书。

再如商务印书馆的《中华学术名著丛书》日前推出了120年纪念版。这套书,商务印书馆1897年首创不久就开始出版,第一本是1912年出版的《马氏文通》,其后,陆续出版了一些具有原创精神并富于学术建树的精品力作。2009年,商务印书馆在此基础上,全面整理中华学术成果,一次推出了200种纪念版。据商务印书馆介绍,该丛书收录了上迄晚清、下至1980年的学术名著。以人文社科为主,涵盖文学、历史学、哲学、法学、政治学、经济学、社会学、教育学、地理学、心理学、科学史等众多学科,意在辨章学术,考镜源流,收录各学科学派的名家名作,展现传统文化的新变,追溯现代文化的根基。丛书立足于精选、精编、精校,希望无论多少年,皆能傲立于书架。

著名出版家赵家璧在良友图书公司负责时,曾经推出过一套《中国新文学大系》。这套书分10集,500余万字,收录"五四"以来第一个十年文学创作的精华,为后人研究现代文学史提供了十分系统的参考资料。无论是总序的作者蔡元培,还是分卷的主编,都是现代文学史上的巨擘。这10名编选者各自写下了论述精当、切实中肯的导言。这些导言梳理了现代文学第一个十年的发展情况,脉络清晰,从容有度,已基本具备文学史的雏形,被后世文学史家反复引用。

(5)动若脱兔,风驰云走。精品的出版虽然需要精雕细刻,但在市场经济的条件下,竞争激烈,在选题的策划上,作品的争夺上,需要行动迅速。人民文学出版社编辑周昌义在《记得我当年差点毁了路遥》一文中曾写道:"编辑拜访甚至纠缠著名作家,争取他们赐稿,是编辑的基本功。当时有'四大美编'之说,就是四个著名的美女编辑,在更加著名的作家面前,攻无不克,战无不胜。还有一些不是美女,但其坚忍执着超越了美女。当时威震天下的天津作家蒋子龙,就曾经遭遇两个美女编辑抢稿,犹豫不决之时,去了一趟卫生间,桌面上的手稿就被人抢走了。"

当年开明书店出版林语堂的《开明英文读本》时,章锡琛一口气答应了林语堂要求每月预付 300 元生活费的条件。当时开明书店资本不过 5000 元。章锡琛的这个英明决策，为开明书店带来了一次重大胜利。这本书后来成了开明书店的摇钱树，吃饭书。

我在长江文艺出版社任职时，先是出版了二月河 3 卷本的《雍正皇帝》，后来希望将二月河的另外两套书拿来出版《二月河文集》。但当时争夺激烈，先是陈建功、雷达、作协书记翟泰丰出面要二月河拿到作家出版社出版，后来双方因条件没有谈拢而放弃，这时不少书商闻讯，贷款要来做二月河的文集。因为当时二月河要求起印 10 万套，一次付清版税。按 2001 年时的定价，一套书简装也是 300 多元，精装是 500 多元，稿费需要 400 万元左右。2001 年，这不是个小数目，但我与班子成员商量后，答应了二月河的条件，签合同首付 100 万元。我当时为什么有这样的底气：一是我经过了测算，如果销售 3 万套基本可以持平；二是二月河长篇小说《康熙大帝》版权已由中央电视台买去正在拍摄电视连续剧，如果播放，按照电视连续剧《雍正王朝》的影响力，不管效果如何，都会带动二月河文集的销售；三是干什么事一定要敢于承担责任。当时社里也还是有人担心，也有人告状，一次预付二月河 100 万元现金，不是个小数目。我与司机一起，驱车几百公里将 100 万元送给了二月河。

还有一次部编教材配套阅读课外读物的出版。长江文艺出版社的现任社领导得知信息后，连夜乘车去找孙犁等作家或其后人，一举签下了几十本图书。等到其他社按部就班地去找作家时发现，很多版权已经被长江文艺出版社独家签走了。

（6）精雕细凿，如琢如磨。一部精品，必须是思想精深、内容精湛、制作精良，才能经久不衰。这就要求图书的出版像一件艺术品的诞生一样，需要编辑精心设计、精心打磨。在把握作品的整体结构、思想内涵、学术价值、语句规范、知识准确方面，做到精准无误。中国有一句成语叫"一字千金"，说的就是战国末年秦国丞相吕不韦，组织门客编纂了《吕氏春秋》。他让人把书抄写了一部，悬挂在咸阳的城门上，说如果有谁能够增减一个字，就赠予千金。这说明吕不韦对这套书的自信，也用来说明精品是经过反复的切磋与推敲的。

湖北人民出版社出版的《楚辞的文化破译》，出版后曾获得中国图书奖等奖项。作者萧兵是淮阴师范专科学校的教师，他交稿后我们发现，由于字迹潦草，多数字需认真辨别才能确认，责任编辑为此做了很多的工作。如责任编辑在审读报告中写他做了如下的工作："①调整全书框架，从原稿中抽出165个字目整理出详细的章节目录；②原稿近3000页，90万字，有不少的错页，径予调整理顺；③核对主要资料；④就少数观点与作者商改；⑤增加本书作为一部高质量学术著作不可缺少的重要附件，如英文内容介绍，有关评论文章摘要汇编；⑥增选大量图片，共计彩图8码12幅、黑白插图75幅；⑦较为繁复的版式设计；⑧最后与作者商榷在此书基础上向国际学术前沿靠近，用人类学方法来破解中国文化，将此书列为中国文化的人类学破译第一种。"

湖北与四川编纂的《汉语大字典》起步于1975年，第一卷完成于1986年，全书共收单字54678个，总字数超过2000万。不仅收了现代汉语，还收录了古代汉语。是一部古今兼收、源流并重、形音义结合，有史以来最大的字典，并且收录了能反映字形演变的甲骨文、金文、篆体、隶书等形体，注音分上古、中古、现代三部分。释义按本义、引申义、通假义顺序排列。最开始实行老中青、工农兵相结合，900多人参加。有工人、农民、军人，粉碎"四人帮"后，才由知识分子来编写。

由湖北崇文书局策划并出版的《马克思主义大辞典》是一部综合性学科辞典，全面反映中国共产党坚持和发展马克思主义理论和实践成果的工具书。这套书题材重大，涉及范围很广，参与编写的作者单位多达44个，包括中央党校、教育部、中国社会科学院、中央党史和文献研究院、求是杂志社、中央编译局、武汉大学、北京大学、中国人民大学等，其中作者人数达90多位。

这本大辞典的编写能否成功，质量十分关键。作者根据编辑体例和分工撰写条目后，各分卷主编和副主编两轮审稿，出版社经过三审三校后，又委托10位外社资深编辑加审；编委会则委托中央编译局专家和侯惠勤（中国社会科学院马克思主义研究院党委书记、副院长）、田居俭（当代中国研究所研究员、学术委员会顾问、中国史学会理事、中华人民共和国国史学会常务理事）、丁冰（首都经济贸易大学教授、博导）、任大奎（中国人民大学教授、教育部邓小平理论和"三个代表"重要思想研究中心特约研究员）等专家作为外审。另外，根据中宣部出版局的要求，安排北京大学等全国12家重点马克思主义学院对书稿又进行了通读审阅。

尽管书稿经多轮审改，交稿时仍难免还有文字错讹。因字形相近，或译名同音误用，打字时或审阅时容易漏过。还有些致命的错误，如将"马克思"误写为"马克恩",将"恩格斯"打成"恩格思"。还有译名,人名、地名、书名,同一名称在不同的条目里各有不同。如伯恩施坦/伯恩斯坦、安年科夫/安年柯夫、德谟克里特/德谟克利特、沃尔弗/沃尔夫、笛卡儿/笛卡尔、施米特/施密特、巴甫罗夫/巴甫洛夫、蒲鲁东/普鲁东、特里尔市/特利尔市、《爱尔兰的政治解剖》/《爱尔兰政治剖析》。同一名称的不同译名是比较普遍的现象,不同作者采用不同来源的资料,更易出现不同用字。在前后不同、相距较远的条目中找到这些译名不是一件容易事,需要进行专项检查,根据《辞海》和中央编译局翻译的经典文献进行统一规范。有时《辞海》与经典文献不一致,还需征求作者意见,决定取舍。经过多轮会战,清样出来后,又请本省编辑抽查,仍发现好几处引文与原书有出入。于是,由作者出面请作者在武汉大学马克思主义学院的博士生对全书引文一一核查,同时请湖北人民出版社安排十多位编辑再通读全稿,重点核查引文及作者名、作品名、人名、地名、作品发表时间、人物生卒年等资料。

上海辞书出版社的巢峰,把辞书的出版当成一生的事业,八十多岁高龄还在兢兢业业坚持工作。据巢峰透露,编纂《辞海》第五版时,审稿者提出了详细的审稿意见。其中有个学科400余个条目,终审时的意见有21页;某个收900余个条目的学科,终审意见有22页;另一学科900余个条目,复审意见有99页。条目合并后,又进行了三次通读和八种专项检查。正是基于这种层层把关的一丝不苟精神,《辞海》被称为精品。2016年12月29日,为庆贺《辞海》出版80周年,习近平还专门去信为这部原创性的文化精品工程点赞。

(7)咬定青山,锲而不舍。精品的出版并不都是一帆风顺的,往往也会出现挫折。同时,既然要打造成精品,往往旷日持久,需待以时日,当初就不能寄希望很快就会"闻达于诸侯"。编辑要有定力,而且对于名利要有淡泊之心。但只要你自己认定这是一项有价值的工作,努力就一定会得到承认。俞晓群在辽宁教育出版社主持编纂《新世纪万有文库》,沈昌文为这套书写宣传语时,引用了马克思的一句话:"我们的事业并不显赫一时,而将永远存在;面对我们的骨灰,高尚的人们将在我们的墓前洒下热泪。"作为编辑,要坐得住冷板凳,必须牢牢记住马克思的这句话。

(原刊于《出版参考》2019年第2期,标题略有修改)

融合与坚守

人类何曾想到，0 和 1 这种简单的数字通过不断变化的排列组合，有一天会通过计算机改变我们的生活，甚至重新书写人类的生产生活方式？这种汹涌澎湃的数字化浪潮，正席卷国内外所有的行业，包括我们置身其中的出版。

曾几何时，我们无视计算机和互联网技术的魅力，认为纸和笔是神圣而不可取代的载体；曾几何时，我们又恐惧计算机和互联网技术的魔力，以至于有人预言"2018 年纸媒会完全消亡"。但，时光的流逝，终于让我们发现了信息技术与互联网技术顽强的生命力和创新能力，在互联网和移动互联网席卷所有行业的暴风雨面前，我们还发现了传统媒体，特别是纸质图书的存在价值与坚强，最初的无视与最初的惶惑已经过去。现在，我们也许要深入认识传统媒体与互联网"联姻"的最佳范式。

最开始尝试"梨子滋味"的总是体制外的新生力量，无论是新浪、腾讯，还是万方、知网，抑或众多的阅读网站，它们最先找到信息技术与互联网技术的入口，将信息传播与互联网技术天衣无缝地衔接起来。它们不仅第一时间占领了信息传播的阵地，而且在资本市场上成功掘到了第一桶金。

在出版的全流程中，我们的国有出版企业也开始注入互联网"基因"，虽然接受程度的深浅不同以及速度的快慢各有不同，但我们尝试着从管理的信息化入手，从营销的某些环节入手，从产品的数字化入手，从延伸产业链入手。转型、融合已经成为全行业的共识，即使是最保守的从业者，也开始考虑如何寻找互联网的风口。

管理的信息化我们不用描述，作为工具的互联网使我们倍增了工作效率。信息技术使得我们找到了广阔的天地，从网站的页面，到微博、博客、论坛、贴吧、视频到移动互联网，从客户端、App、二维码到微信公众号，营销的手段与方法层出不穷。我们且不说当当、京东、亚马逊的便捷，让天南海北的读者不再为找书而困惑，也让出版社的长尾伸进了读者的案头，出版社的网店、微店、社群营销，更是如水银泻地，无孔不入。数字出版与阅读从单纯的电子图书发展到多媒体的交互使用，检索功能的扩大，为研究与阅读打开了更多窗户。

但是，也有观察者认为，整个行业的转型仍不容乐观。我们的大多数媒体，与读者的期待相比，仍缺少紧迫感，缺少担当与责任，缺少强大的内驱力，缺少面向未来的互联网思维，缺少深度融合的出版新业态。目前的融合，主要还停留在出版单位的管理与产品的营销上，深度的融合还停留在理论和讨论之中。

但是，也有人认为，政府投入如此巨大的资金支持转型和融合，为什么出版单位还在姗姗而行，少有新的突破与成果？是认识上的误区，体制的束缚，还是人才的缺乏？焦虑和烦躁在出版界蔓延，人们言必称数字化，言必称融合与转型，所有的媒体，讨论的主题几乎都是千篇一律。

实际上，从人类传播史、出版史和阅读史来看，从甲骨金石、竹简木牍，到丝帛纸张，再到今天的互联网，在人类的精神生活中，各种有形的和无形的载体，只是一种技术手段，通过它们将抽象的思想与知识以信息内容记录、表达、呈现、传播。而每一种新的传播介质的出现并被广泛接受，主要在于它与上一种载体比较而言，更加经济与便捷罢了。把"互联网＋"当成一种思想和方法论，当成哲学的武器，恰恰验证了这个时代不少人的人云亦云。

所以，在喧哗与骚动中，我们应当冷静思考出版界的价值与作用，思考我们应当如何定位与行动。

吾以为，出版人的价值在于选择，在于对人类思想和智慧，科学技术的发明创造和社会实践活动的经验与成果进行加工和升华。至于我们采用何种载体，无论是物质的还是虚拟的，在本质上，其区别只在于传播的效率与速度，而不会碰撞出新的思想火花。我们要承认信息技术与互联网技术这对孪生兄弟对人类的贡献，如前所述，在出版的全流程中，它拓展了图书的蓝海，架设了作者、编者与读者沟通的桥梁，让单一产品的形态变得丰富而生动，但，形式无论多么多姿多彩，即使可能放大和倍增传播的效果，也绝不会改变精神产品的价值向度、深度和广度。

我要特别声明的是，我是互联网时代的拥趸者，每天我们都沐浴在数字化的阳光里，但是，在众声喧哗中，作为人类灵魂的引导者，我们不要盲从和妄自菲薄。我们不要将现象当成本质，不要将技术武器当成精神长矛。对于出版而言，要拥抱互联网的春天，插上互联网的翅膀，该转型的可以转型，该融合的就要融合，但该坚守的一定要坚守，不能用眼花缭乱的说辞去代替扎扎实实的耕耘，用碎片化、娱乐化去冒充知识的系统与缜密。没有任何一位先贤会说，纸张上印刷的《论语》，它思想的深邃会超过刻在竹简上的孔子的思想。

（原刊于《出版参考》2017年第3期）

从三个维度看融合出版

传统出版和新兴出版的融合发展，自 2015 年国家新闻出版广电总局和财政部出台《关于推动传统出版和新兴出版融合发展的指导意见》以来，成了一个高频的热词。不少出版单位寻找融合发展之路，在内容、技术、平台、人才、服务模式上进行探索，加大融合型人才的培养，试水融合出版，在一些具体项目上取得了初步的成功。如吉林科学技术出版社《勇敢孩子的恐龙公园》一书，使用跟踪系统即时定位读者的位置，随着读者通过手柄的操作，与虚拟现实技术（VR）眼镜中的恐龙进行互动，与传统图书比较，体验感和娱乐性大为增强。另外一些新兴的数字出版企业，携带自身的创新基因和人才优势快速抢占融合出版先机，在知识服务和知识产权（IP）开发上取得了丰硕的成果。如阅文集团、中文在线、同方知网、龙源等，借助多年的积累抢占融合出版高地。但是，无论是传统出版单位还是新兴出版单位，在融合出版的概念、路径、方法上都还存在一些需要探讨和解决的问题，笔者试从三个维度来说明融合出版的现状及其关系。

第一个维度：大与小

根据相关统计报告，2017 年全国图书零售市场总规模为 803.2 亿元[①]，包括民营书业，纸质书市场整体规模约 1800 亿元[②]。但数字出版收

---

① 时代出版传媒股份有限公司，北京开卷信息技术有限公司. 2017 年中国图书零售市场报告 [EB/OL]. [2018-01-10]. https://www.sohu.com/a/215757079_292883.
② 中南传媒产业研究院，华泰证券研究所联合报告. 我国有声书市场规模增长强劲 [EB/OL]. http://ip.people.com.cn/n1/2018/0724/c179663-30165431.html.

入,据中国新闻出版研究院发布的《2017—2018中国数字出版产业年度报告》称:"2017年国内数字出版产业整体收入规模7071.93亿元。其中:互联网期刊收入达20.1亿元,电子书达54亿元,数字报纸(不含手机报)达8.6亿元,博客类应用达77.13亿元,在线音乐达85亿元,网络动漫达178.9亿元,移动出版(移动阅读、移动音乐、移动游戏等)达1796.3亿元,网络游戏达884.9亿元,在线教育达1010亿元,互联网广告达2957亿元。"① 乍一看这些数字,数字出版发展迅猛,传统出版与数字出版比较,传统出版的销售额不到数字出版销售额的七分之一。所以,社会上不时有人发出传统出版将于某某年消亡的预测。这种"狼来了"的呼声加大了人们的焦虑。但是,如果我们认真分析一下目前官方发布的数字出版数据,在分类上尚待商榷。

第一个问题是,数字出版统计中的很多项目是否应当被看作传统意义上的出版。出版这个概念,国内外出版界在表述上虽然有一定的差异,但对出版的本质和基本概念的认识却比较接近,其中包括四个要素:①有反映人类文化知识和思想、情感的作品。②进行一定的编创工作。③运用复制技术,将作品记录在一定的载体之上。④通过发行或者其他办法进行传播。② 数字出版中的网络游戏只有娱乐功能,广告只有商品推广作用,显然并不含有一定的思想文化内容。将其计入出版有些勉强。何况,在传统出版统计中也未将游戏和广告列入出版范畴,现在于数字出版中又将其作为统计对象,两者明显有出入。另一个方面,从目前数字出版的统计数据来看,互联网广告与游戏在数字出版统计中占了一半以上的份额。如果现在再用数字出版的7071.93亿元与国有传媒企业传统出版的803.2亿元收入来比较,从规模上看一个大一个小,差距很大,统计明显不够科学。因此,无论从广义还是从狭义的角度上,我们不能将凡是在流程中使用了二进制技术的传播过程都称为出版,以此泛化出版的内涵,进而消解出版的功能与作用。

第二个问题是,融合出版从统计学的角度如何计算,是将其归于传统出版还是归于数字出版,抑或将其重新划为一个类别。这个问题看起来仿

---

① 中国出版传媒网. 2017—2018中国数字出版产业年度报告[EB/OL]. http://www.cbbr.com.cn/article/123368.html.

② 肖东发. 中国出版通史[M]. 北京:中国书籍出版社,2008.

佛是个伪命题，但实际上确实存在概念不清、内涵与外延容易混淆的倾向。融合出版指的是传统出版与新兴出版在产品、平台、服务上的融合，但落实在具体产品上，其既具有传统出版的属性又具有数字出版的属性。如《三联生活周刊》围绕自身期刊的品牌特色，打造知识付费产品《中读》，以碎片化时代的深度阅读赢得读者，获得良好的市场反响。他们通过在刊物上印刷二维码，构建作者通向知识付费的"虫洞"。目前看，《中读》这个项目十分成功，但这种收益我们将其归之于融合出版还是数字出版？如人民文学出版社的《朗读者》一书，用增强现实技术（AR）将中央电视台同名节目嫁接到图书上。该书除了文字，还有将近 1000 分钟的视频片段供读者欣赏，实现了文本与节目视频的有机融合，自 2017 年 8 月出版以来，纸书销量已超过 150 万册①。这些融合出版的成功范例均涉及归类问题。是将纸质出版物的销售与知识服务相加还是分开统计？纸质出版物的 IP 开发是计入融合出版还是数字出版？既然是融合，在实际操作中，无法像统计传统出版和数字出版那样将其归入某一类。虽然数字统计对出版发展本身影响不大，但评估一个行业的发展速度，往往又习惯于用数字来说话，所以，随着融合出版的项目增多、规模日渐扩大，有关统计部门要考虑这个在新技术条件下出版的新现象。如果在统计上确实无法区分，我们是否只统计一个出版单位的销售收入，或者不要发布类似的"传统出版"与"数字出版"的收入数据。大约为了解决这个矛盾，新闻出版署出版融合发展重点实验室武汉理工数字传播工程有限公司将这种兼有传统出版与数字出版功能的项目称为"现代纸书"，将后台延伸的收入都计入图书，从出版统计的角度来看也不失为一种方法。

第二个维度："冷"与"热"

融合出版是顺应互联网时代传播出现的移动化、视频化、互动化趋势，综合运用多媒体表现形式，生产满足用户多样化、个性化需求和多终端传播的出版手段，在编辑、印刷、发行诸环节同步进行的一场技术革命。但由于体制、机制及人才、运作经验等诸多因素的制约，加上融合出

---

① "黑科技"加持！《朗读者》出 AR 图书了，150 万潮人网友抢购！[EB/OL].[2018-07-22]. http://www.sohu.com/a/242673743_100147561.

版在一定时期内投入大、收益并不明显等因素影响，因此出现了传统出版单位"冷"、新兴出版单位"热"的局面。

传统出版单位"冷"主要体现在如下三个方面。一是从数据上看。2017年，互联网期刊、电子图书、数字报纸的总收入为82.7亿元，与2016年相比增长5.35%，低于2016年5.44%的增长幅度，在数字出版总收入中占比为1.17%，较2016年的1.54%和2015年的1.77%来说，继续处于下降阶段[1]。二是从已经上线的产品看。能够赢利的融媒体出版物不多，很多传统出版单位的融合出版项目还是处于投入阶段。三是从数量上看。从第八届中国数字出版博览会发布的《全国数字出版转型示范动态评估报告》看，传统出版单位除了中国科学出版集团、建筑工业出版集团、人民卫生出版社等几家外，走在融合出版前列的多是新兴出版单位。如中文在线、阅文集团、掌阅、咪咕阅读等。

传统出版单位"冷"有其客观原因。一是体制。传统出版单位多是国有企业。虽然在理论上鼓励国有企业创新发展，但对于具有一定风险的新兴出版产业，国有企业的决策机制不允许冒太大的风险，特别是不允许出现大的失败。国有企业的文化氛围偏向稳妥与保守，对于目前还看不到明显收益的项目，往往无人愿意承担亏损的责任。二是机制。国有企业的人才队伍建设缺少激励手段，特别是股权激励，如果要引进成熟的专业人才，现有的分配制度明显缺少吸引力。同时在人事制度上"劣币驱逐良币"的现象依然存在：有能力的跳槽走了，安于稳妥的留下来了。三是从现实考虑。国有企业的考核，除了社会效益指标外还有很多经济指标。如果一个企业在融合出版上投入人力、物力、财力较多，短期又不能产生效益，对当年效益目标责任制的考核不利，会影响到整个企业的收入。

新兴出版单位"热"主要体现在如下三个方面。一是产品形态不断创新，企业规模不断壮大。如中文在线，从电子书起步，从服务教育开始，拓展到原创网络文学；从互联网阅读拓展到移动互联网阅读；从单个产品形态拓展到全媒体出版；从国内发展到国外。二是不断运用资本的力量发展壮大。如阅文集团从网络文学阅读到IP系列开发，从阅读拓展到知识服务，形成一个全方位的数字出版产业链并通过在香港上市，用资本推动

---

[1] 中国出版传媒网. 2017—2018中国数字出版产业年度报告［EB/OL］. http://www.cbbr.com.cn/article/123368.html.

融合出版。三是新兴出版企业多是技术驱动型企业，本身具有创新的基因，同时它们很早就以市场为导向，产品创新速度快，因此对处于风口的融合出版捷足先登。如喜马拉雅音频分享平台，总用户规模突破4.7亿，2013年3月手机客户端上线，两年多时间手机用户规模已突破2亿，成为国内发展最快、规模最大的在线移动音频分享平台。①

融合出版大潮中还有一个重要的现象，大型传统出版单位行动迟缓，各地星罗棋布诞生的小型工作室转型快。目前由于有中央和地方的财政资金支持，一些传统出版单位分别上马了一些融合出版的项目。但这些项目多是单个产品，与传统出版项目比较而言，无论是数量还是规模比例都很小。同时，传统出版单位大多数还处于观望阶段，寄希望有政府资金支持，否则没有扩大融合出版的计划。而一些小型新兴出版单位从一开始就从最受欢迎的微信公众号、移动智能端的第三方应用程序（App）入手，迅速切入知识服务领域，其中如罗辑思维旗下的微信公众号、知识类脱口秀视频节目《罗辑思维》、知识服务App、得到App等。"得到"微信公众号2016年5月上线，目前已有超过700万用户使用。除了知识付费项目外，其还在经营自己的微店。2015年10月完成B轮融资，估值13.2亿元人民币。②

第三个维度：浅与深

融合出版的方式之一，是通过二维码扫描进入微信公众号或者App，通过音频、视频进行知识传播。有人认为2016年是中国的知识付费元年。根据艾瑞咨询《2018年中国在线知识付费市场研究报告》，2017年中国知识付费产业规模约49亿元，预计2020年将达到235亿元③。目前主流的知识付费产品形态有五种，即问答、听书、专栏/课程、社群和咨询。其

---

① 百度百科·喜马拉雅[EB/OL]. https://baike.baidu.com/item/%E5%96%9C%E9%A9%AC%E6%8B%89%E9%9B%85/7379729?fr=aladdin.

② 百度百科·罗辑思维[EB/OL]. https://baike.baidu.com/item/%E7%BD%97%E8%BE%91%E6%80%9D%E7%BB%B4/2192931?fr=aladdin#3.

③ 艾瑞咨询. 2018年中国在线知识付费市场研究报告[EB/OL]. https://www.sohu.com/a/226793298_204078.

内容可分为三大类型：一是资讯类，如新闻获取与信息咨询等；二是经验类，如职场经验、沟通技巧、理财方案等；三是认知类，如通识学科和知识点讲解、专栏等。截至2018年6月，知乎已提供15000个知识服务产品，生产者达到5000名，知乎付费用户人次达到600万。每天，有超过100万人次使用知乎大学。①

以音频、视频为主的知识付费服务方式，在给人们工作、学习带来便利的同时，也面临使人丧失"思考能力"的问题。各种读书栏目都打出"帮你读书"的旗号，为你提供精华版、帮你提炼要义。有人因此也陶醉于这种听书的方式，沉浸于自己一年读了上百本书的喜悦之中。其实，从人类知识积累的规律来看，听书，只能是获取知识的一种方式；从阅读的心理学来分析，听书还只能算是一种浅阅读，必须与其他方式结合才能形成知识链，形成知识体系。正如学生在学校学习，要通过听、说、读、写四个步骤才能巩固所学知识一样，老师要通过一定的教学技巧才能让学生深刻领会，而不能仅靠"填鸭式"教学完成知识传授过程。美国爱荷华大学一项发表在公共科学图书馆的杂志（*PLos one*）上的研究发现，人们对听到事物的记忆并不牢固，人更能记住看到的或者感觉到的事物。而阅读才是调动各种器官深入学习的方法。因此，知识付费虽然曾是融合出版的一片蓝海，但随着付费者的理性回归，知识付费市场将面临一场大的调整。

总之，笔者提出上述问题，希望我们在开展融合出版中共同厘清思路，寻找方向，拓宽路径，同时通过讨论寻找最大公约数，有助于编辑出版学学科建设和统计权威性。

（原刊于《中国出版》2019年第1期）

---

① 百度百科·知乎［EB/OL］. https://baike.baidu.com/item/％E7％9F％A5％E4％B9％8E/4691322? fr=aladdin.

传统出版单位的融合出版之道

图书、报纸、期刊作为我国传统新闻出版单位的主营业务，一直颇受重视。近年来，随着计算机技术、信息技术与互联网技术的快速发展，新媒体不断涌现，"数字原住民"数量持续增加，传统出版单位意识到转型升级、融合发展的重要性与迫切性。进入21世纪以来，各出版单位在继续做好传统出版的前提下，加快实施数字出版业务，加快实施传统出版与数字出版的融合出版，并取得一定成效，但与其他新业态相比，增长仍然缓慢，发展中也面临诸多瓶颈，如体量仍然偏小、产品和业态不够丰富、资本运营能力有待提升等。如何从观念上和人才队伍上提高融合出版水平，如何在内容和技术上实现真正的融合，成为融合出版实践中必须克服的障碍。笔者以为，须从以下几个方面来着手推进。

一、融合出版的关键在于培养互联网思维

长期以来，关于数字出版，出版企业之间同志见了面，会问对方："你们做数字产品了吗？""做了一点，你们呢？""我们也是。""做了一点"折射的是制约传统出版企业下决心向数字化方向转型的"鸡肋感"——食之无味，弃之可惜。投入资金进行数字化建设不一定收得到成效，放弃它又意味着跟互联网时代脱节。这导致多数出版社进行的数字化转型，或是出于响应行政管理号召的需要，或仅仅是"尝鲜"，保持追随行业发展趋势不至于落伍而已，真正进行彻底的、结构性的融合创新的企业较为鲜见。

出现这种现象，其深层次的原因，还是对数字时代将会给人类社会生活带来的变化，特别是对传统出版带来的变化估计不够，认识不足，对于数字技术的迭代发展将会出现的新业态、新文明缺少研究。或者说，尽管

出版社积极引入新兴技术，建立线上平台，打造数字资源库，丰富内容、形式，但对技术的应用始终处于初级阶段。平台、技术与出版社原有经营业务不能对接，不能拓展新的盈利渠道，这样的融合出版只能算是开了个头。究其根本，主要是缺少互联网思维。互联网技术的应用与互联网思维的培养是出版融合发展中面临的最突出的问题。

互联网思维包含有两层意思：一是对数字化时代的认识，是否具有思维的前瞻性，行动的紧迫性；二是在融合出版的实践中是否秉承一种用户至上的理念。在某种程度上，互联网思维是一种科学思维，客体与本体，在互联网天地里界限被模糊。"互联网＋"不仅代表了一种新的经济增长形态，其实还代表了一种全新的开放、共赢的思维理念。要将这种业态和思维理念彻底注入行业发展的血液中并非易事。传统出版所代表的，是一种立足于自我的、单向性的内容生产，受众的地位被弱化。或者说，读者的反应是延迟和滞后的，编辑对读者的评价可以忽略不计。在传统的编辑思维中，更擅长与关心的是内容，而不是承载这种内容的产品以及消费这些内容的读者。融合出版时代，已从"内容为王"的时代升级为"好产品"战胜"坏产品"的时代；从单向传播的时代升级为交互主导的时代；从用户被动接受信息升级至为用户赋能的时代[①]。或者说，从编辑主体的单向信息传输变成了双向信息传输，从单纯的"我"创造价值变成了"我"与用户共同创造价值。因此，传统出版的理念与思维已经远远跟不上互联网快车的飞速发展。

二、做好顶层设计

在当前的形势下，传统出版单位的融合出版如何推进，在某种程度上，完全取决于领导的决心与信心，取决于领导对于转型发展的态度，取决于出版社是否有一种开拓进取、不断创新的企业文化，只有解决了上述问题，才能谈得上顶层设计。

所谓的顶层设计，指的是一个单位对融合出版的路径及实施策略的总体安排，它包括战略方向、具体目标、实施步骤、风险评估，也包括机构

---

① 白立华，刘永坚，旗其明. 以编辑为中心推动纸媒融合发展［J］. 传媒，2018（7）：77-80.

设置、人员配备及人员待遇、设备购置、资金投入、启动时间。

（1）专门机构。传统出版单位推进融合出版，要有专门的机构负责执行本单位的融合发展规划，特别是对于具有一定规模的出版社而言，成立机构不言而喻。如果是小型出版社，也要有专人负责。传统出版机构的设置，是按照传统出版物的生产流程而设置的，与数字出版的新型业态完全不匹配。如果放在传统出版单位的某一个部门中来实施，势必顾此失彼，融合出版流于形式。

（2）引进与培养专业人才。融合出版涉及计算机技术，因此必须引进计算机专业的毕业生。如果出版单位能够制定优惠政策，引进有数字出版经验的专业人才，无疑会缩短摸索的时间。

（3）投入必要的资金。融合出版如果要制作音频、视频，或者运用VR/AR/MR技术，都必须有专门的设备和专门的团队，购置设备和软件，与第三方合作，都会需要部分资金，出版单位要留有这部分的预算。同时，国家和省级主管部门近年来都列支有一定的数字出版资助资金，出版单位要了解政策，提前做好项目立项申报工作，积极申请项目资助经费。

（4）制度保证。为保证融合出版顺利推进，出版单位一定要建立必要的管理制度。如对于有关部门的考核指标、有关人员的工资待遇，一定要将风险和时间成本考虑进去。为控制风险，调动从业人员积极性，出版社也可以采取事业部制、模拟股份制、年薪制及技术入股的方法，将单位利益与个人利益捆绑在一起，激励从事融合出版的员工全身心投入。特别是吸引有经验的从事过融合出版的高端人才，更需要在薪酬政策上体现出灵活性。

三、当下融合出版的路径与建议

（1）摸清家底，确定主攻方向和突破口。融合出版虽然是未来出版的主要方向，但目前并不是所有的图书都适合去做知识付费，并不是AR/VR技术适合放在每一本书上。同时，也不是所有的作者都适合去与读者沟通。因此，出版社要对自己多年累积的作者资源、版权资源、读者资源进行梳理，找出当下最适合开展融合出版的项目。如人民文学出版社推出的融合出版项目《朗读者》一书，是根据央视同名栏目的内容编辑制作的。栏目主持人董卿有号召力,电视节目的视频是现成的,通过运用AR技术将视频放在文字的适当位置上,既让读者能阅读到优美的文字,又能通过手机扫描印刷图片回到节目现场去感受当时热烈的气氛。所以,出版社用最小的成本,实现了最大的效益。在短短的8个月内该书销售达到150万册[1]。

(2) 以具体产品作为抓手,进行融合出版的探索,进而积累经验、培养人才、总结规律。目前,使用二维码这种成熟的"桥梁"技术,读者扫码后进入后台网站或者公众号,享受增值服务或有偿服务,是一种比较普遍的应用方式。如中国青年出版社《格兰特船长的女儿》,在书上附上二维码,读者扫码后进入听书频道,免费收听作品的音频,同时了解图书翻译的过程,还可以了解凡尔纳科幻经典"海洋三部曲"的秘密线索。再如重庆的《课堂内外》杂志,在中考前夕,让读者通过扫码进入后台,与专家沟通,5天内刊物增收几千元。该刊物公众号1年时间内粉丝数量增加10倍,为杂志社每月增收近几十万元。

当然,对于不同的产品要使用不同的融合出版路径。如果是听书、讲座、问答、培训,使用音频技术,通过二维码,出版单位可以与用户直接沟通,实现价值兑现。如果是少儿读物,为增加互动性,吸引孩子阅读使用,可以采用AR/MR技术。长江文艺出版社的科幻读物《侏罗纪世界》运用AR技术,通过手机扫描图片,让孩子身临其境进入远古世界,观看恐龙的一举一动。湖北科学技术出版社的《医学混合现实》一书,则在AR/VR技术的基础上采用了MR技术。骨科医生在手术室为病人做手术,不仅患者家属可以在室外观看手术的过程,还可以供医学院学生教学使用。同时,可以通过MR技术进行远程医疗。

(3) 利用出版社独特的版权资源开展知识服务。国内有一些传统出版单位,过去属于中央部委,在行业内具有一定的垄断性和权威性。在职称考级、资格评审、标准制定上具有一定的话语权,如果将他们拥有的版权资源和人力资源通过知识付费的形式,与传统出版融合开发,会获得比较好的边际收益。如中国建筑工业出版社通过书网互动,一是为每年报考注

---

[1] 丰悦. 让新技术为传统出版添彩 [EB/OL]. http://www.cssn.cn/wenlian/201807/t20180720_4507363.shtml.

册建造师的230万人提供在线知识服务,这一服务在2018年上半年实现爆发式增长,获得2000万元的营收,累积用户超过150万人次。二是将工程建设标准规范资源库升级为中国工程建设标准知识服务网,实现优质内容向在线知识服务的转化。三是以城乡住房建设智库为代表,打造"知识+"立体化服务。① 出版社真正实现了从图书生产商向知识服务商转变。再如知识产权出版社,系国家知识产权局的下属出版单位,通过多年积累的知识产权信息以及人才的优势,建立专利信息数据库,为不同的消费者提供知识产权专利信息技术服务,获得了良好的效益。

(4) 与有关新兴出版公司、技术公司或融合出版实验室开展项目合作、资本合作的方式,进入融合出版的方阵。目前部分出版社由于缺乏人才和经验,开展融合出版不知从何入手,在此情况下,可以采取与新兴数字公司展开合作的方式,进入融合出版的领域。如原国家新闻出版总署在全国设立了20个融合出版实验室,联合产、学、研进行项目攻关,开发了一批有引领性的重点项目。目前国家融合出版重点实验室之一的武汉理工数字传播工程有限公司,已与全国200多家出版社和400家期刊展开合作,为传统出版单位提供技术服务、内容整合服务、培训服务、发行服务,为出版社量身定制融合出版的方案②。如方正集团的方正书畅协同编纂与动态出版系统采用云计算技术,基于XML结构化数据标准,为出版社和期刊社等出版单位构建基于互联网环境的一体化数字化生产平台。其中包括知识服务解决方案、协同编纂及动态出版解决方案、新媒体运营发布解决方案等。

(5) 运用资本,通过兼并收购,高举高打,进入新兴产业。如果传统出版单位已经上市,或者资金雄厚,可以通过资本运用,迅速收购新兴出版公司,进入融合出版的主战场。如腾讯集团用50亿元收购盛大集团旗下的起点中文、红袖添香等十几家网络文学网站,并成立阅文集团,开展网络原创及阅读服务、听书业务、IP业务开发,迅速成为国内

---

① 韩寒. 传统出版如何更好数字化转型[N]. 光明日报,2018-08-10.
② DCG数传集团(武汉理工数字传播工程有限公司). 在今日第八届数博会斩获两块奖牌[EB/OL]. [2018-07-26]. https://biz.ifeng.com/a/20180726/45084899_0.shtml.

最大的数字出版运营商。2017年阅文集团在香港上市，上市首日市值达到近千亿元。① 如江西出版集团旗下上市公司中文传媒用26.6亿元收购专注于国际化的互联网综合平台企业智明星通，迅速进入网络游戏产业。智明星通2018年6月挂牌新三板，其2017年营收近40亿元，净利润7.25亿元。②

（原刊于《出版参考》2019年第3期）

---

① 阅文集团［EB/OL］. https：//baike. baidu. com/item/%E9%98%85%E6%96%87%E9%9B%86%E5%9B%A2.

② 中文传媒子公司智明星通正式挂牌新三板［EB/OL］.［2018-06-15］. http：//baijiahao. baidu. com/s? id=16033537837745 76128&wfr=spider&for=pc.

融合出版产品开发中的金融与出版相结合的有益探索

传统出版必须与新兴出版走融合发展的道路,才能适应数字化时代科学技术不断迭代更新,读者获取知识方式正在变化的要求。但是,在融合发展的过程中,传统出版单位不仅面临着人才短缺、技术短缺的问题,更重要的是面临着资金短缺,转型预期效益不明朗的困境。一方面,很多出版社认识到转型是大势所趋,但如何转、向何处转存在困惑;另一方面,出版社因为要考虑当下的经济效益,融合出版不敢投入资金,在一定程度上制约了融合出版的进程。目前,原国家新闻出版署出版融合发展(武汉)重点实验室、武汉理工数字传播工程有限公司在为全国的出版界提供"现代纸书"融合出版系统平台之外,又联合武汉知识产权交易所,提供了数字版权衍生产品交易服务,将"互联网+内容+金融+交易"结合起来,为出版单位的融合出版探索出了一条创新之路。武汉知识产权交易所自2017年在全国首次开展融合出版交易业务以来,截至2019年4月,共为40余家出版单位完成融合出版产品挂牌5950项,成功为出版单位引入资本完成交易额8608.2万元,有力地支持了出版单位融合出版的开展,并为金融"加持"出版做了有益的尝试。本文以此为例,分析融合出版与金融服务整合的路径。

一、融合出版产品交易的运营体系

融合出版产品交易体系的主体包括转让方、受让方、运营机构、推荐机构和交易机构。转让方指数字衍生产品的提供者,包括出版社(含图书、音像、电子)、报社、期刊社等法人实体及其授权经营的控股子公司,也包括具有发行资质的民营出版公司。受让方指产品购买方，是指通过交易所购得融合出版产品的一方。受让方需具备融合出版产品投资资质，且是在国内合法注册登记的法人、社会团体或其他组织。受让方购买产品后，享有产品在一定时间段内的运营收益；当产品运营有效期限到期后，数字衍生产品仍归出版社所有。受让方通过交易获得标的后，不得进行转卖和拆分交易。运营机构是指为融合出版产品交易提供市场和技术运营服务的市场参与人。目前主要由国家新闻出版署出版融合发展（武汉）重点实验室、武汉理工数字传播工程有限公司负责。运营机构在不改变数字出版内容本身（除非双方有特殊约定）的前提下，通过合理运营的方式，对出版内容产品进行运营，挖掘产品的最大收益，实现产品增值。运营机构将运营获得的收益统一汇入武汉知识产权交易所，再由交易所结算给受让方。推荐机构是指经平台审核批准，有权从事融合出版产品推荐业务的法人或其他组织。推荐机构负责在转让方进场交易前，对其进行尽职调查、资格审核、材料辅导；在交易过程中对其进行交易辅导；同时，开展推荐业务的推荐机构需向知识产权交易所提供转让方进行融合出版产品交易的质检报告。交易机构是武汉知识产权交易所。武汉知识产权交易所负责提供融合出版产品交易的场所和设施；制定融合出版产品交易的业务规则；审核批准融合出版产品进场交易的申请；组织、监督、披露融合出版产品交易活动等。

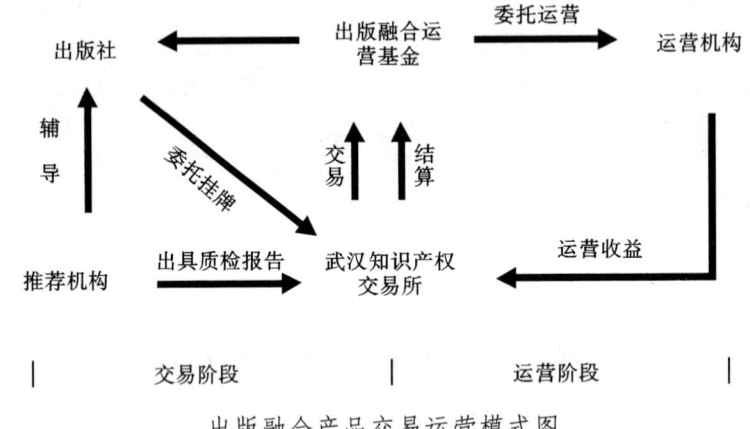

出版融合产品交易运营模式图

武汉知识产权交易所提供

二、融合出版产品交易的运营流程

融合出版交易定位于资本、内容与技术的交汇点,致力于打通并加快三要素流转,使其相互促进,不断提高融合出版的整体速度和效率,创造多方融合、多方共赢的局面。武汉理工数字传播工程有限公司以其研发的RAYS"现代纸书"系统做技术支撑,指导有关出版单位设计交易产品,并负责运营。武汉知识产权交易所组织由政府、社会组织和个人组成的投资基金群参与竞标,为出版社提前锁定收益,分担成本风险。下表为广东经济出版社2019年4月挂牌的28项融合出版产品的部分截图,标的为869730元。

项目编号	标的名称	挂牌时间	交易方式	挂牌价格(元)
CB-20190404-02472	基于2019年春《写字》人教版 一年级 下册的融合出版产品	2019-04-09至2019-04-15	挂牌转让	8083
CB-20190404-02473	基于2019年春《写字》人教版 二年级 下册的融合出版产品	2019-04-09至2019-04-15	挂牌转让	5688
CB-20190404-02474	基于2019年春《写字》人教版 三年级 下册的融合出版产品	2019-04-09至2019-04-15	挂牌转让	10354
CB-20190404-02475	基于2019年春《写字》人教版 四年级 下册的融合出版产品	2019-04-09至2019-04-15	挂牌转让	7714
CB-20190404-02476	基于2019年春《写字》人教版 五年级 下册的融合出版产品	2019-04-09至2019-04-15	挂牌转让	8386
CB-20190404-02477	基于2019年春《写字》人教版 六年级 下册的融合出版产品	2019-04-09至2019-04-15	挂牌转让	8750

续表

项目编号	标的名称	挂牌时间	交易方式	挂牌价格（元）
CB-20190404-02478	基于 2019 年春《写字》苏教版 三年级 下册的融合出版产品	2019-04-09 至 2019-04-15	挂牌转让	3327
CB-20190404-02479	基于 2019 年春《写字》苏教版 四年级 下册的融合出版产品	2019-04-09 至 2019-04-15	挂牌转让	2507
CB-20190404-02480	基于 2019 年春《写字》苏教版 五年级 下册的融合出版产品	2019-04-09 至 2019-04-15	挂牌转让	2867

广东经济出版社挂牌的融合出版产品表

武汉知识产权交易所提供

在交易阶段，出版单位将融合出版衍生产品在一定时期内预期所产生的收益，作为交易标的委托武汉知识产权交易所进行交易和转让，投资基金通过武汉知识产权交易所来购买标的，在该阶段出版社利用社会资本提前回收成本，并提前锁定预期利润，用于生产内容的投入；在运营阶段，投资基金在不改变交易标的的前提下，在收益期内对其进行合理合法的运营，并由武汉知识产权交易所对其收益进行统一结算。在该阶段，购买方可以利用资本及互联网技术力量，以最快速度使出版内容价值最大化，并保障收益安全。运营期结束后，交易标的重新回归到出版社，实现交易和运营的双循环。下表为《知音》杂志社基于杂志开发的融合出版产品挂牌后形成的交易结果公示。

项目编号	标的名称	公示时间	成交价格（元）
CB173113	基于《知音》2018 年 11 月上半月版的融合出版产品	2019-01-29	52500
CB173114	基于《知音》2018 年 11 月下半月版的融合出版产品	2019-01-29	52500
CB173115	基于《知音》2018 年 11 月月末版的融合出版产品	2019-01-29	52500

续表

项目编号	标的名称	公示时间	成交价格（元）
CB173116	基于《知音》2018年12月上半月版的融合出版产品	2019-01-29	52500
CB173117	基于《知音》2018年12月下半月版的融合出版产品	2019-01-29	52500
CB173118	基于《知音》2018年12月月末版的融合出版产品	2019-01-29	52500
CB173119	基于《知音》2019年1月上半月版的融合出版产品	2019-01-29	47500
CB173120	基于《知音》2019年1月下半月版的融合出版产品	2019-01-29	47500
CB173121	基于《知音》2019年1月月末版的融合出版产品	2019-01-29	47500
CB173122	基于《知音》2019年2月上半月版的融合出版产品	2019-01-29	47500
CB173123	基于《知音》2019年2月下半月版的融合出版产品	2019-01-29	47500
CB173124	基于《知音》2019年2月月末版的融合出版产品	2019-01-29	47500

《知音》杂志融合出版产品交易公示表

武汉知识产权交易所提供

三、融合出版产品交易运营风险防控

武汉知识产权交易所本着积极创新与防范风险并重的原则，制定了一系列规章制度，包括《武汉知识产权交易所融合出版产品交易管理办法》《武汉知识产权交易所融合出版产品交易资金结算管理暂行办法》等6项管理办法和《武汉知识产权交易所融合出版产品业务合同管理制度》等3项操作细则，实现了对各市场主体和内部行为规范的覆盖；从各交易阶段所需规范文本着手，武汉知识产权交易所制定了标准化的融合出版业务操作流程，并针对业务中涉及的各类文字材料，制定了《融合出版产品转让申请书》《融合出版产品受让申请书》等多项标准化文本，在保证武汉知识产权交易所内部操作合规性的同时，提高了交易业务的整体工作效率。同时，武汉知识产权交易所还制定了从出版交易内部审批管理、备案管理到信息发布各环节的周密的内控管理体系，并形成《融合出版产品交易业务内控管理手册》。武汉知识产权交易所以传统国有产权交易的风险控制标准，严格开展交易服务，其产品与交易、结算模式均得到了市场的检验。2017年3月以来，武汉知识产权交易所已为出版社和投资机构安全结算融合出版产品交易价款近80笔。

四、出版单位如何参与融合出版产品的交易

1. 选好适合开发融合出版产品的题材

从已经挂牌并达成交易的标的来看，题材主要集中在基于教材教辅和课外辅导而开发的融合出版衍生产品上。交易的标的不包括纸质出版物，也不包括作者和出版社的版权。如长江少年儿童出版社2018年12月在武汉知识产权交易所挂牌达成交易287项，成交金额7424068.25元，主要产品是该社《优质课堂》等系列教辅配套的融合出版产品。湖北教育出版社成交12项，成交总金额211857.50元，主要产品是围绕《长江作业本》（同步练习）系列开发的融合出版产品。辽宁少年儿童出版社成交3项，成交总金额42400元，主要产品是围绕《小学生优秀作文》（低、中、高年级）系列开发的融合出版产品。《学习报》19项成交项目，成交总金额158940元，主要内容是基于江西地区使用的语文、数学、英语的融合出版。广东经济出版社成交28项，成交总金额427554.50元，主要产品是围绕《家校导学》年级版，《学考精练》分科分年级的融合出版产品。广东新世纪出版社成交53项，成交总金额2474524.50元，主要产品是围绕《百年学典同步导学与优化训练》开发的融合出版产品。安徽教育出版社成交48项，成交总金额1120804.50元，主要产品是围绕《新编基础训练》开发的融合出版产品。除此之外，基于期刊开展融合出版项目的只有中国青年出版社的《青年文摘》和《知音》杂志社以杂志为平台开发的融

合出版产品。据初步统计，目前在武汉知识产权交易所成功交易的约6000项融合出版产品，90%以上是围绕教材教辅和课外练习而开发的融合出版产品。

2. 在产品定位、产品设计、产品定价上要贴近市场，符合实际，保证各方利益

2019年4月30日在武汉召开的第一届出版运营基金投资决策委员会项目路演会，就是在总结以往两年融合出版产品交易与运营中存在的问题而采取的对策。因为传统出版与新兴出版的融合是一项新生的事物，很多出版社对如何贴近读者需求设计融合出版产品，向使用者如何收费，在交易所挂牌定价上如何把控缺少经验。此次路演组成了由中国青年出版社社长皮钧、长江少儿出版集团董事长何龙、中国新闻出版研究院所长刘颖丽、新兴产业政府引导基金产业投资合伙人计划发起人武向阳等出版专家、融合出版专家、投资专家对21家出版社汇报的多种形式的"现代纸书""现代报刊"进行评审，现场给以指导，以保证转让方、受让方的合法权益。同时，21家出版社同台路演，介绍各自的产品，对于参会者而言，也是一次交流与学习的机会。如《知音》杂志用App介绍他们的融合出版思路，计划设置"精品电台节目""情感情商课""情感视频课程""成长名家专栏""情感咨询服务"等栏目，并介绍了每个栏目的详细内容与规划，每个栏目的收费标准，让参与各方对于《知音》的项目有了一个比较完整的印象。通过专家的评审和完善，投资方、运营方对《知音》的产品能否在市场上达到预期效果有了基本判断。因此，对于有意参与融合出版产品交易的出版单位而言，要提前在产品定位、产品设计、产品定价上做好充分的市场调研，充分考虑读者的需求，参考已经成功交易的标的，将具有核心竞争力的融合出版产品带到交易现场来。

3. 做好已达成交易的融合出版产品的后期维护工作

对融合出版产品通过交易平台提前锁定收益，为出版社开展融合出版提供资金，减少风险，但同时，这种模式如果要持续发展，转让方必须做好融合产品达成交易后的开发与维护工作，让融合产品真正服务读者，产品能够变现，让受让方从中获益，否则这种交易和运营模式很难持久。以长江少年儿童出版社此次参加路演的引进版系列图书《棚车少年》为例，

出版社设计读者购买图书后,通过微信扫描书上的二维码,可以获得包括英文原版音频、中文故事音频、双语字幕音频、中英文电子图书、英语伴读练习等内容。在英文伴读练习上,可以实现计时答题,检查交卷,得分查看,问题解析。收费设计双语字幕音频2元,伴读练习每册3元,中文音频每册2元。每套书4册,共有付费资源28元。因此,这些衍生产品即使在交易中能够成交,还需要转让方和运营方持续配合,否则产品原有的设计无法全部落实。如有些教材教辅,后台需要老师答疑,面对面授课,如果这些设计使用者体验不理想,就会影响购买,进而影响受让方的利益。因此,虽然成交时交易机构对转让方会提出明确的要求,并签署合同,但还需要出版单位对当初的产品设计要完全付诸实施并保证质量。这样,投资人的利益才能得到保证,进而增强他们进一步扩大对融合出版产品的投资意愿,促进融合出版的良性发展。

总之,组织社会资本参与融合出版,是互联网时代金融创新与出版创新的一次积极的尝试,参与其间的各市场主体要围绕自己的分工,忠实履行职责,积极开拓创新,在实践中将融合出版引向新的高度。

(原刊于"出版六家"公众号,2019年10月13日)

国有出版传媒企业融合出版发展中的体制与机制问题探析

随着互联网技术、信息技术的不断迭代发展，数字化阅读群体日益增大，传统出版面临严峻的挑战。据中国互联网协会发布的 2019 年《中国互联网发展报告》，我国网民规模在 2018 年底已经达到了 8.29 亿，移动互联网月度活跃用户在 2019 年一季度曾达到 11.4 亿。与此同时，中国网民对互联网的依赖程度不断上升，平均每天在互联网上的时间已达到 5 小时 52 分钟。而另一方面，纸介质阅读呈不断下滑趋势。辽宁职业技术学院图书馆的调查表明，该馆 2011 年至 2016 年纸质图书的阅读每年下降 1 万至 2 万册。学生课外阅读纸质图书的人数不到 20%①。湖南理学院学生纸质图书的借阅量，从 2006 年的每年借阅 40 万册，逐年下滑 20%，到 2015 年，全年借阅不到 6 万册。2017 年的问卷调查表明，除专业书外，学生阅读纸质图书仅为 0.4 册②。虽然上述抽样为个案，但数字化阅读和使用逐步取代纸介质阅读的趋势已经形成。因此，从阅读群体对互联网的"热恋"以及对纸介质图书的"背弃"来看，传统出版走与新兴出版融合发展的道路不仅必要而且十分迫切。

一、数字出版收入呈下降趋势，国有出版传媒企业转型升级形势严峻

鉴于新技术新媒体时代出版与阅读的现状，2015 年，原国家新闻出版

---

① 唐日胜. 高校图书馆纸质图书借阅率低的原因及改进措施［J］. 辽宁农业技术学院学报，2018（11）：54.

② 谢海欧，陈焕之. 新业态环境下高校图书馆纸介质图书的借阅服务的困境与突围［J］. 图书馆界，2018（6）：22.

广电局和财政部下发了《关于推动传统出版和新兴出版融合发展的指导意见》，后又公布了20个出版融合发展重点实验室的依托单位和共建单位，全国各家出版单位对于融合出版注入了极大的热情。不过，从现有的统计数字来看，数字出版物收入在整个出版收入中占比仍然不高。据2019年8月22日在北京第九届数字出版博览会上发布的数字，2018年，数字出版整体收入规模为8330.78亿元，比上年增长17.8%。但是除了互联网广告和游戏动漫、在线教育之外，互联网期刊、电子图书、数字报纸的总收入仍然只有85.68亿元。相比2017年的82.7亿元，增长幅度为3.6%，低于2017年5.35%的增长幅度，在数字出版总收入中所占比例为1.03%，相较于2017年的1.17%和2016年的1.54%来说，继续处于下降态势①。而传统报纸和期刊，其发行量近年来更是逐年下降。2018年，报纸出版总印数较2017年降低7.0%，总印张降低13.8%。期刊出版总印数降低8.0%，总印张降低7.3%，定价总金额降低2.7%。②以上数字说明，传统出版产业，特别是国有出版传媒企业在转型升级和融合出版发展中，探索产业新形态、研发新产品、提升产品质量与服务水平，增强国有出版传媒企业在数字内容产业中的核心竞争力方面，还有很多工作要做。另一方面，民营企业和以民营为主体的股份制企业，它们在网络文学、网络游戏、互联网广告、网络动漫、在线教育等数字出版和数字服务领域，借助新技术、新形态和新媒介，在内容、产品、品牌、模式等方面持续探索，创新能力有了显著提升，市场地位已基本形成，资源趋向集中化，头部效应明显，这些企业已进入良性发展阶段。国有出版传媒企业在新时代如何顺应时代潮流，发挥主力军的作用，构建适应融合出版发展的生态体系，加快融合出版发展的步伐，需要我们进一步探讨。

二、国有出版传媒企业体制与机制以及人才队伍的建设不配套，进而影响融合出版的健康发展

为什么国有出版传媒企业的融合出版成效不够明显，发展比较迟缓，

---

① 2018—2019中国数字出版产业年度报告发布[EB/OL].[2019-08-22]. http://www.sohu.com/a/335583901_211393.

② 国家新闻出版署.2018年新闻出版产业分析报告[N].中国出版传媒商报，2019-08-27.

目前看主要存在如下问题。

（1）企业发展战略明晰不足，导致业务布局不准，执行缺少持续性。"在企业的管理体系中，战略是最关键的环节。……战略分析、战略制定和战略实施也是最基础的工作。"[1] 从成功企业的发展过程来看，企业发展的方向与布局，决定着企业的生死存亡，决定着企业能否可持续发展。但战略的制定到实施，往往需要一个周期。如马云的阿里巴巴云平台的构想到实施、华为鸿蒙系统的开发与上线都经历了较长的时间。融合出版从战略制定到落地，再到形成成果，也需要一个较长的周期，并且要承担一定的风险。如果企业的发展战略不够明确，或者主要负责人中途工作变动，融合出版的战略在制定和实施上就会大打折扣。目前各家出版社虽然在具体项目上尝试做了一些融合出版的产品，但要形成规模，构建融合出版的方阵甚或主力，引领阅读潮流，只有出版集团一级的组织机构方能集中各方资源向纵深拓展。而从国有出版传媒企业的现有干部管理体制来看，出版集团一级的主要负责人，一部分是从出版企业基层成长起来的，一部分是从行政机关调任来的。从行政机关调来的负责同志，在人数上来看近年来呈上升趋势。这些从行政机关来的同志，他们有丰富的从政经验，有驾驭全局的能力，但对融合出版这种新技术、新形态以及耗时长、投资大、成效难以迅速兑现的新产业，他们在拍板决策前，往往需要一段时间熟悉和调研。同时，这些同志因为在地方工作时本来就很优秀，在出版企业过渡一段时间后，组织上往往又安排他们到了更重要的岗位上。有些则因从地方党政机关到出版集团任职时年龄就偏大，三年五载又需要到政协人大任职。因此，在融合出版战略的制定与落实上，如何避免因主要负责人的更换而人走政息，保持战略执行的连续性和稳定性，还需要从体制上入手建立长效机制。还有如大学出版社的负责人和班子成员，普遍实行任期制，他们有的八年一轮岗，有的三四年就被调换岗位。那些从教学一线或党办、行政办、招生办等行政岗位被调入出版社工作的同志，熟悉出版工作一般需要半年至一年的时间，等到他们成为出版的行家不久，有些又要被调整到院系。这对于负有经营管理任务的出版企业而言，在制定融合出版的战略上往往会面临顾此失彼的窘境，是可以理解的。

---

[1] 宁向东. 公司治理理论[M]. 2版. 北京：中国发展出版社，2009：39.

（2）企业培育产业耐心不足，导致业务发展短视，顶层设计流于形式。目前国有出版传媒企业的两个效益指标的考核，虽然是将社会效益摆在头等重要位置，但经济效益他们也不敢忽略。因为全社员工的工资奖金要兑现，经济效益是重要的参考依据。如果是上市的国有出版传媒企业，财务报表还要公开，经济效益指标十分重要，否则市场和股民会用脚对企业投票。如果一家上市公司同比出现利润下降，股市立即就会出现反应。同时上市的出版传媒企业，除了股民的监督外，国有资产管理部门也会对企业实行年度和任期考核。因此，在需要较长或较大的投资时，国有出版传媒企业不可能像华为那样，能拿出利润的10%用于新技术、新产品的开发。另外，国有出版传媒企业，或者是国有控股的出版传媒企业，如果要对某些新兴产业进行投资，还需要上级主管部门批准，在现有的政策环境和氛围之下，投资往往都很审慎；对于具有潜在风险的投资项目，上级主管部门一般较难表态，国有出版传媒企业的一些负责人也不敢承担经济和法律责任。而民营企业在决策上虽然很谨慎，但决策程序比较快捷，看准的项目会很快做出决定。如在创业板上市的中文在线参股美国的网络文学平台"武侠世界"，投资创办视觉小说平台，决策前后都不超过3个月。他们在项目选择和实施上，只要经过充分论证，通过董事会和股东会的批准，很快便会做出决策。

（3）企业团队建设灵活不足，导致业务推进乏力，人才发挥空间有限。融合出版的成果虽然体现在产品上，但能否成功关键在人才。由于融合出版涉及计算机的专业知识，有些传统出版社的原有员工明显不适合专业岗位。新招聘的计算机专业的毕业生，如果按照现行的出版社工资体系，与入职新技术公司的收入相差较大，因此没有人愿意进出版社。即使有人来了，干上一年半载也会离开，更别提从其他新兴产业挖成熟的骨干。如果出版社按照市场价格向计算机专业人才付酬，在出版社内又无法"摆平"。何况融合出版项目一时无法看到成效，甚至可能会中途夭折，因此，出版社只好争取一点政策资金，做三两个融合出版项目点缀一下。如果成立独立法人的新媒体企业，中小出版社囿于资源的限制，加上资金的不足，业务开展前景不明，即使引进人才，往往也很难留住。

三、建立现代企业制度，制定符合融合出版发展的效益目标责任制，打破国有出版传媒企业推进融合出版的瓶颈

融合出版如果要打破瓶颈，实现快速发展，必须在如下几个方面采取有效措施。

（1）建立现代企业制度。从党的十四届三中全会开始，为适应社会主义市场经济发展的要求，党中央和国务院先后下发了一系列关于深化国有企业改革的文件，要求在国有企业中建立"产权明晰、权责分明、政企分开、管理科学"的现代企业制度。现代企业按照我国公司法的要求，要形成由股东代表大会、董事会、监事会和高级经理人员组成的相互依赖又相互制衡的公司治理结构。虽然国有企业的现代企业制度的构建已经推进了多年，但仍待继续完善。2019年7月16日，国资委再次召开会议，要求进一步理清党委、董事会、经理层等各治理主体的权责边界，加强董事会建设，让董事会能够切实有效地发挥作用。在现代企业中，董事会是受投资方的委托，两者形成信任托管关系。公司董事会获得委托后，将企业的经营权，授权给公司的最高管理层。由此，公司的授权关系形成一个沙漏状的体系，由上到下，层层授权。其中，董事会对投资方负责，经理层对董事会负责。董事会负责公司的战略性决策，经理层必须对董事会的战略贯彻落实。但目前，国有出版传媒企业的管理制度、股权结构、公司治理、企业运营机制等方面还有待进一步完善，诸如融合出版这种事关企业发展方向的重大决策上，存在"战略不明晰，执行不能善始善终，决策效率低"等老问题。因此，落实现代企业制度，国有资产管理部门通过董事会，对企业战略发展做出决策并保证决策的科学执行，是当前的首要任务。

（2）建立有效的任期目标责任制。在现代企业制度的框架下，无论是采取有限责任公司还是股份有限公司的组织结构，企业的董事会和职业经理人都必须实行任期目标责任制。在任期内，董事会与高级管理人员要通过书面形式将责、权、利确定下来，监事会负责监督协议的执行。特别是上市公司，要建立股东代表大会、董事会、监事会等"三会制度"，并要在指定的证券报纸上公布相关数据。因此，无论是有限责任公司还是股份制公司，在董事会和职业经理人的责、权、利上，都一定要以法律形式确

定下来，执行中不能有随意性。无论是董事长还是总经理，任期没有结束，都不能因"工作需要"随意调整，导致发展战略朝令夕改。即使上任任期届满，继任者未获投资方或股东大会批准认可，也不得中途更改投资方向。同时，要加大职业经理人的社会化遴选，提高国有出版传媒企业经理人的经营管理能力和道德操守，保证国有出版传媒企业的战略制定与实施得到始终如一的贯彻执行。

  为了保证企业的发展战略得到实施，在国外的国有股份制企业中，大多要求企业的高管必须持有本公司的股份，避免高管因不尽力而导致企业损失。从目前来看，中国国有企业的管理，一方面是因为所有者缺位，导致监督弱化；另一方面，由于管理者的利益与企业的长远利益没有很好地捆绑在一起，有些高管为体现自己任期内的短期经营业绩，对于具有风险的投资和长线投资，往往寻找各种借口不去认真落实，而所有者如果不能察觉到这种不作为，监督不到位，或者由于不敢承担责任，企业的发展就会受到影响。其实，高管持股这种制度性的安排，国有资产管理部门已经意识到了它的重要性，并多次发文进行规范。如 2005 年 10 月中国证监会发布《上市公司股权激励规范意见（试行）》，规定上市公司可以运用股票、股票期权以及法律、法规规定的其他方式对企业高管进行激励。2006 年 1 月国资委发布《关于进一步规范国有企业改制工作实施意见》，大型国企的管理层被首度允许以增资扩股的形式持有企业股权，但管理层的持股总量不得达到控股或相对控股数量。2015 年 9 月，中共中央办公厅、国务院办公厅在《关于推动国有文化企业把社会效益放在首位、实现社会效益和经济效益相统一的指导意见》中曾经提出，按照国家有关规定，开展国有控股上市文化公司股权激励试点。开展国有文化企业职业经理人制度试点，探索市场化选聘人才的办法。问题是如何尽快将有关文件精神落实到位，确保融合出版发展具有制度性的保障。从国内外国有企业的发展情况来看，企业高管通过持股与企业共进退，是保证企业可持续发展并避免短期行为的一种重要手段。特别是当前面对着出版数字化转型这种重大的技术变革带来的深刻影响，在出版企业面临着生死存亡的关键时刻，国有出版传媒企业只有深谋远虑，从长计议，在体制与机制上大胆进行创新，融合出版才可能取得实质性发展。

  （3）要将融合出版的发展放在两个效益的考核之中。从 2018 年开始，国务院机构改革方案确定新闻出版工作划归党委宣传部门直接管理。这次职能调整体现了党对出版工作的重视,在一定程度上强化了出版的意识形态属性,同时也对出版传媒企业提出了更高的要求。但由于互联网技术与信息技术的迅猛发展,传统出版面临着如何与数字出版融合发展的重大挑战,因此,如何提高出版传媒企业的"传播力、引导力、影响力、公信力",就不仅仅关系着出版企业如何生存与发展的现实问题,还涉及在新的形势下,如何进一步构建主流意识形态,更好地发挥出版工作的社会效益问题。所以,在出版企业的管理体系中,还需将融合出版纳入出版企业的考核指标之中,作为一项事关未来的战略性任务,对其实行量化管理,将社会效益与经济效益、短期利益与长期利益有机结合起来。通过导向牵引,打破融合出版徘徊不前的局面。

(4)与民营新兴产业对标,打造适合新媒体、新技术产业发展的生态体系。国有传媒企业应借鉴阅文集团、中文在线、喜马拉雅、知乎、今日头条、抖音、快手等新媒体的企业发展战略,组建新媒体公司。或者,与新媒体公司合资,或者走"混改"路线,发挥民营新媒体公司在适应新技术、新产业转型升级的体制优势与灵活的机制,借以克服传统出版企业的不足。如果出版集团或出版社成立新媒体公司,也应当在产权制度的设置、股权的安排、职业经理人的遴选上,与民营公司对标,形成一个完善的生态体系,促进融合出版健康发展。

(5)打破行业界限,实现跨行业联合,发挥"1+1>2"的整体优势,促进融合出版发展。在数字化时代,融合发展不仅包括传统出版与新兴出版的融合,其实也还应包括传统出版如何与其他行业融合的问题。如各地的县级融媒体,将电视、广播与报纸融合在一起,利用不同的平台和各自的媒体特点,扩大宣传影响力,取得一定成效。传统出版也可以发挥内容优势,通过资本的纽带,与电信、计算机等技术公司合作,发挥双方各自不同的优势,促进融合出版快速发展。如中国移动与中文在线等单位组建的咪咕阅读,一个发挥渠道优势,一个发挥数字内容生产优势,通过优势互补,在移动阅读上,取得了丰硕的成果。再如中南传媒与华为技术有限公司合资设立天闻数媒科技(北京)有限公司,希望依托中南传媒的内容积淀及内容策划生产实力和华为雄厚的技术力量及遍布全球的运营商通道,以数字出版及数字内容全屏服务的开发与运营为主营业务,致力于打造数字资源出版与运营平台,成为面向全球华语市场的数字资源全屏营销传播运营服务商。目前,这家合资的公司已经运营了9年,在数字产品的开发与市场拓展上取得了可喜的成绩。

网络文学发展现状探析

"历史上每一个时代都有自己的文学样式:汉赋、唐诗、宋词、元曲、明清小说。我认为我们这个时代最具特色的是网络文学。"河北大学出版系主任、教授杜恩龙先生在 2018 年 5 月 19 日的微信上如是说。

也许,杜恩龙先生的观点并不一定都能得到业内专家的完全认同。

但中国的网络文学近年来随着科学技术和社会生活的发展而突飞猛进却是不争的事实。中国作协 2018 年 5 月 17 日在浙江杭州网络文学周上首次发布的《中国网络文学蓝皮书(2017)》披露:截至 2017 年 12 月,中国网络文学用户 3.78 亿,其中手机网络文学用户 3.44 亿。国内 45 家重点文学网站的原创作品总量达 1646.7 万种。中国网络文学创作队伍非签约作者达 1300 万人,签约作者约 68 万人,总计约 1400 万人。

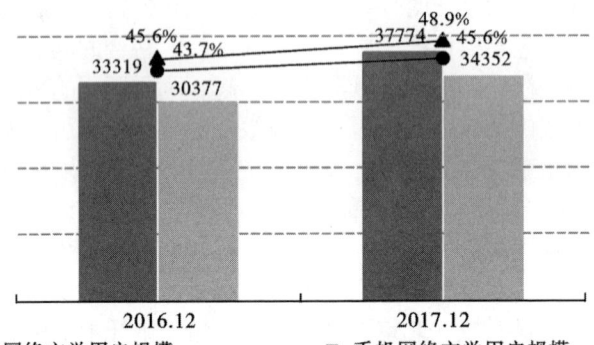

图 1　2016 年 12 月至 2017 年 12 月网络文学/手机网络文学用户规模及使用率

从中国1994年接入国际互联网始,二十余年来,中国的网络文学无论是作者数量、传播平台、阅读群体、产业化延伸,其数量与规模,都出现了深刻的变化和飞速的增长。在世界范围内,从文学发展史和出版史的角度来看,无疑是一种特殊的文化现象。

一、中国网络文学的现状

1. 中国网络文学的特点

中国的网络文学,无论是作者的创作、作品的发布还是读者的阅读,均是在互联网或移动互联网上完成的。与传统的文学创作与出版比较,网络文学的创作与出版呈现四个特点:(1)创作主体的相对自由,无论是题材的选择,还是表现手法的运用,作者都是在没有任何范式约束的氛围中进行文学创作。(2)没有层层的审查与旷日持久的等待,作者只要轻轻地敲击一下键盘,作品就会立即发表。(3)网络文学巨大的作品数量,读者可以从容地选择自己喜欢的内容,还可以与作者互动,交流自己阅读的感受,在一定程度上参与作者的创作。(4)作品价值的实现由读者的付费阅读与打赏体现。虽然随着网络文学的发展和管理机关的要求,互联网平台和网站借助软件对作品进行必要的审查,但由于网络文学创作数量巨大,审查只能是对关键词加以审核。至于作品的艺术价值、思想倾向、语言文字的表达水平,只能交由读者来决定。读者的点赞和打赏,购买与否,是检验网络文学能否生存的唯一标准,也是作者能否为读者接受的试金石。

2. 中国网络文学的作者群体

而基于艾瑞咨询的监测统计,2017年,网络文学作者数量与2015年相比,人数增长了30.2%。以阅文集团为例,到2017年12月31日,其平台上作者已达690万人;掌阅原创作者达到1.5万人。在网络文学作者中,20世纪90年代及以后出生的居多,40岁以上的只占作者总数的4.9%,网络文学作者的平均年龄是27岁。他们大多生活在二三线城市。作者中虽有如安妮宝贝、李寻欢、当年明月、宁财神这样的专业作家,但

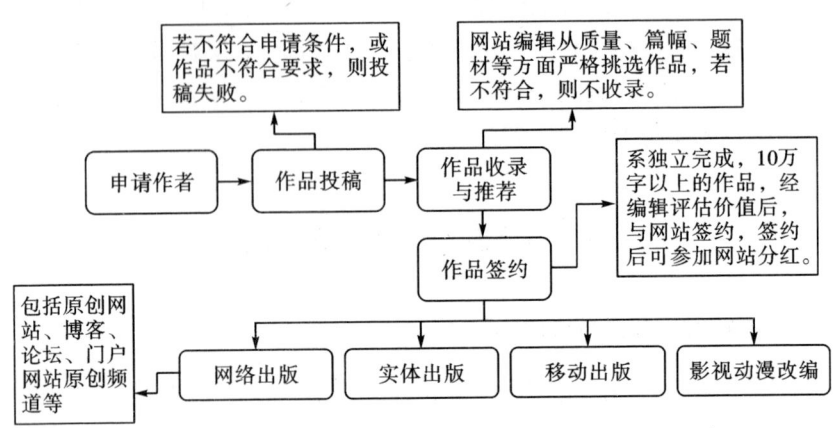

图2　网络文学创作与出版流程

资料来源："出版六家"

大多是业余写手,很多是在校大学生。这些写手,往往系非文学专业毕业,理工科学历居多。如网络知名作家血红是武汉大学计算机系毕业,骁骑校是电力工程师。为了方便管理和付酬,网络平台一般将作者分为五个星级,一星级为小白作者,二至四星级为普通作者,五星级为大神作者。按阅文集团自己制定的评级标准,大神作者占作者总数的17.8%。大神作者是平台和读者关注的对象,也是平台创造经济效益的主要保证。一批大神作者,已经成为品牌。如20世纪90年代的"五驾马车":痞子蔡、安妮宝贝、李寻欢、宁财神、邢育森,目前活跃的作者如:唐家三少、我吃西红柿、天蚕土豆、江南、萧鼎、月关、血红、骠骑、酒徒、蒋胜男等。

　　对网络文学作者的发现,往往通过举办写作大赛和文学年会来发掘。对于有潜力的作者,进行作品定制,由专人辅导,或者与传统的教学研究机构合作,请专家授课,提高写作者的写作能力。2013年,在中国作家协会的指导下,中文在线联合其他网络平台,在京成立网络文学大学,聘请诺贝尔奖获得者莫言担任首任校长。网络文学作者只要提供2万字以上的作品,即可成为网络文学大学的学生。阅文集团于2017年6月发布内容全生态战略,并成立内容产业基金,从优质内容出版、内容方商业扶持、内容品牌传播和优秀青年作家创作扶持四个方面支持作者进行创作。阿里文学也与其影视业务共同宣布将为内容生产者提供包括平台、

IP、宣传等资源在内的一站式服务。与此同时，网络文学作者受到各级主管部门的重视，除中国作家协会成立网络文学委员会外，各地作家协会相继成立了网络文学专业委员会，部分作家加入了作家协会组织。这标志着整个社会对网络文学身份的认同，网络文学的价值为主流文化所逐步接受。

3. 网络文学的主要发表平台

中国的网络文学发表平台，曾经有上千家之多，后来盛大集团与腾讯阅文集团、中文在线通过资本运作，将一些优秀的网站集中到几家主要的平台运营。从 2017 年网络文学平台日更新作品数量看，阅文集团及其旗下的起点中文、云起书院、创世中文网、起点女生网、晋江原创网、潇湘书院在网络平台的前十名中，分别占据 5 席地位，其中起点中文网日更新作品数量过万，排名第一。纵横中文网、塔读文学、红薯小说网、17K 小说网位列第二梯队紧随其后。从绝对数量来看，阅文集团以 72% 的作品数量占比、88% 的作者数量占比位列第一，截至 2017 年 6 月，阅文集团拥有 640 万名作家和 960 万部文学作品，中文在线、掌阅及百度文学分别位列第二、三、四名，中文在线、掌阅及阿里文学分别拥有 300 万、50 万、40 万部作品。移动终端目前由掌阅、QQ 阅读领先。速途研究院数据显示，2017 年我国网络文学市场规模已增长至 130 亿元，2017 年，国内市场份额名列前位的多家网络文学网站中作品的总数约为 1647 万部，预计 2019 年，作品规模将超过 2000 万部。

4. 网络文学的作品类型

中国的网络文学一改过去传统文学作品体裁划分的方法，加上网络技术的发展，很多作品有意将不同体裁融合在一起，并运用了多媒体的表达手法，形成独有的网络体。但是为了方便读者阅读，大多数网站将作品划分为玄幻、奇幻、武侠、仙侠、言情、都市、历史、军事、竞技、科幻、灵异、美文、同人等类型。在虚构类作品中，又分为穿越、架空。为了方便读者查找，以言情小说为例，网站往往将作品贴上不同的标签：一见钟情、青梅竹马、搞笑、酷男、架空历史、欢喜冤家、办公室恋情、前世今生、未婚生子、虐恋情深、奉子成婚、灵异爆笑、情有独钟、日久生情、后知后觉等。读者从这些标签中，能够迅速选择自己喜欢的作品。

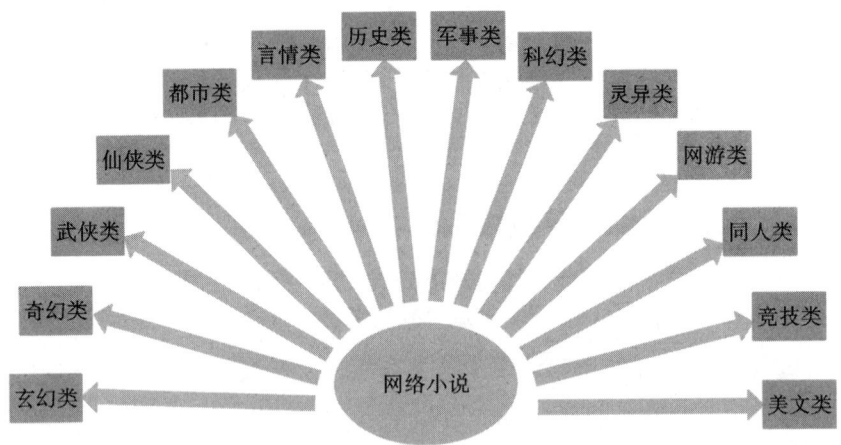

图 3　网络文学主要题材分类

网络文学作家的素材，一是取材于现实生活；二是从中国的传统文化中汲取灵感和营养；如从中国历史、神话、古典小说中寻找人物和情节线索；三是从游戏中寻找题材；四是根据科学的有限假设而虚构的幻想事件。

5. 网络文学的阅读

据中国互联网信息中心发布的《2018 年第 41 次中国互联网络发展状况统计报告》：截至 2017 年 12 月，网络文学用户规模达到 3.78 亿，较上年底增加 4455 万，占网民总体的 48.9%。手机网络文学用户规模为 3.44 亿，较上年底增加 3975 万，占手机网民的 45.6%。另据《2016—2017 中国数字出版产业年度报告》，文学网站日更新总字数达 2 亿汉字，文学网页日浏览量达到 15 亿次。与此同时，网络文学在数字阅读中的主流地位日益提高，《2016 年数字阅读白皮书》显示，相对于 2015 年，2016 年数字阅读内容总量增长率达到 88.2%，其中原创占比从 69% 上升到 79.7%。

6. 网络文学的产业化延伸

网络文学作为重要的 IP 资源，越来越受到人们的重视。网络文学的很多作品除以纸介质图书形式出版外，还被改编为游戏、动漫、电影、电视剧、有声读物及周边产品,全版权、全产业链的经营模式逐步形成。从最早的《第一次亲密接触》到《明朝那些事儿》《鬼吹灯》《诛仙》,从《杜拉拉升职记》到《欢乐颂》,这些图书不仅在网络上受到热捧,出版为纸介质图书后,也连续占领国内的图书畅销榜。如《杜拉拉升职记》从一个不到 2000 字的博客,延伸到系列图书、电影、电视剧、话剧、音乐剧、周边产品,形成一个 10 亿元的大产业。这部小说的实体书销售不下于 500 万册。2009 年,该小说由上海话剧中心搬上话剧舞台,由影星姚晨主演,全国巡演几十场。2010 年 4 月,据此改编的电影由徐静蕾导演上映,投资 1500 万元,创下了 1.2 亿元的票房收入。同年同名电视剧又在全国 8 个城市播映。

7. 网络文学的赢利模式

中国的网络文学,最初是免费阅读,从 2002 年开始,起点中文网试行收费阅读,这种模式很快被其他网站效仿。20 余年的探索发展,中国网络文学产业运营模式逐渐成熟。一条由网络写手、文学网站、内容经纪人、出版商、影视投资商、游戏厂商、动漫公司、电信运营商、客户端产品制造商、广告代理商等组成的完整而复杂的产业链已经形成,并逐步形成了以作品版权为中心的运营模式,其赢利来源主要包括:(1) VIP 付费阅读收入。(2) 网络广告收入。(3) 无线阅读运营收入。(4) 线下出版、影视改编、动漫游戏改编等版权延伸收入。其中,VIP 付费阅读和无线阅读运营是最重要的两大营收来源。随着移动互联网的飞速发展,手机等移动终端已经成为网络文学阅读最重要的载体。

同时,如前所述,高点击率的网络文学改编成实体图书后,也会获得一笔不菲的版税收入。据《华西都市报》2018 年 4 月 11 日刊登的《中国网络作家富豪榜》,2017 年,网络文学作家唐家三少年收入 1.3 亿元,天蚕土豆年收入 1.05 亿元,无罪年收入 6000 万元。据此推算,网络平台的收入也不菲。CNNIC 的《2018 年第 41 次中国互联网络发展状况统计报告》显示:"网络文学业务营收进入全面赢利期。公开资料显示,阅文、掌阅、纵横等网络文学企业在 2017 年均已实现赢利。"除此之外,2017 年下半年,国内两大网络文学平台阅文集团和掌阅科技相继上市,从资本市场融到了所需的资金。

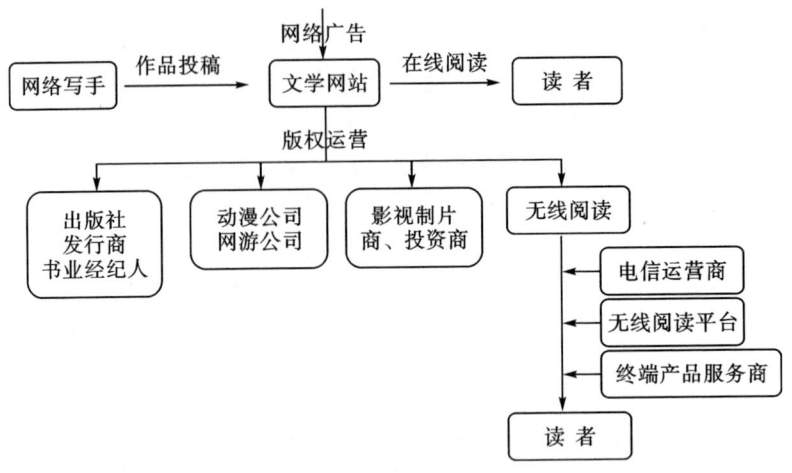

图 4　网络文学的产业链

二、中国网络文学的贡献

1. 网络文学在探索中发展，产生了一批社会效益与经济效益俱佳的优秀作品

从中国文学史的发展角度来看，一个时代有一个时代的文学。网络文学通过20余年的发展，带着信息化时代的技术特征，占领了中国的文化版图。尽管网络文学的大多数作品因为写作的仓促，还存在这样那样的艺术缺陷，但正由于其规模庞大，沙里淘金，其中还是留下了不少脍炙人口的优秀作品。2008年，在中国作家协会指导下，《长篇小说选刊》杂志社和中文在线曾举办过一次网络文学十年盘点，评出了十大优秀作品：《此间的少年》《成都，今夜请将我遗忘》《新宋》《窃明》《韦帅望的江湖》《尘缘》《家园》《紫川》《无家》《脸谱》。同时，还有一批受到读者好评的作品，如《诛仙》《明朝那些事儿》《星辰变》《鬼吹灯》《梦回大清》《斗罗大陆》等等。这些作品因其在网上的点击率很高，成为各家出版社关注和追逐的出版资源。据统计，网络文学每年向实体出版输送的文艺类新书和畅销书占其总数的二分之一以上。2017年，在网络上先发表又以纸介质的形式出版了网络小说6492部。同时，网络文学业已成为各大文化公

司掘金的一块宝地，许多网络作品被改编为影视作品后赢得了很高收视率，如《小儿难养》《后宫甄嬛传》《裸婚时代》《步步惊心》《失恋33天》《山楂树之恋》等。同时，网络文学逐渐被文学主流接纳。2009年，网络作家阿耐所著的《大江东去》成为第一部荣获中宣部"五个一工程"奖的网络小说；《上海文学》杂志的资深编辑金宇澄发表在上海"弄堂"论坛上的网络文学《繁花》经反复修改后获第九届茅盾文学奖。

2. 网络文学的IP开发推动了整个文化产业的发展

中国的网络文学、美国的好莱坞电影、日本的动漫，成为风靡世界的文化现象。网络文学作为重要的IP资源，IP经营不仅成为网络文学自身的重要收入来源，也带动了整个产业链，甚至一个产业的繁荣。2017年，由网络文学经过加工而出版的纸介质图书达到6492部，被改编成电影、电视连续剧2427部，游戏605部，动漫712部。其中2016年下半年根据阿耐的网络小说《欢乐颂》改编的同名现实主义题材电视连续剧大火。根据网络小说《鬼吹灯》《择天记》改编的电影《九层妖塔》《寻龙诀》收视率飘红。据统计，根据网络小说改编的影视剧占据了影视剧市场的半壁江山。除此之外，听书作为网络文学的衍生业务得到迅速发展。根据国家新闻出版广电总局在2017年4月发布的《2016年阅读白皮书》数据，2016年国内近7成数字阅读用户用过听书功能，听书用户超过1亿，愿意付费的用户比例达到65.3%。在这一趋势下，蜻蜓FM、懒人听书等垂直应用均在2017年获得过亿元的融资；而微信读书也于7月发布新版本，宣布全面上线音频内容。天涯社区、铁血科技、天下书盟、博易创等数量众多的网络文学公司在新三板挂牌。

同时，网络文学的IP运作模式从一次性售卖向深度开发全方位合作发展。网络文学与网络游戏、网络动漫、网络影视、网络音乐等多元文化相互渗透，根据网络小说改编的《微微一笑很倾城》电视剧与移动游戏《倩女幽魂》实现双向剧情渗入，影视与游戏深入融合。游戏工委数据显示，2016年影游联动开发的移动游戏实际收入达到89.2亿元。

3. 网络文学逐步由国内走向国外，网络平台不仅获得了经济效益，而且彰显了中国文化的软实力

互联网时代，网络文学在中国产生的影响很快波及世界各国。富有中

国元素的武侠、玄幻、科幻、言情作品，以其曲折离奇的情节、引人入胜的叙述吸引了海外的读者。据统计，盛大文学网站3600万注册网民中，有30%的注册用户来自国外，这些用户分布在全球200多个国家和地区。起点中文网3100万注册用户中，同样有30%来自海外，分布在全球100多个国家和地区。晋江原创网日均浏览量超过4000万用户，拥有注册网民320万，全世界共有211个国家和地区的网民访问过晋江原创网，海外流量占全站流量的30%以上。

中国网络文学"出海"，与网文海外门户及网文翻译网站的建立是分不开的。目前在网文翻译网站中，Wuxia World（武侠世界）是海外第一批成立的中国网文翻译网站，2014年12月成立至今，已拥有了一批忠实的用户，并形成了一定的影响力。目前，Wuxia World在全球网站排名为1005，拥有来自全球100多个国家和地区的读者。Gravity Tales是一个海外本土作者的"翻译＋原创"平台，不仅与阅文集团合作，对中国网文进行翻译，而且拥有原创板块，孵化了一批平台自身的网络小说作者。

与此同时，中国的网络文学也被海外的出版商所青睐。《成都，今夜请将我遗忘》《鬼吹灯》《藏地密码》《诛仙》《杜拉拉升职记》等一大批图书的版权被世界各地的出版商所购买。从输出国家来看，从最初的东南亚到日本、韩国，再到后来的美国、英国、法国、俄罗斯、土耳其等，目前足迹已遍布20多个国家，被翻译为英语、韩语、泰语、日语等十几种语言文字。另外，网络文学网站主动走向海外，重视海外布局。如中文在线在欧洲和美国设立分公司，向海外读者推广网络文学。2017年5月起点中文网的国际版——起点国际正式上线。

三、中国网络文学尚需努力的方向

1. 网络文学作品的质量参差不齐

（1）不少作品思想内容肤浅，创作态度主观随意。网络文学的作者为了取悦读者，营造一种狂欢的氛围，往往有意反传统，打破规范，恶搞历史和文化，生造语言文字。同时，跟风、抄袭、注水现象十分严重。（2）暴力、色情隐现其中。无论是标题还是作品的内容，往往有一些露骨的色情、暴力、凶杀情节，有些还宣扬一夜情、换妻、虐恋等不健康的倾向，在"耽美"类小说中，还有很多色情的描写。（3）思想倾向不够健康。尽管近年来因为监管加强，色情描写的作品有所减少，但作品宣扬的权力、金钱、物质崇拜仍然充斥网络文学。不少穿越类小说，都是描写草根穿越到另一个世界，不是当王爷，就是娶得三妻四妾，或者获得巨额财富。（4）语言文字粗疏。在网络文学世界里，20万字是短篇，中篇在20万~60万字，比较走红的网络小说，都以千万字计。在网上连载的作品，作者一天要"码"1万字左右。在这种以迎合读者，等待点击的状态下创作的作品，缺少生活的积淀，缺少艺术的构思，缺少修改打磨，其粗疏可想而知。阿耐网络长篇小说《大江东去》虽然最后获得了中宣部"五个一工程"奖，但长江文艺出版社的责任编辑在稿件修改上投入了很多的精力。天蚕土豆的《斗破苍穹》在湖北少年儿童出版社出版时，责任编辑雇请了几位武汉大学研究生为其整理，做了大量的删削工作方达到出版水平。（5）模仿抄袭严重。网络文学由于是类型化写作，很多情节的设置已经形成了模式，因此作品的抄袭现象比较严重。如有"穿越之王"的写手Vivibear的《寻找前世之旅》《兰陵缭乱》等12部小说，被指涉嫌抄袭200多部网络小说和散文作品。如《盗墓笔记》有网友认为抄袭了《鬼吹灯》。电视剧《楚乔传》被网友举报原作抄袭。还有一些作者使用网络软件写作，尽管不能指证其作品抄袭某部作品，但这种机器写作的方式缺少感情投入，很难突破原有模式。

2. 网络文学需要多方扶持

与传统文学创作相比，网络文学的进入门槛很低，很多作者缺少文学修养和写作技巧，作品一味地迎合读者，追求点击率，结果"鸿篇巨制"很多，但缺少文学性和思想深度。中国的网络文学如果要实现经典化，在中国文学史和出版史上留下一批精品，必须在如下几个方面努力：（1）提高作者自身的文学修养和文学史意识。目前有些网站组织重要的大神作家与传统作家结对子，或者组织专家讲学，将他们送到鲁迅文学院之类的机构学习，意在提高作者的写作水平，但短期的学习并不能迅速提高写作能力，网络作者自己要有意识地阅读文学经典，要放慢写作速度，有意识地打造能够传之后世的文学精品。（2）展开必要的网络文学批评。现在对网络文学的评价，主要从发展文化产业的积极方向来做宏观的判断，印象式批评多，对具体作品的思想性、艺术性缺少学理性的分析，有关部门要组织批评家，放下身段，客观地分析当前网络文学的趋势，展开对作家作品的有理论、有深度的批评。(3) 引导网络文学进入主流社会。目前各级作家协会都十分重视网络文学作者的创作，很多作家从网络文学的世界走入了文学主流群体。如安妮宝贝、金宇澄、慕容雪村、张悦然、当年明月、李可等，他们的不少作品已经成为文学精品进入文学史的视野。但与庞大的网络文学作者队伍相比，这些作者仅仅是"冰山之一角"，主流社会对网络文学要采取包容和引导的态度，在探索中提高网络文学的文学性与思想性，让网络文学从草根进入殿堂，真正成为我们这个时代标志性的文化现象。

（原刊于《中国编辑》2018 年第 10 期）

主题出版如何更上一层楼

"主题出版"这个概念,始自2003年,当时的国家新闻出版总署为配合党和国家的重大任务,推行"主题出版工程"。十几年来,主题出版成了新时期中国出版界一个耳熟能详的热词,也成了管理机关指挥出版、出版社制订选题的一个"抓手"。主题出版推行16年来,在配合党和国家的重点工作和重大会议、重大事件、重大节庆日中发挥了出版服务大局,唱响主旋律,积聚正能量,展示时代新成就,体现时代新风貌的重要作用。

主题出版实则由来已久,在编辑出版学上,凡出版单位有目的策划出版的选题,应当说都可称之为主题出版。即按照一定的主题组织选题、编辑加工、市场营销,进而达到两个效益的统一。孔子怀揣"克己复礼"的政治目标,修订六经,宣扬仁义礼智信,通过编辑活动,对世人教而化之,是主题出版的滥觞。中国几千年的出版基本延续了孔子的编辑思想主张"文以载道",到了历史发展的关键时期,这种围绕某一主题而开展出版的行为更加突出。如抗日战争时期,"商务、中华、开明、世界等书局出版了大批关于中国外交、国际关系、军事教育、军备、兵制、军事战术以及战时经济、战时金融、童子军教育等主题的图书"[1]。这些以抗战为主题的图书为鼓舞人民、团结人民抗击日本侵略者,发挥了舆论引导作用和军事指导作用。

"文章合为时而著",主题出版是出版工作者应当承担的历史使命。但随着主题出版内涵与外延的增加,有关冠以主题出版的选题数量激增。据中国版本图书馆CIP数据中心统计:2003年,主题出版的选题数量489种,2016年达到2297种;2018年上半年,新出版图书选题13.84万

---

[1] 李岩. 我们怎么做主题出版[J]. 出版发行研究, 2017 (5): 21-23.

种，同比下降5.56%，但仅有马列主义类图书品种数增长41.94%。① 中国版本图书馆ISBN数据统计显示，增长品种主要是主题出版的图书。笔者根据主题出版实施的效果，从繁荣和发展新时代出版的角度出发，从打造精品、建构经典的出版使命来看，发现主题出版虽然取得了一定的成就，但在概念与内涵、数量与质量上有需要调整和完善之处。

第一，主题出版存在一定程度的同质化。关于主题出版，原国家新闻出版总署副署长周慧琳曾经明确指出，其功能主要是"围绕党和国家重点工作和重大会议、重大活动、重大事件、重大节庆日等集中开展的重大出版活动"②。由于主题很明确，节点也很明确，加之每年的选题制订前，主管部门也会对当年的主题出版范围提出要求，因之全国500多家出版社推出的主题出版物都不可避免地会出现似曾相识的面孔。如有些纪念节庆的主题出版物，因为是共同的事件、共同的内容、共同的主题，出版社即使希望创新，但万变难离其宗——而且也不能离其宗。有些节庆五年一小庆，十年一大庆，出版社除了在原有出版物的基础上升级，选题内容很难创新，充其量在形式上做一些调整。另一方面，如果是政治理论读物，对中央重大方针政策的解读，出版社不能另行发挥，必须按照统一的口径来阐述，即使有权威的作者，无论是理论构架还是论证的角度，也不会有大的突破。因此，主题出版题材"撞车"，产品的同质化就不足为奇。

第二，主题出版题材的泛化。因为主题出版是一项政治任务，而且这些出版物出版时多数有政府财政资金的资助，出版后不少出版物也由政府买单。因此，出版社在策划选题时大多希望项目能朝主题出版上"靠拢"。一方面，完成了"政治任务"，同时也带来了经济效益。如2007年至2012年主题出版的范围，明显地因为"大事多、喜事多"而扩大了出版领域。其间有党的十七大召开、新中国成立60周年、北京奥运会、残奥会、上海世博会、汶川地震，还有全民思想道德规范教育、文化"走出去"等。因之，主题出版由过去主要是围绕党和国家重大历史事件和一系列重大活动向中心工作、重点工作拓展。如普及科学文化知识、全民思想道德教育，还有供海外读者阅读的书籍，都列入了"主题出版"。如中国

---

① 2018年上半年图书出版特点：总量下行结构趋优[EB/OL]. http://www.sohu.com/a/241758699_99957183.

② 周慧琳. 努力做好新形势下的主题出版工作[J]. 出版参考，2017 (1)：5-8.

出版集团在"做响主题出版"的指导思想下,主动将主题出版的选题拓展为 11 类,将孙中山诞辰 150 周年、传统文化普及都列入其中①。商务印书馆总经理于殿利曾经指出:"千万不要狭隘地理解主题出版,说主题出版就想到解读报告,解读领导讲话精神,应该解放思想,转变观念,正确、全面地认识主题出版。可以从国家的发展、时代的变迁以及社会和文明的演进等视角去挖掘选题资源,以中国的现代化进程为目标,以政治、经济、社会、文化和生态文明建设为内容素材的选题,都属于主题出版。"② 于殿利虽然是从积极的方面来解读主题出版,希望拓宽主题出版的范围。但任何概念都有其规定性,如果"以政治、经济、社会、文化和生态文明建设为内容素材的选题,都属于主题出版"的话,所有有目的的出版活动,都可以归为主题出版。于殿利的本意是针对主题出版题材狭窄的困境而希望有所突破,但不免导致"主题出版是个筐,什么菜都可以朝里装"的尴尬现实。

第三,主题出版图书内容的平庸化。由于主题图书内容的规定性、出版时间的紧迫性,不少标之以主题出版的图书往往是急就章。无论是政治理论读物还是节庆读物,虽然这些图书的形式有某些区别,但仔细分析,有理论创新、有新的历史研究成果的读物比较少。随着党和国家中心任务的转移,这些图书内容往往很快时过境迁。中国人民大学出版社原社长周蔚华曾指出:"主题出版大体上包括预热、发展、高潮、余波这几个阶段,而且这一周期较短,很少超过一年,大都在 3~6 个月左右。"③ 因此,很多主题出版的图书虽然出版社花费了很多的精力,但由于没有赶上火候,上市之日,即是销售结束之时。还有一些主题出版的图书由于内容的雷同、编写质量的平庸,即使通过政府或者党费买单将图书发下去,也没有人认真阅读,而是将之束之高阁。这种平庸的出版物不仅浪费了国家的财产,而且也产生了很多形式主义的负面作用。李建红对 2013—2017 年主题出版选题进行分析后认为:"主题的时效性与主题出版任务的长期性之间存在矛盾,主题活动的时效性与主题影响的长期性之间存在矛盾,出版社如果不能准确把握主题出版选题的前瞻性,如果不能充分挖掘选题的深

---

① 李岩. 我们怎么做主题出版[J]. 出版发行研究,2017(5):21-23.
② 于殿利. 主题出版与时代之需[J]. 中国出版,2016(4 上):52-53.
③ 周蔚华. 紧紧围绕大局 做好主题出版[J]. 中国出版,2011(9):37-39.

远影响力，就容易造成选题资源的浪费。"①

第四，编辑能力的弱化。由于主题出版方向明确、题材明确、内容明确，在编辑加工上，要求必须围绕中心，主题先行，因此，无论是选题的产生、编辑加工的范围，还是市场营销的手段，编辑发挥的空间都相对有限。加之主题出版物多是刚性需求，主题活动时效性强，出版社和编辑没有充分的时间对内容进行打磨和精雕细刻。因之，类似的出版物对提高编辑的专业能力十分有限。

因此，从提升主题出版为党和国家大局服务的能力出发，让重大理论读物能够"站得住、传得开、留得下"，扩大主题出版的传播力、影响力，同时，为更好地发扬我党实事求是的优良作风，尽可能地发挥国家财政资金和社会资源的潜力，建议从以下方面入手做好主题出版。

第一，主题出版要做好规划。既然很多主题出版物是围绕党和国家的中心任务，本身是带有计划性和指令性的，不妨由有关管理部门将出版任务下达给几家中央出版社出版，这样就可以避免撞车和雷同化。一方面，可以减少资源的浪费；另一方面，相关出版社可以专心致志谋划主题出版图书，提高主题出版图书的质量。

第二，明确主题出版的范围。从狭义角度来看，主题出版主要是为党和国家的大局出发，围绕中心工作做好宣传，无论是主管部门还是出版社，不要将一般性的市场图书都纳入主题出版，避免主题出版的无序竞争、题材的泛化与质量的平庸。而且，为了保证质量，对主题出版图书的数量要有一定的限制，不能靠拼品种去制造"繁荣景象"。

第三，主题出版物要分层次出版。目前的主题出版物，从功能上看，既有配合中心宣传解读性质的出版物，也有从宏观上进行理论建构的读物；从体裁上看，既有政治理论性读物，也有文学艺术类出版物；从表现形式上看，既有文字类出版物，也有多媒体出版物。因此，要将主题出版物的性质与范围进行厘定，如果是配合中心的具有一定时效性的宣传品，则指定出版社出版；属于长线的带有文化积累性质的出版物，则由出版社自行安排。后一类出版物，不一定非要打上主题出版物的标签。对于中国的出版社而言，无论何种出版物，都要导向正确，符合党和国家的宣传政

---

① 李建红. 2013—2017年主题出版的选题特点、矛盾及对策［J］. 出版科学，2018（1）：33-37.

策,弘扬正能量。相反,真正地能够产生长远影响和重大影响的出版物,出版社只有通过选题创新,打造精品,建构经典,才能让中国特色社会主义思想、核心价值观入脑入心,才能对建设人类命运共同体发挥引领和指导作用。

第四,按需印刷,订单制作。由于很多主题出版物购买者多是公务员、党员和国有企事业单位的员工,购买经费多是由财政拨款或者是由党费购买,出版社可以按需印刷,不必通过市场手段无序竞争造成资源的浪费。有关部门在下达印刷任务时,可以根据需方的数字,通过政府招标形式安排出版任务。

总之,主题出版是时代赋予出版工作者的重要职责,只有有质量的主题出版,才能起到举旗帜、聚民心、育新人、兴文化、展形象的重要作用。同时,只有有质量,能够传之后世的出版物,才能树立出版界的形象,达到培养队伍,创造价值的目的。

民营书业"走出去"的现状、问题与对策

作为中国出版业重要组成部分的民营书业，伴随着中国改革开放的步伐，不断发展壮大，无论是在数量上，还是在市场贡献上，均成为重要的生力军。据《2017年全国新闻出版业基本情况》统计，全国14.1万家新闻出版法人单位中，民营公司有11.9万家，占84.4%；在出版发行领域，民营企业的收入占全行业收入的68.8%。随着民营书业资本与实力的不断提升，在国家"走出去"战略的推动下，民营书业陆续从国内走向国外，与世界接轨，寻找新闻出版发展的大舞台。

纵观中国民营书业"走出去"的历程，大致有如下三种形式：

第一种，主要是向境外输出图书版权，实现出版"走出去"。据统计，2017年，全国共输出版权13816项。中国书刊发行业协会非国有书业工作委员会出版产业研究课题组调查显示，民营图书文化公司每年大约输出版权数量在5000种左右。根据2017年版权输出项目分析，全国输出数量居前十位的单位中，民营书业阅文集团输出量为全国输出总量的2.2%，晋江原创网为1.4%。但是，有些民营传媒公司，因为没有出版权，或者股权结构中含有国有成分，统计中这些项目往往被计入使用书号的出版单位。如2017年向海外输出版权全国前十位的大龙树文化传媒有限公司，占全国输出总量的3.84%，其股权结构中含有不同的经济成分。与长江出版集团合作、以策划出版少儿读物为主的海豚传媒，先后向国外输出版权30多种。北京新世纪文化有限公司（长江文艺出版社北京中心）向全球输出了40余种版权项目，其中策划出版的长篇小说《狼图腾》，以36种语言，在全世界110个国家出版发行，创造了版权输出的多项第一。因此，民营书业版权输出，在全国版权输出中占有越来越重要的地位。

第二种，到国外办书店与出版社。近年来，随着民营书业的实力增强，一些民营书业认识到如果要做大做强，必须到国外去办书店和出版

社,以实现文化报国的理想。总部地处云南昆明的新知书局,2011年在柬埔寨金边创办了新知金边华文书局。在此后3年多的时间里,新知书局在老挝万象、马来西亚吉隆坡、缅甸曼德勒、斯里兰卡科伦坡、泰国清迈、尼泊尔加德满都、南非约翰内斯堡陆续开设了8家华文书局,并计划到2020年完成20家以上海外华文书局建设任务,力求覆盖东南亚、南亚、西亚、欧洲、美洲、非洲、大洋洲国家,使新知书局成为真正意义上的跨国集团公司。

在国外第一个吃螃蟹办出版社的是北京求是园文化传播有限公司,十多年前,毕业于浙江大学的出版人黄永军在英国伦敦注册成立了New Classic Press(新经典出版社),迈出了中国民营书业在海外开办出版社的第一步。目前新经典出版社已出版英语图书100多种。这些图书在欧洲、美洲、非洲等国际市场销售,已累计实现销售收入上千万元。他们出版的《中国共产党为什么能》《关注中国》《中国梦》《文化复兴》《习仲勋画册》《学习习近平总书记重要讲话》《以习近平同志为核心的党中央治国理政新理念新思想新战略》《西方政要与学者论习近平治国理政》等外文版中国主流文化图书在海内外引起强烈反响。

紧随其后的是北京时代华语图书股份有限公司,2012年7月在美国纽约投资成立了全资出版公司——美国时代出版公司(CNTIMESINC)。7年来,这家出版公司先后出版了330个品种的英文图书。其中由美国时代出版公司策划的《习近平时代》目前在美国已售出15万册。2018年8月29日,在第十九届北京国际图书博览会上,中国时代出版公司又与国内17家重要出版集团、出版社签订了100种图书的版权输出协议,成为迄今中国出版历史上最大规模的单笔图书输出。2016年,时代华语与人民天舟出版有限公司一起,成为首批获得对外专项出版权的试点企业之一。

已在国内创业板上市的中国第一家民营书业天舟文化,2016年经中央文化体制改革和发展工作领导小组办公室同意,国家新闻出版广电总局批准,人民出版社与天舟文化股份有限公司共同出资设立人民天舟出版有限公司,成为一家专注于对外出版的公司。2018年,中国少年儿童出版总社又参股人民天舟,为这家公司带去优秀的战略资源。公司成立两年多来,已出版《屠呦呦传》《企业的智慧》《装在口袋里的爸爸》《漫画十万个为什么》等40余种图书的英语、法语、阿拉伯语版,并多次亮相国际性和地区性书展。同时，人民天舟每半年都在海外举办艺术主题展览，积累了海内外优秀的出版、艺术资源，并且收购了新西兰灯塔出版社80%的股权，近期又在摩洛哥开办了占地350平方米的星空书店。

第三种，从过去的以版权输出为主向直接面对海外读者的新兴出版拓展。新兴出版的主要形式和内容是在互联网时代诞生的网络文学以及由网络文学衍生的IP。网络文学"走出去"分为两种类型：一种是设在中国境内的网络文学网站，为海外读者提供不同语种的服务。据统计，盛大文学网站3600万注册网民中，有30%的网民来自国外，网民分布在全球200多个国家和地区。起点中文网3100万注册网民中，同样有30%来自海外，分布在全球100多个国家和地区。晋江原创网日均浏览量超过4000万，拥有注册网民320万，全世界共有211个国家和地区的网民访问过晋江原创网，海外流量占全站流量的30%以上。另一种类型，是在海外建立网站，请海外的译者根据不同语种读者的习惯，对中国的网络文学进行翻译改编。目前，在国内创业板上市的数字出版企业中文在线在美国投资参股了武侠世界网站，经过5年的运营，目前已发展成为英语世界最大的中国文学网站，覆盖的人群超过100个国家，其在北美的读者占到三分之一。他们在美国市场独资创办的视觉小说平台，有员工30人，目前注册用户已达500万人，活跃用户50万人。成为全球第三、中国最大的海外视觉小说平台，每天收入超25万美金。阅文集团与Gravity Tales网站进行合作，不仅对中国网文进行翻译，而且拥有原创板块，孵化了一批平台自身的网络小说作者。2017年阅读集团旗下的起点中文网起点国际版上线，语种以英文为主，首波主打品类为仙侠、玄幻、科幻、都市等题材，除PC端以外，Android及IOS版本App也已同步上线。2018年阅文集团又收购韩国Munpia网络文学原创平台，共同打造中韩原创文学培养计划。掌阅海外版App已上线，包括英语、韩语和俄语在类的14个语种版本，覆盖了"一带一路"40个国家和地区，累计用户数量超过2000万人。

与此同时，中国的网络文学也被海外的传统出版商所青睐。《成都，今夜请将我遗忘》《鬼吹灯》《藏地密码》《诛仙》《杜拉拉升职记》等一大批图书的版权被世界各地的出版商所购买。从输出国家来看，从最初的东南亚，到日本、韩国，再到后来的美国、英国、法国、俄罗斯、土耳其等国家，翻译成十几种语言文字在全世界销售。

当然，民营书业"走出去"的三种形式是交叉进行的，特别是版权输出，无论是开办实体书店或出版社还是在虚拟世界上推出产品，都涉及版权的交易和知识产权的保护。

不过，从目前民营书业"走出去"的现状看，尚处于起步阶段。无论是书店还是出版社，都在持续探索，有时甚至还会出现一定的曲折。如新知书局，近3年来原拟继续在海外开办20家书店的计划因故没有再执行。8家海外书店中，略有赢利的只有2家，1家持平，另外5家基本亏损。南非约翰内斯堡因为治安不靖，书店遇上持枪劫匪，中国派去的总经理被打伤，从安全角度计，只好撤回国内。时代华语和人民天舟目前的海外业务也处于拓展阶段，经营尚处于亏损。因此，民营书业"走出去"在总结经验的基础上，还需要做好如下工作：

第一，思想上继续高度重视。民营书业"走出去"，不仅是中国民营经济自身的发展需要，也是发挥不同经济成分的积极性、彰显中国文化软实力、讲好中国故事的重要举措。同时，民营书业虽然没有国有出版业那样雄厚的经济实力和版权资源，但民营书业具有决策迅速、经营灵活的特点，而且，在新兴出版领域，民营书业无论是体制还是机制都具有新经济发展所需要的一切优点。因此，民营出版"走出去"，如果不算主力军的话，至少是中国出版海外发展的"轻骑兵"。要形成中国出版"走出去"的强大阵容，必须有不同经济成分的队伍参与其中。

第二，政府继续给以一定的支持。民营出版"走出去"，是一件新生事物。从目前"走出去"的民营书业来看，无论是立项还是外汇支付，均得到了中国政府在政策上和经济上的支持。民营书业在境外经营要取得成果，需要时间来培育；同时，由于各项费用与国内相比，相对成本增加。因此，民营书业要遵照经济规律，从长计议，政府和各有关部门要继续在政策上和经济上予以扶持。目前，由于种种原因，国内有关部门对民营经济的扶持在实施中存在一定的思想顾虑，工作效率有待提高。我们必须不忘初心，牢记使命，继续解放思想，将民营书业"走出去"与国有书业一视同仁对待，用足用好相关政策。

第三，实行本土化。民营书业"走出去"，作为企业，必须借鉴其他行业，如华为等在海外发展的规律。从国内外的成功企业来看，只有融入当地的文化，借助当地的人才资源，才能真正从"走出去"变成"走进去"，成为国际化的书业公司。成立不到5年的中文在线独资企业"视觉小说平台",目前已实现赢利。公司30名员工,除了派去的管理者外,大部分都是在当地聘请的技术人才。英国新经典出版社经过海外11年的运营,已经成功进入西方主流文化市场,出版的外文图书在全球40多个国家销售。而从大龙树文化传媒有限公司的经验来看,则是立足国内,面向海外,请中国台湾的出版专业人士整合海内外资源,按照境外读者的阅读需求和文化特点,订单制作,向海外推广具有中国元素的文化产品。民营书业要全方位地"走出去",避免少走弯路,必须借鉴成功经验,实行不同形式的"本土化"。

第四,坚持出精品,出适合当地读者需求的大众精品,出版能够一版再版的传世精品。民营书业"走出去"尽管负有一定的政治、文化使命,但还是要尊重文化产品的生产规律。从国外的优秀出版企业发展历史来看,只有出版能够面向世界、一版再版的文化精品,企业才能获得发展,才能基业长青。如果仅仅靠政府资金的支持,企业只能维持一段时间而不能做大做强。因此,民营书业要能够在境外市场上站住脚扎下根,必须推出精品,打造品牌,服务当地,才能开枝散叶,真正成为传播中国文化的使者。

第五,创新内容生产与传播方式,积极运用新媒体的技术优势,开拓中国出版"走出去"的新格局。随着互联网技术与信息技术的不断迭代发展,书业的内容生产与传播方式均发生了变化。从阅文集团与中文在线网络文学走向海外的成功经验来看,传统出版必须与新兴出版融合发展,提供优秀的文化产品和知识服务,才能赢得海外读者的青睐。因此,无论是在内容生产上,还是内容的传播、产品的销售上,都必须跟随技术发展的步伐,将内容与技术融合,做到与时俱进,不断创新。

(原刊于《国际出版周报》2019年7月16日)

出版领军人与领军人才

一、领军人与领军人才的区别

"领军人"与"领军人才",是近年来各行各业在评价人才时所常使用的术语,工具书中并未收录。这两个术语,大约是从军事术语中借代而来的。如果从管理学的角度看,领军人实际上就是管理者。如果借用到出版行业中,一个编辑部或一个出版社的管理者都可称为领军人。但作为领军人才,则必须是管理者中的佼佼者。从领军人到领军人才,其间有一个质的区别。

区分领军人与领军人才,犹如区分管理者与领导者一样,是一件十分重要的事情。美国南加州大学领导学院创始人、工商管理的杰出教授沃伦·本尼斯曾描述了管理者与领导者之间的差别。他认为,管理者好于管束,是模仿者,因循守旧,依赖控制,目光短浅,只顾眼前,接受现状等;而领导者善于革新,不断开拓,追求发展,营造信任,目标远大,放眼未来,挑战现状等。另一位杰出的企业家,戴尔·卡内基联合公司总裁兼首席执行官奥利弗·克朗姆对优秀领导的定义为:领导者满怀信心,积极进取,目标明确,道德高尚;他们具有各种良好的价值观和思想交流的技能,具有善于与人相处和激励他人的才能。本尼斯教授的概括有些偏颇,管理者按部就班、追求稳定是职责应有之义,不过他对优秀领导者的描述则比较客观。奥利弗·克朗姆的概括与本尼斯基本相同,但更为全面。

二、出版业对领军人才的要求

综合以上关于优秀领导者的评价,我们认为,在出版传媒不断变革的

21世纪，传统媒体面对新媒体的冲击，在后转企改制时代，作为兼有社会效益与经济效益双重任务的出版界而言，一个领军人物，无论是从个人素养、价值追求，还是领导魅力、驾驭能力上来看，都必须具有如下才能。

（1）具有远大的理想和抱负、强烈的使命感和担当意识。凡能成就大事业者，往往对自己从事的工作具有崇高的情怀。他们不是眷恋权力，而是希望能够借助现有的平台实现自己的抱负。从弃官从文的张元济，到心忧天下的邹韬奋，还有现在离开仕途、在出版领域耕耘的许多出版家，都是耐得住寂寞的。"昌明教育平生愿，故向书林努力来。"张元济七绝中的这句诗，应当说代表了今天许多成功的出版家的心声。不过，"昌明教育"只是其中的理想之一。叶圣陶曾经做过新闻出版总署副署长、民进中央主席，有人在问到他的职业时，他说他先是教员，后是编辑，但做编辑比做教员的时间长得多，言下之意他不是做官的。正是凭着对出版事业的热爱，他们才在自己的岗位上做出了巨大的贡献。

（2）敢于创新，不断探索。在不同的阶段，作为领军人才，都必须深刻洞悉事物的发展规律，他们能够从事物的表象看到事物的本质。柯达公司的主管没能看清外部环境和面临的机遇，以至于做出了错误的判断和决策，才在这场高技术的竞争中以失败出局。外语教学与研究出版社在李朋义主政时，年发行码洋从1000万元做到了16亿元，蔡剑峰则从20亿元又做到了30亿元，在全国外语图书市场整体萎缩的形势下，在传统出版一片唱衰声中实现这样骄人的业绩，与他们以出版为核心，向教育延伸，向文化拓展，实现产业发展的理念是分不开的。

（3）善于调动团队的工作积极性。优秀的领导者，会向下属描绘未来的美好愿景，让他们跟随自己赴汤蹈火而不计得失。如何调动不同员工的积极性，卓越的领导者在这方面总是能够找到恰当的方法。当然，调动大多数人的积极性不是空头的许诺，不是母鸡般的慈爱，也不是靠严苛的管理来实现的。重要的是要让下属在集体中找到归属感，发自内心地为这个事业而奋斗，因此，企业的文化建设显得尤为重要。沃尔玛公司的创始人山姆·沃尔顿治理企业的原则之一是，视沃尔玛的员工不是雇员，而是合作者或同事。把同事当成合伙人，与他们分享利润。他认为，关心你的同事，同事也就会关心你。他通过制订利润分享计划、雇员购股计划、损耗奖励计划来实现"同事是合伙人"这一概念，最终将美国阿肯色州本顿维尔镇的一家小店发展成为全球知名零售业的巨头。

(4) 勇于牺牲，充满激情，有奉献精神。作为领导者，虽要大智若愚、举重若轻者，但大多数企业需要领导者全身心地投入，富有牺牲精神，甘做"拼命三郎"。《孔子家语》指出："欲政之速行也，莫善乎以身先之；欲民之速服也，莫善乎以道御之。"这里的"以身先之"即指领导者的示范作用，要身先士卒，全身心地投入那些已经确定、但尚未完成的业务、使命和目标；"以道御之"即指领导者以正确的思想、方法去带好队伍，做到上下一心，行动一致。作为一家企业，无论是发展初期还是进入成熟期，在市场竞争中，任何时候都会面临新的问题和新的挑战，优秀的领导者，会始终保持清醒的头脑，以昂扬的斗志，走在队伍的前面。

(5) 在挫折面前永不气馁。无论是事业还是人生，都不可能一帆风顺，一个优秀的领军人才，在困难面前，或者处在危险的境地时，必须以一种超然的淡定和沉着，率领部下渡过难关。这种领导虽然不完全是理智与知识的化身，但能够成为部下精神上的"定海神针"，这样，才能成为员工依赖的支柱。美国的 IBM 公司在 20 世纪 80 年代曾经 4 次被《财富》杂志评为"最受尊敬的公司"，到了 20 世纪 90 年代，公司累计亏损额达 150 亿美元，IBM 市值也从 1050 亿美元暴跌到 320 亿美元。从纳贝斯克来到 IBM 的郭士纳实施战略重整，通过调整公司结构，重塑品牌形象，建立以业绩为导向的激励机制，形成明确的业务核心，几年时间使 IBM 东山再起。

三、如何培养出版领军人才

也许我们认为，领军人才在某种程度上是由于其天然的禀赋与气质，而不是靠组织上的培养与选拔。这话也许说对了一半，因为中国的干部选拔制度往往是从一个极端走到另一个极端。一个干部如果被列入了第三梯队，如果没有太大的问题，往往会成为组织上使用的对象。但这种相马的程序，常常使好的苗子也丧失了经风雨见世面的机会。

所谓的领军人才，应当不是钦定或某个组织认定的。必须是已经"木秀于林"，具有一定的知名度和美誉度，行业内已经公认的人物。或者说，已经在某一方面崭露头角，虽然还没有形成气候，但必须具有明显的潜质，我们才可以将之作为未来的领军人物来加以培养。

民国时期的商务印书馆总经理王云五，用今天的标准衡量把他算作领军人才，这也许没有异议。商务印书馆请胡适做编译所所长，胡适不肯放弃自己的学术事业，因此推荐他的老师王云五。王云五没有学历和文凭，但他自学成才。他19岁受聘于中国新公学做英文教师，胡适是他的学生。在此之前，王云五做过孙中山的秘书，应蔡元培之邀做过教育部的专门教育司一科科长。他虽未正式上过学堂，但读书甚多，知识渊博，且又有过多个岗位的历练。35岁出任商务印书馆编译所所长，后始任商务印书馆的总经理。在他的任上，商务印书馆出书占到全国的三分之一。

领军人才的培养，最关键的还是需要给他们提供合适的岗位，让他们去发挥自己的聪明才智。能不能最终成为领军人才，实践是检验真理的标准。但如果不能给他们提供舞台，再好的演员也没有表演的机会。中国革命史中，有很多这样的例证。如林彪，23岁任红1军团第4军军长，25岁担任红1军团军团长。从现在的年轻人看，这个年龄大学本科或者研究生才刚刚毕业。

当然，我们不仅要给领军人才压担子，还要给他们提供必要的条件，如学习的机会、研讨的机会。对于领军人才在实践中取得的经验教训，要组织专家进行总结分析。如果他们在探索中出现失误，在创新中出现挫折，我们要有宽容之心。容许他们在新的实践中进行调整。在中国革命史上，遵义会议确立了毛泽东的领导地位，但毛泽东最初带领队伍打了几仗也并不顺利，甚至出现失败。但后来的事实证明，遵义会议选择毛泽东是中国革命一次十分关键的转折。毛泽东不仅成了红军的当然领导，也成了红军精神上的领袖。

（据第三届韬奋出版人才高端论坛讲稿整理）

构建出版社编辑人才队伍成长的机制
——以长江文艺出版社为例

"出好书，出人才，出效益"九个字，如果认真解读，基本概括了出版界的职责与使命。这三者是相互依存又相互促进的：出好书，无疑是人才所为；有了好书，两个效益也就显而易见。在三者中，其实最关键的是出人才。在市场经济的条件下，人才队伍是出版社的核心竞争力，也是出版社可持续发展的保证。长江文艺出版社（有时简称"长江文艺社"）多年来坚持将人才队伍的建设作为立社之本、竞争之基、发展之力，重视人才的培养、引进与使用，形成了自己的一整套人才成长的机制。目前，长江文艺出版社人才济济，二十余年来实现了不间断的可持续发展，现在仅武汉本部一般文艺图书销售码洋达到4亿元左右，如果加上北京中心的图书，达到7亿元的销售规模。出版社出版的图书多次获得国家图书奖、"五个一工程"奖、茅盾文学奖等。更重要的是，出版社成长了一批管理人才，也向兄弟单位输送了一批领导干部，从而推动了全省出版事业的发展。目前从长江文艺出版社成长而走向社级领导岗位的共有14人，其中长江传媒股份公司7家图书出版社、1家音像出版社，长江文艺出版社编辑成长起来担任社长的有3人，担任总编辑的有2人。长江文艺出版社社长、湖北美术出版社社长、崇文书局社长、湖北人民出版社总编辑、九通音像出版社总编辑均是长江文艺出版社的编辑出身。另外湖北知音传媒集团的董事长、知音传媒集团控股的致公出版社总编辑也是从长江文艺出版社选拔派去的。除此之外，还有3个出版社的副社长，集团总部的2个处长，也都是从长江文艺出版社走出去的干部。这些走上领导岗位的同志，大部分是我在任时招聘进社的编辑，还有一部分是社里原有的青年骨干，我在任时他们通过竞争上岗走上了领导岗位。所以，有人认为湖北出版界的干部队伍中有一个"长江系"。

实际上，"长江系"之说，在一定程度上是调侃之言，但也道出了长江文艺出版社人才辈出的客观现实。这些走上领导岗位的同志，过去大多是在编辑一线工作，他们都是以其对出版事业的献身精神、工作岗位上卓越的贡献以及较强的团队意识，经过层层选拔而最终走上社级领导岗位的。在探讨新时代编辑人才队伍建设的背景下，回顾总结长江文艺出版社人才培养的经验与机制，对于出版业的持续发展，或许有某些借鉴作用。

一、高度重视人才队伍在出版业发展中的关键性作用，逐步改善从业人员队伍的结构

"造物之前先造人。"日本松下公司的开拓者松下幸之助指出："松下电器公司与其他公司最大不同的地方，就是在员工的培育与训练上。"松下公司成立有自己的商学院，对新员工进行一年的培训，从企业价值观到接电话等细节都纳入教学范围。中国出版界的先驱张元济在主政商务印书馆时，提出"广为储才，推陈出新；裁汰冗老，超擢先进"的用人原则，为商务印书馆聚集了一大批优秀人才，促进了民国时期商务印书馆的快速发展。因此，无论是普通企业还是作为特殊行业的出版单位，人才队伍建设都是企业在市场竞争中是否取胜的核心要素。而对于以文化建设为己任的出版企业，对高素质的人才队伍的建设要求则更为迫切。在出版企业的人才队伍中，虽然管理人才、营销人才也同等重要，但作为出版社核心的编辑队伍，对于出版社生存与发展的重要性，是不言而喻的。编辑人才队伍的重要性，从理论上说，人皆知之。但在中国现有的体制下，由于种种原因，在人才队伍建设这个问题上，有些企业由于领导人的频频更换没有坚持下去，由于领导人重视不够没有放在首要位置，由于领导人任人唯亲，对进人把关不严，由于自身经营不善或者企业文化不能留住人才。

我在上世纪90年代担任长江文艺出版社社长之际，出版社编辑人才队伍青黄不接，"文革"后回到出版社的老同志年龄已比较大，在职的一些年轻同志又多是接班的职工子弟，出版社中大学毕业受过专业训练的所占比例很小，编辑队伍人员少而行政人员比例过大。于是，社领导班子经过商量，计划每年从高校中招聘三至五名有硕士学历的学生到出版社做编辑工作，同时也在社会上招聘有实践经验的专业人才。招聘时，我们注意学生的教育背景，除了在本省"985"工程高校招聘优秀学生外，还到外

地招聘重点高校的毕业生，做到教育资源的优势互补。有的管理部门的领导，曾经希望我将他在其他单位工作的子女调到出版社来，由于不符合出版社的招聘条件，我顶着重重压力，始终没有接收。有关单位都知道我在这个问题上是"六亲不认"，基本上没人再敢托我解决类似的问题。我离开长江文艺出版社社长的位子后，接任的两位社长，都是硕士毕业后来到长江文艺出版社工作成长起来的佼佼者。他们主政后，也高度重视人才队伍的建设，经过数年的努力，目前出版社中从业人员的学历、业务人员与行政人员的比例，都达到一个比较合理的结构。这些为出版社持续高速的发展，奠定了坚实的基础。

二、为人才队伍的成长构建科学合理的机制

人才的成长，有其内在的规律，也是一个系统工程。出版社必须采取多管齐下的方式，才能培养出一批高素质的编辑人才队伍。

1. 建立高效有用的培训机制

编辑的培训，出版社都比较重视。不过，不少出版社虽然重视培训，但效果并不明显，到了选题策划，编辑依然不知从何下手。为什么呢？我觉得很多出版社只重视编辑技能和基础知识培训，而不重视编辑适应市场能力的养成。编辑的技能通过培训容易掌握，但编辑对于变化的市场、个性化的图书产品，却是需要经验和智慧才能驾驭。针对这种情况，我们对于出版社招聘进来的人员，没有实行师父带徒弟式的导师制办法。况且，这种办法固然有其合理性，但这种办法还有作坊式的传统局限，如果师父本身手艺不高，会影响徒弟的成长。再者，在信息化的社会，集中培训比单个面对面传授更为科学和有效。我们对编辑的培训，在岗前培训的前提下，主要使用案例教学来拓展编辑的视野，通过实战训练来培养编辑的市场感觉。

首先，是请业内的专家来讲授自己的成功操作经验，扩展编辑的视野。我们不仅有计划地请业内的专家来讲课，还利用与我们合作的专家来社沟通工作的机会，请他们来谈自己的成功出版案例。如我们请畅销书推手金丽红来谈畅销书编辑与营销的经验；请资深出版人刘硕良来谈经典图书的开发；请黎波来谈图书的营销；请安波舜来谈出版理想；请白冰来谈

引进图书的开发；请北京开卷信息技术有限公司的负责人来谈当前图书市场的表现等。

当然，我们更重视在实际工作中，对编辑进行面对面的案例教学。如出版社的月度生产调度会、市场分析会、选题分析会，社领导、发行和编辑都要参加。我们在会议上分析本社图书的优劣得失与市场表现，剖析竞争对手的当家产品和经营策略，研究各地各种畅销书排行榜，请负责营销的同志结合市场表现分析当前的图书市场走势。会议上除了做宏观分析，还注意对每本图书的装帧、设计、定价、投放时间及产生的效果进行具体讨论。每次会议讨论时，编辑们可以就自己关心的话题发言，有关部门的同志做出相应解答。与此同时，社里的主要负责人，或者分管的同志，都要对当前的市场趋势和具体的产品进行详细的点评。

当然，我们也注意编辑内部的交流。如果在选题制订的前夕，会安排青年编辑就某些选题方向做专题调研。这些编辑虽然还不太成熟，但他们通过搜集数据，走访调查，征求意见，结合社内外的实际，促使自己认真思考，写出调研报告，用PPT的形式向全社编辑汇报；同时，安排成熟编辑或者社领导进行点评。这种压担子的方式能够帮助他们尽快地进入角色，同时，通过他们的分享与汇报，也让其他编辑了解了市场情况。除此之外，选题策划得特别成功的编辑，出版社每年都会请他们结合自己的做书实践，向全社编辑汇报他们的心得体会。这种近距离的典型引路方式，会产生更强的示范效应。

出版社这种经常性的以会代训，"官教兵、兵教官"的案例教学方式，没有宏大的叙事，只有接地气的细枝末节，让青年编辑可触可感，可学可跟，让他们很快从中找到了选题策划与实施的实战方法。社里的青年编辑，有些进社很快就成了骨干，而与他们同时分配到其他社的编辑，还在起步阶段徘徊。如目前担任致公出版社副总编辑的李潇，从学校毕业来社后策划的第一本书是《百家讲坛》主讲人王立群的《读史记》。她以其周到的服务，对书稿的认真把关赢得作者的认同。该书销售当年达到45万册，多次登临全国畅销书排行榜。后来她担任编辑部主任，也在编辑部推行这种沙龙式的讨论教学，带出了一批优秀编辑。实践证明，这种平等开放研讨式的案例教学方法，能够解决实际问题，是编辑成长的一种很好的方式。

2. 建立激励与约束机制

按照马斯洛的激励理论，人的需求分为五个层次。生存是第一，自我实现是最高的境界。出版社既要考虑编辑的生存需要，提高他们的生活质量，还要让他们能够得到精神上的满足。要实现上述两点，必须建立一个公开、公平、公正、合理的激励与约束机制。这种机制的具体体现，是出版社要制订好一个能够调动大多数人积极性的分配制度。在出版社转企前，出版社的基本工资要按照事业单位的标准去发，但效益工资一块，在上世纪90年代，已经可以根据单位的效益自己确定。我们出版社的效益目标责任制，是根据单位上一年的经济情况而调整的。每年年底制订下一年度的效益目标责任制时，会下达每位编辑每年需要完成的利润指标，根据利润指标确定编辑及全社的分配比例，在广泛征求意见的基础上，下发执行。年终计算奖金时，请编辑自己先按照分配政策核算，然后由有关部门核实。这样编辑心中有数，也有压力。经过审核后的每位编辑每年的发货码洋，我们会制订一个排行榜，贴在醒目的位置上，既让编辑增加自豪感，也让他们感受到压力。编辑效益奖金的分配原则是上不封顶，下不保底。对于成绩特别突出的编辑，除了评选各种先进，给予必要的物质和精神奖励外，还会选出其中的优异者，送他们到国外去考察。后来随着出版社转为企业，我们按照近三年的业绩对编辑的工资进行调整，取消职称挂钩和年限挂钩，真正实行收入能多能少，更进一步地调动了青年编辑的积极性。

3. 大胆使用年轻编辑，在实践中发现人才

在国有企业中，干部能上不能下，是一个普遍存在的问题。如何让富有创造精神、有奉献精神的编辑走上领导岗位，是出版企业能否拥有核心竞争力的关键。为了解决这个问题，我们通过"按需设岗，公开选拔，竞争上岗，择优录用"的办法，将具有良好的教育背景、有工作业绩、有一定管理经验的年轻编辑选拔到中层干部岗位，给他们压担子，促使他们成长。在我到出版社的第三年，所有的中层干部就全部卧倒，重新实行竞聘上岗。很多年轻的编辑，通过这次公开演讲竞聘走上中层领导岗位。如目前担任崇文书局社长的韩敏、担任湖北人民出版社总编辑的姚梅，都是在竞聘中担任了中层干部。但是，我们对于中层干部也实行动态管理，每年都实行一次双向选择、竞争上岗。如姚梅在有一年的竞选中从中层干部岗位下来了，但下一年度由于她工作努力，再次竞选上了中层岗位。我们这种竞聘全部实行公开透明的原则，当选者的票数当场公布，社领导不增加权重，与普通员工一样只有一票。与此同时，在上级的批准下，我们在

1997年就实行社级领导成员竞争上岗。目前在湖北美术出版社担任社长和股份公司编委会办公室主任的两位年轻同志，就是在社内竞聘时走上社级副职领导岗位的。经过几轮的干部竞聘上岗，出版社形成了"要拿钱，靠市场；要当官，台上讲"的观念。这样，出版社内没有当面抱怨嫌钱少了的员工，也没有跑官要官的不良风气。有在双向选择中下岗的员工来找我，我会告诉他："你看看哪个岗位缺人，我可以为你做做工作；但前提是负责的中层干部愿意要你。"当然，这种双向选择的做法，在民营家族企业中老板说了算，也可能不需要，但要建成一个现代企业，如果要调动从业人员的积极性，人力资源的管理是一门科学。特别是属于国有企业性质的出版社，更要用具有中国特色的管理智慧来处理各种关系。

三、构建以人为本的企业文化，为人才成长创造良好的氛围

出版社的各项规章制度很必要，但如果能将这种企业行为形成一种文化，则会达到润物细无声的效果，而且能够持久地引领一个企业的发展。从长江文艺出版社成长起来的这些社级领导，有些去到新的出版社负责时，总会"言必称长江"，说我们过去是如何如何做的。长江文艺出版社的企业文化的内核究竟是什么呢？其实，这不是一句两句话可以概括的，企业文化在不同的层次有不同的内涵。我还在出版社负责时，曾经通过全社讨论，征求意见，用简略的文字概括出出版社的企业文化："精英文化、大众趣味、百姓情怀。""人文长江，源远流长。"我们将这些文字镶嵌在出版社最显眼的地方，希望内化为每一个员工的自觉行动。从这些文字中可以看出，我们希望出版社具有人文精神，出版能够传之后世的经典，出版能够带来两个效益的精品，满足读者的阅读期待。当然，企业文化的形成，简明扼要的企业精神概括很重要，便于员工可背可诵，日日可以对照，但企业文化的形成还包括另外一些因素，如制度文化、行为文化、企业愿景，其中最主要的，是企业负责人的理想抱负、气度胸怀、人格魅力和在出版实践中所表现出的睿智。"时势造英雄"，但在某种程度上，特别是一家企业，也会出现"英雄造时势"的情况。客观地来看，长江文艺出版社发展到今天这种地位，与历届负责人的使命感、责任感有很大的关系。他们在工作中全身心投入，不考虑个人得失；为人平易近人，没有官

架子；惜才爱才，求贤若渴；勤俭节约，不铺张浪费；实事求是，不唯上不唯书等。社级主要领导的身体力行，折射在员工身上，就表现为他们的精神面貌。所以，长江文艺出版社的员工，大多数都是热爱出版、努力工作、抢前争先、勇创佳绩的。

四、引进人才，扩大出版社的影响力和品牌号召力，形成人才成长的"场效应"

长江文艺出版社这些年来的发展，品牌影响力的扩大，编辑人才队伍的成长，实际上与出版社在世纪之初，立足武汉、面向全国的发展战略有关。2002年，我们在北京聘请中国作家协会创作研究部负责报告文学研究的李炳银同志为《报告文学》杂志主编，在北京成立编辑部。2003年，我们在北京成立图书中心，聘请金丽红、黎波、安波舜、郭敬明为中心负责人。2004年，我们聘请漓江出版社原总编辑刘硕良为社长顾问，北京《外国文学》编辑部的负责人。同时，在上海成立长文图书公司，聘请上海出版界的同志负责。这些在业内有影响的出版家、作家、理论家的加入，不仅形成了长江文艺出版社人才荟萃、巨星闪耀的局面，而且为出版社带来了经济效益、社会效益、品牌效益，更重要的是形成了人才队伍互相影响、比学赶帮的"场效应"。这种在物理学上的"场效应管"的工作原理，不仅扩大了出版社的产品地位和社会影响，在市场和读者中确立了"北有人文，南有长江"的出版格局，而且为编辑成长创造了一个高附加值的平台，树立了一排可以仰望也可以亲近的业内标杆。虽然说，这些合作的同志因为种种原因目前部分已经离开了长江文艺出版社，但对他们在长江文艺出版社的人才建构中发挥的作用，是不能低估的。有一段时间，北京中心的畅销书，占据了全国畅销书排行榜的一半。我们不仅请这些专家到出版社来面对面为编辑讲课，还把一些年轻编辑轮流派到北京去学习。在出版社本部的发展过程中，北京分部的经营理念、产品布局、作者沟通、市场营销的经验都对本部产生了有形和无形的影响。今天长江文艺出版社人才荟萃的局面，虽然说是本部重视人才队伍建设的结果，但与我们当初"走出去、引进来"构建人才高地的战略决策有密切的关系。

（原刊于《出版参考》2018年第11期）

编辑的不朽

时光如流，不舍昼夜，每一个人，都希望把握住生命的一刹那。如果我告诉你，作为一名编辑，你将来可能会不朽，你或许会说我是在蒙你，人哪能不朽？

你说的是人的本身，没错。按照唯物主义，人是物质的，物质消失了，人就没有了。南朝时范缜在《神灭论》里早就说了，"神即形也，形即神也。是以形存则神存，形谢则神灭也"①。范缜这话，是针对梁武帝将佛教立为国教而言的。范缜不信佛，与梁武帝派来的66人展开一场大辩论。他说的"形与神"，就是针对举国上下佛教的泛滥，针对梁武帝贵为一国之君，放着国家大事不管到寺庙里去礼佛而言的。我说的"不朽"，源自《左传·襄公二十四年》：鲁国的叔孙豹与晋国的范宣子曾就何为"死而不朽"展开讨论。范宣子认为，他的祖先从虞、夏、商、周以来世代都是贵族，身世显赫，绵延不绝，这就是"不朽"。叔孙豹告诉他，这只能算得上是"享受世禄"，不能称为"不朽"。穆叔（即叔孙豹）告诉范宣子："太上有立德，其次有立功，其次有立言，虽久不废，此之谓三不朽。"

何谓"立德、立功、立言"呢？古今均有人在探讨。唐人孔颖达在《春秋左传正义》中对"立德""立功""立言"三者分别做了界定。"立德谓创制垂法，博施济众"；"立功谓拯厄除难，功济于时"；"立言谓言得其要，理足可传"。孔颖达对"德"的要求很高，除了孔子、如来佛、耶稣，其他人都谈不上"创制垂法"。至于"立功、立言"，个人努力努力还可以做得到。民国时期的大文豪胡适在《不朽——我的宗教》里对"立德、立

---

① 范缜. 中国哲学史 [M]. 北京：人民出版社，1984.

功、立言"也开出了类似的条件。他说:"像墨翟、耶稣一类的人,一生刻意孤行,精诚勇猛,使当时的人敬爱信仰,使千百年后的人想念崇拜。"这才是"立德的不朽"。"立功",又只有哥伦布发现美洲,华盛顿造成美国才算。"立言",只有写出《诗经》的无名诗人,陶潜、杜甫、莎士比亚、易卜生一类的文学家,柏拉图、卢梭、爱弥儿一类的哲学家,牛顿、达尔文一类的科学家,才能算得上"立言的不朽"①。

当然,胡适定的标准显然也太高了!按照这个标准,世上的凡夫俗子,只能"形神俱灭",如何努力也很难达到"不朽"了——更别说编辑了。

有人说,编辑的工作,整天是为他人做嫁衣,既无惊天动地之路径,也无鲜花、掌声相陪伴。经日案牍劳作,无丝竹之音;目光逡巡,字里行间,缺芳草绿茵。何况目下红尘滚滚,窗外宝马香车,帅哥美女,谈笑无鸿儒,往来皆商人。手机中拜物、拜金、拜权,方格中编辑、书稿、清茶。有业内人士撰文:"我是编辑我可耻,我为国家浪费纸。"这虽属调侃,可见编辑地位不高,收入偏低。无怪乎出版社快成了女儿国——男生都撤了,要去投奔孔方兄。

不过,且不管天下攘攘,凡事不可自我菲薄。我依然认为,从孔夫子开始,到未来的时代,只要太阳高照,地球不流浪,无论是简牍、纸媒,还是数字时代,再多的微软小冰、AI美女,任何时候,编辑这个职业,编辑这项工作,都不可或缺。那么,编辑对社会的贡献、编辑发挥的作用,当然就举足轻重。商务印书馆创办者高凤池认为:社会中有三种事业非常重要,一种是银行,一种是报馆,一种是书业。这三种事业与国家民族极有关系,足以影响国家社会的成败、兴衰或进退②。

那么,我们来看看如何做到"不朽"?

先说"立德"。古人把"立德"摆在"太上"位置,因为"德是才之帅,才是德之资"。古往今来,人以品为重,官以德立身。人常说:"以德服人。"作为一个编辑,我们不去谈西方的某某主义,只谈遵守公民的道

---

① 胡适. 不朽:我的宗教[M]// 新青年的理想国:一百年来影响了中国的先生们. 北京:中国书店,2013.

② 资耀华. 世纪足音:一个近代金融学家的自述[M]. 长沙:湖南文艺出版社,2005.

德，做到温良恭俭让，诚实待人，约己守信；"己所不欲，勿施于人"；编好书，出好书，不做于世无补、欺世盗名之书，不编掺杂兑水的所谓鸿篇巨制，半夜自问，于心无愧，便是编辑最大的德行。

"立德"做人是"立功""立言"的前提和基础。"修身、齐家、治国、平天下"，"修身"为第一要义。

"立功"，往大里说，安邦定国；往小里说，为稻粱谋。王侯将相，是成功典范，匠作小民，也自有成功的快乐。何况天下之大，"三百六十行，行行出状元"。编辑这个行业，在整个社会而言，是一个小的行当，但苔花如米小，也学牡丹开。何况化风育人，改造人的精神面貌，则功莫大焉。当年鲁迅弃医从文，写作之余，开办七家出版机构，意在拯救人的灵魂。张元济，一前清翰林，官不去当，大学校长也不当，跑到上海滩一小胡同与夏瑞芳创办出版机构，皆因为出版业虽小，但开启民智功大。

再说"立言"。"立言"指的是把真知灼见形诸语言文字，著书立说，传于后世。曹丕《典论·论文》讲："盖文章经国之大业，不朽之盛事。年寿有时而尽，荣乐止乎其身，二者必至之常期，未若文章之无穷。是以古之作者，寄身于翰墨，见意于篇籍，不假良史之辞，不托飞驰之势，而声自传于后。"这是此一。但孔子"述而不作"，教书、编书，死后才由弟子汇编他的言论。作为编辑，主要是为他人做嫁衣，作家虽好，但不是人人可当。清末封疆大吏张之洞曾劝人刻书，他说："凡有力好事之人，若自揣德业学问不足过人，而欲求不朽者，莫如刊布古书一法。其书终古不废，而刻书之人终古不泯。"[①] 张之洞之法今日虽不可再学，但书比人长寿，编辑亲手编定的图书能够流传于世，其名附骥于上，岂不快哉？

当然，编学相长，编辑于工作之余，如巴金、叶圣陶，如周振甫、傅璇琮，编创结合，更可扬名天下。退一万步，在某一个方面，做些文字研究，不求万古千秋，助力出版本职，也为上上一策。

无论"立德""立功"或者"立言"，其实都旨在追求某种"身后之名"。对身后不朽之名的追求，是先贤超越个体生命而追求永生不朽，超

---

① 张之洞. 劝刻书说·书目答问[M]// 张之洞全集. 武汉：武汉出版社，2008.

越物质欲求而追求精神满足的独特形式。在转瞬即逝的时间之流中，在现世的滚滚红尘中，多些精神的追求，少些世俗的铜臭，任尔东南西北风，永恒自在我心中。《诗》《书》《礼》《易》《春秋》在，孔子就在；《四库全书》在，纪晓岚就在。让我们追求不朽吧！美国现代哲学家詹姆士在《人之不朽》一文中曾这样讲："不朽是人的伟大的精神需要之一。"追求不朽，将会激发出你更大的生命能量。

数字化时代的阅读

关于读书的重要性,古今中外有不少名言警句,任何人都可以举出几条。如"万般皆下品,唯有读书高";"书中自有黄金屋,书中自有颜如玉";"书籍是人类进步的阶梯";"读一本书,就等于与一个高尚的人谈话";等等。

我先谈谈我们为什么要读书,谈谈书籍在人类发展史上的作用。

一、书籍在人类发展史上的作用

玛雅文明与三星堆文明为什么至今仍是无法破解的世界之谜?

玛雅文明是分布于现今墨西哥东南部、危地马拉、洪都拉斯、萨尔瓦多和伯利兹5个国家的丛林文明。玛雅文明的天文、数学、农业、艺术早在数千年前就已经达到很高的成就。等到西班牙人来到这儿时,这里已经成了一片废墟。但为什么曾经创造了惊人的物质文明的玛雅人突然消失了呢?是瘟疫、灾荒,还是传说中的外星人造成的,研究者莫衷一是。其原因是没有留下今人可以辨识的大量文字,没有记载这些文字的书籍。

三星堆文明的遗存是在四川广汉发现的,那儿出土了很多精美绝伦的青铜器,也因为出土文物上的少量古蜀文字难以破译,同时缺少书籍的记载,三星堆文明的产生与消亡至今也还是一个谜。

所以,缺少记载信息的文字,缺少信息载体的传承,再辉煌的文明也不过是过眼云烟。

在人类的文明发展史中,我们可以看到,一方面,是人类因为科学技术发展的原因未有重视文化的积累与传承,另一方面,是某些人因为自身的原因有意识地毁灭文化,禁锢文化的传播。中国历史上曾经发生过这样一些惨剧。

公元前 278 年，白起攻占楚国都郢（今湖北江陵北），焚烧楚先王陵墓所在的夷陵，并且任意掘墓，墓中宝物和重器被悉数盗挖，楚顷襄王率一众大臣逃到陈地。白起烧毁、挖掘楚人先祖的陵墓，不仅是侮辱楚人，而是要灭绝其文化。屈原因之写了《哀郢》："皇天之不纯命兮，何百姓之震愆？民离散而相失兮，方仲春而东迁。去故乡而就远兮，遵江夏以流亡……"

到了始皇三十四年（公元前 213 年），在秦始皇于咸阳宫举行的宫廷大宴上，仆射周青臣面腴秦始皇，博士淳于越针对周青臣的腴词提出了恢复分封制的主张，丞相李斯明确表示不同意淳于越的观点。

李斯反驳说："三代之争，何可法也。儒生不师今而学古，道古以害今，如不加以禁止，则主势降乎上，党与成乎下，统一可能遭到破坏。"为了别黑白而定一尊，树立君权的绝对权威，他向秦始皇提出焚毁古书的建议：

（1）除《秦纪》、医药、卜筮、农家经典，诸子和其他历史古籍，一律限期交官府销毁。令下三十日后不交的，处以黥刑并罚苦役四年；

（2）谈论《诗》《书》者处死，以古非今者灭族，官吏见知不举者，与同罪。

宴会后的第二天，即开始焚烧秦代以前的古典文献，30 天后诸子百家的图书就灰飞烟灭。为什么秦始皇要焚书？因为这些诸子百家的图书凝结着不同学派对治国安邦的思考，对世道人心的引导是人类文明的思想文化结晶。

秦始皇错误地认为，只有焚书，才能统一思想，才能巩固政权。实际上，令提出这个建议的李斯，还有秦始皇本人都始料不及的是，焚书由于钳制了人们的思想，反而加速了秦王朝的灭亡。

大规模的焚书事件在历史上并不是孤案。面对书籍——这种比帝国强权还要强大的力量，秦始皇选择了焚书坑儒。在欧洲的黑暗时代，教皇格雷戈里一世以知识服从信仰为由，下令焚烧了藏书丰富的古罗马图书馆。

还有一件毁灭书籍文化的事件，是日军轰炸商务印书馆和东方图书馆。

1932 年 1 月 28 日午夜，日本海军陆战队突袭闸北，国民党第 19 军奋起反击，淞沪抗战爆发。几小时后，也就是 1 月 29 日凌晨，6 架日军战机从停泊在黄浦江上的"能登吕"航空母舰上起飞轰炸闸北。日机的轰炸目标不是军事设施，而是位于宝山路584号的商务印书馆及其所属的东方图书馆。

六枚燃烧弹准确落入了商务印书馆总厂及四座印刷厂、办公楼、仓库、水塔、职工疗病房、尚公小学等，到当天下午就成为一片废墟。马路对面的东方图书馆，也受到了爆炸的波及，好在还没有被彻底损毁。

2月1日，日本浪人趁着混乱冲进东方图书馆，纵火焚毁了这座藏有46万册珍贵图书的殿堂。顿时，这座有着"亚洲第一图书馆"美誉的大楼化为乌有，片纸不留。1932年，东方图书馆藏书已由1924年的10万册增至46万册，包括宋、元、明、清版本，抄本和稿本等珍本、善本，还藏有比较齐全的地方志和中外杂志、报纸等。而此时北平图书馆的藏书只有40万册。

商务印书馆的董事长张元济，当时已经六十五岁，苦心经营图书事业30多年。图书馆中的纸灰刮到了他的家中，他对家人说："工厂机器设备都可重修，唯独我数十年辛勤收集所得的几十万册书籍，今日毁于敌人炮火，是无从复得，从此在地球上消失了。"

为什么日本人如此仇恨商务印书馆，非要在战争一开始就将其置之于死地？因为商务印书馆代表了当时中国最先进的文化，是中国文化的重镇。商务印书馆出版物占全国同期出版物总量的50%，中小学教科书的市场占有率在70%左右。不仅销量巨大，而且商务印书馆一直在努力传播先进的思想，从事着民族开化启蒙的大业。

日本陆战队司令盐泽幸一认为：烧毁闸北几条街，一年半年就可以恢复，只有把商务印书馆、东方图书馆这两个中国最重要的文化机关焚毁了，则永远不能恢复。有学者指出，这是自咸丰年间圆明园被英法联军毁坏之后，最令人痛惜的一次文明惨剧了。

以上三个不同时期的惨剧充分说明了出版在文化建设上的意义。

2013年1月5日，习近平总书记在新进中央委员会的委员、候补委员学习贯彻党的十八大精神研讨班上发表讲话，指出：重大政治问题处理不好，就会产生严重政治后果。古人说："灭人之国，必先去其史。隳人之枋，败人之纲纪，必先去其史；绝人之才，湮塞人之教，必先去其史。"（见龚自珍《定庵续集》卷二《古史钩沉二》）这个故事告诫大家，要灭亡别人的国家，必定要先毁去他们的历史；要败坏别人的社会秩序和法纪，必定要先毁去他们的历史；要毁灭别人的才能，废除别人的教化，必定要先毁去他们的历史。因此，我们要珍惜我们的历史。

由此可见，思想文化对于一个国家和民族的重要意义。古往今来，灭亡一个国家就要先抽掉作为这个国家根基的历史文化；想要灭掉一个民族，就要毁掉这个民族的文化。反之，则要保存作为一个民族的精神文化记忆。

抗日战争时，国民政府为了保存国家的文物和典籍，曾经辗转将故宫博物院的文物打包成1.3万多箱，历尽千辛万苦，运往大后方。蒋介石逃到台湾时，又将故宫的主要文物运往台湾。这些文物中，包括收藏的历朝历代的珍贵的善本图书。现在大家去台北故宫博物院，还可以看到这些珍贵的文物和古籍。

图书对于一个民族传承文明、传播文化、发展生产，对于塑造一个民族的精神面貌，起着重要的作用。在纸张发明以前，我们的祖先，通过甲骨、钟鼎、简牍、丝帛等，记录下了古代的政治、经济、文化的结晶，为我们了解并研究历史留下了宝贵的文献资料。所以，我们才能说，中华民族是一个有五千年悠久历史的文明古国。

二、何谓数字化时代？

何谓数字化？数字化就是将许多复杂多变的信息转变为可以度量的数字、数据，再以这些数字、数据建立起适当的数字化模型，把它们转变为一系列二进制代码（0和1），引入计算机内部，进行统一处理，这就是数字化的基本过程。手机就是集中了计算机技术、互联网技术、通信技术、数字化技术的产物。这就是数字化时代的产物。

因此，数字化、网络化、信息化使人的生存方式发生了巨大的变化，并由此带来一种全新的生存方式。

数字化生存（Being Digital），最初是由美国学者尼葛洛庞帝在其1996年出版的《数字化生存》一书中提出的，按照他的解释，人类生存于一个虚拟的、数字化的生存活动空间，在这个空间里人们应用数字技术（信息技术）从事信息传播、交流、学习、工作等活动，这便是数字化生存。

在20世纪90年代，如果说我们以后将会生存在一个虚拟的时空中，可能大家还不理解，但今天，我们会越来越感觉到工作、学习、生活，完全离不开数字化了，如手机支付、微信、淘宝等。至于影响人们精神生活的至高无上的阅读，也越来越多地与这个虚拟世界联系在一起了。

三、当前社会上读书的现状

2018年4月18日，中国新闻出版研究院发布"第十五次全国国民阅读调查"结果。报告数据显示，我国国民人均图书阅读量为7.86本，较2015年增加了0.02本。人均每天微信阅读时长为26.00分钟，较2015年增加了3.37分钟。

其中数字阅读明显超过纸质图书阅读。我国成年国民的网络在线阅读接触率为59.7%，手机阅读接触率为71.0%，电子阅读器阅读接触率为14.3%，平板电脑阅读接触率为12.8%，超过六成（63.4%）的成年国民进行过微信阅读。

传统纸质媒介中，我国成年国民人均每天读书时长为20.38分钟，人均每天读报时长为12.00分钟，人均每天阅读期刊时长为6.88分钟。据统计，我国10.2%的成年国民人均阅读10本及以上的纸质图书。

新兴数字媒介中，我国成年国民人均每天接触手机时长为80.43分钟，人均每天接触互联网时长为60.70分钟，人均每天微信阅读时长为27.02分钟，人均每天电子阅读器阅读时长为8.12分钟，人均每天接触平板电脑的时长为12.61分钟。听书是最近兴起的热门，2017年，有两成国民养成了听书的习惯，其中，成年国民听书率为22.8%，较2016年提高了5.8个百分点，未成年人听书率为22.7%，数据基本持平。国民听书的主要形式为广播、移动有声App平台和微信语音推送。

国民阅读的整体趋势可以概括为四个方面：（1）阅读率整体全面上升，主要指标呈现增长态势。（2）数字阅读尤其是手机阅读发展迅速，移动阅读、社交阅读、听书成为未来的发展趋势。（3）公民的个人阅读需求、对公共文化服务以及全民阅读服务需求在全面提升。（4）未成年人阅读、亲子阅读受到重视。

从以上数字可以看出，一是整体的国民阅读率在上升，但其中主要是数字阅读在上升。我们可以为全民阅读的发展而高兴，但我们不能不对整体的阅读质量做一个分析。数字阅读主要是手机阅读，达到71%。有一个段子，说现在人们对于手机的依赖症，是须臾不可无此君，古人的成语

"机不可失",借用在这儿,太恰当不过。我们不管走到哪儿,无论是任何场合,甚至在家里,在床上,都可以看见人们在盯着手机。因此,我们不时可以看到有人因为走路看手机而出事的报道。手机阅读也是我们通常意义上的读书吗?我们在手机上阅读的是什么呢?我们提倡的全民阅读,是否就是指的手机阅读?

首先,我们来看看目前有关于数字出版的统计。现在的数字出版统计,除了数字图书,还包括数字音乐、数字游戏,广告,包括微博、微信,微信上各种健康与不健康的段子。

出版是指对信息的传播与复制。出版物凝结着人类的思想和智慧,集聚了科学技术的发明创造和社会实践活动的经验与成果,反映了社会生活的各个侧面。游戏凝结着人类思想和智慧吗?在传统的统计中,游戏是不属于出版的,如我们跳绳、丢沙包、捉迷藏等,从来没有计入出版的范畴。

现在数字化时代,凡是用0和1采取二进制的方式记录下来的信息,都能够统计为数字出版吗?还有我们互发微信,等同于我们过去两个人在说话,这难道也要算是阅读吗?所以,我认为我们的统计范畴被泛化了,误导了读书这样一个神圣的精神活动。我认为,我们应将阅读做一个细化,把数字出版物做一个科学合理的区分。所谓的出版物,应当是具有一定的思想文化含量,具有一定的内容长度和厚度的产品,而不是碎片化的、娱乐化的文字。不要把广告、游戏当成数字出版,也不要把微信、微博当成出版物。

如果我们撇开数字阅读,来看看我们的纸质出版物的阅读是一个什么状况呢?

据统计,2017年,我们实际人均阅读纸质图书只有4.66本(其中还包括教辅),据说比去年增加了0.01本。而有关资料显示,以色列人全年阅读量为64本,日本人为40本,法国人为20本,韩国人为11本。

在我们的城市中,很多城市的知名文化地标,已经从人们的视线中消失了。鉴于这种现状,中央十一部门出台了系列扶持实体书店的政策,这也从一个侧面说明了实体书店经营的困境。

当然,我们不应否认,网络书店,如当当、京东、亚马逊这三大家网络书店,已经占据了中国书业发行的半壁江山。这些网上书店给人们提供了快捷与优惠。但实体书店代表的并不完全是产品销售,在某种程度上,它是一个读书人的精神港湾,是传统文化的守夜人,是一座城市不熄的指明灯。

好在有识之士和政府看到了这一点,如武汉的九丘书店、卓尔书店、物外书店,上海的钟书阁连锁书店,昆明的新知书店等等,都在艰难地坚守着这块阵地。

我上面列举了纸质图书阅读的现状,但我并不是说,只有阅读纸质图书才算阅读,在手机上、阅读器上阅读都不算阅读。不少的读者,在手机和平板电脑及阅读器上,也是在阅读图书,包括我本人在内,也在看电子图书,何况上世纪90年代以来成长的青少年,早已经养成了数字阅读的习惯。

所以,我们强调纸质阅读,但不能排斥数字化阅读。考量一种载体的价值与作用,是从便捷性、经济性上来衡量的,从中国的出版史、阅读史,从中国文化传播的历程上来看,载体随着科学技术的变化始终在不断地进步。

大家知道,中国人现在普遍使用的纸,是两千年前的东汉经蔡伦发明后才广泛使用的。在此之前很长一段时间,人们是用甲骨、钟鼎、竹片、木片、丝帛来记载传播信息的。因此,从传播史的角度来看,出版物的价值并不取决于载体,而取决于载体上附着的内容的质量。

如记载孔子言论的《论语》,在古代竹简上就有了。现在,我们用纸张印刷,也通过数字化呈现。我们不能说某一种载体上的《论语》更好。一种新的载体的价值在于比上一种载体使用上更经济、更便捷,更有利于传播而已。

所以,载体的变化是与时俱进的,是科学技术发展到一定时期的产物。我们不需要排斥新的传播介质,一味认为读纸质出版物才叫阅读,数字化阅读就不算阅读。但我们一定要强调的是,数字化阅读必须是有价值的阅读,而不是把浏览信息当成了阅读。聂震宁先生提出"闲时读书,忙时读屏",我认为有道理。人们把零星的时间用来掌握信息,并无不妥。

但数字化阅读,如使用手机包括玩游戏,已经出现了很多负面的作用,如我们有些大人和孩子,成了手机控,陷入网瘾。华中师范大学的陶宏开教授,专门研究如何治理孩子的网瘾。我有一位郑州的朋友,前不久专门来到武汉盘龙城,据说到一家陶宏开开办的学校,给孩子治理网瘾。媒体报道,武汉曾有一个大学生,毕业十几年没有回家,每天沉迷于游戏之中,等到家里来接他时,他已经是奄奄一息,病入膏肓,后来不治身亡。还有一些孩子,因为沉迷于网上的不良信息,走向犯罪的道路,或者厌学而自暴自弃。

当然,也有些人每天在网上读书,读的是什么呢?网络文学。

网络文学是数字化时代中国大陆特有的一种文学范式,或者说是一种特殊的创作形态,因为无论是互联网发达的欧美、韩国,还是中国台湾,都没有如中国大陆这般铺天盖地的网络文学。

中国的网络文学,在某种程度上,是一种草根文学,是数字化时代的通俗文学。它是集创作、阅读于一体,编、印、发统一的文学创作范式。网络文学的创作对于作者的要求是没有门槛的,任何一个人都可以将自己的文字发到网络上去。作品的评判是通过读者的点击量而实现的。作者为了生存,只有迎合读者的需求,他们一天要"码"几万字,一般的作品长度也有几百万字。同时,为了吸引读者,网络文学的标题大都是耸人听闻的,如《我的绝美校花未婚妻》《仙武封神》等等。

几年前,某一网站曾连载一篇《村妇夜夜情》的网络文学,十分火爆,但内容十分淫秽。有次国家新闻出版署请我去讲课,我以此为例,问在场的各位:你们能让自己的孩子,包括女儿去看吗?当时该网站的主编也在场,他不以为然,拂袖而去。结果后来我从报上得知,司法部门以传播淫秽物品罪追究了这个网站主编的刑事责任。

网络文学是些什么内容呢?一些网站的分类是这样的:玄幻奇幻类、历史架空类、穿越类、都市类、言情类、灵异惊悚类、军事类、游戏竞技类、科幻类等等,我们从这些栏目就可以一窥其堂奥。

在第八届茅盾文学奖的评奖中,主办方希望将网络文学也纳入主流阅读。我认为,那些在网络上发表,后来又出版了纸介质出版物的,可以参加评选。开始很多网络作品都加入了评选行列,但很快就被淘汰,原因是评委们一致认为这些作品缺少文学性和思想性,语言文字比较粗糙且缺少锤炼,与传统的纸介质文学作品相较还显得稚嫩。当然,我们也并不是说网络文学中没有有价值的作品,但从铺天盖地的网络文学与寥若晨星的精品比例来看,网络文学中有价值的作品偏少。第一代网络文学作家,如蔡康永、张悦然、安妮宝贝、唐家三少等,他们在社会上产生了一定的影响后,就离开网络了。有些甚至将名字都改了,如安妮宝贝改成了庆山。

网络文学的发展历程说明,互联网确实将作者与读者紧紧地联系在了一起，互联网也改变了过去发现作者和培养作者的生态，但大多数网络文学的文学价值、思想价值还需要提高。就读书而言，取乎其上，得乎其中；取乎其中，得乎其下。如果我们把充斥网络的文字都当成了精神食粮，我们的阅读就会误入歧途。我们的审美能力、审美趣味就会弱化、降低。所以，我认为在网上浏览信息，不能等同于阅读，这与严格意义上的读书是两回事。我们也不能鼓励并肯定大家都去读所谓的网络文学，这将降低读者的审美趣味和鉴赏能力。

但是，数字化时代已经来临，数字化不仅改变了我们的读书习惯，也在改变我们的生产与生活方式。不与互联网接触是不可能的，不与手机接触也是不现实的，在数字化生存的环境中，我们应当如何阅读呢？

四、我们应当阅读什么？

我们现在的阅读，应当包括两个层面：一是浏览信息，二是阅读书籍。在信息社会，如果不了解这个世界上发生的事情是不可思议的。但是，仅仅浏览信息，并且形成依赖性，这对于提高人们的文化水平，提高个人的修养，增长学识等都是不利的。因此，阅读具有系统性、完整性的书籍是十分重要的。

如果说，浏览信息也是一种阅读的话，最多只能称之为浅阅读，或者说是快餐式阅读。这对于我们构建知识体系还远远不够。我们要根据自身的需要，有选择地阅读图书。

英国的哲学家、散文家培根说过：读史使人明智，读诗使人灵秀，数学使人周密，科学使人深刻，伦理学使人庄重，逻辑修辞使人善辩。凡有所学，皆成性格。

但人生也有涯，学而无涯，特别是在信息化时代，知识和信息呈几何级增长的趋势，一个人即使一天24小时不休息，也没有时间全部掌握这些信息。所以，我建议大家一定要阅读经典。

何谓经典？经典是指作品经过了时间的检验，是伴随着人类的成长而积淀下来的典范之作，其代表了一个时代科学文化的最高水准。我们要构建知识体系的深度和广度，要形成健康的人格，就必须从阅读经典开始。

当然，不同的学科有不同的经典之作。如中国哲学，有《论语》《孟子》，有《大学》《中庸》，有《道德经》《庄子》等等，史学有二十四史，其中有《史记》《汉书》《后汉书》等，文学有《诗经》、《楚辞》、唐诗、宋词等等。过去也有不少专家曾经给我们开列过影响中国历史的100部图书、影响世界的100部图书。当然，我们可以从哲学、文学、历史、艺术等方面选择最为重要的经典来读，如中国哲学史上影响最大的是儒、佛、道三家。我们可以选择其中最为经典的来读，如《论语》《老子》《庄子》《金刚经》，就可以大致知道其要义。

　　这是对于成年人而言，但对于不同年龄阶段的学生来说，要根据自己的认知能力，由家长安排阅读一些课外读物。我们的教育是应试教育，学生在课堂上学到的东西并不多。老师为了让学生考高分，反反复复地拼命让学生练习那样一些有限的知识。如果一个学生希望提高自己的写作能力，丰富自己的视野，必须有计划地阅读图书。

　　学生们应当阅读什么呢？古人要求孩子读书一开始就背诵四书五经，有人说这是童子功。但从儿童的接受能力来看，这种做法并不科学。孩子们读书，要在老师和家长的指导下分级阅读，读童话，读科普读物，读普及性历史知识，读儿童小说，读儿童诗歌。随着孩子年龄的增长，知识结构的拓展，阅读的面可以逐步扩大。

　　古人将读书分成了三个阶段。《续菜根谭》说："少年读书，如隙中窥月；中年读书，如庭中望月；老年读书，如台上玩月。"近代大学者王国维在《人间词话》中曾讲治学要经历三个境界："'昨夜西风凋碧树，独上高楼，望断天涯路'，此第一境也。'衣带渐宽终不悔，为伊消得人憔悴'，此第二境也。'众里寻他千百度，蓦然回首，那人却在灯火阑珊处'，此第三境也。"

　　古人的经验就是，读书要循序渐进，学习要终身学习。读书不仅能增长知识，能够改变我们的命运，还能把我们有限的人生变得更宽和更高，使我们读书的意义从生存这个层面上升到实现自我、完善自我、超越自我这样一个精神的境界。孔子曾说："朝闻道，夕死可矣！"我们可不可以说"我读书我快乐，我读书我幸福"呢？

　　读书有很多方法，余秋雨在谈到自己的读书经验时曾比喻说，人的知识结构犹如一个书橱，你要分专题地研究，如这两个月你集中地研究杜甫，那几个月研究李白，这样，有一至两年时间，你知识的橱窗就会有条理地装满。这种按专题阅读的方法，可以有效地弥补自己知识的短板。

　　近年以来，听书成了获取知识的一个重要途径。我认为，利用零碎时间听书未尝不可，但从认知心理学和阅读心理学的角度来看，听来的知识只能在大脑中形成短暂的记忆，而阅读则可以在书与人之间建立更长久的联系。从理解内容、形成共鸣来说，读书比听书收获更大。

所以，我建议：如果要系统地研究某一类问题，还是购买相关的纸质书籍为好。因为阅读纸质图书，不会因为上网而受到干扰，不会因为不良信息和手机的频频响声而分心。即使你喜欢数字化图书，或者因为费用低廉而选用电子图书，也最好在阅读器上阅读，避免网上的信息干扰你的思考。特别是学生，更要限制手机阅读的时间，避免堕入互联网的陷阱。

在欧美一些国家，特别是欧洲，限制学生过早地接触并使用数字化阅读，专家们从心理学、教育学、生理学的角度研究，孩子过早地依赖数字化，会使他们丧失认知能力和空间辨识能力，不利于孩子的发育和成长。同时，欧美国家为了保障纸质图书的权益，对于数字化出版物，不容许定价过低，这样，纸介质出版物与数字出版物就达到了一种平衡。这在一定程度上，保护了纸质图书，抑制了数字出版物的销售。另外，通过严格的知识产权保护体系，杜绝了对纸质出版物的侵权行为，克服了因数字出版物复制便利助长的阅读转移，这在一定程度上也压缩了数字出版物使用的空间。

因此，在数字化时代，我们要科学地安排阅读的时间，将浏览碎片化的信息与阅读具有思想理论深度的图书区别开来，将工作之余的娱乐与建构知识体系的阅读区别开来，真正形成自己的阅读力。

（原刊于《出版与印刷》2018年第2期，有删节）

借问出版何处去

始于1978年的改革开放,正如习近平同志在"庆祝改革开放40周年"大会上所肯定的,"是中国人民和中华民族发展史上一次伟大革命"。40年来,包括出版行业在内,各行各业均发生了天翻地覆的变化。关于中国出版的改革历程与取得的重要收获,媒体已有不少的文章对此进行了梳理与总结。在中国出版迈过了"不惑之年"、跨进新时代之际,中国的出版如何秉持改革开放的精神,为人民群众提供丰富的精神食粮,为今后的发展打下坚实的基础,则是我们应当思考的问题。

关于中国出版改革开放的成就,大家提及的多是这样两组数字。一组是关于传统出版的,一组是关于数字出版的。

1978年,全国有出版社105家,出版图书14987种,总印数37.74亿册(张),总印张135.43亿印张①。

2017年,全国共有出版社584家(包括副牌社33家),出版图书512487种。其中新出版图书255106种,总印数22.74亿册(张),总印张230.05亿印张;重印图书257381种,总印数53.87亿册(张),总印张464.26亿印张。②

从上述数字的比较可以看出,40年来,图书出版品种增长了34.1倍,其中新出图书品种增长21.45倍,重印图书品种增长83倍。

关于数字出版,据中国新闻出版研究院发布的《2017—2018中国数字出版产业年度报告》:2017年国内数字出版产业整体收入规模7071.93亿元。其中:互联网期刊收入达20.1亿元,电子书达54亿元,数字报纸

① 李星星. 数字解读30年出版业[J]. 出版商务周报,2010-01-20.
② 新闻出版总署. 2017年全国新闻出版业基本情况[J]. 中国新闻出版广电报,2018-08-06.

(不含手机报)达8.6亿元,博客类应用达77.13亿元,在线音乐达85亿元,网络动漫达178.9亿元,移动出版(移动阅读、移动音乐、移动游戏等)达1796.3亿元,网络游戏达884.9亿元,在线教育达1010亿元,互联网广告达2957亿元。

数字是显性的,但隐藏在这些数字的背后,推动中国出版不断前进的内部逻辑因素主要是政策的调整和技术的进步,表现为四个方面。

一是出版方针的调整,由过去的"为无产阶级政治服务,为人民服务,为社会主义服务"改为"为人民服务,为社会主义服务"。不再提"为政治服务",抛弃出版"跟着运动转","片面强调配合当前斗争"的极左思潮。

二是增加出版单位,提高了出版生产力。全国的出版社从105家陆续增加到584家,出版单位增加了近5倍。过去一省只有一家出版社,现在则分门别类为人民、教育、文艺、科技、美术、少儿、古籍、辞书等出版社。如果有重点大学的,还有大学出版社。出版单位增加,从业人员也在增加。以湖北为例,1978年只有一家湖北人民出版社,178人从业,现在湖北有14家出版单位,共有2666人从业,其中编辑1188人。

三是企业体制与机制的变革为出版发展注入了活力。上世纪90年代出版社开始推行事业单位企业化管理,到本世纪初出版社进行转企改制。出版社除中央的人民出版社和民族出版社、盲文出版社外,绝大多数都转为企业了。出版社虽然实行审批制,也并不是完全竞争状态,出版社转为企业后,以效益目标责任制为主导的考核方式,增强了出版社的市场意识与竞争意识。本世纪以来,部分出版社通过集团化上市,资本市场的倒逼促使上市出版企业重视市场这只"看不见的手"。在一定程度上,市场经济的内在规律要求并促进了中国出版不断创新与不断攀登新的高峰。

四是科技的进步,推动了中国出版转型升级,提高了工作效率,改变了服务方式,拓宽了赢利渠道。上世纪90年代以来,以计算机技术、信息技术、互联网技术的不断创新,改造了出版的全流程。特别是近年来,数字出版载体与形态不断创新,以知识付费为代表的出版方式,呈飞速增长态势。传统出版与新兴出版的"联姻",打开了中国出版增长的瓶颈。

但是,如果我们将40年的中国出版放在世界出版史的角度,放在中国出版史的角度来看,中国出版改革依然任重道远。

首先,我们应该看到,尽管全国出版社总数增加了5倍多,但以

14亿人来计算，平均241万人才有一家出版社。而世界第一出版大国美国仅3.257亿人，有6.5万家出版社，在出版商协会登记的出版社有1200家，以登记过的出版社来计算，平均27万人就有一家出版社。中国的台湾、香港，出版社数量也是多达几千家。这充分说明，中国出版产业发展的空间仍然十分巨大。另外，出版社尽管已经转企，由于仍然是国有企业或国有控股企业，法人治理机构尚在探索之中。一些已经上市的出版集团，因为一股独大，股东之间的互相监督与制衡并未形成，现代企业制度还有待完善。

其次，从图书的印数和印张来看，传统出版虽然在理论上还在增长，但主要是品种的增长；而从印张和印数来看，与1978年相比，印数只增加了约2倍，印张只增加了约5倍。与20年前相比，印数几乎一直在平行移动。销售额虽有增长，但与近年纸张上涨，与物价指数成正相关关系。从人均图书消费量来看，近20年来也没有大的变化。再者数字出版的统计数字规模虽然很大，但仔细分析，含有思想文化内容的出版物，如电子书、电子期刊、数字报纸等所占比重并不大，数字出版的收入主要来源于娱乐类的游戏、互联网广告。

鉴于以上的情况，我们更深刻地体会到习总书记讲话的重要性，要解决"人民日益增长的美好生活的需求和不平衡不充分的发展之间的矛盾"，只有"坚持以发展为第一要务"，才能不断增强出版实力，才能为人民群众提供更多更好的出版物。

以发展为第一要务。首先，汲取40年来出版改革成功的经验，把出版作为一个产业来对待，尽快建立真正的现代企业制度，完善法人治理结构，做到权、责、利明晰，提高出版生产力。其次，在尊重市场规律的前提下，尊重出版本身的规律，回归出版在传播知识、传承文明上的作用，做到社会效益与经济效益的有机统一。衡量出版改革的成果，要用习总书记在文艺座谈会上讲话时所要求的，要让出版物"站得住、传得开、留得下"，即使为大局服务、为中心服务的主题出版物，也要努力做到内容入脑入心，争取成为精品能传之后世。再次，继续加大供给侧改革，既要去不必要的产能，更要增加有效出版供给，要考虑中国人口基数与出版布局的比例，在出版资源的配置上，如书号，如出版资质，用市场手段而不是用行政措施来解决人民群众对优秀出版物的期待。最后，加大对民营出版业的支持力度。中国的民营出版，对外虽然只有发行和策划的权力，但它们在事实上已经深度介入出版的上游，并且成为中国出版业的一支生力军。它们在繁荣出版、为人民群众提供优质出版物的过程中，在推动国有出版的改革与创新中，起到了促进作用。要贯彻习近平总书记在"庆祝改革开放40周年"大会上的讲话精神，"毫不动摇鼓励、支持、引导非公有制经济发展，充分发挥市场在资源配置中的决定性作用"，解决民营出版业出版资源缺乏的瓶颈。

如果我们用一个人来比喻，四十是"不惑"的年纪，那么，站在新的起点上，试问中国出版路在何方？在此，我们不妨化用杜牧那首咏《清明》的诗来打油：隆冬时节雪纷纷，适逢改革四十春。借问出版何处去？无形手指槐市中。市场经济在资源配置中的作用，无论是改革开放进程中的中国，还是完全实行市场经济的美国，都可以看出那只"看不见的手"的作用。如美国文化产业占国民经济的比重达32%，欧盟均在12%以上，而我国文化产业占国民经济的比重还不到5%。出版作为文化产业的一个重要组成部分和基础产业，目前全年的图书销售收入，新华书店和出版社加起来统计只有800多亿元，如果加上未统计进来的民营部分，最多也只有1000多亿元，如果再加上融合出版中数字出版部分的收入，也远不及德国贝塔斯曼一个集团一年的收入。因此，改革尚未有穷期，发展尚待新举措。在复杂的国际国内形势下，如果歧路亡羊，将会不得要领。新的一年，我们期待着，中国出版以更加成熟的姿态，开好局，迈好步。

（原刊于《出版参考》2019年第4期）

科技出版与科技强国

人类社会前进的每一步都与科学技术的发展紧密相连。从旧石器时代到新石器时代，从刀耕火种到机器生产，人类在改造自然界的过程中认识自然界，积累了关于自然界的知识，从而又进一步地提高了改造自然界的能力。从农业社会到工业社会，再到信息社会，由于层出不穷的新材料、新技术的涌现，科学技术不断迭代发展，从航天航海、交通运输、大型制造设备，超级计算机，到基因工程、生物医药、人工智能、5G 通信，人类社会进入了一个"超级智能"时代。科学技术的发展使人类从蒙昧走向文明，人类在改造自然的同时相应获得了经验和智慧，拓宽了视野。而这又进一步地解放了人的生产力，一波又一波的科技革命就这样推动着人类不断前进，使人类成为这个星球中最充满智慧和能够掌握自己命运的主人。而人类战胜自然并驾驭自然能力的提升，与对前人的科学技术知识的记录与传播、使用有着密切的关系，在这里，科技出版发挥了至关重要的作用。

出版是用不同的介质，对人类的信息、知识与智慧进行记录与传播。出版伴随着人类的发展和科学技术的进步，从最原始的岩画、结绳记事，到甲骨、简牍、金石刻写，再到纸张印刷、数字化存储，无论记录的材料如何变化，科技出版在记录人类科技发展的成果，传播科学技术知识，提高人们的科学文化素质，让科技成果转化为生产力等方面的作用，一直没有变化。但是，随着科学技术的飞速发展，加上互联网技术与信息技术的广泛使用与不断推陈出新，人工智能技术的不断提升，科技出版也面临着如何更好地服务于科技进步，更好地为经济建设服务，更好地普及科学技术知识的问题。作为新时代的出版人，如何通过我们的科技出版服务于科技强国，实现"两个一百年"的伟大梦想，则需要我们不断总结经验，与时俱进，开拓创新。

科技出版在出版的分工中，既没有教育出版的广大市场，也没有大众出版的老少咸宜，科技出版的大多数出版物，在一定程度上属于小众市场。因此，要做好科技出版，在科技强国的伟大战略中发挥出版人的作用，首先要处理好社会效益与经济效益的关系。对于国之重器，国家科技创新的重要成果，关乎科技发展的理论研究和应用研究；新材料、新技术、新装备的研究成果与应用推广，关乎民生的重大科技创新成果。我们要从社会效益出发，积极主动地组织出版，固化科技创新与研究成果，让科学技术尽快地转化为生产力。与此同时，我们要关注国际上科技发展的动态，将世界各国科技创新的成就尽快介绍给国内的科技界，以便消化吸收，推动中国科技的快速发展。此外，科技出版要遵循出版的规律，出版社要根据自己的专业方向与定位，根据现有的人才配置，做优做强科技出版工作。正如清华大学出版社原总编辑吴培华同志所言，要在专业化的基础上做到特色化，在特色化的基础上打造品牌。只有专业化、特色化，形成强势的板块群，才能构建自己的品牌，才能进一步地发挥科技出版在传播科学技术知识，转化科技成果，普及科学文明上的作用。

科技出版是科学技术的同行者，在一定程度上，科技出版也是"第一生产力"的重要组成部分。因此，作为出版本身，更要利用发挥好科学技术的优势，扩大记录传播的效应。当前随着互联网技术与信息技术的发展，数字化出版与阅读成为出版的重要发展方向，传统的科技出版如何与数字化出版融合，通过建立专业数据库、优化整合科技资源，通过二维码、AR/VR技术，增加科学技术知识的可视化与场景塑造，为用户提供新的学习体验，提供增值服务，成为当前摆在科技出版人面前的一项重要任务。我们要克服国有出版传媒企业融合出版中的体制与机制的障碍，着眼长远，分步实施，培养人才，大胆创新。要利用出版社已有的版权资源、作者资源、编辑优势、营销经验，通过融合出版这种新的出版方式，打造出版社科技出版的新动能与核心竞争力，在科技强国战略中，发挥排头兵的引领作用。

（原刊于《出版参考》2019年第10期）

湖北出版四十年掠影

改革开放四十年来，中国出版发生了巨大的变化，而地方出版社，作为中国出版的一个重要组成部分，借改革的春风，也扬帆远航。湖北的出版界，依托区位优势，借力众多科研单位和高校的师资，经过出版人四十年的努力，进入了中国出版的第一方阵。无论是品种、数量，还是图书的质量，都拥有了自己的重要地位。

回顾四十年的发展，我们不能不描述改革起步之时湖北出版的状况。

"文革"期间，湖北出版如全国的出版机构一样陷入停顿状态，除了少数人留守负责编辑出版"两报一刊"（指《人民日报》、《解放军报》、《红旗》杂志）重要社论和《毛主席语录》、红色歌曲、革命样板戏以及各种学习辅导材料、工农兵人物事迹介绍、大批判材料等。"文革"十年，共出版各类图书仅1758种（含图片），除了少量的知识类出版物具有一定的使用价值外，绝大多数出版物都"未能摆脱林彪、江青反革命集团的影响和禁锢"①。1978年中共十一届三中全会后，为解决书荒，国家出版局调动全国的力量，集中重印35种中外文学著作。针对少儿读物书荒局面，1978年10月在江西庐山召开全国少年儿童出版工作座谈会，制订了少儿出版规划。湖北出版界为解决严重书荒问题，也着手精选和重印了一批图书，以满足读者的急需。即便如此，据统计，粉碎"四人帮"后的1976年、1977年、1978年三年间，湖北出版图书仅有744种（含书籍、课本、图片）②，其中1978年，只有266册（含书籍、课本、图片）。但

---

① 湖北省地方志编纂委员会. 湖北省志·新闻出版（下）[M]. 武汉：湖北人民出版社，1995：121.

② 湖北省地方志编纂委员会. 湖北省志·新闻出版（下）[M]. 武汉：湖北人民出版社，1995：235.

到2017年，湖北省14家图书出版单位年出版图书已达17295册，其中新书品种8982种。四十年间，图书出版总数增长了65倍。

湖北出版的发展真正驶入快车道，是从1979年开始的。春风浩荡，马蹄声疾。作为一个参与者，我以亲身的体会，参照有关的史料，回顾湖北出版四十年发展的历程与原因。

第一，局社分开，出版社独立经营，大学出版社、地方出版社、专业出版社的成立，解放了湖北的出版生产力。

1979年12月，国家出版局在长沙主持召开全国出版工作座谈会，对地方出版社的工作方针进行调整，由过去的"地方化、群众化、通俗化"改为"立足本省、面向全国"。地方出版社出版方针的改变，扩大了地方出版社的出书范围，极大地解放了地方出版社的生产力，打破了长期形成的对地方出版社积极性和创造性的束缚和限制。根据"长沙会议"精神，1979年12月，经中共湖北省委批准，省出版发行局与湖北人民出版社分开。出版社分开设置后，除使用湖北人民出版社品牌外，同时使用长江文艺出版社、湖北科技出版社名义出版图书，后来增加到4家副牌（长江文艺出版社、湖北科技出版社、湖北少儿出版社、湖北教育出版社），但副牌社有出书的名义，没有独立注册经营。

1983年，中共中央、国务院下发关于加强出版工作的决定，强调出版工作必须坚持"为人民服务，为社会主义服务"的方针，强调加大图书出版，提高图书的质量。1984年，按照综合出版社向专业出版社发展的要求，分别建立了独立于湖北人民出版社之外的专业分社。

1984年1月，长江文艺出版社独立经营。1984年7月，湖北科技出版社、湖北少年儿童出版社、湖北教育出版社独立经营。1985年1月，湖北美术出版社独立经营。1985年3月，作为人民出版社的副牌，荆楚书社和湖北辞书出版社成立。1992年9月，湖北辞书出版社正式注册独立经营，2002年经批准改为崇文书局。1989年12月，根据新闻出版总署的意见，湖北人民出版社原副牌荆楚书社、长江文艺出版社副牌群益堂停止出版业务。

与此同时，湖北部分高等院校开始成立出版社。其具体时间如下：1980年12月，华中工学院出版社成立。1981年12月，武汉大学出版社成立。1985年2月，华中师范学院出版社成立。1985年2月，武汉地质学院出版社成立。1986年11月，武汉工业大学出版社成立。1989年

5月，武汉测绘科技大学出版社成立。1997年12月，武汉水利电力大学出版社成立。另外，城市出版社和专业出版社也先后成立。1986年9月，武汉出版社成立。2004年5月，长江出版社成立。

至此，湖北省内已由改革开放之初的1家出版社增加为16家图书出版社，2000年武汉大学与武汉测绘科技大学、武汉水利电力大学合并后，出版社随之合并，目前尚有14家图书出版社。在全国的各省市中，湖北省的出版社数量是领先的。

当然，这个数字不包括省内的民营图书策划机构与发行机构，也不包括电子音像出版社。其实，在一定程度上，它们也为促进湖北省的出版繁荣和满足读者的阅读需求，做出了巨大的贡献。

第二，树立多出书、出好书的指导思想，重视产品规划和图书质量，精品图书相继问世，丛书套书形成规模、一批重大文化工程实施，铸造了湖北图书的品牌特色。

出版社独立经营，调动了各家出版单位的生产积极性。1985年，湖北的图书出版规模已由1978年的266种增加到1226种。2006年，出版图书已达到6157种。出版社按照专业分工，在各自的领域内开疆拓土，初步形成了门类齐全，涵盖政治、经济、法律、科技、文学艺术、教育、少儿等领域的出版格局。尤其是各大学出版社，依托本校学科特色和师资力量，形成了富有竞争力的图书品牌。如武汉大学出版社的"武汉大学学术丛书""武汉大学百年名典""名家学术"和"中国十大杰出中青年法学家文丛"等系列学术图书；华中科技大学出版社的《时间序列分析的工程应用》《现代数学手册》《灰色控制系统》《工业激光技术》等；华中师范大学出版社不少图书形成系列和特色，如"桂岳书系""桂苑书丛""村治书系""华中语学论库""韦卓民：康德哲学译著系列"及《湖北通史》等一批重点工程。

针对图书品种增加，出版规模不断扩大，湖北各家出版社在省新闻出版局的指导下，重视年度选题制订的同时，狠抓中长期选题规划，从"八五"到"十三五"期间，各出版单位都把制订五年出版规划作为突出本社出版特色的抓手，通过抓重点带一般，抓学术精品促进大众精品出版，图书的质量得到提升。一批精品力作问世。《汉语大字典》（8卷本）、《闻一多全集》、《张居正》、《楚学文库》、《中国粮食安全问题：实证研究与政策选择》、《辛亥革命大写真》、《国际私法》、《时间序列分析的工程应用》、

《社会主义：20世纪的回顾与前瞻》、《张舜徽集》、"辛亥革命百年纪念文库"、《生态文化与文明前景》一大批精品图书获得各级各类奖项。据初步统计，仅1979年至2006年间，就有179种图书分别获得中宣部"五个一工程"奖、国家图书奖、中国图书奖、茅盾文学奖、鲁迅图书奖、中华优秀出版物奖和湖北省图书奖等国家级和省部级大奖，有2192种图书获得各部门、各专业、各团体设立的专业性、区域性奖项。2016年、2017年全省出版社获得国家级奖励88项、省部级奖励189项。

与此同时，我省一批文化工程启动。继湖北教育出版社《楚学文库》《中国教育大系》等重点图书出版外，2014年，湖北省启动了有史以来最大的文化出版工程《荆楚文库》编纂出版工作，省委书记、省长担任工委会和编委会主要负责人，经过全省专家学者一年多的努力，确定列入1352种计1600册图书。截至2018年，《荆楚文库》已出版155册图书。

第三，适应出版发展需要，出版社由生产型向生产经营型转变，实行岗位目标责任制，成立社办发行部门，由事业单位企业化管理向出版企业转轨。

1984年新闻出版署在哈尔滨召开地方出版工作会议，提出改进对出版社的经营自主权，出版社要由单纯生产型向生产经营型转变，建立以提高图书质量为中心的各种责任制。1988年其又明确提出要在领导体制、经营体制、管理体制、人事体制、分配体制等方面进行改革。1992年党的十四大以后，又要求建立适应社会主义市场经济体制的出版体制。出版社逐步推行转企改制，地方出版社成立出版集团。2004年10月，湖北长江出版集团挂牌成立，成立后的集团利用资源丰富、集约化经营的优势，整合出版业务，形成强大的内容创新和市场竞争力；同时按照现代企业制度的要求，抓紧进行转企改制，至2006年已基本成为产权清晰、权责明确的独立法人单位。2005年被列为全国大学出版社转企改制试点单位的武汉大学出版社和华中科技大学出版社，通过清产核资、转换机制，建立了法人治理结构，分别于2006年和2007年底完成试点任务，整体转制为国有独资的有限责任公司。2011年，湖北长江出版集团旗下出版主业通过借壳成功上市，成为我省第一家文化企业上市公司。武汉大学出版社有限公司通过资本合作，改造为股份有限公司。

第四，建立人力资源管理体系，形成激励和约束机制，人才成长为持续发展奠定了基础。

任何一家企业，人才都是最重要的资源。而作为知识经济和精神产品的生产单位，由于其产品的属性，人才就显得更为重要。湖北出版40年来的发展说明，兴也人才，盛也人才。

据最新统计，截至2017年，湖北14家出版单位，共有2666人，其中编辑1188人，高级职称262人，中级职称563人。其中长江出版传媒股份公司，包括编辑在内，从业总人数为5027人，具有中级及以上专业技术职称人数922人，具有本科及以上学历1937人。

40年来，湖北出版社人才队伍建设取得进展，与各家出版单位对人才的重视是分不开的。其主要做法是：一是逐年陆续引进高素质的具有专业背景的大学毕业生。出版社依托湖北雄厚的教育资源，每年都从省内各大学招聘一批新生力量，并注意从社会上引进有实践经验的人才。如长江传媒股份公司下属的长江文艺出版社，1978年出版社没有一个硕士毕业生，而目前有员工106人，其中拥有硕士学位的就有46人。长江传媒股份公司还出台规定，对于"985"和"211"学校毕业的学生，在进入单位后的一定时间内给予生活补贴。二是加强队伍培训。如长江出版集团（股份）公司建立了总部、子（分）公司、部门三级的全方位、多层次，系统化、专业化的培训体系，全面提高人才队伍"对称性"能力。出版社还通过集中培训、案例教学、文化沙龙及"请进来、走出去"等一系列方法，打造学习型组织。还通过建立激励与约束机制，调动员工献身出版事业的积极性。如除了评先评优等激励措施外，还设立首席编辑、社长助理等晋升通道，帮助年轻人实现自我价值。除此之外，还通过"三项制度"的改革，让优秀人才"进得来、留得下"，保持出版单位的活力和竞争力。三是培养一批专家型人才。据统计，我省出版界获中国出版政府奖、韬奋出版奖的领军人才，列选中宣部"四个一批"、省文化名家、终身成就奖先后有几十人。

湖北出版人才队伍的建设，与武汉大学于1983年创办图书发行学专业和1987年创办编辑学专业是分不开的。近40年来，武汉大学出版发行专业为湖北省出版单位输送了大量的人才，其中很多成为湖北出版界的骨干和领军人才。

第五，湖北省政府通过设立学术著作出版基金和公益出版基金，支持优秀学术著作的出版。

从上世纪90年代开始，经省政府批准，开始设立湖北省学术著作出版基金，虽然基金资金的来源在实践中有所变化，但资助工作一直没有停止。

1991年，经湖北省政府批准，省财政厅、省新闻出版局设立湖北省学术著作出版基金资助项目。基金主要来源是根据省财政厅"鄂财商发〔91〕619号文件"规定的提取比例向有关出版单位征收。该基金专户储存，专款专用。2005年，为支持我省优秀学术著作出版，促进出版事业繁荣，特对原《湖北省学术著作出版基金使用办法》进行修订。湖北省新闻出版局、湖北省财政厅又联合下发了《湖北省学术著作出版基金管理办法》。基金每年达到2000万元。2008年，湖北省又设立社会公益出版专项资金资助项目，每年奖励和资助公益出版物300万元。2013年经省委主要领导批准，每年设立2000万元学术著作出版专项资金资助项目。省新闻出版广电局、省财政厅联合发出了《关于印发〈湖北省学术著作出版专项资金资助项目管理办法〉的通知》。2013年至2015年，共资助149个项目，体现了"鼓励创新、优中选精"的资助特点。共有《21世纪以来国外文化战略重要文献选编》《刘大年文集》等6个项目入选国家出版基金资助项目名单，《长江流域大型水利枢纽关键技术研究丛书》《中国水生植物图志》等多个项目为"'十二五'国家重点图书出版物出版规划项目"，《古玺文分域整理与研究》为"2011—2020年国家古籍整理规划项目"。

（原刊于"出版人周百义"公众号，2019年6月26日）

新时期以来历史小说出版探析

一、关于历史小说的源流

"小说"这个概念，最早见于《庄子·外物》篇中，"饰小说以干县令，其于大达亦远矣"。"县"是高，言高名；"令"是美，言美誉。但据鲁迅考证，庄子所说的"小说"指的是"琐屑之言"，与后来所说的一种文学体裁小说并无干系。陈鼓应解释，指"粉饰浅识小语以求高名，那和明达大智的距离就很远了"。如果按庄子的说法，孔子、杨子、墨子都可以称为小说家。到了东汉的班固，才承认小说的独立存在。他在《汉书·艺文志》中道："小说家者流，盖出于稗官。街谈巷语，道听途说者之所造也。"班固在诸子中列了"小说家"，在"小说"篇目下写了这个按语。其中引用了孔子的话："虽小道，必有可观者焉。致远恐泥，是以君子弗为也。"总之，班固对小说评价不高。小说不是"君子"所为的。

班固所说的"稗官"和"街谈巷语"，说明小说不是某一人独创的。小说探其本源，与其他民族一样，源于神话与传说。如《山海经》中记述的各种山川神祇异物如女娲补天、后羿射日。班固作为史学家，记录了15家小说书目。其中有《伊尹说》《鬻子说》《周考》《青史子》等。他所列的小说15家，内容芜杂，介于子、史之间。到了魏晋南北朝，志人志怪小说大量涌现，小说才走向成熟。但六朝志怪小说既记人也记鬼。记人的如刘义庆《世说新语》，记鬼的如《博物志》《搜神记》《异苑》等。作者是把鬼当成历史来写，如鲁迅在《中国小说史略》中所言，"却大抵一如今日之记新闻，在当时并非有意做小说"。

燕太子丹质于秦……欲归，请于秦王。王不听，谬言曰："令乌头白，马生角乃可。丹仰而叹，乌即头白，俯而嗟，马生角。秦王不

得已而遣之……《博物志·史补·卷八》

到了唐代，城市经济繁荣，加上考试指挥棒的作用，写小说的才多起来。原因是唐代的科举考试制度，有一道程序叫"行卷"。天宝以前，是举子写诗送给名人，以求得赏识。若得到称赞，则"身价十倍"。天宝以后，名人看诗看厌了，举子送行卷，就把小说也放在里边，竟然有人因此有了功名。所以，传奇小说就开始流行。沈既济撰《枕中记》，人皆知之，类似于黄粱一梦。内容大致如下：

有个卢生，行邯郸道中，自叹失意，恰遇吕翁，给了他一个枕头，卢生睡后在梦中娶了清河崔氏。崔是大户，卢生因而有了经济基础和社会地位。后来他中了进士，官至尚书兼御史大夫。但遭宰相忌恨，被贬到端州。过数年，又任中书令，封燕国公，后因衰老有病而死。梦中死后，人便醒来，还不到煮熟一锅饭的时候。

后来汤显祖的《邯郸记》、蒲松龄的《续黄粱》都源于此。

唐代的名人也写传奇。如韩愈写了《毛颖传》，讲毛笔的故事，以此讽喻皇帝的寡恩；元稹写了《莺莺传》，讲张生与崔莺莺的故事；与白居易同时代的陈鸿写了《长恨歌传》，写唐玄宗与杨贵妃的悲剧故事；白居易的弟弟白行简写了《李娃传》，写才子佳人的故事。

宋元之后，"小说"的概念才逐渐清晰，并且有了分类。刘知几的《史通·杂述》中将小说分为十类，如偏记、小录、逸事、琐言、郡书、家史、别传、杂记、地理书、都邑簿。他把除正史以外的记事作品都归于小说，但郡史等非文学类也放进小说里了。宋代市井间有杂剧，杂剧包括有"说话"。说话分四科，其中有"讲史"的艺人。如孟元老的《东京梦华录》中记述"讲史"情景。有专说"三分天下"的，有讲"五代史"的，这就是后来历史小说的起源。《柳敬亭说书》就生动地记述了宋人讲史的热烈场面。现存宋元"讲史"话本有《新编五代史平话》《大宋宣和遗事》《全相平话五种》。宋元话本成就虽然不高，但对后来的《三国演义》《水浒传》《封神演义》产生了深远的影响。

元末明初，罗贯中在"讲史"的基础上，撰写了《三国演义》、《水浒传》（一说作者为施耐庵）、《隋唐志传》、《北宋三遂平妖传》。罗贯中写了很多，但流传下来的只有这4种。民间传说，他因为写了《水浒传》，子孙三代都是哑巴。这4种中，《三国演义》《水浒传》影响最大，也是中国历史小说的典范。受罗贯中小说的影响，演义小说甚为流行。从盘古开天地起，一直写到清末，共有 80 余种演义。

民国时期，比较有影响的就是蔡东藩的《历朝通俗演义》，还有郁达夫、郭沫若等人写的一些中短篇小说。新中国成立后至新时期以前，历史小说除了《李自成》第一卷外，其余就是一些短篇。那些短篇历史小说，如《广陵散》《陶渊明写挽歌》等，在"文革"中曾遭到挞伐。

二、新时期以来历史小说发展的现状与特点

1. 数量众多、题材广泛

改革开放后，随着思想解放的不断深入，文学艺术呈现出前所未有的大发展与大繁荣。从卢新华的"伤痕小说"，到刘心武的《班主任》开始，各个文艺禁区被相继打破。在这个时期，历史小说的创作与出版开始发生重大的变化。从时间上看，我将其分为三个阶段：第一，粉碎"四人帮"后。第二，1990 年前后。第三，进入 21 世纪。其在这三个时段的主要特点是：

第一个时期，受姚雪垠的长篇小说《李自成》影响，一批以农民起义领袖为主要描写对象的长篇历史小说纷纷涌现。代表性的有刘亚洲的《陈胜》，杨书案的《九月菊》《长安恨》，凌力的《星星草》，蒋和森的《风萧萧》，鲍昌的《庚子风云》，李晴的《天国兴亡录》，顾汶光的《天国恨》，冯骥才、李定兴的《义和拳》等。他们以充满政治激情的叙事，讴歌农民起义。但是，这些以农民起义领袖为主人公的历史小说已经基本摆脱了"文革"对英雄人物的塑造的束缚，开始写到波澜壮阔的历史变迁与社会生活，开始深入人物的内心，展示其丰富的精神世界。

《星星草》的作者凌力，在谈到自己的创作体会时说道："试图把所有起义领袖的美好品质都集中在主人公身上，歌颂他们气壮山河的英雄气概，而不忍去写他们的错误和缺陷。"而在写到李鸿章、左宗棠等人时，就写得脸谱化，极尽丑化之能事。凌力说，在清史专家戴逸的提醒下，她通过查阅史料，更正了自己的错误观念，努力在作品中再现这些人作为清代名臣、理学大师和镇压农民起义刽子手的多重身份。

第二个时期，即 20 世纪 90 年代前后，新时期的历史小说创作出现了一个高峰。用浙江大学教授、历史小说评论家吴秀明的话说，"从文学史

的角度看,这可以称之为是继明代中叶首次高潮之后(以《三国演义》为标志),在五百多年间中国历史小说所仅见的又一次高潮"。

在这个高潮期间涌现的传统历史小说,如果按作品所塑造的主要人物分,有写帝王将相的,有写文化精英的。

写帝王将相的,有唐浩明的《曾国藩》《旷代逸才·杨度》《张之洞》、二月河的《康熙大帝》《雍正皇帝》《乾隆皇帝》、孙皓晖的《大秦帝国》、赵玫的《武则天》、颜廷瑞的《汴京风骚》、熊召政的《张居正》、凌力的《少年天子》《暮鼓晨钟》《倾城倾国》、杨书案的《秦娥忆》《半江瑟瑟半江红》《风流武媚娘》等;写文化精英的,有徐兴业的《金瓯缺》、刘斯奋的《白门柳》、杨书案的《孔子》《老子》等;还有写后宫嫔妃的,如颜廷瑞的《庄妃》;也有写小人物的,如凌力的《梦断关河》。

我为什么将之称为传统历史小说呢?因为它们一是主要依据史实来创作的,强调主要人物、主要事件必须是历史上真实发生过的;二是在刻画人物时,作者采取现实主义和浪漫主义相结合的经典表演手法。而与之对应的,是后面我要讲到的新历史小说和网络历史小说。

历史小说,顾名思义,必须是历史科学与小说艺术的结合。毛宗岗在评中国古典历史小说《三国演义》时说:指其"据实指陈,非属臆造","实属帝王之实,真而可考"。小说也吸取民间故事,"七分是实,三分是虚"。这类小说,虽然不属于演义小说,但大的历史事实,如毛宗岗所说"实属帝王之实",可以当作历史读本来看的。姚雪垠的《李自成》、刘斯奋的《白门柳》、唐浩明的《曾国藩》《张之洞》《旷代逸才·杨度》,凌力的《少年天子》《倾城倾国》、孙皓晖的《大秦帝国》等,其历史事件、历史人物,大多是史有所载的。当然,传统的历史小说在历史科学与小说艺术的结合上,作家根据塑造人物的需要,有的虚构成分多一些,有的少一些。金圣叹在分析《水浒》时说:"《史记》是以文运事,《水浒》是因文生事。"历史著作"以文运事"是为了说明"事"才"文",而小说"因文生事"是根据塑造人物的需要虚构一些事。二月河的清宫系列,熊召政的《张居正》,因为虚构多了一些曾受到个别专家的批评。《雍正皇帝》因此在茅盾文学奖的终评时两次与该奖擦肩而过。这位专家也批评《张居正》"厚诬古人,歪曲历史","颠倒了部分人事的美丑,并用较多笔墨粉饰改革家张居正的性格弱点和人格缺陷"。实际上,史实占多少、虚构占多少,并没有一定之规。如《三国演义》采取张冠李戴、移花接木的方法,将

"怒鞭督邮"的刘备移到张飞身上,突出张飞鲁莽的性格,又不致伤害刘备的"形象";斩华雄的本是孙坚,改为关羽,以衬托关的神武。草船借箭是孙权于赤壁之战后第三年在濡须所为,在小说中变成孔明借箭。还有些于史无证的民间故事,如《桃园三结义》《关张古城会》《蒋干中计》《七星祭风》《华容道放曹操》《五丈原禳星》等,他都移到小说中来。罗贯中的这种创作方法,乾隆年间历史学家章学诚批评为"以致观者所为惑乱,如桃园等事,士大夫有作故事所用也矣"。鲁迅在《中国历史小说的变迁》一书中,也批评《三国演义》"容易招人误会"。有个清代诗人王渔洋,竟然写诗《落凤坡吊庞士元》,把《三国演义》中虚构的落凤坡当成实有其地了。

如果说二月河、熊召政的历史小说已经有一些艺术加工的话,那么按照文学流派来划分,他们还属于现实主义、古典主义的历史小说作家。虽然有人批评他们艺术加工太多,但他们在创作中还是遵照了历史的发展脉络的。二月河曾说:"我遵循的基本创作原则是,历史事实由历史设定,人物个性、心灵轨迹、言语形容、诗词由我来设计。"①

还有些小说,如赵玫及其他女性的女权主义小说,在新时期也占有一席地位。赵玫及其一些女性作家的历史书写,她们与凌力的大开大阖的历史小说及理性思辨小说不同,与大多数男性作家的历史小说也不同,她们更关注女性的命运与情感体验,在书写时,她们甚至把自己的女权主义观点带进小说。除了我们提到的赵玫的《武则天》《上官婉儿》《高阳公主》,还有须兰的《武则天》、王小鹰的《吕后》、王晓玉的《赛金花》、石楠的《陈圆圆》。作品写这些女性在这个男权世界里的命运及其与这个世界不屈的抗争。由于这些作品的作家在创作时正逢20世纪八九十年代思想解放十分活跃的时期,女作家不再遵循现实主义方法,而是以一种主观的感情色彩进入主人公的世界。无论是作家的剪裁,还是对具体场景的形象化展示,作家的情感都强烈灌注在字里行间,充满了浪漫主义的色彩。

这些女性主义历史小说是与传统以写史、写实历史小说有意拉开距离的话,赵玫的《唐宫三部曲》及其女性历史小说在叙事方式是介入传统历史小说与新历史小说中的一种文学形态,如《上官婉儿》《高阳公主》《武则天》。赵玫的小说,可以看作史,但更可看作诗。《唐宫三部曲》用浪漫

---

① 二月河纵论历史小说创作 [N]. 人民日报海外版,2003-03-03.

主义的笔触，营造了一幕幕如诗如画的意境。我曾将其概括为"诗化历史小说"。

但还有一些历史小说离现实更远，历史在其中只是一部分或者一个名词，甚至抛开既有历史，自己虚构一个时空，来表达自己的历史观和文学理想。评论家们将这类小说称为"新历史小说"。所谓新历史小说，并无统一的界定，专家们对其定义大致有这样几层意思。其一，强调文学本体论。其二，否定历史的真实性。其三，提倡民间的、个人的、家族的叙事方式，抛弃正统和家国等传统话语。如潘军在长篇小说《风》的"写作手记"中说："历史可以修饰，可以剪裁，甚至可以篡改与杜撰。人的历史的相当一部分是无法证明的。"作家李锐则说："我不相信会有一个所谓统一的'真实'的历史，所以我不愿去做这种徒劳的努力。我知道那个井底下的月亮无论怎样努力也是捞不上来的。因为我放弃了那个真实的历史，所以我一意孤行地走进情感的历史，走进内心的历史。"新历史小说作家们绕开历史事件、历史人物以及明确的历史时空去虚构个人的情感的历史。如苏童的《罂粟之家》《我的帝王生涯》《1934年的逃亡》、莫言的《红高粱》等，便是属于这种类型的历史小说范畴。

小说《我的帝王生涯》虚构了一个历史朝代燮国，讲述了少年皇子端白本是一个懵懂的皇子，却在太后皇甫夫人的操纵下成为国王，昏庸无道造成王朝覆灭，然后成为民间杂耍艺人，最终由于战乱而出家的故事。端白继承皇位是太后一手策划的结果，目的是要他听命行事，但是少年的叛逆情绪使他时时处于压抑的感觉之中。于是，他就变相发泄自己的不满，比如对太监燕郎的宠信、对酷刑的使用、对国事的荒废等等。终于，在皇甫夫人去世后不久，国家发生了叛乱，皇位被篡夺，他成了庶民。燕郎带着端白投靠自己的父母，却在路上被强盗抢走了银子，回到家中，只能受尽冷眼奚落，于是只好带端白离家出走。端白练起了杂技，并成为民间杂技艺术家"走索王"，和燕郎成立了杂技团。但是战乱频仍，新王朝在奢侈糜烂中再次被推翻，而端白的杂技团成员也都死在了官兵的手中。端白最终隐逸山林，出家为僧。

三峡大学文学与传媒学院副教授杜华评介《我的帝王生涯》时说，小说"情节的设置、意境的营造、意蕴的传达，寓言式地揭示了一种历史的颓败，虚无主义的价值立场始终贯穿在小说的文本建构与叙事伦理中。可以说，小说整体地完成了对历史虚无主义的寓言式书写"。

第三个时期,就是互联网催生的网络历史小说大发展、大繁荣时期。

中国的历史小说的发展,如果要划个时间界限的话,互联网普及后,便是中国历史小说发展的一个分水岭。这个时期,历史小说创作的数量急速增长,创作的队伍、文学观念、阅读者,都在发生巨大的变化。

据CNNIC第40次调查报告,截至2017年6月,网络文学用户规模达到3.53亿,较上年年底增加1936万,占网民总体的46.9%。其中手机网络文学用户规模为3.27亿,较上年年底增加2291万,占手机网民的45.1%。

网络文学的类型中,有架空历史小说、穿越历史小说,有些网站还设有宫斗小说等栏目。

关于架空历史小说,有人考证"架空"这个词是从日本引进的,意即虚构。小说最主要的特点在于故事背景通常为作者虚构或改造的时空,这个时空可以是真实存在于历史中的时空,或完全虚拟的时空,以及不同性质时空的穿越。

从现有作品来看,架空历史小说主要有三种模式。一种是模仿历史演义语体的小说,叙说王朝兴亡、帝国征战、宫廷斗争、政治风云变幻,塑造帝王将相、草莽英雄、才子佳人形象。小说中无论是主角还是次角,正史上都没有记载,如《一代军师》《楚氏春秋》《庆余年》《极品家丁》《时光之心》《大汉骑军》等。另一种是虚构一个现代身份或具有现代意识的人,由于种种原因,或是失足落水,或是误入时空隧道,或是转世重生,或是一枕黄粱,回到正史记载的历史时空,凭借自己的现代知识、民主观念和世界视野,凭一己之力改变历史的进程。这类小说选择的背景与人物虽然正史上都有记载,但历史的走向与作品中人物的命运将因主人公的原因而改变。其主要代表作品有《新宋》《明》《曲线救国》《马超传》《中华再起》《此间的少年》《回到明朝当王爷》《共和国之怒》等。也有二者交叉的作品,即设置一个现代人主人公回到一个正史上并不存在的历史时空,充分发挥现代人的智慧,改变了既定的历史轨迹。其主要作品有《秦姝》《我在古代发家记》等。

2. 在解构与建构中重新审视历史事件与历史人物,丰富了历史小说创作的审美视域

改革开放以后,随着思想的进一步解放,以及对外的文化交流与吸

收，历史小说的创作题材、表现领域、表现手法、历史判断、审美判断上都有一些明显的变化。主要体现在以下三个方面。

（1）重新审视历史，寻找那些被意识形态遮蔽的历史真相，尽量恢复历史的本来面貌。

中国是一个重史的国家，坚持秉笔直书有优良的传统。如一部《春秋》，能让乱臣贼子惧。故有"在齐太史简，在晋董狐笔"之诗句。但由于特殊的历史原因，历史的真实性被遮蔽。于是，历史小说就承担了还历史本来面目的责任。代表性的如唐浩明的《曾国藩》《旷代逸才·杨度》《张之洞》，二月河的《康熙大帝》《雍正皇帝》《乾隆皇帝》，也有专家认为这是历史"翻案"小说。如在过去的教科书中，提起曾国藩这个人物，人们印象中他就是镇压农民起义的刽子手、汉奸、卖国贼，提起李鸿章，就是丧权辱国。唐浩明通过编辑《曾国藩全集》，阅读了几千万字的文字史料后，对曾国藩这个近代史上的文化精英和悲剧人物有了形象化的新的诠释。曾国藩是中国文化的守望者，也是维护皇权的干城。章太炎曾说："誉之则为贤相，谳之则为元凶。"作家唐浩明经过认真研读史料后对曾国藩的形象有了新的历史判断。他曾经说，除了塑造人物有必要的虚构外，小说中的史实，都是有据可查的。而二月河的《雍正皇帝》中，对雍正登基改诏说，他通过一系列的情节再现，驳斥了加在雍正身上的不实之词。过去在人们的印象中，雍正是一个阴险狠毒之人，他杀兄弑弟，诛功臣，整天就是在搞阴谋诡计。二月河对雍正的这些行为给予了合理的解释，并且对雍正在位短短的十三年中整饬吏治，发展生产，巩固边防，都做了基于历史的形象化诠释，改变了人们的误解与片面认识。再如二月河写康熙与乾隆，没有站在大汉族主义的角度，贬低清朝的统治，而是写出了他们励精图治，在维护国家统一、社会进步上做出的积极贡献。当然，作者并没有如电视剧里一样，为了突出人物形象，将帝王写得高大全，而是写出了他们性格的多面性与复杂性，写了他们为维护皇权与政权而体现出的残忍无情。如写雍正还是亲王时，为了夺得任子安的密档，防止泄密，纵容年羹尧灭了江夏镇一镇居民。如夺嫡后，避免有门人知情而泄漏不光彩的往事，便杀了不少知情的家奴。他还计划灭掉为他夺嫡出谋划策的头号功臣邬思道。但邬思道洞彻世事，早已料到"与天子交，共患难易，共享乐难"，主动提出归隐田园。而雍正要求他还要召之即来，对他进行控制，邬思道只能"中隐隐于市"，一直在李卫和田文镜府中，才得以免去一死。

当雍正即位之时，邬思道便劝雍正的十三弟允祥，"铁帽子王拼死也要辞掉，才能保你一世平安"。

除此之外，《旷代逸才·杨度》中的杨度，《白门柳》中的钱谦益、柳如是，《倾国倾城》中的孙元化，《努尔哈赤》中的努尔哈赤，《李鸿章》中的李鸿章，《左宗棠》中的左宗棠，作者都是通过对历史的研究，写出他们性格的复杂性，表现历史之真、人文之真。

（2）挖掘人物的内心世界，展示历史人物丰富的精神内涵。

20世纪90年代，历史小说的写作由以往的单一再现历史转向了尽可能地再现历史，但力求穿越史实深入到历史人物的精神和心灵世界，挖掘人性的真实和深度。如上海古籍出版社曾先后出版过系列女性历史小说，就比较侧重人物情感和心灵刻画。特别是不同作家同一题材的《武则天》的写作中，体现了作家们对于历史人物复杂而丰富的内心世界的挖掘。赵玫在谈到自己的写作体会时说，历史小说"讲述一种古老的故事时，探讨一种人性的可能性、心灵的可能性，以及历史人物生存选择的可能性"。赵玫在其他两部小说《高阳公主》《上官婉儿》中，她有时直接逾越故事层面对人物的内心情感进行直接抒发。她站在女性的立场上，"尽力从一个女人的角度去诠释她"，那就是女性对爱情的执着，对于生命之流的感悟以及作为女性这种性别的幸与不幸。北村的《武则天》，则以一个孙子的视角透视祖母武则天的一生，在现时态的叙述中穿插叙事，笔锋不时逼入人物的灵魂深处，直呈其内心的孤独、绝望与空虚。

在长篇小说《张居正》中，作者写了张居正作为一位深受儒家思想浸润的宰辅，在受到士林不齿的情况下，去与宫中太监冯保"勾结"在一起。外人也许只看到张居正与太监沆瀣一气的行为，但不知张居正内心的冲突。因为按照明代的政治体制，内阁代皇帝对内外大臣题奏的本章拟出批复的意见，并把这些意见写在"票签"之上，供皇帝审阅定夺。皇帝定夺之后，交宫内司礼监秉笔太监按皇帝的意见批写在各本章上。这种负责批红的太监因此权力极大，批红时往往按自己的意见改动内阁的票拟，或者对皇帝施加影响。他的前任高拱正因对太监冯保的蔑视，才导致被迫致仕。而张居正担任首辅时，万历才10岁，皇帝的意见，实际就是太监冯保的意见。他在起用一个贪官胡自皋时，吏部尚书王国光不解，张居正不无悲凉地向他解释说："古今大臣，侍君难，侍幼君更难。为了办成一件事，你不得不呕心沥血，曲尽其巧，好在我张居正想的天下臣民，所以才能慨然委蛇，至于别人怎么看我，知我罪我，在所不计。"

（3）塑造人物时，注意文化的作用和力量，注意营造历史氛围，把人物放在一定的历史文化氛围中去表现。

一是纵观新时期历史小说，从徐兴业的《金瓯缺》开始到刘斯奋的《白门柳》、孙皓晖的《大秦帝国》、二月河的《雍正皇帝》、熊召政的《张居正》，除了重视在历史冲突中塑造人物之外，还注重将人物放在一定的文化氛围中刻画。以帝王为主人公的小说，如凌力的辉煌系列、二月河的帝王系列，都写到了汉族文化对少数民族的影响。他们在入主中原后，不仅接受了儒家文化，而且接受了汉族的物质文明、政治文明与制度文明。如从顺治这位少年天子开始，就开始重用汉族大臣，学习儒家文化，在典章制度上，继承明代的机构设置制度。虽然他们强调满人优先，但在某些时期，汉族大臣反而成了他们依靠的股肱。他们在入主中原后，在生活习惯上，语言文字上，几乎完全融入汉民族，在此基础上形成了中华民族的文化。二是在不少历史小说中，由于主人公是儒家知识分子，他们的文化生活自然构成了作品的一个重要组成部分。因而小说本身充满了文化气息。如刘斯奋的《白门柳》对明清大裂变中知识分子精神动态的把握，唐浩明的晚清名臣儒士系列则注重中国儒家文化精神传统的继承与发掘。三是在小说的进展中，在塑造人物的形象时，作家有意通过一些细节的描写，再现当时的历史氛围。如二月河的《雍正皇帝》一书，上至皇帝大臣、太监嫔妃、宫廷礼仪、典章制度、饮食起居，下至市井里巷、勾栏瓦舍、青楼酒家、和尚道士、侠客镖师、三教九流，均栩栩如生般地细细道来，形成了一种浓郁的文化氛围，真实地再现了清代社会生活的方方面面，对于刻画人物起到了很好的烘托作用。

3. 新历史小说与网络历史小说呈现出新的美学气象

传统的历史小说在还原历史之真和人性之真上为中国文学史贡献了很多的优秀典范之作，但是，进入90年代后期，历史小说的创作无论是题材还是审美追求，都缺少一种新的气象。新历史小说家，特别是一批中青年作家，按照克罗齐的"一切历史都是当代史""一切历史皆文本"的观念，对传统历史和革命历史观进行了颠覆性的反思。这其中出现了一些代表性的作家和作品，如苏童的《我的帝王生涯》《妻妾成群》《武则天》《米》、格非的《敌人》《边缘》等等。新历史小说的题材大多数是选取民国生活，因而有人将其概括为"民国时期的非党史题材"创作。这些新历史小说与网络历史小说在审美追求的某些方面达成一致，如不考虑所谓的历史真实，只关注人的内心的真实。不关心宏大的题材，只关注民间的、家族的、个人的日常生活。作家不仅省却了繁难的史料爬梳工作，而且可以自由地虚构人的生命体验。

对于历史小说如何开拓创新，展示历史的无限丰富性和复杂性，追求真切的时代生命感，新历史小说做了很有益的探索。从这个角度上来说，我们肯定新历史小说和网络历史小说在历史小说的发展中所具有的先锋探索意义，它为丰富我们的历史小说美学做出了应有的贡献。当然，新历史小说与网络历史小说所表现出的历史观和价值取向还值得商榷。

4. 互联网传播带来历史小说创作与阅读的新高潮

据开卷信息技术有限公司调查统计：2016年，历史小说动销2637种，其中2016年新出版316种。今年1至7月，销售排在前面的是马伯庸的《长安十二时辰》、王跃文的《大清相国》、高阳的《胡雪岩》、刘和平剧本版《雍正王朝》《大明王朝1566》、孙皓晖修订的《大秦帝国》、唐浩明的《曾国藩》、二月河的《二月河文集》、熊召政的《张居正》、曹升的《流血的仕途》、玄色的《守藏》等。其中在榜的马伯庸、曹升、玄色的小说属于网络历史小说。

进入21世纪后，传统历史小说的创作虽然品种很多，但是在全国产生影响并引起批评界广泛关注的并不多。目前在销的传统历史小说，销售业绩比较好的，主要还是20世纪90年代前后出版的作品。但网络历史小说，却如火如荼呈燎原之势。据统计，文学网站上架空类和穿越类历史小说不下3万部。每天，遍布在全国各地计算机前不知名的作者，了解历史的和不了解历史的，均在废寝忘食，思绪穿行在五千年的时光隧道里，充分发挥自己的想象，为3亿多网络文学的读者奉献自己对历史、对人生的思考。这些在网上点击率很高的历史小说，除了影视机构会购买版权，改编成电视剧和电影外，出版单位也积极寻找其中优秀的文本用纸介质出版。这些产生了广泛影响的网络历史小说，也有骄人的销售纪录。如《后宫·甄嬛传》，目前共有26个不同版本在销，其中仅全六册典藏本今年前8个月就销售了37882套；《芈月传》累计销售每册约5万本。

网络时代，创作、发表与阅读的高度统一，在某种程度上，带来了历史小说创作的新高潮。上面提到的《流血的仕途》《守藏》，都是在真实的历史事件的基础上创作的，属于演义体的讲史小说，但作家掌握了互联网时代读者阅读的特点，用略显轻松的语言、紧张曲折的情节、层层递进的故事，吸引读者目不转睛、爱不释手，让他们成为"骨灰级"的忠粉。

三、新时期历史小说创作与出版中需要探讨的几个问题

1. 如何让历史小说克服平庸，彰显其与众不同的审美价值问题

我们前面谈到新时期历史小说的创作与出版情况，为什么有些历史小说受到社会的高度重视，能够进入专家、学者视野并获奖，且在读者那儿持续地获得认可并能常销不衰？我觉得，一个重要的因素，作家正确地处理好了历史真实与艺术真实的关系。

当然，一部历史小说，达到出版水平是一个标准；能够产生重大影响，获得社会各方面的承认又是一个标准。当年，我看了熊召政的《张居正》的第一卷手稿后，我就对他说："出是可以出，但是，要想产生影响有些困难。"目前，很多历史小说都面临这样一个困境。可以出版但不能成为精品，或者说不能成为经典。

达到出版的标准，作为历史小说，徐中玉老先生曾说："既然在题材前面加上'历史'两字，强调它与历史有一定的联系，就不能违反一般的历史常识性知识，即以历史真实为主，基本符合历史事实。"[1] 就是说，历史小说必须符合历史事实，这是历史小说最基本的要求。小说如果在大的历史事件、历史人物上符合史实，能够再现特定历史时期的文化风貌，且在小说艺术上能够做到人物形象丰满，情节曲折，语言生动，就基本达到出版水平了。目前，这类的历史小说各家出版社每年都会安排出版一些，但是，能够达到像唐浩明、二月河、刘斯奋、姚雪垠、凌力、孙皓晖创作水准的却不多。这是为什么呢？我认为，还是作家在处理历史真实与

---

[1] 徐中玉. 关于历史题材的一点感想[M]//中国历史文学的世纪之旅. 沈阳：春风文艺出版社，2004：3.

艺术真实的关系上，没有很好地创造性结合。

所谓的历史真实，并不完全指在历史教科书上或在古籍文献上所提供给我们的现成的答案。

历史虽然是客观存在的，但是，历史是当时的历史学家对历史的理解。由于历史面貌是十分复杂的，历史记载有它的主观性和选择性的一面。如道家著作《文子》一书，先秦时就存在，但班固在《汉书·艺文志》中认为"似依托也"，怀疑是后人所托名的伪书。从此以后，历代学者都认为《文子》是伪书。直到1973年河北定县汉墓出土的竹简，才证明先秦已有此书。再如《史记》中所记的商朝历史有误，直到安阳殷墟出土甲骨文，考古学家依此考据出商朝的年号，才证其不实。历史学家顾颉刚有一本《古史辨》，他考证炎黄二帝都是后人想象的，所谓炎帝、黄帝只有传说，并无真凭实据。因此，还原历史的本真，包含两层意思：一是现象还原，即恢复历史的本来面目，摒弃既往历史的谬误与歪曲。二是观念还原，即通过对传统思想观念的超越，上升到一个更富人性的更具现代意识的人类精神的高度。

所以，历史小说家的责任，就是在尊重历史真实的前提下，对历史进行总体的审美把握，遵循艺术创作的规律，对历史进行重新审视，透过纷繁复杂的历史现象，洞烛其中内在本质规律，以便在艺术转化时对历史生活作出更深刻、更真实的反映。如唐浩明的《曾国藩》出版后一度洛阳纸贵，至今仍然畅销不衰。目前有现代出版社、河南文艺出版社、上海文汇出版社、长江文艺出版社、人民文学出版社、北京联合出版社、岳麓书社、人民东方出版社、作家出版社、新星出版社、民主与建设出版社、青岛出版社12家出版社出版。为什么唐浩明的《曾国藩》如此受到读者的青睐？我在前面曾经指出，这套3卷本的历史小说的成功有两点：一是对历史的重新审视，赋予了其新的时代色彩。过去在我们的历史教科书中，论及太平天国，都是持完全肯定态度，而对镇压太平天国的将领曾国藩，则是以刽子手、汉奸、封建残余的形象展现在人们面前。现在，唐浩明要还历史的本来面目，用艺术的形象，去反映这段波澜壮阔的历史。二是作家对人物的刻画，写出了这位权柄在握但又受制于朝廷的汉大臣的复杂性格。曾国藩是中国儒家知识分子的一个样板。他忠于朝廷，孝顺父母，敦兄睦弟，严于律己，慎思敏行，用封建时代的标准，他是一个完人。所以无论是蒋介石还是毛泽东，年轻时都十分崇拜曾国藩。他的家书，成为教育子女的教材。所以，这部小说能成为新时期历史小说的经典持续受到欢迎，在于唐浩明首先为曾国藩"翻案"，具有题材的优势。同时，在艺术的表现上，唐浩明调动小说创作的一切艺术手段塑造曾国藩等人的文学形象，具有一定的艺术感染力。

当然，仅仅能从被遮蔽的历史中找到事实的真相，只能说小说有了成功的基础。作为一部成功的历史小说，只有做到历史真实与艺术真实的完美结合，才能产生巨大的艺术魅力。二月河的《雍正皇帝》出版后，山东的作家林深告诉我的副手、出版社副社长李正武，他读了11遍，说这是共产党留给后世的《三国演义》。中国少年儿童出版总社的副总经理赵恒峰亲口告诉我，他看了21遍《雍正皇帝》。此书不仅文人在读，政界也在读。邓小平的夫人说她也十分喜欢二月河的作品——媒体上也有这个消息。根据二月河的小说《雍正皇帝》改编的《雍正王朝》在中央电视台播放时，有人形容是万人空巷，犯罪率下降，为什么呢？都回家看电视剧去了。我有中央电视台的一份内部通报，说时任人大常委会委员长李鹏打电话，称赞电视剧拍得好。二月河本是一个转业军人，也只有高中毕业文凭，为什么他的落霞系列能够受到这么多的读者喜欢？为什么研究历史小说的评论家也把《雍正皇帝》看作新时期历史小说的重要收获？为什么研究二月河的硕士、博士论文达几百篇？我认为，其因素有两个方面。

一是对雍正这个皇帝的重新评价问题。过去无论是今人写的清代历史，还是民间关于雍正的传说，雍正这个人物都是以篡改遗诏上位，弑兄屠弟，诛杀功臣，大兴文字狱而闻名的。但二月河的《雍正皇帝》，却从史料中肯定了雍正的勤政，他在位13年，披阅奏章上千万字。你看有多少个这样的皇帝？他整饬吏治，发展生产，官场为之一变，财政日渐丰盈，他接手时国库只有800万两白银，到他交给儿子时，是6000万两。他铁腕打击以八阿哥为首的反对派，是为了保爱新觉罗氏的江山，是为了不让亲兄弟之间互相残杀。

二是二月河的小说按某些所谓的严肃作家评价，是所谓的通俗小说。实际上，二月河承接了以《红楼梦》《三国演义》为代表的中国古典小说的美学风范，在情节设置、人物塑造上，把中国古典小说的美学理论运用得十分娴熟。《雍正皇帝》一书情节夭矫变幻，跌宕腾挪；整部小说波澜迭起，一波未平，一波又起。虽然小说中矛盾冲突不断，但也不是飞涛连山，满纸金戈铁马，密不透风；而是一方面剑拔弩张，另一方面又不时穿插些有生活气息的诗词歌赋、涟漪微荡的生活细节。在人物形象塑造上，他借鉴了《红楼梦》的小说美学，在情节的流动中，刻画人物的性格特色。如他写江南才子邬思道，一个有着缺陷美的落第举子，出场时与扬州太守车铭的一番舌战，就把他的才学、刻薄、机智、权谋表现得淋漓尽致。同时，该书的另一个重要特色是作者善于通过细节来渲染和烘托文化氛围，让人身临其境，仿佛把读者带进那个让你可触可感的时代。

所以，《张居正》的作者熊召政谈到他的创作体会时曾说："所谓历史的真实，简单地说，有三个方面：一、典章制度的真实；二、风俗民情的真实；三、文化的真实。前两个'真实'是形而下的，比较容易做到；第三个'真实'是形而上的，最难做到。前两个是形似，第三个是神似。形神兼备，才可算是历史小说的上乘之作。"①

所以，历史真实与艺术真实的统一是历史小说的普遍要求，但作家还必须创造性地找到历史的真相，创造性地运用小说的艺术，才能打造出传世之作。

刚才我们已经分析，新时期以来历史小说创作数量众多，但是，经过时间淘洗的、目前仍在市场上销售的，为什么只有那么几部？有一位国外的文学史学家曾说：什么是经典？一个作家死后 20 年如果还有人读他的书，这本书就是经典。我们如果说，一本书出版 20 年后，还有人在读，那也说明是一本好书。我们前面提到开卷观察的图书市场销售动态，二月河的历史小说、唐浩明的历史小说、熊召政的历史小说、高阳的历史小说，出版时间均在 20 年以上，现在还有相当数量的读者市场，说明他们掌握了历史小说创作的真谛，在一个相同长的时间段内经受住了读者的检验。

2. 历史小说作家的创作准备问题

历史小说是以历史事实、历史事件、历史人物为描写对象的文学作品。从某种角度来说，历史小说家应当是半个历史学家。作家对于他要写作的历史时代的政治、经济、文化、军事等领域，甚至包括细微的风俗民情、服饰用具、典章制度、地理知识、俚语笑话一应研究清楚。作家需要

① 熊召政. 让历史复活［M］//张居正评论集. 武汉：长江文艺出版社，2004：263.

通过对当时正史、方志、家谱、野史各种资料的搜集、阅读、研究，才能涉足某一历史时期历史事件的创作。

有些成功的历史小说作家，本人就是研究历史的专家。如《金瓯缺》的作者徐兴业，1937年毕业于无锡国学专修学校，曾是上海师范大学历史系教授，是学养深厚的宋史研究专家。如凌力，虽毕业于军事工程学院，但后来从事清史研究，在中国人民大学清史研究所工作。如刘斯奋，虽然毕业于中文系，但长期从事古典诗词研究。在创作历史小说之前，他已经具有丰富的历史知识及对小说所涉足时代的深入研究。还有些历史小说家，他们虽然专业不是研究历史，但在从事小说创作前，已经做了大量的史料爬梳工作。如姚雪垠，有丰富的文学创作经验，有深厚的古典文学修养，为了写李自成，他做了几万张资料卡片。

熊召政为了写《张居正》，研究明史，做了二十多万字的笔记。除此之外，他还十余次到张居正生活过的地方去考察，如到故宫去数大殿的柱子，研究庙宇的形制。我曾经陪他几次到荆州张居正的墓前去凭吊这位显赫一时、对中国历史做出贡献的首辅。"文革"中，张居正的墓被挖，尸骨遍野，我们第一次去时，一个写有"张文忠公墓"的水泥碑立在一个不大的土堆前，荒草萋萋，四周民房耸立——让人不由生出凄凉之感。想想张居正生前何等显赫，而如今，"旧时王谢堂前燕，飞入寻常百姓家"。后来，我又陪熊召政去到荆州，当时政府开始重视发掘地方文化资源，张居正纪念馆、张居正街陆续兴建——历史仿佛开了一个玩笑。他正在写的多卷本长篇历史小说《大金王朝》，已经出版了两卷。创作前，他也曾前后十余次到宋金辽当年发生战争的战场去考察。

唐浩明在写小说《曾国藩》前编辑《曾国藩全集》，阅读了一千余万字的历史资料，撰写了一系列研究曾国藩的论文。

二月河说："我并不认为自己是历史学家，要学历史，不必读我的作品。但我可以负责任地说，对于重大历史事件、重要的历史人物、重要的历史走向判断，我是以一名历史学家的标准来要求自己的。"[①] 我曾经多次到二月河家，曾经在他的书房里任意翻检他的图书和资料，他的书房并不大，藏书并不多，我也佩服二月河为什么有如此丰富的清代历史文化知识，并娴熟地运用在小说中。如二月河在小说中写到清朝银两的使用，他

---

① 二月河. 搞文化的人要有健康心态［J］. 中国青年报，2002-11-14.

说，他曾专门阅读了《银谱》这种很专业的书籍。

作家姚雪垠曾说："历史小说应该是历史科学与小说艺术的有机结合，而历史小说家在处理两者关系时，必须做到深入历史，跳出历史。不深入历史就不能达到历史科学，不跳出历史就完不成艺术使命。在深入和跳出的关系上，深入是前提，是基础。"① 历史小说与一般的小说不同，对历史事实有一定的依存关系，它有责任尊重并维护历史的严肃性。如作品中的历史事件和主要人物应有史实的依据，作品中的文化心理、社会风尚、生活细节有一定的历史规定性，不能唐冠宋履，随心所欲。

我们有些历史小说作家，从三皇五帝一直写到民国，著述等身，但缺少将历史真实与艺术真实结合得很好的力作。原因在于他们虽然也研究一些史料，但工作做得不到位。他们对所写的历史朝代、历史的事件的大关节基本掌握，但缺少历史判断与深入的分析，对于当时的历史文化构成缺少研究。在历史小说创作中，往往以想象代替史实，这就使写出来的历史人物的形象只是一种粗线条的勾勒，缺少有血有肉的细节，脸谱化、平面化，人物形象单薄。这种小说，尽管故事可以编得有头有尾，但由于没有生动地再现当时的典型历史环境，因而人物形象不丰满，没有立体感。同时，有些作家缺少古典文学的修养，在刻画古代人物时，往往用现代语言代替，用某些专家的话说，这是一种"粗鄙化"的倾向。

除此之外，由于缺少研究，一些作家的笔下还常常出现一些历史常识的纰漏。有一个历史短篇《斩庄贾》，其中所写的呷茶、躺椅子、吃燕窝、使用青花瓷等细节，都与所定的春秋时代不符。古人皆席地而坐，喝茶是唐代才盛行。还有一位女作家写了一篇描写李清照的小说，写李清照为父亲绣了一个脚踏火球的麒麟烟荷包，并有所谓的"旱烟"，其实中国烟草明代才从国外引进，北宋没有吸烟一说。我前不久审了一部书稿，作者过去是研究教育学的，对历史研究还不够深入。他认为荆州的区划，从唐至明只有几百年的时间，不会有什么变化。科举考试时，朝廷向各省派主考官。主考官到达时，从督抚到知县一应官员都到码头迎接，然后接风洗尘。实际上，各省主考官钦定后，所坐轿子要贴封条，限日到达。到了各

---

① 姚雪垠. 李自成：第一卷 [M]. 北京：中国青年出版社，1978：前言.

地后，由提学使负责接入官办皇华馆居住，不得见闲杂人等。开考入闱时，轿后要抬一个狗头铡以示科举考试之严，何来四处张扬，拿身家性命开玩笑的主考官？

除了这些历史常识性的错误外，有些作家对历史资料研究不够，古典文学修养欠缺。我认为，有志创作历史小说的作家，应当先对某一个朝代的历史进行认真的研究，成为半个专家后，再转移阵地；同时，不要急于一部又一部地写并未经过深思熟虑的作品。如二月河原来计划写太平天国这段历史，书名叫《陨雨》，我曾与之签了出版合同。但他只写了个9万字的开头，后来就搁笔了。我几次催他，他都是回答我，对洪秀全这些人物的思想动机琢磨不太清楚，放放再说。他这个开头，叫《爝火五羊城》，当年发表在《十月》杂志上，写得十分精彩。这部9万字的小说体现了他的历史小说的一贯风格，一气呵成，让人无心旁骛。这部3卷本的《陨雨》后来他终于没有动笔再写下去，身体不好是一个原因，他不愿轻易动笔是主要原因。长江文艺出版社后来将这部长中篇收在他的一个小集子《匣剑帷灯》中。

3. 敬畏历史与漫画历史的问题

但是，在当前的历史小说创作中，特别是新历史小说和网络历史小说的创作中，有一种需要探讨如何看待历史，如何正确地书写历史的问题。新历史小说创作中重写历史的热潮已经过去，但在网络历史小说中，历史题材的小说占有很大的比重，这种如何看待历史和如何在小说中表现历史的问题就需要我们深入思考。

关于对待历史的态度，唐浩明提出，历史小说创作应该有敬畏历史的姿态。他说："所谓的敬畏，要求作家不能随心所欲地去杜撰历史、曲解历史，只能在把握笔下那个时代和所要描绘的主要人物的历史基调的前提下，去充实历史，提炼历史，鲜活历史。如果说，因种种原因，史料打上了浓厚的个人色彩，那么，作家则要站在文化和人文的立场上，去掉人为的包装而恢复其本来的面目。这就需要作家既要有史家的德与识，又具有艺术家的敏锐眼光和非功利的良知。"①

当代历史小说的漫画化倾向主要表现在情节的漫画化、人物的漫画

---

① 无为. 唐浩明走进历史的心路历程 [N]. 光明日报，2002-09-05.

化、语言的漫画化等方面。如果从现代历史小说发展的变迁来考察，不少专家认为，鲁迅的《故事新编》开创了漫画化的先河。大量当代生活的细节，油滑语言的插入，消解了历史小说的庄严，使历史小说有了杂文的色彩。进入新时期以后，以自称消解历史与崇高的新历史小说，以先锋文学的姿态，漫画历史与人物，追求一种陌生与疏离的艺术效果。如苏童的《我的帝王生涯》，他所描写的燮国国王端白纯属虚构，并无任何的历史依据，作者也无意于为历史上曾经真实存在的帝王写传，小说以第一人称"我"作为主人公，将李煜、崇祯、光绪、宣统等末代皇帝的精神心理通过历代宫廷内部的刀光剑影、骄奢淫逸、变幻不定的景象纳入文本。这类新历史小说，还有苏童的《1944年的逃亡》、叶兆言的《状元境》《追月楼》、格非的《敌人》《迷舟》、余华的《在细雨中呼喊》等。

但这种以民间挑战正统，以家族挑战家国，以荒诞挑战合理，以偶然挑战必然，以人性挑战非人，以卑琐挑战崇高，以审丑挑战审美的试验小说，随着时间的流逝，已经没有了多少读者市场，很多新历史小说的作家又回归到现实主义，即新写实主义的立场上来。何况，新历史小说创作的主旨，是寻找被遮蔽的个人史，探讨人性的复杂，在某种程度上，除了文本试验的意义，还有对传统观念的一种冲击与革命。但随着互联网的普及，在日益庞大的网络历史小说的创作队伍中，这种漫画化的方式却成了小说创作的一种"标配"。无论是人物、情节还是语言，用调侃、戏讽、挖苦、谐趣的叙述方式，虚构存在和不存在的历史，不断插入现代人的话语，营造一种诙谐、幽默感，以此赢得读者的点赞。如果说，这种历史小说的创作方法与审美趣味只是个别作家或某个团队的试验之作，作为文学大花园中的一个品种，还可以丰富我们的审美世界，但是，这种创作的方法，却成了所有网络文学取悦读者的一种主要表现方式。据评论家白烨统计，网络文学的生产已经与传统文学的生产三分天下，网络文学的生产方式已由精英写作变成了大众狂欢。小说的审美判断不是文学的标准，而是读者的点赞。网络文学作家的写作水准和审美趣味的高低，在一定程度上受接受者的左右。如果我们历史小说将来都千篇一律地用这种戏说历史的方法来展现历史，并且形成了一代人的阅读趣味，那我们的历史小说创作前景值得思考。作为文学创作，要求的是个性化，如果我们用一种类型将其固定下来，岂不成了雷同与重复？长此以往，文学还有生命力吗？

4. 历史小说创作与出版中的价值导向问题

任何一部历史小说，无论其采取的是现实主义、浪漫主义，还是魔幻主义写作方式，或是现在网络上历史小说的狂欢叙事，在故事的背后，都会一定程度地表达出作家的价值取向。

回顾新时期历史小说的创作历程，那些讴歌农民起义领袖的长篇历史小说，都是把农民起义看成历史发展的动力。虽然姚雪垠的《李自成》展现的社会生活十分广阔丰富，但在他的笔下，李自成仍是作为一个悲剧英雄来加以塑造的。凌力的《星星草》写捻军领袖赖文光率领捻军与"满清"封建王朝的殊死搏斗，表现了无畏的英雄气概。作为一个文学形象，这些农民英雄虽败犹荣的经历值得书写。但是，对于农民起义的历史认知和判断，随着时间的推移，却出现了一个主要由肯定到否定的辩证过程。以唐浩明、二月河为代表的以写帝王将相为主要人物的历史小说，不管是否全面反映当时的社会生活，给人们提供多少历史知识，但其主要的价值取向，就是客观地肯定这些精英人物在历史上发挥的重要作用。

当然，唐浩明、二月河的帝王书写，也曾经受到不少批评，说他们歌颂帝王将相，为封建统治者唱赞歌。好在时代已经很宽容，不同声音的存在也是一种好事。且不说他们，连我这个责任编辑，出版社内都有人告过几次状，说我编辑歌颂皇帝的图书是"阶级本性"，因为我的叔高祖在清朝咸丰年间做过大学士，高祖在道光年间做过按察使。

但是，我们的历史小说，向读者提供的是否都是正能量呢？

新时期以来，历史小说的创作数量众多，题材广泛，除了我们经常提到的那些历史小说外，三皇五帝到如今，都有人在用小说的形式讲史。但除了质量的平庸这个问题之外，一些历史小说的创作倾向也值得注意。如刘和平创作的《走向共和》电视剧和同名图书，对慈禧、李鸿章、曾国藩在晚清的贡献给予了新的解读，对李鸿章签署丧权辱国的《马关条约》从不同的角度给予了理解。小说与电视剧一改人们对晚清历史的认知，由于这种"翻案"有些敏感，后来淡出了图书市场。我不去评价《走向共和》的价值导向对错，但他确实改变了对当下近代史的一些基本事实的认定问题。还有，不少传统历史小说主要写宫闱秘闻，以展示性事为卖点。特别是一些写武则天的小说，写她的性事时浓笔重墨，带来了一些负面影响。

不过，传统历史小说和新历史小说在价值取向上如果说还有一些值得商榷的话，网络历史小说的历史观，作品的价值取向，则已经走得很远了。互联网上每天传播大量的作品所传达出的信息，呈现出一种乱花渐欲迷人眼的混沌状态。

前面我已谈到当前网络历史小说的出版状况，昨天我打开掌阅App，在"架空历史"一栏中搜索，跳出排在第一的叫《权色生香》：

> 本书的正确打开方式请参照"金瓶梅"，这是一个攻略金银，攻略权柄，攻略女人的故事，揽天下大权，拥世间美色，赏风月笙歌，品南北香食。这就是高级知识总监夏商穿越古代给自己制定的终极目标。
>
> 提示语：穿越、美女、爽文、架空、赚钱、装逼

还有腾讯阅读App：

> 大魏宫廷：生作大魏皇子，愿当盛世闲王。志在偎红倚翠犬马声色，胸怀家国百姓社稷安危。若兄贤，若弟明，尔为人王吾偷闲。若尔不能使国强，吾来登基做帝王！

网络历史小说，无论是演义体，还是架空穿越体、架空言情体，有专家概括其本质都是一种欲望的叙事。一是情色欲望。以男性为主角的，多半要有一男多女，要娶三妻四妾；以女性为主角的，虽然得到自己的爱人，但在小说故事里也是一女多男的叙事模式。二是物质欲望。穿越小说多为普通人穿越到古代，而穿越的结果就是重生到富裕家庭。在以男性为主角的小说中，或成为达官贵族，或是武林高手，在这些英雄面前，金钱唾手可得。在以女性为主角的小说中，与女主角发生情感纠葛的，不是王公子弟，便是一方霸主，金钱财势等物质是塑造人物的必要条件。三是权力欲望。架空历史小说中的男主角，主要是人物形象的建功立业，追求个人价值。在小说中，他们通过绝对的权力优势，进而引导历史发展的方向，从而取得胜利。女主角系列的历史小说中，又分为女尊文、宫斗文。女尊文反映女性群体参加政权决策的过程，通过政治权谋最后成为国家领导人，从此满足自己的权力欲望。宫斗文则是女主角穿越成为后宫嫔妃，争取对后宫的领导权力，赢得皇帝的宠爱。在架空历史小说中，情欲、物欲、权欲息息相关。色欲得不到满足，促使主角追求金钱和权力。而金钱和权力的实现，又导致人们追求更高层次的情感满足。物欲与权欲是紧密相连的。物欲的实现有利于权欲的实现，权欲的实现又能加快物欲的实现，两者相互影响，互相促进。这种追求钱、权、色的欲望叙事，是架空

历史小说的基本模式。

中国作家协会曾组织评选了一次十大网络文学优秀作品，排在第一名的是江南的《此间的少年》。作者当时是北大学生，他虚拟了一个汴京大学，将金庸作品中的人物搬到现实中来。评委给了9分，评语是：生气勃勃，形式新颖。作者撞上网络需求，运气很好。江南很有才，他出国留学回来后，写了一系列作品，其中以玄幻作品《龙族》而风靡读者群。被评上前十名的历史小说中还有《新宋》《窃明》《回到明朝当王爷》《曲线救国》等。这些篇幅都很长，我在网上看了看，也买了部分纸质图书。在这些作品中，严谨的历史小说不多，如《流血的仕途》那样以真实的历史事件、真实的历史人物为主要的情节，再辅以想象补充血肉的网络历史小说，属于网络文学作品中的另类。大多数的网络历史小说中，历史只是一种道具、一种背景，他们要表现的是自己的欲望和追求。

当然，我在这里不是完全否定网络历史小说的创造性与存在的合理性，而是担忧：大多数网络历史小说按这个方向发展下去，给我们的社会和读者会提供什么精神营养？会引导我们的青年读者追求什么？在这里我声明一下，在网络上确实有一些优秀的演义体历史小说，如《隋乱》《流血的仕途》《新宋》等，但这寥寥几部，或十几部优秀的历史小说，与网络上几万部架空历史小说相比，只是沧海一粟。何况，如果与我前面提到的那些传统历史小说比较，这些所谓的优秀作品的审美价值又有多大呢？近人吴趼人慨叹历史小说创作之难时曾说："作小说难，作历史小说更难，作历史小说而欲不失历史之真相尤难。作历史小说不失其真相，而欲其有趣味，尤难之又难。"①

四、如何繁荣历史小说的创作与出版

1. 历史小说的创作与出版的繁荣，作家是关键

首先，作家的创作十分重要。因为出版社只是发挥一个中介的作用，作品的质量高低，最关键的还是取决于作家的艺术创造力。如何提高作家

---

① 吴趼人. 近十年之怪现状［M］//中国近代小说大系. 南昌：江西人民出版社，1988：571.

的创作水平，是一个复杂的系统工程。从我与几位历史小说作家的交往来看，大凡一个历史小说作家，一定要坐得住冷板凳。如果你是研究历史的，可能已经做了多年的功课；如果你是学其他专业的，希望从事历史小说的写作，你的首要功课是对计划要写作的时代进行认真、细致的研究。我接触的作家，无论是唐浩明、二月河、熊召政还是赵玫，他们不仅在书本上研究，还到实地去考察。不仅要研究历史的宏观走向，更重要的是要找到构成历史的细枝末节。一部历史小说光有骨架不行，一定要有血有肉。这样才能形象丰满，才能充满气蕴。要再现历史的文化氛围，靠的是营造一个让人身临其境的历史现场。同时，作家要有十年磨一剑的精神。近年来为什么没有出现让人眼睛一亮的历史小说，我认为一个主要的原因是现在商业气息太浓，所有的人都想着形而下的东西，没有多少人还能青灯黄卷，做一个与世无涉的冬烘。如果你真想写一部传之后世的小说，一定要静下心来，心无旁骛。如果是网络历史小说的生产方式，作者在电脑前码字，读者在后面等着看。如果你一天不"更"，读者就跑了。作者不写则已，一写至少是几百万字上千万字，谈何精雕细刻？长江文艺出版社在出版一部网络小说之前犹豫不决，社长让责任编辑送给我看，我看后问责任编辑书稿做没做编辑工作，因为上面很多句子不通顺，有些人物没有伏笔突然冒出来一个，太突兀。他说已经做了很多编辑工作，网络小说就是这个样子。后来责任编辑又经过反复修改，小说出版了，因为某种机缘还获了大奖。但我至今不认为这是一部有文学品位的优秀长篇小说。

长江文艺出版社除了出版过在新时期产生重要影响的作家的作品外，也还出版了不少其他历史小说。但这些小说为什么没有产生影响呢？一是选材，对某一历史时期题材的选取很重要。在历史的关键时刻，沧海横流，方显英雄本色。如果选在一个和平时期，小说的冲突就无法建构。二是小说中的主要人物很重要。这个人物的身上有没有特殊性？有没有戏剧性？如果一生都很平淡，就很难出彩。三是作家对题材的驾驭能力。情节设置、人物形象、语言特色，如果没有突破，没有新意，就很难产生影响。四是看这个作品有无现实意义，能否让今天的读者产生共鸣。二月河所说的，为古人画像，为今人照镜子，就是这个道理。如王跃文的《大清相国》，本来是一个电视剧的改编本，并没有什么文学价值，但因为其中写了一个清官，领导人一推荐，立即洛阳纸贵。五是如果确有文学价值，是一本好作品，出版社与作家还要想方设法广而告之。现在信息纷繁复杂，如果不让读者、专家、教授、书店知道，好书也可能被淹没。

2. 出版单位的把关与选择、引导与示范作用

出版的本质，就是选择。出什么和不出什么，出版社有绝对的控制权。过去我们的领导机关经常说：创作有自由，出版有纪律。这是对出版导向而言的，但对于提高历史小说的质量而言，这话也还有一定的意义。出版社有三审三校，现在网络也要求三审三校，通过层层把关，保证图书的质量。

但是，作为编辑，你用什么标准来选择稿件呢？什么是好的作品，什么是达不到出版质量的作品，你要有一个选择的标准。过去作家曾经有过很多明珠暗投和出版社慧眼识珠的故事。如获茅盾文学奖的《尘埃落定》，曾经遭遇过多家出版社退稿，后来是人民文学出版社的周昌义慧眼识珠，才把这部差点失之交臂的作品拯救出版。周昌义凭什么认为这是部好作品呢？因为题材的独特、立意的新颖，还有编辑对作者的宽容与理解。如长篇小说《狼图腾》，销售几百万册，在海外110个国家销售，但这部书最初也被一家大社退稿。

所以，编辑要把关，且要有把关的鉴赏力。

把关的鉴赏力来自何处呢？现在我们做历史小说的编辑，大多都是中文系毕业，要么是学汉语言文学的，要么是学古典文学的，或者是历史系毕业的。大家对文学概论、小说美学可能都学了不少，但对于具体作品，我们还缺少鉴赏水平。

鉴赏水平来自何处？我认为，一是要多阅读已有的历史小说，要在心中形成一个坐标，文学史的角度是纵线，当下的作品现状是横线，这部书稿可以放在什么位置，你要清楚。什么是优秀的作品？优秀在什么地方？你要看经典历史小说，也要看当代的优秀历史小说。要对历史小说的嬗变规律有所掌握。要把看小说与小说理论结合起来看。这才能从感性上升到理性。二是要有一定的批评能力。如果你能动手写写历史小说的评论，会促使你围绕这个主题，认真阅读相关的著作，包括中国古典小说的理论、当代小说的理论；要研究历史小说发展的轨迹；要研究作家的创作动态。这样，你与作家沟通时，会多了几分的自信。这样，你才可能与作家平起平坐。三是如果你自己能动手写写作品最好不过。如果你亲自创作，你就会理解作家创作的甘苦和其中的艰辛。你在判断作品的价值时，才不会出

现偏差。中国现代出版史上的大家，如鲁迅、茅盾、巴金、叶圣陶，都是编辑大家，又都是作家、批评家。经他们的手，出版了很多在现代文学史上产生影响的经典，也培养了很多名家大家。

敝人在从事编辑工作时，也努力朝这方面靠拢。

我过去喜爱文学创作，是以青年作家的身份到武汉大学读插班生的，有过一定的创作实践。担任二月河的《雍正皇帝》责任编辑时，我对历史小说的理论并不太熟，对历史小说的鉴赏并没有理论的支撑。但小说出版后，我最先撰写了推介《雍正皇帝·恨水东逝》的文章，题目叫《不同凡响的艺术魅力》，我从人物形象、情节设置、语言特色、文化氛围四个方面来肯定二月河小说的艺术魅力。这篇评论发表在 1992 年第 2 期的《小说评论》上。当时，学术界对二月河的小说并不看好，认为其是通俗小说，只有冯其庸先生在河南省文联的刊物上发表过一篇关于二月河《康熙大帝》艺术特色的评论。通过这篇评论的写作，我购买了一些小说理论的书籍，认真研讨了中国小说的理论。后来我又陆续给二月河的小说写了两篇评论。等到我编辑熊召政的《张居正》时，我就对历史小说创作的实践与理论有了一定的积累。当熊召政将《张居正》第一卷的书稿打印得整整齐齐交给我后，我看了一遍，觉得太拘泥于史实，缺少灵动和艺术感染力。小说可以出版，但出版后不会产生什么影响。他回去后认真思考了我的意见，又送给三个要好的朋友看。当时，他因为胰腺炎住院，我送了一套二月河的文集给他，我让他看看二月河是怎么在情节的流动中刻画人物的。他经过慎重考虑，最后决定"黛玉焚诗"，把第一稿全部废掉，全部重新构思。如果说我担任二月河的责任编辑是初出茅庐，事后才认识其作品的价值的话，到我编辑熊召政的《张居正》时，已经能够理性地判断一部作品的艺术价值了。《张居正》出版并获奖后，熊召政给我写了一幅书法，上面写：百义兄为拙著责编，常有点石成金之妙，心甚感激。后来，社里出版赵玫的历史小说《上官婉儿》和杨书案的《孔子》，我都写了批评文章，先后发表在《小说评论》上。我还对 20 世纪 90 年代的历史小说出版概况进行过述评，后译介为英法两种文字，在外文版的《中国文学》上发表。

作为一个优秀的编辑，专业背景很重要；但编辑还要有敬业精神，要对作家的劳动充分尊重。同时，编辑还要有一定的专业素养，帮助作家提高作品的质量。最近有一部美国电影《天才捕手》在国内放映。电影是根据一部传记《天才的编辑》改编的。小说的主人公是美国斯克里伯纳出版社的编辑珀金斯。珀金斯本人是哈佛毕业,学习经济但热爱文学,他从广告经理的位置转到编辑岗位后,发现了菲茨杰拉德的处女作《浪漫的自我主义者》的闪光之处。作品虽然并不成熟,但珀金斯发现了作者与众不同的活力。他在给菲茨杰拉德写退稿信时,说了一句鼓励的话:希望我们还能见到它,届时我们将马上重读。其间几经周折,到编辑部第三次讨论这个选题时,从总编辑到大部分编辑都不同意出版菲茨杰拉德修改后的小说,但珀金斯坚持要求出版这部由 24 岁年轻作家创作的处女作。他认为这不仅是一部书的问题,更是出版社的出版方向问题。总编辑勉强同意出版后,这部书获得了巨大的成功,并促使菲茨杰拉德成为文学新星,最后成为二战后美国文学的杰出代表。菲茨杰拉德后来又为他推荐了海明威。海明威后来与菲茨杰拉德一样,将终生的作品都交给了珀金斯。电影中编剧只选取了珀金斯与沃尔夫的交往经历这一条线索,因为沃尔夫的经历更具戏剧性。沃尔夫有一个疯狂爱他的百老汇舞美设计师,中间发生了很多有趣的故事,而且沃尔夫四十余岁就去世了。他把他的作品献给了珀金斯。因为,珀金斯不仅是出版人,在作品修改的过程中,包括菲茨杰拉德、海明威的作品的出版过程中,珀金斯都贡献了自己的智慧,帮助作家修改作品,其中付出了大量的心血。

3. 评论的提升与促进作用

中国当下的历史小说出版状况,除掉传统的历史小说外,网络历史小说的创作与出版和《东京梦华录》中记叙的讲史很有些相似。宋元开始有话本,就是讲史的脚本;到了明清有平话,也是说书的脚本。这些说书讲史的有专讲三国的,有专讲五代的,分工明确,而且题材划分清晰。说书说得好,像柳敬亭一般,鬼神为之倾倒;说得不好的,则门可罗雀。苏轼在《东坡志林》中记载,家中小孩淘气,家长给他零钱,让他去听讲古的。到说三国时,听到刘备败了,小孩不停地皱眉;听到曹操败了,便很高兴。现在的网络小说把讲史搬到电脑上来了,讲得好的,读者点赞,你就可以继续写下去;写得不好的,读者就离开了。现在的网络文学,类型化分工很细。我在上面讲了,架空历史类小说,有写先秦的,有写东汉三国的,有写明清的,有写古色古香的,有写女尊宫斗的。下面还分是否转世重生。宋元话本和明清的平话,如今天的网络文学一样,也是按市场经济规律调整，满足市民阶层的精神需求。当时，如果不伤风化，不涉官府，政府让市场这只看不见的手调节。但是，只要变成书籍，政府就要管理。在出版史上，清代有禁书令，当然其中也包括《红楼梦》。有趣的是，我的高祖当时只是苏松太道的道员，按清代的官制又称"观察"，省里的按察使因故开缺，让他署理"臬宪"，结果以他的名义发布了一道禁书令，《中国出版史料》近代部分第三卷上有载。我看了多遍没有想到那个"臬宪周"是谁，后来读到曾国藩的幕僚赵烈文的文章，他写到这个臬宪周的全名，我查了高祖的行状，才知是他当了图书检查官。

当然，禁是一个方面，但更重要的是，通过评论来引导创作。元末明初，讲史这个行业如同今天的网络文学，十分普及。特别是讲三国的，人数众多。罗贯中利用《三国志》和裴松之的注，结合民间传说和讲史的成果，进行再创造，完成了《三国演义》这部典范之作。到明万历年间前后，以李贽为代表的一批书评家开始对包括《三国演义》在内的中国古典小说进行系统地评点，形成了一套小说欣赏与写作的理论体系。特别是李贽，作为一个哲学家和思想解放的先驱，他对《三国演义》《水浒传》的评点，对当时的历史小说的创作，具有很大的推动作用。但今天的历史小说研究，主要集中在传统历史小说和新历史小说方面。虽然有一些，但批评性的不多。目前的批评环境，大家都讲"费厄泼赖"，一团和气；或者拿了红包，再说别人作品不好会显得太不厚道。对于网络文学文本的研究，宏观综述有之，单部作品的分析不多，目前仅见许道军对《隋乱》《新宋》等网络历史小说有比较简单的分析。对作品的艺术特色褒奖有之，但对不足一笔带过。其他的评论也都比较缺少学理化，很多只是读后感。从艺术水准上来看，即使这些被评为十大优秀网络小说的水平，也只有明清讲史的水平。再加上网络历史小说的类型化，类似于工业流水线生产，不符合艺术产品生产的规律，如果寄希望这小说创作三分之一的天下由这些网络写手来撑起，是不现实的。如果要提高网络历史小说的整体创作水平，评论界要正确引导，对具体的文本进行分析，对网络历史小说的价值取向、对小说创作的优劣得失，进行学理上的分析，以引导网络历史小说健康发展。

4. 政府的调控与管理作用

历史小说的繁荣与发展，是文学创作与发展的一个重要组成部分，更是塑造国民的灵魂、引导公民前进的精神力量。习近平总书记在文艺工作座谈会上，对作家寄予厚望。我建议：一是有关部门要发挥协调作用，根据作家的生活积累，制订创作规划，组织作家对五千年的文明史进行文学的阐释。二是提供资金资助，帮助严肃作家静下心来写作。三是要对已出版的作品召开研讨会，要有一说一，有二说二，不要互相抬轿子；同时，对于宣传历史虚无主义，对于格调低下、宣扬拜金拜物的所谓历史小说，要加强管理，一定不能让其毒害我们的青年一代。一些有识之士普遍认为中国缺少仰望星空的精英，多的是物欲横流的侏儒，话虽尖刻，但却切中时弊。我觉得，我们的文艺作品要承担改造国民、弘扬正气的责任，要培养具有进取精神、具有博爱之心、具有世界胸怀的青年精英。此役我们当仁不让。

（此文系 2018 年 10 月 28 日在北京顺义历史小说创作研讨班上的讲稿）

第二辑　出版实务

参加出版社招聘，你应当作好哪些准备？

出版社一年一度的校招又开始了，如果你准备投身出版行业，准备参加出版社的招聘，你应当提前做好准备。根据我在出版社工作时面向大学招聘的经验，应聘的学生参加招聘前要做好如下准备工作。

笔　　试

笔试的内容，主要在检查你的语文基础知识，包括语法、修辞、逻辑知识掌握情况，写作鉴赏能力，还有出版专业相关知识，你的阅读面。有的出版社，会根据自己的专业，设置一些与本专业相关的知识。与此同时，有些出版社会要求当场写一篇短文，如果招聘营销人员，还会问一些与出版营销相关的知识。

如果具有大学本科文凭，或者具有硕士及以上文凭的应聘者，答好笔试卷，应当基本没有问题。但如果是非文科专业的同学，就要注意复习关于文科基础知识的内容，因为出版社无论是文科编辑，还是理科编辑，都面临着为作者加工稿件的问题，如果你的语文基础知识水平欠缺的话，做一个编辑明显是不合格的。

如果是出版专业毕业的同学，优势是已经掌握了出版专业知识，不足是你缺少其他学科的专业知识。你在报考某类出版社前，要补齐短板。如我在文艺出版社负责时，一些学出版的同学来应聘，但他们如果考中国文学史方面的内容，就明显感到缺少竞争的优势。相反，如果考到出版知识，如印张、码洋、三审三校之类的知识，非出版专业的同学则就弄不清楚所云为何物了。

有些社要求应聘者当场写一篇书评，应聘者最好提前掌握书评的写作方法，提前练习多写几篇。否则短时间内你会感到紧张。

面　　试

面试有几个方面要注意——

第一，参加应聘衣着要得体。参加面试，不要穿奇装异服，不要穿那种在膝盖上故意剪个洞的牛仔裤，显得自己潮。不要留很长的头发，把自己打扮得像个艺术家。更不要穿双拖鞋，一副玩世不恭的样子。女同学可以适当化淡妆，不要浓妆艳抹。

第二，要遵守时间。参加面试，要按照招聘单位安排的时间，适当提前到达，切记不要晚点。第一次给招聘单位留下守时的印象很重要。

第三，神态要不卑不亢，待人彬彬有礼。不要挤眉弄眼，眼神游移；但也不要过分谦卑。眼睛要平视面试官，表示你很尊重他的每一次问话。

第四，回答问题要简明扼要，直奔主题。面试官提出的问题，你一定要注意倾听，必要时可以做简短的笔记。回答问题犹如写一篇议论文，你要先简明扼要说明你的主要观点，然后再分别陈述你的理由，即论据。一定要层次分明，语言简洁，切记不要啰嗦。有时候，多说一句就是废话。更不能打无准备之仗。

目前参加出版社招聘的学生，大多都是硕士以上水平的毕业生，参加笔试一般不会有多大的问题，但往往在面试的应变方面出现问题。

我曾经接触过个别的学生，当面试官提出问题时，学生就紧张，说话语无伦次，逻辑不清，往往让面试官觉得不知所云。还有一位应试者，因为答非所问，面试官甚至觉得这位考生精神上有毛病。

还有的学生，平时学习成绩很好，笔试的成绩也不错，但一坐到面试官对面就心里紧张。如果是这种心理素质的同学，平时要多找机会锻炼表达能力，或者多参加一些无关宏旨的招聘活动。

当然，应聘还有一个重要的方面是调整心态，要充分自信。"天生我才必有用，我辈岂是蓬蒿人"这句诗可作为安慰剂。"此处不留爷，自有留爷处。"你们不要我，损失的是你们自己。如果有这种心态，你还怕什么面试？不过，这种话只能留在心底，不要在神色上流露出来，更不要对别人说。

第五，回答好问题的关键，是你一定要换位思考，估计对方可能会问你一些什么问题。在未参加面试前，自己要准备一些面试官可能会问到的问题，你将主要观点写在纸上，多回顾几遍。这样对方一提问，你就胸有成竹了。

除了上述问题，你还要考虑面试官会不会问你这样的问题：

（1）你为什么选择出版这个行业？

（2）数字出版是未来出版的主要方向吗？

（3）你了解我们出版社吗？你认为我们出版社与其他同类出版社比较，有哪些优势与不足？

你一定要想好怎么回答。特别是对于非出版专业的学生，不要在这些方面丢分啰！

（原刊于"出版人周百义"公众号，2018年6月25日）

编辑要耐得住寂寞

过五关斩六将,同学们终于进了出版社。兴奋者有之,彷徨者有之,不知所措者有之。

出版专业毕业的学生,在学校期间已经学习了相关课程,知道了出版流程,对于编、印、发诸名词、诸环节并不生疏。但对于非出版专业的毕业生,虽然参加笔试、面试时已经从书本上、网络上大致了解了出版社的职责与任务,但真正进了出版社,听别人谈起选题呀、码洋呀、导向呀,可能还有些雾里看花。

编辑初到工作岗位,很多出版社会组织集中培训,请老同志讲社史,讲编辑要注意的事项,讲出版基础知识;或者安排进校对科先实习3～6个月,掌握校对知识,了解出版社流程。这对于一个新进的编辑来说,都是十分重要的。但几天的兴奋过后,你可能会觉得出版社与过去所憧憬的、所希望的,好像有那么一些差距。

特别是领到第一个月工资的时候,你可能会感到有失落。现在的出版社,虽然是企业,但是工资还是参照事业单位来发的。你是一个本科生、一个硕士生,如果去掉"五险一金",你到手的可能只有千把块钱。如果你还在外租房子,更是手头拮据,甚至入不敷出。如果你与到外企或者数字出版企业的同学比,你会感到羞于在他人前谈收入。

新编辑如果家里条件好一点,父母还会支持你一些,帮助你渡过难关;如果家是农村的,父母也在打工,你就只好节衣缩食熬过这个困难时期了。

过一段时间,如果你当初对这个职业有充分的认识,你可能会对坐在办公室里与文字打交道感到很满足,但是,你也可能会觉得不知下一步应当如何走。如果你当初对选择这个职业本来就有犹疑,你会感到枯燥无味,甚至生出厌烦的感觉。

如果你喜欢这个职业就好办，就需要顺其自然，一步步地熟悉出版业务，掌握出版流程，然后成为这个行业中的优秀一员。如何熟悉业务，掌握出版工作规律，这需要时间，需要在实践中不断总结。只要你用心钻研，用心学习，用心体味，未来就一定掌握在你的手中。

如果不喜欢，或者感到茫然，你就要思考你的选择。一般来出版行业的员工，有三种心态：第一种是喜欢文字工作，认为编辑是一件神圣的事业。第二种是为了生活，找寻一个职业，一个坐在办公室的职业。第三种是找不到合适的岗位，暂时来到出版社，然后等待时机跳槽。

你要想一想，在这三种情况中，你属于哪一类。

年轻人没有社会经验，走向社会时往往看问题都是带着一层玫瑰色彩，但真正到了工作单位后，会感到一地鸡毛，理想呀，事业呀，不知丢到什么角落去了。感觉生活十分平庸，而且觉得乏味。其实，这山望着那山高的情况在很多人那里都会存在。月有阴晴圆缺，人的情绪也是在起起伏伏。但是，你要想清楚，如果你换个岗位又会怎样呢？你要设身处地地考虑一下，是不是外面的世界都更精彩。如果你很纠结，可以与年长的同志、与父母，或者老师聊一下。听听他们的意见，帮你分析一下利弊得失。

我所在的出版社曾有一位从北京一个著名的学府分来的大学生，到社里一年多后要求辞职到南方去。为什么呢？她不适应，每天上班总是迟到，据说是两个闹钟也闹不醒。后来她到南方一个小报社去了。我想，南方的报社未必会容忍她不按时上班。还有这样一位刚参加工作一年的女大学生，工作一年后要求回家。为什么呢？她说要回家好好想想，这一生到底做什么合适。我找人劝她说："你边工作边思考不行吗？"她说："不行，我要回家去思考。"这位女学生来自一个小县城，读的学校也不是很有名，本来能到出版社工作已经不容易了，但听说这位女生回去后每天猫在家里，父母气得要敲断她的腿。听说最近她又到外地工作去了，但自己交了几年光阴的"学费"。

现在单位用人制度很灵活，多转几家单位未尝不可。但切不可任性，凡事要三思而后行，否则会多付些时间成本，会失去一些机会。年轻人一定要记住，生活中不都是掌声和鲜花，如流水一般走过的才是日子。

如果决定在出版社工作的同志，应当给自己制订一个大致的规划。制订规划时要注意扬长避短。如果是学习过出版专业的，长处是已经掌握了编辑出版知识，不足是缺少其他领域的系统专业知识。你要根据你所在出版社的专业分工，系统地阅读相关图书。如文艺类出版社，你就要看看中国文学史、世界文学史，看看文学概论，阅读相关的文学作品，对文学史和文艺理论都要有比较系统的掌握。如果你是去到一个文史出版社，就要对世界史、中国通史、有关的专门史、断代史进行阅读，补齐历史知识的短板。当然，这种学习不是一朝一夕的，作为一个编辑，必须终身学习，但你要有一个目标，否则读书太泛，形不成知识的系统性。

（原刊于"出版人周百义"公众号，2018年7月2日）

市场调研的重要性

《孙子·谋攻篇》中曰:"知彼知己者,百战不殆;不知彼而知己,一胜一负;不知彼,不知己,每战必殆。"孙子的这句话,虽然指的是战争的双方要了解对方的情况,但用在出版社编辑市场调查、分析竞争对手的情况上,也是合适的。

新入职的编辑,有些社要委派一个导师,带着你共同前进;有些社没有实行导师制,这就要靠编辑自己在实际工作中摸索。实行导师制对于新进社的编辑而言,肯定会让你比较顺利地度过进社时最初的泥泞时代。但弊端是如果你的师父本人缺少建树,到了一定的时候,在一定程度上也会制约你的出版高度。

有些社对于新进的编辑,会安排一些选题让你来负责做,这对于编辑入门试手,是大有好处的。因为一个青年编辑从进社到成为一个成熟编辑,至少需要二至三年的磨砺。但无论如何,出版社都会鼓励编辑自己策划选题。

策划选题从何入手?

首先,要做好案头工作,然后再动手做市场调研。市场调研实际上就是搜集信息,分析信息,做出判断。搜集信息分为资料搜集和现场调查。先谈谈资料搜集。

第一步,先要知己。你到了一家出版社,这家出版社的专业分工、出版范围,你可能已经知道了,如文艺社、少儿社、教育社、科技社、美术社等。不过,虽然出版社有专业分工,但一家出版社不可能把一个专业做足。如地方人民出版社,出版领域涉及政治、经济、法律、历史、文化甚至是教育,在这些范围都可以出版图书。一家出版社如果要做出影响,形成品牌,恰恰不能全方位出击,把所有门类的图书都做了。所以,新编辑到了一家出版社,就要先了解出版社过去出版了哪些图书,这些图书在市场上的表现如何，包括出书品种、社会影响力、获奖情况、市场占有率，进而分析下出版社的市场定位，如产品线、常销书、畅销书的情况以及目前出版社产品的优劣得失、竞争地位等等。

一个新编辑，从何处获取这些资料呢？首先，可以看看本社的订货单，现在出版社有哪些图书正在销售。其次，找一本社史，看看出版社曾经获得过何种奖项。如果出版社有陈列室更好，你会有更直观的感受。如果所在的社订阅了北京开卷信息技术有限公司的全国图书市场调查报告，就可以了解所在的社在全国同类社中的地位、动销品种数、市场占有率等。这样，你对你所在的社的历史和现状就比较清楚了。如果你对这些数据一会儿还弄不明白，你就请教社里的老编辑或者领导，把这些基本情况弄清楚。当然，请教也要讲究技巧，否则老编辑会认为你唐突或过于性急。

第二步，还要知彼。知彼分为两个方面：一个是宏观分析，一个是微观分析。

宏观分析指你要了解当前的出版政策、政府导向、市场趋势、阅读变迁等。中国的出版属于意识形态的一个组成部分，党和国家的出版政策对于出版社选题制订而言是一个重要的参照指标，而且是硬指标。如果你没有弄明白政策许可不许可，费了九牛二虎之力，结果选题被"枪毙"了，岂不是做了无用功？如民族宗教、党和国家领导人、某些军史战史题材，往往有严格的规定。再如国家有很多方面的宏观指向，如复兴传统文化，足球和戏曲进校园，学校教材的调整等等，都是要考虑进去的因素。

同时，对于前一阶段相关图书市场的销售状况，也在编辑的调研范围内。有些题材的图书，如果出多了、出滥了，你再去凑热闹，而且没有新的角度，往往是朝南墙上撞。如传统文化的图书，从大的角度来看，似乎市场需要，但此类书已经出版很多，甚至是重复出版很多，你如果没有新的角度、新的内容、新的设计装帧，很难再打进市场。再如读者的阅读趣味，也是在不断地变化。如现在很多图书，读者购买时是从是否实用的角度考虑，还有一些小资的读者，是从个人的兴趣出发，对书品书装有很高的要求，对图书的价格反而不敏感。这些，都应在综合考虑的范围内。

如果某一类图书估计有市场，你还要研究一下市场上的竞争对手。中国虽然注册的出版社还不到六百家，但如果算上二渠道出版发行公司，实际上已不止这些数字。每一个出版方向、每一种专业图书，甚至每一条产品线，都有很多的竞争者。在市场的角力上，取胜的一方在某种情况下不仅仅取决于自己的力量，还取决于对手是否强大。你要找准市场上的对手在何处，要弄明白它们的图书定位、市场状况、动销品种及当家品种。

你可能会问，这些竞争对手的情报从何而来呀？这你要学学"斯诺登"，充分地利用好互联网和数据库。目前每家出版社都有网站，他们的所有动销图书一般都在网上。另外，出版社的重点图书，往往都有大规模的营销措施，你从网上也可以找到这些情报。如果社里订阅有开卷的调查报告，这些情况你在上面都可以找到。

除了运用互联网搜集信息外，你还需要到一线去直接调查。书店是调查的不二去处。你带着职业的好奇，到那一排排书橱间去沐浴书香，感受文化的精神魅力。这时你一定要看看最近销售的图书，哪些图书受到读者青睐？哪些图书被束之高阁？尽管互联网上可以看到这些书名，但接触纸质出版物的直观感觉也许不同。你可以从图书的整体形态上品判图书的质量，从快速的浏览中寻找到成功的密码。你也可以看看书店图书放置的技巧，黑板上的销售排行榜，知道读者当下的阅读需求与喜好。你也还可以与营业员进行沟通，从他们那儿了解来自市场一线的信息。

除了书店，你也可以到各级各类学校了解教师和学生的阅读需求及对当下出版物的评价。如果到学校调研，要预先约定好，否则你可能会吃上个闭门羹，学校会说没有时间接待。

搜集到这些情报后，你要回到单位认真地阅读材料、分析材料，从中找出选题制订的蛛丝马迹。

分析图书市场的规律是一个循序渐进的过程，刚进入出版社的编辑，虽然信息很有价值，有时可能你反应还不是那么敏锐，这与你的实践经验有关。这不要紧，"知彼知己"是一个编辑甚至一个出版社制订选题过程中要经常、反复思考的问题。你如果准备终生从事出版工作，调查研究会伴随你走过从业的道路。所以《孙子兵法》上的这个观点，你要认真领会和运用。

（原刊于"出版人周百义"公众号，2018年7月11日）

寄语青年编辑

2005年,在出版集团成立后的第一次青年编辑培训班上,我谈了一点自己担任编辑的体会供新入职者共勉。此文后来由贺剑锋同志整理拿到《出版参考》上发表了。2013年,在长江传媒股份公司新入职员工培训班上,我又谈了一些自己的体会。这两次与编辑的交流大致内容相似,但也有些不同,现将我的发言提纲择要如下。

对新编辑的七点希望(2005年)

1. 要有较强的市场观念。现在一个成功的编辑必须要有市场观念和效益观念,不考虑市场是不行的。

2. 考虑经济效益的同时,也要考虑文化积累,要将社会效益与经济效益很好地结合起来。作为一个编辑,要胸有大志,要有一个崇高的目标。在自己的编辑生涯中,一定要能够为人类的文明发展、文化积累做出自己的贡献。

3. 要找准定位。一个人不可能在每个领域都有专长,应充分发挥自己的长处,集中精力,持之以恒,在某一个方面编出一批好书出来。

4. 追求快乐出版。有人将出版分为激情出版、智慧出版、快乐出版。做出版的最高境界是快乐出版,让工作本身成为人生的最大快乐,而不是一种应付。

5. 要加强学习。为什么有的人能够成功,有的人不能成功,关键在于学习。学习是无止境的,要讲方法,不能读死书,而且贵在坚持。创造是学习的最高境界。

6. 要勤于思考、善于总结。要善于掌握信息,多到书市上走一走、看一看，看看哪些书做得好，好在什么地方。广泛吸收别人的成功之处，做有心人，通过工作和学习，使自己变得越来越成熟。

7. 要有团队精神、合作精神。既充分尊重编辑的独特个性，鼓励人才脱颖而出，更要鼓励团队合作。只有自己和团队一起成长，才会受到别人的尊重，才可能成为出版大家。

如何成为一个优秀的编辑（2013年）

一、热爱编辑工作是成为一个优秀编辑的基础

1. 要认识到编辑工作的价值与意义。编辑创造的价值不是任何物质产品可以比拟的，它承担着一个民族传承文明、传播文化、积累文化的责任和使命。编辑与作者共同创造出来的产品可以影响一代又一代人，可以塑造一个民族的灵魂，推动社会的进步。所以，编辑职业是伟大而又光荣的。

2. 从出版史上无数优秀编辑的身上汲取力量。从孔子到中国近代的出版家鲁迅、叶圣陶、巴金、茅盾，他们都为人类贡献了优秀的精神产品。他们编辑的作品影响了整个社会和民族的发展走向。如陈独秀编辑的《新青年》，对中国近代社会的发展产生了巨大的影响。再如张元济和王云五等编辑大家，他们在昌明教育、启迪民智上，做出了卓越的贡献。我们要向这些前辈学习他们的使命感和历史担当。

3. 快乐出版与智慧出版、激情出版。有人将出版分为这三类。出版需要智慧，需要激情，需要把它当成一件快乐的工作看待。只有对本职工作怀有极大的兴趣，才可能迸发出激情，才会感受到出版是一件快乐的事情。

二、优秀编辑必须是复合型的人才

1. 专业背景和学识修养。在座的各位新入职的编辑每个人至少都受到了大学本科的教育，应当说已经具有了较为丰富的专业知识，但仅仅有这些从学校学到的专业知识是不够的。编辑工作的特征是创新，创新是需要我们丰富的学识为基础，需要我们不断接受新思想，研究新问题。我们要在实际工作中继续丰富自己的学识，提高自己各方面的修养。

2. 熟练掌握编辑工作的技巧。一个优秀的编辑必须熟练掌握出版的流程和每一个环节，这样才会游刃有余，推陈出新。

3. 善于与人沟通，有很强的公关能力。在市场经济条件下，一个编辑除了审稿改稿外，还要与各个环节的人打交道。除了作者外，编辑、排校、装帧设计、印刷、发行，还有营销环节都要协调。因此，编辑要善于与各种人处理好关系。

4. 具有很强的鉴赏能力与一定的写作能力。编辑对稿件进行取舍时，一定要有很强的鉴赏能力。鉴赏能力来自专业的训练，也来自经验，更重要的是要提高自己的学识修养。这样，对于选题和书稿的判断才会高屋建瓴、慧眼识珠，才不会让明珠蒙尘。同时，要具有一定的写作能力。一方面，可以拉近与作者的距离，获得共同语言和话题；另一方面，在图书营销时也能够派上用场。

三、团队精神十分重要

1. 出版工作是一个链条，编辑工作只是其中的一个环节。一个选题就是一个项目，一个项目的实施需要各个流程的配合。只有一个团队的共同努力，才能达到理想的状态。因此编辑必须具有团队精神，融入集体中；不能单枪匹马，自以为是。

2. 面对激烈竞争的市场，一个人的力量是有限的。一个产品的生产和营销，是一个十分复杂的过程。一个人的能力再大，也不可能完成全部的流程。

3. 融入团队中，与大家分享创造的快乐。有些人性格内向，不善于与人打交道；有的人性格外向，容易与人沟通。我们要结合自身情况扬长避短，在与人交往中获得快乐。

四、终身学习，不断优化自己的知识结构

1. 不要满足已有的学历和教育背景。尽管各位都有本科及以上的学历，但仅仅有这些学校学到的书本知识是远远不够的。一是这些知识毕竟有限，二是知识在不断地更新。要适应变化的时代和编辑工作的需要，还需要不断地学习。

2. 编学相长，结合本职工作拓展学习范围。编辑工作的过程，也是一个学习的过程。术有专攻，作者也可能是某一方面的专家，审读他们的书稿本身就是一种学习。为了做好本职工作，我们要围绕所编的书稿，阅读有关书籍。一是深入了解作者书稿的质量，二是丰富和完善自己的知识结构。

3. 勤学慎思，要把学习当成一种生活的习惯和对生命的追求。离开了学校门，我们只能说受到了一些专业的训练。仅仅有这些知识，在竞争中要想脱颖而出，还是不够的。我们不要认为自己有了这个文凭那个学位，胜任工作就行了，我们要把学习当成一种生活的习惯而不是负担才行。学习需要时间，年轻人来到单位，要学会克制自己，不要把工作之外的时间用在毫无意义的事情上。马克思曾说，天才在于勤奋。鲁迅也曾说过，时间就是生命。

4. 立功、立德与立言。一个传统的知识分子，除了做出成绩，树立良好的品行外，还要注意立言。所谓立言就是要有写作的能力，有研究的能力，并且在某一方面成为专家。中国近代的出版大家，个个都学贯中西，除了做好编辑工作外，他们都著书立说，成为一代文化名人。

五、找准定位，持之以恒，实现人生的价值

1. 要把出版工作当成安身立命之所在。我们既然已经来到出版单位，在心里就要把这项职业作为自己这一辈子为之奋斗的事业了。我们的生存发展、我们的理想所在、我们对家庭对父母的回报，就寄托在出版工作上了。有了这种意识，我们才会有责任感，有压力，有奋斗的目标。

2. 一个人一生能做好一件事情就不错了。刚从大学毕业的同学，刚到单位时，大多可能抱有一种不切实际的幻想，当这种幻想破灭后，有人可能会有短暂的迷茫和无所依托，感到工作太平凡，没有了目标。其实这种过程是正常的，但我们要明白，生活和工作都是这样日复一日的。我们只有在平凡的岗位上，做出不平凡的事，才能体现出我们的能力。人一生很短暂，现在对你们说这种话你们可能还不理解。作为一个过来人，才真正知道什么叫白驹过隙。所以，我们要脚踏实地，立足本职工作，一个人一生真正在一件事情上能做出成绩来就行了。

3. 编辑工作也有分工，要找到最适合自己的岗位。编辑工作还可以细分为案头编辑、组稿编辑，不同的专业社、不同的学科门类，也还有不同的要求。如科技社的出版范围包括农、林、医、生活类图书，我们既要根据出版社的工作需要，也要根据自己的专长和爱好选择合适的工作岗位。这样，便于发挥自己的长处。当然，编辑刚到出版社，可能要到各个岗位锻炼，熟悉出版流程和环节，最后才会被分配到一个具体的工作岗位。选好这个岗位，是比较重要的。

从《我不是药神》的成功看图书选题策划

徐峥主演的电影《我不是药神》上映12天，票房突破25亿元，而且赢来赞誉无数。

《我不是药神》的故事梗概大家都已熟知：一个卖印度神油的小老板，为了拯救吃不起正版药的白血病患者，冒着违法的风险，从印度购进大量的仿制药，最后身陷囹圄。

电影《我不是药神》的成功，对于出版社的编辑而言，无疑有很多的启发。毕竟，电影与图书，虽然两者在构成要素上有其不同之处，但都属于文化产品，共同拥有产品的商业属性和精神属性。所以，电影《我不是药神》的成功对于出版人制订图书选题来说有其如下几点值得我们思考。

一、导向原则

现在文化产品很重视导向。其实，导向并不是都要弘扬主旋律，歌颂大好形势。导向性体现在作品所反映的思想倾向上。电影《我不是药神》直面现实，深刻地反映了社会生活的复杂与多面性，弘扬了真、善、美，在某种程度上来说，对一个时期以来的"假、大、空"的神剧是一种反驳。从电影的主要人物来看，卖性保健品的小老板程勇，虽然最初是从获取利益出发，但目睹白血病患者的悲惨现状后，甘愿冒着坐牢的危险，为患者代购仿制药格列宁。当药厂因故涨价后，他拿出自己的钱补贴，以极低的价格，供应患者，拯救了很多人的生命。程勇这种小人物身上的英雄主义色彩，无疑是我们这个时代最需要的正能量。

从策划图书的选题角度而言，同样需要重视作品的导向性。我们所有的读物，无论是政治、经济方面的，还是科学、教育方面的，都要为读者

提供知识，提供服务。虽然诲淫诲盗的作品也有猎奇者阅读，但大多数的读者，需要的是能够汲取精神营养的读物。从出版史的角度来看，只有正能量的产品，才能取得长久的生命力，得到各方的认可。我们从历代传之后世的经典中应当可以悟出这个规律。

二、创新原则

《我不是药神》为什么如此受到欢迎？关键在于题材、内容的创新。尽管中国的电影市场比较繁荣，但直面现实，反映民生疾苦的剧作几乎没有。前一阵虽然有《芳华》《无问西东》一类比较客观地反映历史的电影问世，但直面现实生活的题材，除了那些所谓的轻喜剧，其他的基本不敢触及生活中的矛盾与底层的现状。电影《我不是药神》让人们看到了电影人的担当，也看到了审查者的责任心。

创新对于出版人而言，是一种需要，更是一种追求。尤其是精神产品，人们不会重复购买。如果内容与形式让人觉得似曾相识，是没有多少市场的。虽然任何一种产品从内容到形式都不可能是前无古人、后无来者的，但在某一个方面，选题一定要有所突破。如题材、故事、人物、主题思想、装帧设计，等等。创新是出版的灵魂，也是成功的保证。同时，创新也需要出版人承担一定的风险。今天虽然众口一词称赞电影《我不是药神》制片人与导演、演员的担当，但该电影在送审的时候，投资方可是冒着投资成本无法收回的风险。

三、市场原则

《我不是药神》上影只有十几天，票房收入就创造奇迹，豆瓣评分高达 9 分。除了题材与所表达的思想内容具有创新性外，其剧本的编写符合观众的审美期待。虽然这个故事源于生活，并且有生活的原型，但艺术产品源于生活，又要高于生活，情节的张弛、艺术的感染力必须符合电影美学的诸要素。这才能吸引读者，打动读者。如果是将生活全盘搬上荧屏，是不会有这么多的泪点和爆点的。十几年前的畅销图书《哈佛女孩刘亦婷》，也是源于一个真实的故事。但编辑袁敏在与刘亦婷的母亲刘卫华交流后，要她选取一个离异家庭的女孩成长作为故事的卖点，突出她在这种环境下如何刻苦读书取得的成绩。这就说明，无论图书负载多么高大上的主题都必须以市场为中心，才能赢得读者，取得两个效益的最大化。

四、品牌原则

徐峥虽然以喜剧表演取胜，在《泰囧》等电影形成了自己的表演风格，但这次在《我不是药神》中，他不乏黑色幽默的喜剧色彩，不过其主要还是严肃的现实主义正剧。冯小刚看了这部电影后，在微博上对徐峥的表演给以充分肯定。从品牌塑造的角度来看，这部电影无疑是徐峥从艺生涯中一个具有里程碑意义的佳作。从图书选题的制订原则来看，虽然编辑在制订之初并不能完全确定选题实施后能取得巨大成功，但一定会将自己所策划的选题放在纵和横的坐标上进行比较。虽然选题的成功靠诸多因素，如市场的竞争状况、单位的宣传发行能力等的制约，但首先而言，你对自己策划的选题要有信心，要把每一个选题都当作一个品牌来打造。所以，从这个角度来讲，编辑在选题制订之初，品牌意识要时刻牢记。

五、时机原则

《我不是药神》选择在暑期档播放，从时间上来看，无疑对于票房是有利和加分的因素。学生在家，有时间到影院观影，这也是其成功的因素之一。

图书从选题的制订到投放市场还有一段时间，但对编辑而言，在策划方案的制订时，就要将投放时间和细分市场的对象等因素考虑进去。哪些图书适合暑期档投放？哪些图书适合在节日投放？哪些图书适合在重大活动之前投放？都要作为选题制订时考虑的因素。电影《我不是药神》在这些方面也值得我们借鉴。

（原刊于"出版人周百义"公众号，2018年7月18日）

图书选题策划面面观

近年来，在大众图书市场上，大家印象深刻的有哪些书？在这里，我举两本书：一本是长篇小说《狼图腾》，一本是科学普及读物《时间简史》。

《狼图腾》：2004年4月由长江文艺出版社北京中心编辑出版，至今已经出版12年，但依然雄踞在全国畅销书的排行榜上。此书国内正版销售超过500万册，盗版不计其数。此书被译成了36种语言，在110个国家发行。其中英语版权由企鹅出版社做全球代理。版税是10%，一次性预付稿费10万美元，创下当时的版税预付最高纪录。根据本书改编的电影《狼图腾》在全球放映，当年在国内创下票房收入7亿元的纪录。

《时间简史》：1992年2月由湖南科学技术出版社出版，作者是史蒂芬·霍金。截至目前，中文简体字版在大陆销售超过100万册。以此书为代表的"第一推动丛书"，迄今已出版35种，其中有霍金本人的5种。这套书以"弘扬科学精神，传播科学思想"为己任，对引领国民阅读，提高中华民族科学文化水平起到了重要的推动作用。

这两本图书为什么能够取得如此巨大的成功呢？虽然后期的营销发挥了很大的作用，但大家可能都公认是因为内容为王，这两本书才获得如此巨大的成功。因为无论是长篇小说《狼图腾》，还是科学普及读物《时间简史》，其选题都具有唯一性、原创性。

我们怎样去寻找这种能够带来巨大成功的选题呢？今天，我们共同来探讨一下如何策划图书选题。

一、关于图书选题与策划

1. 图书选题的内涵与外延

所谓图书选题（区别于报纸、期刊、戏剧选题），就是指一本或一套书的主题思想、主要内容和书名的总体设计方案。通俗点说，就是书叫什么，写什么，怎么写。再以长篇小说《狼图腾》为例，主要写一个北京知青陈阵，在内蒙古额仑草原11年的下放生活，围绕着他斗狼、爱狼、养狼的一系列情节，讲述他对狼的认识和对历史的思考，对人性、狼性的思考。这部长篇小说的独特之处就是，一改过去人们印象中对狼的传统认知，如残暴、凶狠、狡猾、贪婪的标签，而通过一系列生动的情节和细节，展示狼的勇敢、机智、视死如归及集体主义精神，还写出了狼温情的一面。同时，写出了人与自然应当如何保持和谐。在这个故事层面上，还上升到农耕民族如何从游牧民族那里获得精神的营养，从而使中华文明得以延续并赋以强大的生命力。

《时间简史》则是物理学家霍金关于20世纪宇宙生成及演变理论的通俗科普读物，这本书和《果壳中的宇宙》《霍金讲演录》《大设计》等构成了霍金的宇宙系列。这套书不是一般的知识性的科普读物，而是普及科学精神和科学思想。霍金的这些科学著作在全世界被译成了33种文字，发行了550万册。在西方自称受教育的人如果没有看过这本书则被人瞧不起。

从广义来看，选题不仅包括书稿的主要内容、主题思想以及初拟书名，还应包括作者情况、成书规模大小、读者对象以及对该选题的市场预测，亦指出版社为准备编辑出版的图书所预先拟定的写作与编辑出版方案。

何谓策划呢？策划指实施主体的筹划与谋划。它是指实施主体，即编辑根据工作目标，通过搜集信息，经过分析论证，确定最佳的编辑出版方案的一种思维过程和行为方式。

有人会说，有些选题不是编辑策划的，而是作者自由投稿来的，这算不算策划呢？其实，选题的来源大致有四种情况：一是作者的自由来稿。如巴金在法国留学期间创作的中篇小说《幻灭》，他将稿件投到商务印书馆准备自费出版的，后来被叶圣陶发现，不仅由商务印书馆全权出版，而且将他引上了文学创作之路。二是编辑约来的稿件。如有些稿件，是出版社编辑主动向作者约稿，写什么由作者根据自己的专业和熟悉的生活而决定。如我本人担任责任编辑编辑的二月河的长篇系列历史小说《雍正皇帝》，是我从事编辑工作后第一次外出约来的稿件。三是编辑提出思路，请作者撰写的稿件。如上海文艺出版社出版的《话说中国》，体例、写作形式、篇幅长短，都是编辑与作者协商后确定的。四是由编辑通过对各种信息的分析判断，对原有资源整合策划出的项目。如中国出版集团的大型出版项目《中国文库》，是中国出版集团的高层提出，按标准在全国范围内遴选图书而组成的。

如果是作者的自由来稿，能够谈得上是策划吗？其实，在市场经济条件下，选题的策划由过去的编辑仅仅对书稿负责转变为对出版全流程负责。策划不仅仅局限于选题，还涉及装帧设计，涉及后期的营销策划。策划的过程不仅仅在事后，有些图书，从选题开始，就要考虑后期的营销方式与方法。所以，无论是作者的自由来稿，还是编辑根据市场组织的稿件，都含有编辑筹划与谋划的成分。当然，选题的来源不同，编辑投入的编辑力、策划力是有区别的。

2. 策划主体在选题制订中的作用

策划主体是相对客体而言的。选题策划的主体是编辑。其中不仅仅包括责任编辑，还包括出版社的领导特别是总编辑，以及编辑部主任、编辑部其他成员。在选题的策划过程中，不同的角色承担不同的责任，发挥不同的作用。

总编辑的策划，往往是从宏观角度，对出版社的出书方向、出版规模、产品线的设计、图书品牌的塑造进行全方位综合把控。编辑部主任负责对本编辑部成员提出的选题展开讨论、优化，最终决定是否上报出版社。责任编辑往往是项目负责人，在选题的策划中，从提出选题到完善选题再到实施选题，一直承担着主要的责任。因此，责任编辑的主观能动性，在选题的策划与制订中起着十分关键的作用。在市场经济条件下，责任编辑不仅要根据市场需求制订出合适的选题，还要组织书稿、编辑书稿、指导装帧设计、参与后期的宣传营销与发行。优秀的责任编辑还要具有前瞻性，不仅仅适应市场，还要通过自己策划的图书引导市场、引导阅读。所以，责任编辑的编辑力和主观能动性在其中发挥至关重要的作用。

3. 选题策划的哲学思考——从系统论、信息论、控制论三者的关系看选题策划的认识过程

选题的策划是一个系统工程，在系统论的创始人、美籍奥地利生物学家贝塔朗菲看来，要把事物当作一个整体或系统来研究。所谓系统，即是由相互作用和相互依赖的若干组成部分结合成的。选题的策划则恰恰属于一个相互制约、相互依赖的组织结构。选题的策划重要的一环是搜集信息，这就涉及信息论。信息论是由美国数学家香农创立的，它是用概率论和数理统计方法，从量的方面来研究系统的信息如何获取、加工、处理、传输和控制的一门科学。信息论认为，系统正是通过获取、加工、处理、传递信息而实现其有目的的运动的。选题的制订，在一定的程度上取决于你掌握信息的多少和正确与否。控制论是美国著名数学家维纳同他的合作者自觉地适应近代科学技术中不同门类相互渗透与相互融合的发展趋势而创始的。控制论是研究系统的状态、功能、行为方式及变动趋势，控制系统的稳定，揭示不同系统的共同的控制规律，使系统按预定目标运行的技术科学。

在选题制订的思维过程中，首先，我们不能把选题的制订仅仅看成是编辑环节的一项工作，其实，选题成功与否，与制作、与营销密不可分，同时对出版社的整体工作包括未来的发展也都至关重要。这其中包括信息的搜集与处理、选题的制订与论证，甚至整个出版流程的控制。所以，从认识论的角度来看，选题制订的思维过程是从低级到高级、从实践到理论再到实践的一个辩证关系。我们今天来谈选题策划，就是在总结符合客观规律发展的路径、方法，再通过实践过程检验并提高编辑的认识，形成一定的规律与方法。

在这里，我们再以《时间简史》为例，分析编辑在策划选题时是如何体现出这种认知规律的。

第一是信息。1978年，全国科学大会召开，时任中共中央副主席、国务院副总理的邓小平提出四个现代化的关键是科学技术的现代化，科学技术是生产力。郭沫若热情洋溢地发表了《科学的春天》的讲话，这是一个欢呼科学春天的时代，湖南科学技术出版社工业编辑室的编辑李永平感受到了科学技术在四个现代化中的重要性。

第二是判断。李永平认为，过去中国出版界出版的科学图书，主要是关于科学知识、科学方法的介绍，很少涉及科学精神和科学思想方面，而一个国家与民族，需要用科学精神来支撑，于是，他萌生了策划这方面内容选题的念头，策划了"第一推动丛书"。在总序中，他写道："科学，特别是自然科学，最重要的目标之一，就是追寻科学本身的原动力，或曰追寻第一推动。同时，科学的这种追求精神本身，又成为社会发展和人类进步的一种最基本的推动。"因为从出版社领导到编辑都被他的分析所折服,选题获得顺利通过。

第三是实施。在选题获得通过后,出版社就会在世界范围内挑选一批具有科学精神和思想的名著,请国内专业学者译成中文出版。第一次推出的是包括《时间简史》在内的4本书。后来,相继出版了4辑共35种图书。这些图书当初征订只有500本,但随着出版社的全方位持续营销和阅读环境的变化,这些传播科学思想和科学精神的著作受到欢迎,《时间简史》的销售达上百万册。

湖南科学技术出版社在出版"第一推动丛书"上虽然有过曲折,1988年下半年就接到了霍金的博士研究生吴忠超的翻译稿,因为出版社当时缺少版权意识,加上出版环境还不够成熟,结果台湾地区的出版社先将吴忠超的书稿出版了繁体字版,出版社只好从台湾地区引进。与世界其他国家相比,中国大陆慢了半步。但在国内出版界,湖南科学技术出版社却是迈出了第一步。因此,中国出版史记住了湖南科技出版社的"第一推动丛书"。

二、选题在出版社工作中的地位与重要性

在出版社的编辑工作中,选题质量的高低,在一定程度上,决定着出版物成功与否。有人说选题在一个出版项目中占有50%的权重,这有一定的道理。有时候,选题的作用甚至超过了50%。有一个成语叫"纲举目张",如果放在出版工作中,选题就是整个出版工作的纲。制订了高质量的选题计划,出版社的社会效益与经济效益都可以体现出来。所以有人说,选题是出版社的源头活水。

(1) 社会效益。作为出版社,承载着积累文化,传承文明,服务社会,发展经济的重任,而出版社的职责所在,就是要多出书、出好书,多出能够让人们喜闻乐见而又有文化科学价值的图书。多出书、出好书的基本前提,就是要制订出高质量的选题。张元济投身出版时就说:"昌明教育平生愿,故向书林努力来。"陆费逵在《中华书局宣言》中提出:"立国根本,在于教育,教育根本,实在教科书,教育不革命,国基终无由巩固,教科书不革命,教育目的终不能达到也。"正是因为他们将出版作为教育国民、塑造社会的大事业,同时辅之以现代资本主义的商业经营手

段，把文化与商业进行了有机的结合，才促成当时的上海成为中国的出版中心。

（2）经济效益。一个出版社要完成自己的文化使命，首先自己要能够持续发展，持续发展的基础必须要有雄厚的经济基础，筑牢经济基础的关键是出好书，出市场受欢迎的图书。因此，其前提也就是要有高质量的选题来支撑。

（3）品牌塑造。一家出版社在市场上认知度和美誉度靠什么？主要靠产品。靠一批双效俱佳的图书，靠能够传之后世的图书。出版双效俱佳且能传之后世的图书当然要有高质量的选题才能实现。

（4）队伍培养。出版社能否基业长青、持续发展，重在人才队伍的建设。人才队伍的建设不是靠高头讲章，空对空的理论，而是要在实践中培养锻炼队伍。制订选题的过程，就是培养编辑人才队伍的过程。无论是成功还是失败，这个过程都十分重要。所以业内普遍认为，编辑是出版社的核心竞争力。核心竞争力的培养是需要全方位且持续多年的努力，其中最主要的是在实践中提高编辑的业务能力、适应市场的能力和出好书的能力。

三、选题策划的主客观前提

（1）专业分工。按照现有的出版管理条例，我国的出版社实行审批制，在审批过程中，对出版社的出书范围进行了界定。按照中国的出版社分类，分为人民出版社、文艺出版社、教育出版社、少年儿童出版社、科学技术出版社、美术出版社、古籍出版社、辞书出版社等。有一阶段，对出版社的专业分工强调很严，出版社不得突破专业分工。随着市场经济的发展，出版社在经营中有些突破专业分工。从多年形成的市场格局和编辑人才队伍来看，相近专业的突破是可以的，但如果出版社缺少匹配的编辑人才队伍和市场渠道，选题的成功率会让人置疑，有可能还带来损失。因此，选题的制订要围绕着本出版社的专业分工来进行。

（2）特色定位。出版社无论是大众出版、专业出版还是教育出版，其实在任何一个出版专业范围都有很多细分市场。如教育类图书可分为大中小学用书；还可以分为教材和教辅；还可以分为老师用书和学生用书、教学研究和教育理论、国内的和国外的。从文艺出版社来看，按体裁，图书可分为小说、诗歌、散文、传记、纪实、戏曲、理论等；按时间，图书可分为古代、现代、当代的。仅仅一个文艺出版社就有很多市场可以细分。出版社如果要突出自己的特色，不可能平均用力，而是要选择某几类，做出自己的特色。编辑在策划选题时，要考虑出版社的特色定位。如读者对于商务印书馆的工具书，对于外研社的英语书，对于清华大学出版社的计算机图书，对于长江文艺出版社的历史小说、当代小说都有深刻的印象。

（3）渠道建设。一个出版社出版什么图书，就需要匹配什么样的渠道。因为在图书的发行渠道上，发行商也不是包打天下，他们为了突出自己的特色，也会集中在某一类图书的发行上。如少儿图书的发行渠道，就不适合发行社科类图书；教育图书的发行渠道，对医学图书就缺少相应的客户。如果一家出版社是做文艺出版的，你去做教育类图书，不仅没有适合的编辑，也没有相应的发行渠道。所以，开发选题必须考虑出版社原有的渠道。如果你要去开发新的销售渠道，少量的图书，投入少量的人力没法拓展，除非出版社要下大力气在某一领域投入人力、物力、财力。当然，如机械工业出版社、化学工业出版社、电子工业出版社规模大，可以在不同的领域逐步开拓，作为中小出版社，在专业范围外开拓风险很大。

（4）战略方向。当然，有些大出版社，为了做大做强，在主要门类做到一定规模后，开始向其他领域扩张。如机械工业出版社，有12个出版方向；还有电子工业出版社、外语教学与研究出版社，都围绕同心圆多元化发展。因此，编辑在选题策划时，要服从并服务于出版社的战略布局。

（5）编辑专业背景。编辑在进行选题策划时，还要考虑自己的专业教育背景。如果你是学教育学的，要去设计医学图书，或开发古籍文献，相对就会感到十分陌生。跨专业开发选题并不是完全不行，但需要时日，需要你有这方面的知识积累。短期内，一定要根据自己的专业优势，开发自己擅长的专业选题。

（6）从业经验与实践。一个编辑策划多大规模、多少难易程度的选题，要根据自己的从业经验和对市场的把握来考虑。一般的新手，要从单本图书开始，然后向丛书、套书进军。选题的策划中，要处理好难与易、大与小的关系，不要贪大求洋、一口吃个胖子，就像鞋子对于脚一样，最合适的就是最好的。

四、选题策划前的准备工作

1. 信息搜集的范围与方向

关于策划选题,作为一个编辑,首先要知己知彼。知己,前面已经谈过,要量体裁衣,要有自知之明。知彼,就是要了解客观世界。客观世界纷繁复杂,信息化社会各种信息呈爆炸趋势。如何找到心目中最理想的那个目标,正如辛弃疾在《青玉案·元文》一词中所写,"众里寻他千百度,蓦然回首,那人却在灯火阑珊处"。朦朦胧胧,看得见背影,却不识真面目。因此,作为一个编辑,必须要"耳听六路,眼观八方",要养成职业敏感性,要有敏锐的观察力,深刻的洞察力,迅捷的反应力,才能做到洞察秋毫,捕捉战机。

(1) 政策信息。当代中国的出版事业,因为具有意识形态属性,作为一名编辑,必须充分地了解党和国家的重大方针政策,了解本地区相关部门的政策变化。如策划主题出版的图书,本身就是配合党和国家的方针政策而出版的,如果编辑对新的政策、新的变化不能及时掌握,就会晚人半步。如反腐倡廉、八项规定、提倡民族复兴、实现中国梦、核心价值观、传统文化的教育,都是很好的选题线索和来源。再如学校教育重视书法教育,重视足球教学,这些新的政策,教育类出版社,都可以把它作为选题资源。一个合格的编辑,一定要关注党和政府的各项政策的发布与实施,从中寻找选题线索。如抗战家书、长征、中国梦与中国道路、大国崛起等。

(2) 出版信息。编辑要了解整个出版界的出版信息,特别是与本出版社专业相关的信息,与自己要开发的同类选题的信息。了解这些出版信息,一是避免撞车,辛辛苦苦策划的选题,自己满怀信心,以为抓住了一条双效俱佳的"大鱼",结果别的出版社早已出版过了。如果已有类似选题,你就要考虑是做还是不做。如果做,一方面,你可以另辟蹊径,选择好新的切入角度;另一方面,你可以在别人的基础上完善与丰富。

(3) 市场信息。近年来随着图书品种的增加,出版社市场意识的增强,加上信息时代迅猛变化的新知识、新挑战,图书市场在不断地变化。编辑要对当前国内外图书市场的流行趋势,读者喜爱的图书,对新材料、新工艺的使用等要充分地掌握。如2015年在全球畅销的手绘涂色书《秘密花园》，全书只有264个字，引进到中国后，也是大卖。原因何在，有人分析，此书适合职场女性消解工作压力，回归童真。很多出版社受此书启发，迅速跟进也策划了一些同类的图书。

（4）作者信息。作者是出版社选题的来源之一，编辑要对本专业的作者情况充分掌握。一是要拓展作者人脉，掌握和经营好作者，要有一支招之即来、来之能战的"马家军"；二是要与作者保持沟通，了解作者的写作动态。长江文艺出版社北京中心的金丽红，不仅对于有书在中心出版的作者保持联系，对于暂时没有图书在中心出版的，逢年过节，也寄些小礼品保持联系。我到出版社做编辑时，第一次出去约稿找到了二月河，至今已经30年了，我与他还在保持着密切的联系。

（5）本社信息。编辑作为一个责任人，作为一个主体，虽然是在全社的大范围内统一开发选题，但对于个体而言，编辑之间既是合作伙伴，往往也是竞争对手。要了解出版社过去的出版信息，包括已出图书及其销售情况，看能否整合扩充。还要了解其他编辑正在策划的选题情况，一是避免撞车，二是可以从别人那里得到某些启发，还有可能形成一个团队，相互取长补短，分工协调。

2. 信息搜集的11种方法与案例

（1）从政府的公告与文件中得到政策信息。前面提到，由于中国出版的意识形态属性，中国的出版与政治是密不可分的。无论你是什么专业的出版社，政治与政策都是选题的一个重要资源。关心政治并不是要你去像公务员一样天天学习文件，而是做有心人，从各种文件和政府公告中去寻找商机，寻找可以开发的选题。如湖北教育出版社获中宣部"五个一工程"奖图书《兴国之魂》，此书作者沈壮海是武汉大学研究马克思主义的专家，曾经在中南海讲过同类的课，是国内研究社会主义核心价值观的较早、较权威的专家，出版社约请他写作了这本通俗易懂、系统缜密的专著。当年向中宣部上报类似主题的图书很多，但沈壮海的这一本因其作者的权威性，文本的通俗易懂、系统完善而入选。

（2）从媒体获取信息。媒体包括传统的纸质期刊、报纸，也包括电视、广播，还包括互联网时代的电脑和手机等。当然，现在一部手机可能就集中了所有媒介的信息。不过，一定要关注与自己的本职工作有关的信息。要从"乱花渐欲迷人眼"的出版市场中,找到自己的富矿,这需要一双职业编辑的眼光。如《生命的留言》的编辑出版就是如此。

《生命的留言》是作者陆幼青在生命的最后一百天写下的死亡日记。陆幼青是华东师范大学中文系的毕业生,1994年被诊断出患了胃癌,几经治疗,2000年再度复发,医生宣布他的生命在倒计时时,他决定用日记记录下自己生命最后时刻的生理与心理变化。他的日记最先发表在"榕树下"文学网站,后来经各家报纸报道,时在华艺出版社任副社长的金丽红从报纸上看到这则消息后,飞到上海,以较高的报价,争取了这本死亡日记的出版权,用最快的速度,在作者去世前将书送到作者陆幼青和读者的手上。再如媒体曾报道温家宝说喜欢古代罗马皇帝马可·奥勒留的《沉思录》一书,王岐山推荐托克维尔的《旧制度与大革命》,有些出版社编辑十分敏锐,马上重版或翻译这些书。这些书虽然立即出现了十几个版本,先出版的、翻译质量较高的还是成了市场上畅销加常销的品种。

当然,我所谈到的媒体,不仅指传统媒体,更重要的是指新媒体。在互联网与移动互联网时代,人们已经习惯了在移动终端和计算机上获取信息。手机已经成了人们生活中须臾而不可离的工具。了解天下大势,跟踪社会热点,检索作者信息,阅读网上作品,都可以通过新媒体来完成。如超级畅销书《杜拉拉升职记》就是从一个2000字的博客到图书,再到电影、电视剧、话剧的全产业链的成功案例。

《杜拉拉升职记》原是作者李可写的一个2000字的博客,发在别的网上,后来和讯网转载了这个博客,博集天卷公司的副总裁王勇在浏览网上信息时发现了这个博客。那个时候,王强在清华大学出版社出版的职场小说《圈子圈套》十分畅销,凭着职业的敏感性,王勇觉得这又是一个写外企职场的好的小说材料。他们辗转找到了作者李可,通过反复沟通,作者写出了中国第一部外企生活的职场小说。小说经过博集天卷公司的持续营销,成为当年的畅销小说,后来改编成电影、电视剧,再后来又改编成话剧,不同传播载体的互相拉动,使这部小说的销售达到500多万册。

再如世纪文景公司编辑出版的2006年诺贝尔文学奖获奖小说《我的名字叫红》,就是责任编辑在上网浏览国外出版信息时发现的。责任编辑先是被这本小说的书名所吸引,进而阅读作品以及作者其他作品,认为作者描写东西方文化相互影响下的土耳其,中国的读者一定会有某些同感。

于是出版社决定引进出版这本还未大火的小说，后来作者及此书均获诺贝尔奖，《我的名字叫红》在国内销售达到上百万册。人民文学出版社引进的《哈利·波特》系列图书，也是编辑王瑞琴和叶显林在网上看见 J. K. 罗琳出版这本书的消息时而找到作者的版权代理人的。

（3）从书店获取信息。书店不仅是读者的天堂，是检阅出版社编辑成果的窗口，还是出版社的一个 T 型台，看谁走得优雅，谁最受到读者的青睐。作为编辑，要定期去书店沐浴书香，感受图书市场的脉动，更重要的是要了解哪些图书最受读者欢迎；了解图书的形式，包括纸张、印刷工艺、装帧、封面设计有哪些新的变化。有些书店会定期公布销售排行榜，从这些排行榜中，可以看到各类图书的销售数据，你不仅知道当期的销售情况，说不定还会从中受到启发开发出好的选题。如湖北美术出版社 2015 年出版的"绘·森·活"系列图书，是编辑从书店中看到类似图书的市场需求，而独辟蹊径策划出的一套书。

湖北美术出版社"绘·森·活"系列图书品牌创建于 2014 年，切入点放在了手绘插画领域。并将 16～35 岁、有文艺气质、有品位的女性确定为读者群。在 2 年的时间内推出了《淡淡的小时光》《森女萌萌搭》《薇蓝》等图书。《水彩私享课》是"绘·森·活"的新产品，2016 年 2 月上市，到 11 月已重印 8 次，累计印量 8 万册，销售码洋 500 万元。该产品自上市起一直在当当网技法类图书销售排行榜排名第一。

有些同志会说，我在京东、亚马逊上就可以看到这些图书，没必要到实体书店去。网上书店是十分便捷，但没有实体书店亲手触摸纸质图书那样印象深刻。网上固然可以知道图书的动态，但对于装帧设计和纸张的使用没有办法弄清楚。因此，网上书店和实体书店要结合起来去了解。"绘·森·活"系列图书就是他们在网上书店发现线索，在实体书店研究类似图书的装帧设计而受到启发策划的。

（4）从作者处获取信息。通常有三类作者：一类作者只能自己创作，写自己熟悉的生活。如小说家、散文家。一类作者有写作能力，如果你向他提出写作要求，他可以按照你的设想为你写作。还有一类作者不仅能写，还有市场意识，可以为你提供好的建议。因此，要建立一个作者朋友圈。这个朋友圈里可以有你的导师、你的同乡、你的同学。当然，也可以拓展到你熟悉的专业领域的专家，从他们那里获取市场的需求和专业发展的前沿信息。如亚东图书馆的负责人汪孟邹（安徽人）利用与胡适、陈独秀的安徽同乡关系，出版了一批学界名人的著作。亚东图书馆从成立至20世纪50年代关门，共出版了300多种图书，其中一半成为传之后世的经典。

（5）从出版调查机构处获取数据信息。目前国内有一些技术公司。如开卷信息技术有限公司，利用互联网技术，搜集出版和销售数据，然后为出版社和书店提供服务。这些数据不仅反映了图书市场的动态销售情况，而且可以就单本图书的走势为出版社销售部门监控印数提供参考。作为编辑，可以从中了解图书市场的阅读趋势、某类图书的当前表现、哪些作者的图书受到读者欢迎。无论是选题策划，还是物色作者，都可以从中获取很多有价值的信息。如长江文艺出版社2015年出版的《致成长中的你：十五封青春书简》一书选题的创意，就是受当当网上作者另一本书的信息而受到启发的。

《致成长中的你：十五封青春书简》是儿童文学作家殷健灵给青春期男孩、女孩的心灵成长书，体裁为书信体散文，上市一年，销量就达到15万册，并获得"2015年中国好书"、"2015年大众喜爱的50种图书"、"2015年冰心儿童图书"奖、"2016年度桂冠童书"奖、"中华优秀出版物"奖提名奖等各类大奖。而出版社策划这个选题的源起，就是从当当网上看到作者的《致成长中的你：给女孩的十五封信》而受到启发的。作者的这本书当时在当当网上的评论有1.2万条。这个作者创作十分勤奋，还有一些儿童读物出版，但销量一般。他们认为，这个作者是一个正处在上升期的儿童文学作家，于是，主动写信向她约稿，表达合作的意向。得到作者响应后，他们便一起讨论写作内容，确定读者对象，精心制作，精心营销，取得了社会效益与经济效益的双丰收。

（6）从专家、学者处获取信息。一流的作者才有一流的作品，专家、学者是出版社选题的一个重要来源。不同学科不同门类各有不同的专家。自然科学有院士，社会科学有一级、二级教授。因此，我们要找到这些学科中的顶尖者，通过他们可以获取很多的出版信息。如湖北科学技术出版社的"院士文库"，将院士们研究的学科成果编辑成册。其中《王忠诚神经外科学》一书有20余位院士参加编写，该书获得了国内很多大奖。

（7）从版权代理机构处获取信息。目前国内有很多版权代理机构，这些专业机构掌握着国内外不同的出版信息。他们提供的有些是已经出版过的图书，有些是作者写作的信息。现在中国的出版社十分注意引进国外的出版资源，但在这个领域竞争也十分激烈。往往是作者还只有一个书名、一个提纲，就有很多出版社竞争。这需要实力，需要过往的成绩，当然更需要慧眼识珠、专业水准。编辑要重视从中获取有用的资源和信息。卡勒德·胡赛尼《追风筝的人》一书的版权曾经有版权公司推荐到长江文艺出版社，当时社里的一本关于"9·11"事件的图书销售不佳，因此，我们在没有审读文本的前提下放弃了也与"9·11"事件有关的选题，这是一个沉痛的教训。

（8）从经纪人处获取信息。经纪人是发达国家作者常用的一种代理方式，中国目前有少数的作家和作者在通过经纪人与出版社打交道，经纪人为了作者的利益和自身的利益，往往开价会很高，但出版社可以从自身的承受力和发行能力出发，决定是否合作。如余秋雨、于丹、毕淑敏等都有自己的经纪人。如长江文艺出版社从经纪人处得到余秋雨《文化苦旅》修订版版权，经纪人要求起印不得少于 5 万册，结果出版社销售了上十万册，获益不菲。但这位经纪人代理另一位作家的新长篇小说，要求起印 130 万册，定价 58 元，版税 15%，代理费 5%。我们算了下账，出版社要投入 3000 多万元，如果销售达到上述数字，毛利也只有 500 万元，但如果销售达不到 130 万册呢？后来我们放弃了这个选题。

（9）从各种评奖中获取信息。图书评奖代表了政府、读者的取向与价值肯定，虽然其中带有一定的政治因素，但作为出版社在追求社会效益方面，这些图书无疑是最好的参照系。研究获奖的是哪些书，在围绕中心上是如何做的，在文化积累上有何等的创新，对于策划重大项目不能说不是一个很好的信息来源。各种评奖结果公布后，编辑要根据自己的专业分工对获奖信息认真加以分析。

（10）从竞争对手处获取信息。市场竞争，虽然有某些扎堆效应，营造阅读趋势之作用，但在很大程度上竞争对手间还是处于"你死我活"的竞争态势之中。不过，竞争对手的点子会给你带来某种启发，出版社要确定几个"对标"的竞争对手，研究他们的选题思路、出版方向，研究他们的图书在市场上的表现。如山东画报出版社的《老照片》的出现，带来了图文书出版的热潮，很多出版社受此启发，出版了《红镜头》《黑镜头》之类的图文书，也都获得了很好的市场表现。

（11）从论坛及研讨会上获取信息。编辑要参加与自己专业相关的一些论坛及研讨会，了解学科前沿信息、发展态势，掌握研究成果，寻找重点作者，如果有能力，也参加讨论相关的话题，激发创造灵感，无疑也是一个好的信息渠道。如北方文艺出版社的梁春芳副主编参加了一个俄罗斯文学研讨会，得知20世纪30年代俄罗斯侨民在中国的文学创作情况，策划了一套"俄罗斯在华侨民文学丛书"，该丛书出版后产生了较大的社会影响，普京曾向该书的主编颁发了奖章。

除此之外，也有通过互联网技术与计算机技术开发的大数据软件来开发选题。老出版人胡守文开发的"码字工坊""出版头条"，正在做这方面的尝试。但无论如何，计算机的智能只能为人类提供参照和补充，"码字工坊"目前还无法代替编辑的思维。

五、选题策划的原则

1. 创新性

图书这种精神产品是个性化的，所以要求每一本书都要与以往的任何产品在内容与形式上必须有所不同。这就要求编辑在策划选题时，要求新、求异。

当然，创新成分的多少要根据图书的体裁来考量。作为原创的文学作品，在题材、情节与语言上，在思想内涵的阐发上，于前人的基础上，必须有新的突破与发现。作为科学技术成果的呈现，必须是具有独立的知识产权的。创新可以体现在内容上，也可以体现在形式上。如同样是《红楼梦》，有成人阅读的全本，也可以改编成青少年读本，还可以改编成注音本和连环画本，可以改编成多媒体。虽然所有的改编都是基于曹雪芹、高鹗的《红楼梦》，但这种改编也是一种创新。除了内容的创新之外，还有在形式上的创新。如开本大小的不同，装帧设计的不同，插图的多与少，等等。

2. 时效性

大多数图书的选题，都与当前的政治、经济、文化、教育、社会生活的需要息息相关。如教材教辅，时事政治读物，科学技术应用性的手册，配合某部要上映的大片的图书，或者某种纪念活动、节庆假日的图书，都有一定的时效性和投放市场的最佳时机。同时，由于存在竞争对手，如果同一种选题另外的出版社抢先一步，出版社制作出来的图书很可能会造成积压或者销售大打折扣。编辑在选题确定后，要科学合理安排进度，注意图书的时效性，不要让辛辛苦苦的努力付之东流。如 2003 年 SARS 病毒猖獗之时，有些出版社适时出版了应对手册，获得了很好的社会效益和经济效益。还有如美国歌星迈克尔·杰克逊去世后，各类与他有关的歌曲、画册、传记纷纷推出。这时，时效性就显得尤其重要。

3. 操作性

任何选题的策划，都要考虑操作上的可行性。选题找谁去落实？作者的写作能力如何，写作需要多长时间？该书出版社能否发行得好，渠道是否匹配，销售能否满足作者提出的条件？作者交稿后，外部环境会否发生什么变化？这些编辑都要加以考量。如我国四六级英语考试的改革，使英语图书的出版格局发生了较大的变化。

4. 延展性

编辑在策划选题时，不要仅仅盯着一本书，要看这个选题有否延展性，能否从一本书拓展成一套书，做成一个品牌。如国学读本、励志读本、女性散文等，仅仅做一本书，除非是畅销书，除非能获大奖，否则很难产生影响力，很难形成规模。如长江文艺出版社 1992 年出版了一套汇集作家个人作品集的《跨世纪文丛》，先是出版了 12 位作家的作品，受到专家和读者的好评，出版社在此基础上继续拓展，出版了 7 辑 67 位作家的作品，后来还出版了一些作家的精华本，这套书被专家喻为是"新时期文学创作的一座丰碑"。

5. 差异性

在图书分类上，根据图书的内容和读者对象的不同，图书分为大众图书、教育图书、专业图书。如果细分，又可以分为文学类、经管类、法律类、教育类、科技类等等。如文学类又可分为小说、散文、诗歌、戏剧、报告文学等体裁。在策划选题时，尽管它们之间有共性也有个性，但不同类型的图书有不同的要求。编辑在策划选题时，要根据不同类型图书的要求，做差异化处理。

6. 前瞻性

一个优秀的成功编辑，不仅要研究市场、适应市场，更重要的还要引导市场、驾驭市场。从经济角度来看，在一片红海中，市场在什么地方，所有人都看得很清楚，竞争就十分激烈，如果你能穿越红海，最先找到一片蓝海，你的获益可能要远远大于其他竞争对手。如中信出版社最先出版了《谁动了我的奶酪》一书，等到该书大火，其他社跟风出版了一系列的图书时，《谁动了我的奶酪》已经牢牢地占领了市场，并取得了丰硕的成果。还有，《老照片》对图文书市场的引领、《秘密花园》对手绘图书的引领，都体现了编辑的前瞻性。除此之外，一个具有责任感、时代感的编辑，不仅是一个成功的出版商，还要是一个能够对社会、对人类具有崇高责任感的灵魂工程师。如陈独秀编辑《新青年》，陆费逵出版新式民国教科书，他们都肩负有"开启民智"的远大理想。

7. 生命力

在出版社中，有些编辑做了几年，手上就积累了一些可再版重印的资源，而有些编辑年年做书，但像猴子掰苞谷，掰一个丢一个。编辑在策划选题时要考虑选题实施后的重版价值。一家出版社，一个编辑，可能会编辑一些"快餐书"、一些"项目书"，但能够再版重印的图书要占一定的比例。所以有些出版社提出"畅销加常销"的出版理念，就是考虑图书的结构要合理。

文化积累、文化传承是出版人的使命，其具体就体现在你所编辑的图书能够为这个时代以及后代留下多少有价值的出版物。当人们评价一个出版社在出版史上的地位时，不会考量这家出版社曾经赚了多少钱，盖了多少楼，而是怀念这家出版社为人们留下多少可以传之后世的图书。作为一个编辑亦然。

六、选题策划的思维模式

1. 创造性思维

思维是人类的心理活动。创造性思维是指人类思维性活动中的最高级形式。它是人们在一般的应用性思维的基础上,在多种信息的撞击之下,重新激发出的一种全新的思维。创造性思维体现了人类的智慧与主观能动性,它是以一种超常的方式呈现的。

出版物是一种特殊商品,使用者对其要求与一般性的商品完全不同。如人们每天吃的基本相同,大米白面而已。但出版物的内容一定不能雷同,否则读者不会接受。而选题是整个出版的基础,其特性决定了必须是与众不同的特殊信息。因此,出版物必须是新思想、新内容、新形式、新成果。所以,选题的产生是编辑与作者创造性思维的结果。

再以前面提到的《时间简史》以及由此形成的"第一推动丛书"为例。这套书是引进图书,虽然这套书是台湾先出版繁体字版的《时间简史》,而后由湖南科技出版社引进的简体字版,但出版社对于科学精神的普及、对于科学思想的传播,以及整套书在中国传播科技思想上是具有划时代意义的。当初这本书首印只有500本,但出版社通过抓住各种契机,进行宣传营销,让这本普通读者无法读懂的专业图书,销售了上百万册,这其中体现了编辑和出版社的创新意识和责任意识。

2. 联想性思维

联想是人类创造性思维的一种方式。这种思维方式往往由此及彼、由里到外、由上到下,从一种事物联想到另一种事物,用于出版的有以下几种形式。

接近联想。即由甲事物想到乙事物。如中央提出实现中国梦,你肯定可以联想到类似的图书会受到市场的重视。如中央强调要实现中华民族的伟大复兴,那么《大国崛起》之类的图书正契合市场和读者的需要。《中国震撼》也属于此类的接近联想的产物。如中央电视台《百家讲坛》的某位专家的电视节目受到热捧,由此而策划的纸质书的销量也不会太少。

相似联想。《明朝那些事儿》走红,说明这种对历史的阐释方式开创了一种新的叙述角度,此类写作风格应当在一定程度受到欢迎。一是出现了不少"那些事儿"的图书,同时也说明文史类图书受到了读者的关注。再如长江文艺出版社的《百年百部经典散文》是受了人民文学出版社《中华散文百年精选》的启发而开发的。

对比联想。如甲是一种正存在的图书,乙在和甲的对比中而产生新的选题。对立、排斥、求异是其主要特点。如我们现实中存在大人的世界,格列佛就写了一种《小人国》。如外国文学名著的出版，有成人的全译版，就可以有供儿童阅读的删节版。有文字版，也应有插图版。有纯中文的，也有中英对照的。

因果联想。"因为……所以……"是一种主要的思维模式。如人们收入提高，务必重视生活的质量，所以养生类图书必然受到欢迎。市场经济水平提高，竞争加剧，势必需要提高企业的管理能力，经济管理类图书因此会受到欢迎。

3. 发散性思维

发散性思维指在解决问题的过程中，想象由一点向四周多点发射。有时又称之为扩散思维、开放思维、放射思维、分散思维等等。这是一种开放、多向、立体式的思维空间，而不拘泥于点、线、面上的推延。

如出版了《中国文学史》，就可以有《外国文学史》，或者细分为日本、英国、美国等国别的文学史。如长江文艺出版社出版了《中国精神》，就衍生出美国、日本、俄罗斯、新加坡、法国等国的民族精神。如由《中国教育大系》就衍生出《外国教育大系》。

4. 收敛性思维

收敛性思维与发散性思维是一种相反的思维方式。它是指在创造性思维的过程中，在众多纷繁复杂的信息场中，对目标材料进行有目的的聚焦。如果说发散性思维是由1到无穷多，收敛性思维是从无限多到1。

在选题策划中我们会经常使用这种思维方式。如我们要出版旅游图书，就可能会找到目前已经出版过的类似图书进行研究，最后归纳为导游手册类。因为不少内容别人都出版过了，我们要独辟蹊径，从旅游文化入手。再如现在出版外国文学名著，大都是公版书，成本比较低，但版本多，如何同中求异呢？出版简略版、注音版，就要从各种已有的图书信息中聚焦到一点，做到人无我有，人有我优。

5. 逆向性思维

上述的联想性思维、发散性思维和收敛性思维都是求同性，而逆向性思维则是求异性思维，或者说是求异性思维的一种。

求同性思维都是向同一个方向，求异性思维则是向相反的方向。如前几年《谁动了我的奶酪》十分火爆,之后则有几十种书跟风,其中有一本是《谁也动不了我的奶酪》跟得比较好。如教辅品牌有华中师范大学出版社的《重难点手册》,着重讲各科需要注意的关键点,而《丢分题》系列则是从人们最容易忽略的地方入手。不少家教书讲如何当虎妈,棍棒下面出状元,湖北有一位家长总结自己培养出三个女博士则是"玩学习",湖北教育出版社出版后获得了较好的效益。

6. 形象性思维

形象性思维是与逻辑思维相区别的一种思维方法。逻辑思维是通过概念的推理去抽象概括,而形象思维则是把感知到的图像转化成表象记忆,然后经过思维联结,形成新的图像。文学创作中多使用形象思维。当然,无论是文学创作还是选题的策划,形象思维与逻辑思维都是交错使用、互相配合的。我们准备策划一个选题,大脑中会浮现这本书的模样,如开本、封面装帧,图书受到欢迎的程度。然后又用逻辑思维来分析这种可能性、可行性。湖北少年儿童出版社在策划杨红缨画本系列时,将杨红缨已经多次出版过的科学童话拿来,配上精美的插图,形成了一种新的出版形态。这种插图不是简单的解说与注释,或者是简单的图解内容,而是弥补了书中的薄弱环节,逼真地再现了故事发生的环境,重新创造了一种新的境界。

以上谈的选题策划中的思维方式,在实际中各种思维方式都是交错使用的。以《话说中国》系列为例,编辑通过发散性思维,研究同类图书的表现形式,通过聚敛性思维,找到图书的表现形式与内容。然后,通过联想性思维,从图书拓展到互联网,运用互联网网页的表现形式,实现内容的互相链接,最后通过形象思维,将插图与内容完美地镶嵌在一起。

七、用成语来说明选题策划的十种具体方法

选题是出版社所有流程中的第一环,是出版社生存与发展的基础。如何策划出双效俱佳的选题,是出版社工作的重中之重。选题的策划其实是有章可循的,关键是找到其中的规律。为了让大家便于记忆,我用十组成语来概括选题策划的方法。有些地方可能不够准确,大家只取公约数就行了。

1. 高瞻远瞩，统筹兼顾

一家出版社的发展，取决于领导的战略定位。社领导站位高远，谋后而动，往往能够取得成功。出版社的战略，在某种程度上主要是把握好出版的方向。图书市场竞争激烈，变化迅速，让人眼花缭乱，所以出版社掌门人一定要立足当前，规划未来。立足当前指要实事求是，在出版社现有的人才、产品、市场、品牌的基础上稳扎稳打；谋划未来，指要抓住机遇，在稳步发展中寻找突破口。如果出版社掌门人只看眼前，对于产品的建设缺少规划，摸着石头过河；或者不切实际，贪大求洋，出版社的发展总会出现曲折。

回顾近代中国的出版史，无论是商务印书馆还是中华书局，他们在产品布局上都可谓是深谋远虑、体大思精。他们大都以编写教科书起家，出版社均获得了丰厚的利润。然后，全面布局，以商业思维构建文化巨厦。如他们两家分别出版了类似《辞源》《辞海》《汉语大词典》这样耗资巨大、费时很久的巨型工具书；还出版了以积累文化、传承文明为目的的《百衲本二十四史》《四部丛刊》《四部备要》等古籍整理图书；同时创办了《东方杂志》《小说月报》《英文杂志》《妇女杂志》等几十种刊物；引进了国外的很多优秀作品；还办学校、图书馆、印刷厂，拓展产业链，成为中国两大双子星座和文化高地。

当然，两家出版企业的发展也都是从小到大、由弱到强一步步发展而来的，其间也曾遇到过困难，甚至到了要倒闭的地步。如商务印书馆是夏瑞芳等人的一个印刷小作坊发展成为亚洲第一的出版企业的，抗日战争时期，遭到日军轰炸，财产损失巨大，一度到了难以为继的地步。中华书局因为盲目扩张，出现"民六危机"，因债务问题到了濒临倒闭的关头。

我观察过很多出版社，也包括我曾经工作过的长江文艺出版社，刚进入市场经济的那些年头，在产品的规划上，都缺少整体的布局。编辑每个人到了年底报几个选题，然后形成一个拼盘。这样不仅选题实现后经济效益不理想，而且也形不成出版社的品牌和拳头。在出版社经济效益稍有好转后，我们将出版社的产品按系列分为现代文学、当代文学、外国文学、历史文学、青春文学、少儿文学等几个板块，然后又从中形成十几条产品线。出版社的编辑每年报选题时，按照这个思路不断拓展，因此形成了出版社合理的产品结构。目前，出版社一般图书年销售码洋达到了4亿元以上，这对于一个地方文艺出版社而言，算是比较良性的。

2. 因势利导，顺水推舟

除非是新建的一家出版社，完全是一张白纸，选题可以按照社领导的指导思想重新规划，大多数的出版社，都要立足于已有的出版资源和人才队伍，整合、扩充和拓展原有的选题。当然，继承并不等于照单全收，而是要在分析原有选题的前提下，注入新的因子，赋予新的时代特质。我前面曾提到的《跨世纪文丛》《中国圣贤人生丛书》两套书，我来时出版社已经出版了部分作品，考虑原有的选题的开放性，出版社组织编辑进行拓展，形成了一条条产品线，构成了出版社的特色板块。

因势利导还体现在出版社的负责人对于编辑提出的零星选题要进行整合与完善，纳入出版社的整体出版思路。有时，编辑想的是一个点，经过发散，可以成为一个面。如出版社有编辑在选题论证会上，指出由于中国的中学教育基本是应试教育，学生的知识面和阅读面并不是很宽，而在短时间内，学生又不可能读完这些经典，可以编选一些介绍性的读本，让学生在较短的时间内了解中国文学的全貌，我们就沿着这个思路，请大学青年教师，编选了《大学生必读的一百部中国文学经典》《大学生必读的一百部外国文学经典》，这些书图文并茂，上市后受到学生的欢迎。实际上，在美术、音乐、史学等方面，还可以开发图文并茂的相关读本，作为大学生快速了解相关知识的普及读物。

3. 举一反三，问羊知马

制订选题时，我们要充分发挥想象力，由一个选题、一个点子，通过发散思维，向四周扩展。然后做到由点到面、由此及彼、由里到外，形成规模，形成系列。山东画报出版社推出的《老照片》系列，本来当初也是用《百年中国》的边角余料来开发的，结果一炮打响，受到业内和读者的高度肯定，出版社从中看到潜力，连续出版，结果成了一个长线的产品。除此之外，这种图文并茂的形式还给整个出版界以启发，读图时代从此开始。以这种读图形式出版的有《红镜头》《黑镜头》等系列图书，都有不俗的表现。

长江文艺出版社曾经出版了一套《中国宫廷文化集观》，市场反应还好，我们就以此拓展，策划了《外国宫廷文化集观》。文史普及读物《中国圣贤人生丛书》第一辑十分成功，我们就相继推出了第二辑、第三辑。此类普及性历史文化传记较受欢迎，我们就从国内拓展到国外，策划了《西方智哲人格丛书》，选取伏尔泰、苏格拉底、弗洛伊德、荣格、卡夫卡、黑格尔、萨特、歌德等16位哲学家，介绍人物生平和他们的哲学思想，分析他们的人格特质。这套书虽然没有大卖，但也略有小赚。书出来后，受到了业内的好评。

4. 擒贼擒王，所向披靡

图书市场品种众多，据开卷信息技术有限公司统计，现在一年有23万余种新书出版，其中5%的图书创造了85%的销售码洋。这样，出版社编辑能找到这其中的5%就显得十分关键。所谓的"王"，就是指这些受到市场欢迎的图书。从畅销书排行榜上的图书来看，能够畅销，大多数是原创图书，很多是从国外引进的世界级的畅销书。虽然，畅销书也许有它的偶然性，但从中也反映了读者的阅读趋势。长江文艺出版社北京图书中心十分重视研究图书销售排行榜，从中寻找当前图书市场上的热门作者和热门题材。当有些选题报上来后，中心负责人一定要编辑说明作者的知名度、作者已往图书销售的纪录等。一般的平庸作者，或者知名度不高的作者，出版社是基本不做书的。开卷公司的总经理孙庆国将此概括为"掐尖战术"。长江文艺出版社武汉本部在做常销书时，也一定要选取经过历史检验的经典著作，或者知名作家的新作来出版。虽然培养新作者是出版社当仁不让的责任，但从出版的效率来看，无论什么专业出版社，找到本专业的专家和知名学者的书稿，都多了几分胜算的把握。

5. 顺藤摸瓜，亦步亦趋

一个出版社不可能总是领风气之先，但如果你不能做到第一，也要迅速跟进，争取做第二或者第三。曲黎敏是北京中医药大学的一位老师，她形象好而且也善讲，曾在山东电视台讲过《黄帝内经》。金丽红看到这个节目后，马上通过关系找到她本人，请她来做健康类的图书。双方签署了合作协议，长江文艺出版社北京中心负责全方位地包装曲黎敏，先后出版了《从头到脚说健康》《从字到人》等书。宋鸿兵在中信出版社等出版了《货币战争》1至4册，北京中心的编辑郎世溟通过微博私信找到他，双方经过多轮协商，最后出版了宋鸿兵的《货币战争》全集和最新的《货币战

我的出版实践与观察

争5》。其余如卢勤、刘墉、王海鸰、虹影等，他们在别的社出版的图书在市场上都表现不错，北京中心迅速跟进，拿到他们的新书稿件，所以这些图书自然而然市场表现都很好。

6. 齐头并进，全面开花

一个出版社如果要想做到一定的经济规模，图书品种要与之成正比。因此，出版时必须集团作战，大兵团作战才能达到规模效应。有些社一年出几十种或者上百种图书，这种品种规模，要想销售额达到10亿元、8亿元肯定很难。清华大学出版社、化学工业出版社、外语教学与研究出版社一年的品种都在2000种以上，所以他们才有那么多的产值。长江文艺出版社北京中心的青春文学出版一度占到整个出版品种和产值的四分之三，主要是郭敬明及其麾下的青春文学写手。他们除了办《最小说》系列杂志外，还通过"文学之新"大赛集聚了50个左右的青年才俊。除了郭敬明本人的图书每本都可以达到百万册以上销量外，他带领的落落、笛安、安东尼、七堇年、苏小懒等的图书的销售也都在几十万册，还有几十个销售量在二三万册的作者。在高峰的时候，北京中心的青春文学销售额在3亿元码洋以上。目前，郭敬明已离开了长江文艺出版社北京中心，但这段合作的历史不能不说是一段出版佳话。

7. 攀高结贵，依草附木

出版社要培养新人，发现新作者，但市场上渠道和读者关注的，往往是已经出名的那些"头部作者"。这些重量级的大腕，大多是政界、商界、文艺界、娱乐圈的知名人士。他们的成长经历、奋斗历程对于普通读者来说，既能满足猎奇心理，也有励志的作用。如历届美国总统上任前后，其传记和著作都受到市场的欢迎。往往在美国总统大选之际，前几名竞选者的传记就成了出版商追逐的猎物。如美国总统特朗普还未上台，出版社就跟进他过去的作品，出版了一系列的图书。再如朴槿惠上任前，版权代理公司曾经向有些出版社推荐她的传记，但有些社并不看好，一是担心她不可能胜选，二是担心她当选也不会产生多大的影响，结果朴槿惠的几本传记卖得很好。北京中心在出版名人图书方面，是国内最多也最为成功的出版机构。他们先后出版了体育明星姚明，主持人白岩松、崔永元、倪萍、敬一丹、曾子墨，影星刘晓庆、六小龄童等人的作品。

8. 推陈出新，出其不意

图书市场上，全新的原创图书毕竟只是一部分，很多图书都是在原有的基础上从内容或形式上加以改进；或者在定价上进行调整，适应不同的消费群体。如外国文学名著，品种基本上固定，已经得到公认。但同样的品种，不同的出版社却有不同的经营策略。如有的出版社请权威的翻译者，打出权威译者的营销口号。有的社在装帧印刷上要么走平装、低定价的路线，要么走豪华精装、高定价的路线。有的出缩写本，有的出注音本，有的出插图本。对于经典图书，出版社如果打算重新开发，一定要找到自己的卖点。长江文艺出版社北京中心近年来也涉足该领域，推出了"琥珀文丛"，主要出版中外名家作品。他们在出版现代作家的作品时，请作家的后人帮助营销。如许广平的《鲁迅回忆录》，他们请鲁迅的孙子周令飞提供许广平的原始手稿，增加作品的研究价值，并请周令飞出场宣传该书。出版冰心的作品，他们请其女儿吴青出场。出版老舍的作品，他们请其儿子舒乙出场。他们还在作品上盖上原作者的印鉴，以此增加作品的收藏价值。央视主持人敬一丹退休后还主动为中心担任推广大使，到全国各地中小学去推广"琥珀文丛"中的经典图书，收到了很好的效果。

除了对传统的图书推陈出新赋予新的面貌外，近年来由于互联网的普及和发展，网络文学及其网上作品，以其新的题材、新的内容、新的叙述方式在颠覆着人们的阅读习惯，丰富着图书市场。如穿越、宫斗、盗墓、玄幻、言情等类型的文学作品，吸引了不少作者，也有些在叙述方式上有所革新的作品。如《明朝那些事儿》《盗墓笔记》《琅琊榜》等都成了图书市场上的新宠。再如长江文艺出版社北京中心出版的漫画书《我就喜欢你看不惯我　又干不掉我的样子》，编辑是从网络上最早看到并喜欢上这个作者的作品的。目前这本漫画第一册销售已超过了50万册，定价46元，码洋达到近3000万元。而这位编辑是新进社的，作者也是第一次出书。

9. 闻风而动，饿虎扑食

图书市场上，有经过时间淘洗的经典，也有快餐式的时尚娱乐读物。出版社如果要在市场上有声音，能够满足读者即期需求，应当具有一支"别动队"和"轻骑兵"，捕捉突发事件。如2003年的"非典"发生后，社会上对于如何预防"非典"，急需此类简单明了的手册。有些出版社组织人员，快速编写，获得了市场，也服务了社会。再如迈克尔·杰克逊突然去世，一些出版过或者希望出版杰克逊作品的出版社，迅速组织迈克尔·杰克逊的传记或者音乐作品出版。如苹果公司的元勋乔布斯去世后，中信出版社组织精兵强将，迅速推出《乔布斯传》。该书不仅畅销，而且成了常销书。我在出版社时，也曾经配合足球赛事出版了"球星传记"系列及观赛指南，虽然不够成功，但也锻炼了队伍，摸索了经验。

10. 翻箱倒柜，整旧如新

出版社在经营中，会积累一部分的版权和出版资源，出版社应当根据市场的不同需求，进行差异化开发。对原有产品按照不同的读者对象进行重新包装，打造成不同的系列投放市场。长江文艺出版社在外国文学名著及名家散文的开发上，曾经有过不同的尝试。国内一些出版社，如人民文学出版社，就十分注意对出版社原有版权的开发，将同一版本放在不同的系列丛书中，借此扩大市场的销售。

除了自己原有的资源外，出版社还根据图书市场的情况，对其他社已经出版过的图书，购进版权进行二次开发，或者等作者版权到期后，重新与作者签署协议再次出版。如我社出版的《康熙大帝》《乾隆皇帝》，作者先是在别的几家出版社出版过，我们在出版《二月河文集》时，通过与作者签订协议，拿到了他的出版权。再如，我们在构建历史小说大系时，也将唐浩明、凌力、刘斯奋等知名历史小说作家曾在外社出版过的作品重新引进。我们在编选陈忠实的作品选集时，将他的经典作品《白鹿原》收进。从实践来看，对于市场上已有定评的图书的重新开发，在某种程度上，比出版新作者的作品的保险系数要大些。

当然，选题的开发还有很多的方法，我从以上十个方面来概括，只是便于说明问题，也便于大家记忆。

八、选题实施中需要注意的几个问题

1. 反复论证，宁缺毋滥

编辑在做完充分的信息搜集、市场调研后形成的选题草案在送交出版社论证前,要填好选题论证表,做好财务预算和市场前景分析。每个出版社的选题论证表的表格不太一致,但大致都有选题名称、主要内容、作者简介、成本预测、市场前景分析几项。有的出版社的论证表更为详细,还要写上市场是否有同类图书,同类图书的市场销售纪录,在介绍作者情况时要写清作者其他图书的市场表现。编辑在填写这些表格时,不要仅仅当成是完成一项任务,要充分调查市场,认真核算,不要摸着脑袋说这本书能获什么大奖,能够销售多少。一定要定性定量分析,不可信口开河、闭门造车。为了验证编辑选题论证的科学性和实现率,有些出版社在第二年还将编辑上一年度填写的选题论证表拿出来进行回顾。这种回顾对于编辑总结得失是有积极作用的。

选题论证是出版社对选题进行价值判断的重要一环,也是决定着出版社能否实现两个效益统一的关键。因此,出版社论证选题时要充分听取各方意见。首先是社内要召开"诸葛亮会",摆事实,讲道理。从编辑室到出版社进行多级论证。论证时要运用 PPT 等工具,用定性定量的图表来说明问题。对于意见不统一的选题,尽量补充材料再行论证。总之,选题开发涉及投资,一定要慎而又慎。

选题的论证不仅要在社内开展,有时候还要走出去,征求有关专家和学者及书店和读者的意见。有些重要的图书,如果出版社把握不大,为了不出现失误,还可将图书制作成试读本,请不同层面的读者提意见,完善图书体系,提炼宣传用语。如人们熟知的畅销小说《山楂树之恋》,出版方张小波在出版前,曾制作 500 本试读本,请不同层面的作者提意见,从他们的反馈中坚定信心,决定起印数,调整营销策略。湖北少年儿童出版社引进韩国的少年励志小说,如《妈妈不是我的佣人》等,也曾采取这些方法,听取老师和学生的意见。这套书也曾获得很大的成功。

2. 动态调整,重在落实

选题的制订毕竟只是个计划,尽管开始要尽量贴近实际,做好调研,但在实际操作中,编辑要根据情况的变化采取对策。如某类图书市场完全不看好,或者同类图书其他社已经抢先出版并占领了市场,或者因为作者的情况不能按时交稿,或者写出的稿件不符合要求,达不到预期的水平,或者因为国家的方针政策发生了变化,从效益最大化考虑,对选题进行适度调整。

3. 质量优先，以"我"为主

稿件的质量决定着出版物的质量，有时计划设想得很好，但作者交来的稿件不理想，或者在内容上、结构上、文字上还存在这样那样的问题，编辑不能凑合或者将就作者。市场竞争本来就很残酷，如果图书质量再一般，销售肯定不会看好。如同是教辅，有些有规模的民营做出的质量很高，根本不愁销售；而有些出版社的教辅销售一般，退货很多，实际上还是个质量问题。教辅通过关系可以销售部分或者一学期，但质量不好，误人子弟，再好的关系也不行。

有些作者，特别是知名作者，有时不愿意修改稿件，编辑要以理服人，说服作者按出版社的意见修改。当然，如果某些作者确实没有时间，编辑也可以请人或自己动手修改，直到达到出版水平。

4. 精编精校，打造精品

编辑的书稿到了手，一定要认真细致地做好三审三校工作，重要的稿件，还要多加几个校次。编辑的审稿任务，一是在思想内容方面把关，二是在图书的结构上把关，三是在语言文字上把关。同时，有能力的编辑，还要帮助作者提高稿件的水平，帮助解决书稿中存在的疏漏。一个编辑能否成为出版家，一是看你能否慧眼识珠，发现被人明珠暗投的稿件。如阿来的《尘埃落定》，曾经向二十多家出版社投稿，最后是人民文学出版社慧眼识珠。再如余秋雨的《文化苦旅》，一家出版社收到后将其当成旅游书编辑，改得面目全非，是东方出版社的编辑们慧眼识珠，成就了一位杰出的散文家。二是看能否画龙点睛，超拔脱俗。如周振甫在商务印书馆编辑吕调阳《汉书地理志详释》，他认为有不少说法不妥，撰文指出，后经负责人王伯祥同意附在了该书后面。他编辑钱锺书的《谈艺录》时，为这部书加了提要性的小标题，得到了钱锺书激赏。三是在编辑书稿时，要从市场的角度出发，在内容结构、图书目录及提示语、关键词上，突出重点，适应市场。

5. 起好书名，以一当十

一本书卖得如何，书名的作用很大。从心理学的角度来看，书名如果不能吸引读者的眼球，就可能会失去一次销售机会。特别是经济类、管理类、生活类图书，书名直接点明主题。如《细节决定成败》《不生病的智慧》《货币战争》等。从普遍的规律来看，书名一般控制在七个字以内为宜。但近年来，书名越来越长，有时达到二十多个字。如《就喜欢你看不惯我 又干不掉我的样子》《将来的你一定会感谢现在拼命的自己》《你的孤独虽败犹荣》等等。书名是长好还是短好？有些时候，人们可能审美疲劳，需要长短调节一下。但从科学规律来看，人们的审美最终还是会回到极简时代。畅销中外的名著说明了这一点。如《红楼梦》《三国演义》《西游记》《水浒传》《飘》《红与黑》。当下的书名越来越长，与网络时代的阅读有一定的关系。

6. 封面版式，耳目一新

图书内容为王是不错，但书卖一张皮，好的封面，会让一本书增加很多的附加值，有时甚至会决定一本书的命运。好的内文形式、好的装帧设计，也会使图书再上一个台阶。如《藏地密码》一书，作者本人颠覆了传统书籍的设计理念，粗野的线条符号，扭曲的文字编排，沧桑的人物表情，神秘的宗教法器，作者手绘的旅行线路，防止书页脱落而备的装订孔，与其他旅游书相比，完全别具一格。目前图书更有礼品化的趋势，很多图书都十分重视图书的用纸、色调及内文的编排。当然，不同的图书则有不同的审美要求。如女性读物，需要散发着一种温暖与清新；少儿的图书，则需要色彩的冲击力，甚至一种多媒体的配合。小说则只需要几幅插图，科学读物需要配以说明的图表。

7. 全面营销，兑现初衷

俗话说，好酒也怕巷子深。再好的图书，在目前买方市场的情况下，图书品种泛滥，如果没有好的宣传营销，恐怕也会束之高阁了。编辑要取信于作者，就要让作者的劳动价值充分体现出来；编辑要体现自己的价值，也要让付出了心血和劳动的成果得到读者的承认；编辑要树立自己在出版社的地位，更要让自己精心策划、精心编辑的图书效益最大化。因此，编辑要主动参与图书的营销活动，并在其中总结经验。对于编辑参与营销活动，不同的社有不同的要求。有些社要求编辑写出营销的文案；有些社要求编辑向本社的发行进行内部推广，帮助发行熟悉本社的图书；有些社要求编辑对所编辑的图书提炼出最简明扼要的宣传语和广告语；有些社还要求编辑写出书评、消息，或者找作者提供上述稿件。总之，作为图书的责任编辑，应积极主动协助营销和发行人员做好宣传工作，扩大图书的影响力。我在出版社担任二月河的长篇历史小说《雍正皇帝》的责任编辑时，在出版社的支持下，通过召开研讨会，撰写书评，到市场上打假，起诉侵权出版社，刊登广告等一系列营销方式，让名不见经传的二月河成为闻名海内外的历史小说作家。

（在中国编辑学会编辑培训班上的报告，2017年1月11日）

编辑的宽容

《狼图腾》一书408页，52.1万字，但其中作者借扬克和陈阵之口，讨论狼和羊对中华民族性格的形成、对中国历史发展走向的影响的论述，足足有44页，约5万字。

作为一部长篇小说，不是通过情节、人物形象和文学语言，而是用如此长篇大论来思辨狼和羊的关系，探讨游牧民族和农耕民族的分离与融合乃至对整个历史、民族性格、民族未来的影响，这对传统的小说理论，不仅是背离，更是一次挑战。

这种小说稿件交到任何一位编辑手上，都会毫不犹豫地指出这个"毛病"直至退稿。

长江文艺出版社北京图书中心的"金三角"（金丽红、安波舜、黎波）接到这部稿子时，也曾向作者提出这个问题，希望作者删掉这5万字，但得到的回复是："不行！"

从今天看，这部缺少主要情节，至今让人认为不像长篇小说的"奇书"，从2004年出版至今，已经重印了120次，国内累计印数达400余万册。从2004年4月开始，其一直盘踞在开卷畅销书排行榜上。

这部书不仅得到了中国读者的认可，版权还销售到全世界100多个国家以56种语言出版。

从这部书受到世界人民欢迎的程度看，这5万思辨性的文字不仅没有给读者造成阅读障碍，而且从今天来看，真正起到了画龙点睛的作用——赋予了这个草原狼的故事以哲学的历史的内涵。

如果当初责任编辑坚持要删掉这5万字呢？如果作者坚持保留而出版社就退稿呢？事实上，当时的姜戎并不是什么名人，书稿交到"金三角"手上时，已经被一家著名的出版社编辑婉拒了。"金三角"提了这个建议，但作者坚持自己的意见，后来"金三角"就尊重了作者的选择，于是，我们就看到《狼图腾》一书今天的这个样子。

在出版史上,因为编辑的宽容而诞生优秀作品的先例并不少,因为编辑的固执己见而使有创意的作品胎死腹中的也不在少数。特别是对于一些并没有名气的作者,往往更会碰到这种倒霉的事儿。所以,在编辑活动中,我们应当按照已有理论来规范稿件,但对于突破传统理论、具有创见的作品,我们也应当容许作者的探索与创新。

如果没有宽容,我们就可能看不到毕加索的《亚维农的少女》,看不到凡·高的《向日葵》。如果没有宽容,我们就看不到意识流小说,看不到荒诞派戏剧。美国著名的编辑珀金斯是一个让人景仰的人物,是他总是从作者的缺点中看到优点,因而使海明威名垂青史。

当然,宽容绝不仅是一种生活态度,也应是一种职业要求。在某种程度上,宽容是一部伟大作品的出生证。

在科学技术的探索和文学艺术的生产过程中,创新是前进的动力,也是人类超越自我认知的不懈追求。

试想,如果没有人类不懈地探求科学技术的新发明和新创造,人类社会又将是多么蒙昧!如果没有作家和艺术家的不懈创新,我们的文学艺术产品世界又将是多么单调!

所以,编辑这个职业不是刀斧手,作者才是作品的主人。编辑应是一个接生婆——为人类一切有创意的书稿提供诞生的温床。

(原刊于《编辑之友》,2012 年第 12 期)

鹏城书香味犹浓
——我看深圳第二十八届全国图书交易博览会

适逢改革开放四十周年,全国图书交易博览会(以下简称书博会)第二次在深圳举办。在某种程度上来看,这是出版人以自己的形式向改革的先驱者致敬,也是以丰硕的成果向世人彰显中国出版改革的成就。我本已退出出版一线,参加书市已非工作任务,但本人有本小册子被列入了江西高校出版社即将出版的"新时期出版人改革亲历丛书"之中,将在本届书市举行新闻发布会,加上我负责的湖北省文献整理研究工程《荆楚文库》部分图书也将在书市展出并捐赠,于是我便欣然前往。

在此之前的书博会(前身叫全国书市)我大多数都参加了。无论是在南疆北国,还是在上海、北京,一届一届书博会各有千秋。此次参展,我虽属走马观花,但我还是印象深刻。

一是图书品种丰富,形式多样,集中展示了改革开放以来丰硕的出版成果,体现了出版人的情怀与担当。我本人于1987年参加出版工作,基本经历了出版改革的全过程:事业单位企业化管理→转企改制→集团化→上市。虽然,改革中还存在这样那样的问题,但出版生产力的解放则是所有人都无法否认的事实。从一书难求的书荒时代到品种过多,需要宏观调控的管理降临,均可从一个侧面看出在市场经济条件下中国出版砥砺前行的足迹和中国出版人的探索与努力。从本届书博会参展的23万种图书来看,无论是精品馆中1200多种精品图书,还是各个集团、各家出版社的展位,均是近年来出版的重点书和新书。这些出版物从内容上来看,首先,具有文化积累与传承价值的精品图书数量与规模不断增加,在国家出版基金与地方财政的支持下,很多具有文化积累价值的学术图书和主题图书得以出版。其次,出版人不断适应市场,以其优质的内容、不断创新的形式,源源不断地推出大众化图书,满足了读者的阅读需求。其中尤其是少儿出版物，其品种与规模，内容与形式，都跨入了一个新的高度。统计数据显示，连续多年，少儿出版物的品种和销售以10%以上的速度增长，成了中国图书市场中最具成长潜力的一个板块。这届书博会，少儿图书也依然占据很大的比例。在出版社开展的各项活动中，与儿童互动的节目最受欢迎。来到书市的作家中，儿童文学作家杨红樱与曹文轩是最抢眼的明星。再次，总结科学技术成果，普及科学技术知识，推动科学技术进步的专业化图书，以其紧跟科学技术发展的步伐，展示了出版人服务国民经济发展、普及科学知识的理想追求。

本届书博会与以往一样，重点是出版社展示出版成果，展现企业形象，业内沟通交流。但近年来由于新媒体的快速发展，传统出版一度让外界感到出版已经风光不再、好景不长，而从展场琳琅满目的图书，出版人相聚时充满信心的目光中，我们还是感觉到传统出版巨大的潜力。书博会上，中南传媒产业研究院与华泰证券研究所联合发布的《阅读产业发展报告（2017）》为这种自信找到了注脚。这份依据北京开卷信息技术有限公司提供的数据研究得出的结论：2017年，纸介质图书销售1800亿元，而数字阅读整体规模只有110亿元。这个数据虽然是一家之言，但说明传统出版在一定时期内还会保持稳定增长的态势，传统出版走融合出版之路还有腾挪的时间与空间。

参加书展，会见朋友是题中应有之义，寻找出版未来发展的趋势则是敏锐的出版人的重要工作。中国出版集团的展馆是我每次必到之处。这天在人民出版社展位前，正遇其社长黄书元，前日在优秀编辑评选会上我们刚刚见过，但在书市相见仍是十分热情。但见他们的展位人潮汹涌，那边正在举行毛泽东外甥女孔东梅的《毛泽东箴言》签名售书。

在"新时期出版人改革亲历丛书"的新闻发布会上我见到了很多老朋友，包括中国出版改革的设计者与实践者柳斌杰老署长、丛书编委会主任聂震宁、生活·读书·新知三联书店的负责人樊希安等一众朋友。发布会上主持人突然要我发言，好在此类应景话我随口则来，未有出现冷场。

二是重视阅读推广，创新阅读方式，引领阅读方向。本届书市与以往不同的是，实行"展销结合，双效统一"，书博会开幕第一天就开始售书。这天开幕式尚未举行，我便见不同年龄的读者拎着颜色各异的袋子，在展场内穿行，在摊位前驻足，寻找自己中意的图书。同时，在深圳书城罗湖城、南山城、中心城、宝安城、龙岗城，统一开展8.8折让利销售活动，将书博会由业内交流扩大到成为读者"家门口的盛会"。另外，150余位专家学者在现场或者到书城与读者沟通交流，很多熟悉的老朋友，如曹文轩、李潘等来到了深圳进行图书推广活动。与以往一样，第十一届"读者大会"隆重举行。曹文轩、康震、欧阳应霁、路内、韩战钢等以主题演讲等形式与现场近千名观众分享个人写作、阅读体验。《中国新闻出版广电报》的传统保留节目"全民阅读'红沙发'系列访谈"，先后举行了多场活动。那些在乡村坚守农家书屋的管理员、那些身处底层坚持阅读的读书人，一个个感人的故事在"红沙发"上娓娓道来。"新时代，新阅读"是本届书博会的主题，在展馆内出版人和读者兴奋的眼神中，我似乎找到了答案。

三是本届书博会最大的一个亮点，是体现了出版融合发展的新成果。无论是"全民阅读推广新媒体峰会"，还是评选"大众喜爱的50个阅读微信公众号"，处处都看到新媒体、新技术在出版上的运用。当进入一号展馆，映入我眼帘的，除了那些闪闪烁烁的大屏幕和风格各异的一家家出版单位的展位，便是一个黄色的小房子——简阅·24小时智能书店。无论是参展的出版人，还是读者，都驻足或者到店中感受智能化的购书环境。这个智能书店通过AI和传感器融合等技术，实现基于图书场景下的不同需求定制，满足了读者自助智能结算、混合零售线上业态和全数字化运营管理等功能；"无人书屋"集图书展示、购买、借阅、归还等功能于一体，读者通过扫描书屋上的二维码即可10秒钟完成整个流程操作，感受全新的阅读体验；自助收银处2秒钟轻松买单，省去购书结账排队等繁琐过程。与此同时，全国第一座全方位多维度高端智能书城——深圳书城龙岗城盛大开业。机器人导购、3D智能导航系统等等，让参加本届书博会的出版人和读者深感震撼和兴奋。在简阅书屋的前面，有"以书筑城，以城筑梦"的企业理念，或许这昭示了深圳人在改革开放四十年之际构建文化新场域，将文化与科技有机结合的理想。

同时，参展商也将"互联网＋"新模式搬进展场让读者体验。如重庆出版集团推出线上到线下"现场体验、线上购书"模式，参展的278种新书，每种现场仅摆放1~2本，每本图书上都贴有专属二维码，读者可通过扫描二维码直接下单购买。

"互联网＋"时代智能化的融合发展之路，在不少图书的制作上得到充分体现。湖北科技出版社的《续梦大树杜鹃王——37年三登高黎贡山》

这本博物学图书,采用了影像、声音以及 VR 技术,将自然情境与探险过程,通过虚拟技术再现,开创了科普图书的创新之路,得到了自然文学作家刘先平的肯定。

融合发展是书业近几年内的重要主题和变革方向,也将成为书业新的发力点。"互联网+"时代,网络成为经济社会运行的基础设施,融合发展则成为产业发展的新常态和新引擎。无论是从涵养文明的角度,还是从提高国家文化软实力的高度,与智能化融合发展都是书业自身的需要、发展的必然。十分巧合的是,以色列历史学家尤瓦尔·赫拉特的《今日简史》在书博会上的首发,为思考智能时代人的核心竞争力指出了方向。

(原刊于《中国出版》2018 年第 15 期)

我的出版实践与观察

问话者：湖北大学文学院出版专业教师张晓蒙博士

回答者：湖北省编辑学会会长，原长江出版集团总编辑，长江文艺出版社社长周百义

1. 周老师，1987年您从武汉大学毕业后，开始在长江文艺出版社做编辑，请您谈谈：当时做出这个选择是机缘巧合下的决定呢，还是说早已心有所属？

答：1987年我从武汉大学毕业后，到何处去工作，当时面临着很多的选择。上学前，我已是河南省潢川县文联主席，是带着工资来插班上学的。单位希望我回去，我通过反复"陈情"，单位最后同意放我的档案。当时我是系里毕业分配委员会的学生代表，我知道有单位找学校要人。当时北京需要人，但要没有结婚的，我当时已经成家并且做了父亲。所以，我做好了各种准备，要么回河南去，要么留在武汉。当时担心没地方去，毕业前我在郑州已经找好了省教育厅的一家报社，他们已同意接收我。不过，按我自己的打算，是希望留在武汉。毕业前夕，经过武汉长江大桥，看着长江两岸的万家灯火，心中突然涌出一种十分眷恋的暖流。后来果然有武汉的很多单位来学校要人，如报社、电台、电视台。当时湖北日报社要人，按我当时的情况是可以去的。我专程到报社去看了看，我没有进去，围着报社的大楼转了一圈。当时这儿还很荒凉，报社大楼四周一片荒地，半尺高的茅草，盖住了我的双脚。我想，这可能就是我将来要来工作的地方了。结果，系里告诉我，长江文艺出版社来学校要人。原因是他们虽然从学校进了一个研究生，结果这个研究生只待了不到一个月，又离开了。在我的内心，我是希望到出版社去。在读书之前，我在县委宣传部新闻科做过两年的新闻干事，我对中国新闻的现状及其可以发挥的作用是太

了解了。另外，在读书前，我已是河南省作家协会会员，写过一些文学作品，出版过一本书，与出版社、杂志社有过一些交往。在我的心目中，编辑工作是一件十分神圣的事业。当年写作时，编辑给我的来信，哪怕是只言片语，我也保留至今。

2. 您的个人文集《周百义文存》于 2014 年出版，里面既有收录您的文学作品，也有您对出版业的一些思考。虽然我们熟知的是您作为出版人的身份，但您觉得自己更像一个作家还是出版人呢？

答：我自己也没有想到，今生会是以一个出版人的身份留在这个世界上。到武汉大学我读的是"作家班"。我们考试时先交作品，作品算一半分数，考试算一半分数。因此，我们班里的同学个个都有写作能力。入校前，我出版过一本短篇儿童小说集，所以，我入学时的分数在我们班里是最高的。但是，同学们都很努力，上学的两年时间里，他们都发表了不少作品。我不敢懈怠，争分夺秒地读书写作。毕业后的一段时间，在当编辑之余，我的创作出现了一个井喷状态，一年里发表了很多篇小说。后来，我又开始从事文学批评，写了一些作家作品评论。再后来我又开始做古籍整理。在出版社工作 4 年后，承蒙领导厚爱，将我调到了湖北省新闻出版局，负责全省的出版社管理工作。

在出版社的 4 年里，是我写作的一个高峰期。但来到政府机关后，一是日常事务多；二是我这人干一行爱一行，或者说觉得干什么都不甘人后。因此，我将主要精力放在了行政工作上。1995 年，我回到了出版社负责，又觉得肩上的担子很重，一个社几十号人的吃饭问题，还有领导的信任问题，如何把出版社办好的问题，我不能每天还去惦记着写什么，只能放弃了自己的文学爱好。偶尔有一点创作的冲动，但很快被繁杂的日常事务给淹没了。人的一生，在一定程度上，环境决定了你的发展方向，除非，你觉得你在某一方面有特殊的才能，排除外界的干扰，心无旁骛地做自己喜爱的事情。否则，你只能随波逐流。

当然，从出版的角度来看，具有一定的写作和鉴赏能力，对于做好出版工作还是大有裨益的。对于一部作品的评价，我不仅有理论的判断，还可以从一位写作者的角度对作品的优劣得失做出判断，甚至，可以用我在创作实践中取得的经验，帮助作者提高作品的质量。在这方面，我做了很多的工作。因此，我是一个出版人，创作上我只能算是业余作者。

3. 作家二月河去年年底去世,《雍正皇帝》作为他的代表作之一,也是您作为责编的首次组稿作品,您和二月河先生 30 年的友谊也给读者带来了很多优秀的作品。那么您是如何看待编辑和作家之间的关系的?

答:编辑与作家的关系,应当是相辅相成的关系。优秀的编辑,能够成就优秀的作家;优秀的作家,又会成就一位编辑的事业。中外出版史上,这种编辑与作家互相促进、互相帮助的事迹已有很多。如叶圣陶在商务印书馆负责《小说月报》时,发现了尚在法国留学的巴金创作的中篇小说《幻灭》。当时巴金还是一个没有任何名气的文学青年,他原本希望能够为商务印书馆翻译一些作品来自费出版这本书。结果叶圣陶看了稿子后,认为巴金写出了一战之后上海青年理想破灭之际的情景,具有时代性和典型性,不仅在《小说月报》上刊载,还为其出版了单行本。受此鼓励,巴金后来写出了《寒夜》《家》《春》《秋》等一系列优秀作品。而巴金后来从事编辑工作后,又大力扶掖文学青年。曹禺创作的话剧《雷雨》,因为负责的编委不看好,在郑振铎和靳以主编的《文学季刊》放了半年而没能刊载。后来稿子到了巴金手上,巴金凭着他的艺术鉴赏力对《雷雨》给予了很高的评价,这部话剧因此才得以与读者见面。因此,有人认为,叶圣陶是巴金的伯乐,巴金又是曹禺的伯乐。到了"文革"后,河南作家张一弓将创作的中篇小说《犯人李铜钟的故事》寄到巴金担任主编的《收获》,巴金顶着压力,刊载了这部反映上世纪河南信阳地区大饥荒时代的小说,而从此也成就了作家张一弓。

还有如美国斯克里伯纳出版社的知名编辑麦克斯韦尔·珀金斯发现与培养菲茨杰拉德、沃尔夫、海明威三位作家的经典故事,也说明了编辑与作家关系的重要性。珀金斯以自己的敬业与专业精神,发现了作家的创作才能,并帮助他们完善作品,顶着各方压力,坚持要出版菲茨杰拉德的第一部长篇小说《时间与河流》,因此为美国文学史和世界文学史奉献了优秀的作品。而同时,三位作家的作品获得成功,也使珀金斯成了编辑这个行业的明星。因此人们称他为"天才",有作家为他撰写传记并改编成电影《天才捕手》,使本来位居后台的编辑走上了前台,并在荧屏上展露风采。

我与二月河交往 30 年,我个人的体会是,无论是出版社的编辑还是作家,都要换位思考,用孔子的话说,叫"己所不欲,勿施于人"。出版社是一个要创造经济效益的企业,但不能不考虑作者一个字一个字爬格子的辛苦。如果出版社从作家的作品中获得了效益,一定要考虑作家的利益。我们主动将二月河的每千字25元的稿酬改成6%的版税，从表面来看，出版社多支付了上百万元，但出版社赢得了作家的信任，将作家的作品留在了出版社，反过来又给出版社带来了更大的效益。当然，当初我们主动将二月河的作品的稿酬改为版税支付时，并没有想得到作者什么额外的回报，我们是凭着一种朴素的做人做事的原则来处理与作家的关系的。这也应了中国的一句俗话："种瓜得瓜，种豆得豆。"

4. 由您主持的《二月河文集》《张居正》等历史小说均收获了不错的反响，像这些既能够取得较好的经济效益又能成为经典的历史小说一般较少，您在主持这些历史小说出版的过程中有哪些考量？

答：一部历史小说能否成功，并且成为经典传之后世，一般要有三个要素。

一是题材的选择。中国历史有五千年，可歌可泣的故事如恒河流沙，但并不是所有的历史都适合作为故事展开的。罗贯中的经典历史小说《三国演义》，写的是东汉末年的动荡岁月，魏、蜀、吴三分天下又归于晋，波澜壮阔而又错综复杂，适合展示人物的性格。二月河的历史小说，将帝王将相作为普通人物来写，不仅写他们的政治生活，也写他们的情长理短，这就打破了新中国成立以来以农民起义英雄作为历史小说主角的政治思维，为新时期的文学画廊增添了新的艺术形象。特别是三卷本的历史小说《雍正皇帝》，改变了野史中关于雍正的负面形象，塑造了一个勤于政事、肃贪倡廉、铁面无私的皇帝形象。这就给人以耳目一新的感觉。而历史小说《张居正》，写的是明代朝政经过多年的皇帝怠政和政治腐败将致土崩鱼烂之际，张居正力挽狂澜，一手打造万历新政的特殊历史时期。

二是人物的塑造。任何一部小说，其主要任务都是要塑造出栩栩如生的人物形象，才能达到审美预期。在二月河的小说中，无论是三位皇帝，还是书中描写的文臣武将，抑或三教九流、市井平民，都有鲜明的人物性格。如《雍正皇帝》中的师爷邬思道，虽博学多才，但命运不济，得以佑助未登基的雍正夺权，纵横捭阖，有如神助；但他深谙帝王心术，雍正夺权成功之际，即隐身告退，大隐隐于市。还有小说中的仆人狗儿，聪明伶俐，调皮有趣，后来出任封疆大吏，成为雍正的干臣。

三是小说的情节与细节也很关键。小说的情节不仅是推动故事发展的关键因素，也是人物塑造的重要手段。人物的性格、故事的铺展，都要在合理的情节设置中推进。二月河与熊召政的小说，在情节的设置上都别具匠心，让读者如入山阴道上，奇花异草，让人目不暇接。小说中矛盾的冲突，一环套一环，读者急于想知道故事的结局，往往叫人欲罢不能。同时，小说的细节更为重要，作者可以根据史实进行必要的虚构故事，但有一定的依傍。细节却是营造人物血肉的重要材料，一部小说的故事再曲折，但如果没有丰富的细节，也如一个衣服架子，没有生气。而历史小说的细节的描写，却在于作者对典籍的研读，对历史知识、历史文化的把握。要塑造出特定历史环境中的人物，必须营造出那个特定时代的历史文化氛围。从典章制度到日常生活、从传统文化到风俗民情，要根据不同人物的身份，再现他们的精神面貌。

因此，我在担任二月河和熊召政的历史小说责任编辑时，是从上述三个方面来衡量小说的优劣与是否成功的。

5. 在您从事出版的这 30 多年里，中国出版业历经了多次变革浪潮。那么在图书市场环境急剧变化的今天，您能否结合 2018 年出版业发展状况谈谈目前有哪些瓶颈需要去突破？

答：如果谈到突破，就要谈到瓶颈。中国的出版业，面临着来自不同方面的压力，一方面是品种数量的不断增长与读者需求好书之间的矛盾；另一方面是数字化时代传统媒体与新兴媒体之间的矛盾。

中国图书的出版数量不少，2018 年已经达到了 53 万种，其中新版图书 20.3 万种。如果从人均来看数量并不多，但中国是一个统一的图书市场，一年有 20 多万种新书上市，一般的书店是无法陈放的。这就造成了很多新书没有上架的机会，或者说上架的时间很短。同时，这些图书很多是重复出版，或者说仅仅在形式上有一些创新，因此，图书的重复出版是中国出版的一个瓶颈。今年，出版主管部门采取限制书号的方法来控制新书品种的增加，这种管理方法是否合理还值得商榷。过去主管部门曾经宏观调控多年，一个编辑一年 5 个书号，但后来还是放开了。通过书号来解决图书质量的问题，我觉得这还是在用计划经济的手段来处理市场经济中的矛盾，短期虽然可能会有一些作用，但不能从根本上解决问题。因为很多国家的书号并没有限制，但并不影响他们能够出版优秀的作品。解决图书重复出版的问题，一是要保护原创，鼓励原创，增加市场的有效供给。二是出版单位要从自身的效益出发，适当控制品种，精耕细作，在经营思路和管理措施上进行调整。三是在中国这个庞大的市场中，对于重复出版也不要过分担心。中国地域辽阔，人数众多，一种书如果在某个区域市场做好，就会有很大的销量。因此，从全国的角度来看，有些品种重复出版，就近销售，占领区域市场，也未尝不是一种经营策略。

数字化时代传统媒体与新兴媒体之间的矛盾，将会在一个较长时期内存在。一方面，新兴媒体在不断地扩大规模，通过技术的迭代推出新的产品，争夺读者的时间和空间。另一方面，传统媒体因为认识的问题、技术的问题、体制的问题、人才的问题，在转型升级和融合发展上进展不快，尚处于摸索阶段。因此，为适应数字化时代读者获取知识和服务的变化，要加快融合发展的步伐。

关于融合发展的问题，我认为：一是出版单位的领导层要提高认识，看到新兴媒体发展的趋势与前景。传统媒体虽然还有一定的市场，而且会持续较长的时间，但是，随着数字化时代出生并成长的"数字原住民"队伍的不断壮大，此消彼长是一个客观现实。出版社要在资金和人才配置上向新兴媒体倾斜，从某些项目入手，积累经验，然后逐步扩大范围。二是要运用资本，与具有潜力的新兴媒体合作，进入新兴媒体市场。三是要密切跟踪科学技术的发展变化，特别是人工智能的不断进步，要有计划地将新兴技术用在出版的适当环节上。

当然，无论是传统媒体还是新兴媒体，都与管理者的领导能力、组织能力、战略视野有密切的关系。媒体要选拔有专业背景，懂经营、会管理的复合型人才担任出版单位的领导，这是我们中国出版当前需要重视的一个首要问题。特别是大学出版社，实行社长任期制，一个社长在出版岗位刚刚摸索到经验，积累了一些资源，结果又被换到另外一个岗位上去。这对于中国大学出版的发展是不利的。

6. 知识付费是互联网催生出的新兴知识售卖模式，传统出版业如何在知识付费的时代分一杯羹？

答：知识付费是数字化时代出版服务的一个新领域，在传统媒体向数字化转型的过程中，知识付费是一个很好的途径。传统出版业要从知识付费中取得收益，就要充分发挥自己的优势。从国内大多数的出版单位来看，都已拥有一定的版权资源、作者资源，这些纸介质上的知识如果通过一定的途径和方法，可以转化为数字化的知识付费。如北京大学经济管理学院薛兆丰教授的《北大经济学》，在得到的 App 上卖得很火，据说销售收入达到了 2000 多万元。在此之前，同心出版社、北京大学出版社先后出版了薛兆丰的《经济学通识》，遗憾的是，传统出版社没有将薛兆丰的作品搬到互联网上，而是新兴媒体将薛兆丰的作品炒火了。这从一个方面说明，传统媒体实际上是拥有自己的版权资源和作者资源的，如果通过一定的方式，是可以将纸质出版物转换成知识付费项目的。

因此，出版单位要盘点自己的版权资源和作者资源，看看哪些内容适合做知识付费，哪些作者可以做知识付费。从目前知识付费的方式看，主要有三种：一种是听书，一种是有偿互动，一种是采用AR/VR技术。这些都是在纸质作品上为读者提供增值服务，提高阅读在场体验。听书这种形式目前比较普遍。出版社可以将适合的图书请人朗读，或者用读书软件制作成音频，放在听书平台上。如知名的喜马拉雅音频分享平台，目前有4.8亿听众，听众通过付费，就可以找到自己喜欢的图书，出版单位与平台则根据听众的付费情况按照一定的比例分成。当然，出版社也可以将这种音频文件附在自己的图书上，读者通过二维码这个桥梁进入后台使用。如中国青年出版社《格兰特船长的女儿》，书上附有二维码，读者扫码后即可进入听书频道免费听作品的音频，同时还能了解图书翻译的过程，了解凡尔纳科幻经典"海洋三部曲"的秘密线索。目前更多的一种方式是出版社创办自己的微信公众号，读者通过图书或者期刊上的二维码扫码进入公众号，与后台的专家进行交流，或者听专家的解读。如重庆的《课堂内外》杂志社，在中考前夕，让读者通过扫码进入后台，与专家沟通，5天内刊物增收几千元。该公众号1年内粉丝数量增加了10倍，为杂志社每月增收几十万元。《三联生活周刊》通过中读客户端和松果App，为读者提供知识付费服务。2018年《三联生活周刊》的知识付费收入达到5000多万元。第三种方式是采用AR/VR/MR技术为读者提供增值服务。长江文艺出版社的科幻读物《侏罗纪世界》运用AR技术，通过手机扫描图片，让孩子身临其境进入远古世界，观看恐龙的一举一动。湖北科学技术出版社《医学混合现实》一书，则在AR/VR的基础上采用了MR技术。骨科医生在手术室中为病人做手术，不仅患者家属可以在室外观看手术的过程，还可以供医学院学生教学使用。同时，可以通过MR技术进行远程医疗。人民文学出版社的《朗读者》一书，是根据中央电视台同名节目改编的，图书运用AR技术，读者通过扫描书上的图片进入电视现场。虽然出版社不需要读者另行付费，但图书的定价比较高，前三册共156元。同时，这种形式促进了图书的销售，上市8个月销量突破120万册。出版社围绕本书，还延伸开发了《朗读者手账》《朗读者台历》等产品。

由于传统出版单位过去主要是从事纸质出版物的编辑出版工作，对于知识付费缺少技术和经验，出版单位需要适时引进人才，成立项目组，由小到大，由少到多，积累经验，进入知识付费领域；也可以与现有的技术公司合作，共同开发知识付费项目。武汉理工大学融合出版试验室开发的RAYS现代纸书系统，利用大数据打造了一个线上线下互动的商业模式，为出版社知识付费项目的开发提供了一个全新的平台，出版社可以与这些技术公司合作，尽快实现知识付费。

7. 在数字化环境下，新型出版技术不断出现，对编辑提出了更高的要求。您能否谈谈：编辑这一职业在现今的出版业中应当如何定位？应该具备哪些职业素养？

答：首先，我来回答你的第一个问题：在数字化时代，面对新型出版技术的不断出现，编辑这个职业如何定位？其实，无论是工业化时代的传统媒体编辑，还是数字化条件下的编辑，对于编辑这个职业的要求，基本要求都是一致的。为什么说没有什么根本性的变化呢？因为编辑的功能，就是根据读者和市场的需求，对信息或者知识（或稿件的内容）进行选择和加工。传统的编辑是做这种事，新兴媒体的编辑也是做这种事，只不过一个是在纸介质上修改与加工稿件，一个是在电脑上修改与加工稿件，两者在本质上没有任何区别。唯一的区别是互联网时代的编辑，在产品的内容与形式上，更要时刻以读者为中心，考虑读者的接受。这就是我们常说的互联网思维。

第二个问题是编辑的职业素养问题。在数字化时代的背景下，对编辑的要求与传统媒体时代相比，既有相同之处也有不同之处。相同的是，所有的编辑，都要有敬业精神，要热爱自己所从事的行业。热爱才有动力，才会发挥主观能动性。同时，无论是传统媒体还是新兴媒体的编辑，都要有一定的专业背景，为了更好地胜任工作，要掌握尽可能多的知识，做到专与博相结合。因此，无论你现在具有什么学历，编辑都要树立终身学习的态度，向书本学，向实践学，向自己所编辑的图书学。同时，编辑要动笔写写东西，具有一定的写作才能。编辑写作主要是围绕自己的工作来开展，这有三个方面的好处：一是要对所编辑的图书进行宣传推广，扩大你自己编辑的图书的影响力。二是要注意提高专业水平，便于与作者沟通。在一定程度上，作者只愿意与同一水平线上的人沟通。没有吃透作者的原意，或者没有理解作者的写作意图，作者很难接受你的意见和建议。三是写作能提高理性思维的水平,养成你不断地发现问题的意识,同时,只有动笔才能提高你读书学习的质量。当然,在数字化时代,编辑也要掌握一定的数字化技术,跟上科技发展的步伐,了解读者新的需求,以便策划出新的数字化产品。同时,如果自己能够掌握一些新的技术,利用新的数字平台进行纸质图书的宣传推广,或者制作知识付费项目,无疑会让你的工作更得心应手。

8. 前段时间电影《流浪地球》收获了 46 亿(元)票房,也带动了图书的大卖,对于这种文学作品影视化改编的模式您有何看法?

答:影视与图书互动,一直是图书市场上最好的营销模式。上世纪末,根据二月河先生的长篇小说《雍正皇帝》改编的电视连续剧《雍正王朝》上映时,因为电视剧十分受欢迎,极大地带动了《雍正皇帝》的销售。不包括盗版,仅电视剧播映期间,我社正版图书就销售了 25 万套。这应当是中国本土第一次影视与图书互动的成功典范。后来长江文艺出版社的历史小说《张居正》也被改编成了 46 集电视连续剧,虽然影响不及《雍正皇帝》,但也带动了小说的销售。因此,出版社在选择图书的稿件时,就要关注作者的图书是否被改编成了影视。因为影视是拉动图书畅销的一个重要因素。如爱情小说《山楂树之恋》一书,图书上市后并没有引起市场的关注,后来由张艺谋导演、周冬雨主演的同名电影上市,图书热销一度登上了全国畅销书排行榜。李可撰写的职场小说《杜拉拉升职记》,本来上市之初销售也很一般,由徐静蕾改编成同名电影和电视剧后,小说持续热销,并带动了同类题材小说的销售。

受到观众欢迎的影视拉动图书销售是无疑的。但是,并不是所有的影视都能拉动相关图书销售。如果影视拍摄的质量一般,或者没有很好地体现原作者的创作意图,或者上映的时间与频道不理想,也起不到拉动图书销售的作用。另外,图书和影视是否能产生共振这种效果,也取决于图书本身的质量。如果图书的文学水平比较低,即使影视在二度创作中赋予了很多新的创意,影视播映后很成功,但读者购买这本书后,觉得未尽如人意,图书同样不会热销。特别是有些小说,是作者先创作影视剧,然后再改编成小说,这种影视小说往往只有情节,没有细节和心理的描写,缺少文学感染力,虽然在影视播映期间可以多少拉动一些销售,但随着影视播映的结束,此类图书很快也会退出人们的视线。因此,无论是影视还是图书,是否互动成功,质量还是最关键的因素。

9. 市场调研是图书选题策划中的一个重要环节,直接关系到图书后期的发行情况,那么图书策划人该如何进行有效的市场调研?

答:开展市场调研,首先涉及信息的收集、分析与整理。如何收集信息,到何处去收集信息呢?我认为有如下几个方面:(1)书店(含网上书店);(2)读者;(3)媒体(包括新媒体);(4)作者;(5)数据调查公司;(6)排行榜;(7)评奖资讯。

在互联网不发达的时代,实体书店是一个重要的图书销售信息的来源。读者购买什么书,喜欢什么书,到书店去就知道了。现在虽然有网上书店,但实物的图书比网上书店虚拟的图书给人的印象还是要深刻些。在实体书店中,我们不仅可以了解图书的销售情况,还可以看到近期上架的新书的装帧设计、纸张及印刷工艺的变化,这些对于出版人而言也是要必须掌握的信息。同时,在当当、京东、亚马逊等网上书店里,你可以看到近期是哪些书在畅销,哪些书读者的留言评论最多,你从这里大致就可以知道当前图书市场的阅读趋势与读者的阅读趣味。

虽然从网上书店可以得知读者最近在购买什么书,但如果是做青少年图书或者教辅类图书,到学校去做一些调查也很必要。你可以从学生那儿听到他们对图书的评价,如他们当前最喜欢、最热销的图书是什么,他们最希望看到什么样的图书。

媒体是获得信息的一种重要的渠道。传统的报纸虽然正在式微,但传统媒体都有自己的电子报纸和微信公众号,从这些媒体上可以获知出版的信息。当然,一些新兴的媒体,如澎湃新闻、今日头条、新浪网等都有有关出版的信息,我们要保持经常浏览的习惯,形成一条线性的信息链,掌握出版的动态。

有些作者,不仅自己能够撰写著作,而且对图书市场也十分了解,编辑要逐步拥有自己的作者朋友圈,从他们那里了解写作的动态,吸取他们对图书市场的判断。目前国内还有专门的图书信息调查公司,如北京开卷信息技术有限公司。这家公司从全国的3000家实体书店、3000家网上书店获取图书销售信息,然后通过计算机进行数据处理,统计图书市场的销售动态。如果出版社从该公司订购开卷的资讯,编辑可以从这些动态信息中,了解全国不同出版社、不同地区、不同种类图书的销售数据。现在还有一些数字公司运用大数据技术和人工智能技术,通过从网上抓取关键字,分析图书市场趋势、读者阅读热点,帮助出版社进行选题策划。

除此之外,国内外的各种图书评奖信息也是编辑要关注的方面。因为获奖的图书代表了一个时期创作与出版的最高水平。编辑不仅可以从这些图书中了解图书出版的信息,还可以从中寻找到优秀的作者。

为什么我列出这么多的市场调研的方向和方法呢?因为图书选题的策划,是一种创造性的活动,每一种新书都是在前人已出版图书的基础上的一次内容与形式上的突破。希望依靠某一种信息收集的方法就可以获取到有价值的选题信息,这是有局限的。所以需要我们从事出版工作的编辑要具有"天眼","耳听六路,眼观八方",并且持之以恒,将获得的各种信息进行比较、筛选、淘汰,通过"沙里淘金",这样,才能找到我们所需要的真正有用的信息。当然,这里谈到市场调研好像很复杂,实际上操作起来,只要做有心人,我们都会"逢山开路,遇水架桥"。

(原刊于《中文论坛》第 9 辑,社科文献出版社 2019 年版)

为时代大学的成立点赞

首先,我感谢安徽出版集团对我的信任,聘请我担任客座教授,对此我感到十分荣幸,愿尽绵薄之力,效犬马之劳。

安徽出版集团成立时代大学,据我本人的了解,这是当代中国出版界以出版集团名义成立的第一所职工大学。安徽出版集团站得高,看得远,走在中国出版界的前沿,借用社会力量和集团内的优秀领军人才,创办以推动员工全方位发展为宗旨的企业大学,此举是具有示范意义与标杆意义的创新之举。

孟子云:得人心者得天下。但纵观历史,得人才者更得天下,识人才者更得先机。刘备三顾茅庐,诸葛亮鞠躬尽瘁,三分天下,死而后已,这是世人皆知的故事。我们出版界也曾有这样的成功范例,不过是在民国,那是张元济主政时的商务印书馆。

民国时期商务印书馆(有时简称商务)的负责人张元济十分重视员工的培训与发展。商务经过考试录用的员工要经过半年或一年的入职培训。从1909—1933年共办了7期培训班,培训了318人,这些人后来都成了商务的骨干。张元济还创办涵芬楼,为职工提供学习研究的场地,并资助有学识的员工出国考察,其中有王云五和胡愈之、郑太朴等人。王云五后来担任了商务的总经理,为商务的发展又创造了一个辉煌时期。胡愈之后来担任《东方杂志》的主编,新中国成立后成为我党的出版领导人。

企业持续办学的也有,如日本的松下公司就很重视员工的培训工作。

松下幸之助将"集中智慧的全员经营"作为公司的经营方针,为此,公司努力培养人才,加强职工的教育训练。公司根据长期人才培养计划,开设各种综合性的系统的研修、教育讲座。公司有关西地区职工研修所、奈良职工研修所、东京职工研修所、宇都宫职工研修所和海外研修所等五个研修所。松下的职工教育是从加入公司开始抓起的。凡新招收的职工,都要经过八个月的实习培训,才能被分配到工作岗位上。

目前,中国的出版正处于转型升级的关键时期。新的科学技术的不断迭代,对出版的内容与传播方式提出了新的要求;读者阅读方式的迅速转变,对传统出版产生了巨大的压力;出版本身求新求变的本质,也对员工提出了更高的能力期待。因此,安徽出版集团从战略考虑,成立企业大学,适应时代的挑战,涵养人才,积聚人才,培养人才,为出版集团持续发展,奠定了坚实的基础。

为此,我祝时代大学成功举办并取得如期的效果。我相信时代大学会超过张元济的时代,会与日本松下公司的研修所媲美。当然,我更希望时代大学会成为中国出版界的"黄埔军校"。

最后,我代表湖北省编辑学会,代表湖北的出版界,为安徽出版集团的时代大学点赞!

(此为在安徽出版集团时代大学成立大会上的发言稿,2018年11月19日)

林语堂教我们出版如何"走出去"

一位美国教授,年轻时因为读了一位中国作家的图书,结果喜欢上了中国文化,受此影响,他的后半生,都献给了中美文化交流。

教授姓吴,名伟克。他是美国白人,英文名 Galal Walker——吴伟克是他给自己取的中国名字。这位1945年出生的、康奈尔大学中国语言文学博士,毕业论文是研究《楚辞》的。2008年,吾子周昊到俄亥俄州立大学读书,在吴伟克先生领导的全美东亚语文资源中心兼职,我方得以认识这位中国通。

吴伟克目前是美国俄亥俄州立大学东亚语言文学系教授、美国教育部直属的全美东亚语文资源中心主任、美国中文旗舰工程主任。三十年来,他致力于中文教学法的研究,在俄亥俄州立大学东亚语言文学系建立了美国迄今为止唯一的中文教学法博士点。他根据美国人学习外语的实际,创立了"体演文化教学法"。这种汉语教学的方法,就是为学生创造一个具有中国文化氛围的环境,让学生身临其境,领会汉语的美妙。为此,他获得了中国教育部颁发的"中国语言文化友谊奖"。这是全美国乃至英语世界中第一位获此殊荣的人。

一位地地道道的美国人,为何将毕生的精力用于探讨汉语教学呢?他与中国、与中国文化有何渊源呢?其实,这位满头银发的老学者,是一位越战老兵。大学毕业后,血脉偾张的他去了太平洋彼岸的越南,在越南的丛林中,经历了血与火的考验。越战结束后,他回到了宁静的校园继续读书深造。当时,时髦和赚钱最多的专业是法律和经济,但年轻时东方文化对他的影响难以忘却,他选择了在康奈尔大学研究中国的《楚辞》。"帝高阳之苗裔兮,朕皇考曰伯庸。"楚文化的瑰丽与神秘让他陶醉其中。中国的汉字,一度是拦在他面前的一座险峻的高山,不过,有楚人"筚路蓝缕,以启山林"气概的引领,有屈原"虽九死而犹未悔,吾将上下而求索"精神的鼓舞，中国方块字这片文化高地他终于拿下了。

这位生在美国、长在美国，又在死神的指缝中溜出的年轻人，念兹在兹的中国文化，肇始于他少年时的一段经历。那是一个偶然的机遇，他从同学家里看到了中国作家林语堂用英语写作的作品。比如《吾国与吾民》《生活的艺术》《快乐的天才：苏东坡》等。他沉溺其中，林语堂的作品让他看到了一个自己不曾了解的广阔世界。吴伟克说："我一直都很钦佩中国文化对世界文化的巨大贡献。我希望更多的美国人与我有同样的认识。"

林语堂影响了年轻的 Galal Walker，他后来成了吴伟克。实际上，林语堂用英语写作的一系列介绍中国文化的作品，不仅影响了一大批美国人，在一定程度上，改变了西方世界对中国人片面、偏执而怀有偏见的看法。

林语堂决定向西方人介绍中国悠久的文化肇始于赛珍珠——这位出生在美国但成长在中国的传教士的女儿。她是美国历史上较早获诺贝尔文学奖的作家，但她获奖作品的内容却是写中国农村生活的长篇小说《大地》。

这位呼吸着中国空气，喝中国水，接受中国私塾教育长大的美国女子，对中国有着深厚的感情，当她看见美国图书市场上充斥着所谓的"中国通"写作的以揭露中国丑陋习俗为卖点的作品时，十分气愤。这位对中国有着特殊感情的作家在上海的一次宴会上邂逅了林语堂，两人一拍即合，她要林语堂写一本全面真实介绍中国文化和中国人精神世界的作品。此时，正在追求赛珍珠的美国出版商、她后来的丈夫——美国庄台出版公司（The John Dey Company）的老板华尔希（Richard J. Walsh）也来到了上海，欣然接受了林语堂的计划，并催促早日完成。正在主编《人间世》并为《论语》写稿的林语堂，放下手上的工作，全力以赴地投入《吾国与吾民》的写作，仅仅用了一个多月的时间，就完成了书稿。

《吾国与吾民》是一本介绍中国文化的通俗读本。作品用温婉而又幽默的笔调，在中西文化的对比下，介绍一个真实而又有趣的中国人的精神世界和生活情趣。书中写到了中国人的性格、心灵、理想、妇女生活、社会、政治、文学、艺术。1935 年 9 月，《吾国与吾民》在庄台出版公司出版，4 个月的时间内，重印了 7 次，登上了畅销书排行榜。西方人在中国人的辫子和小脚之外，终于看到了有近 5000 年历史的中国人美好的一面。

很快，这本书被译成了多国文字，整个西方世界，第一次了解了这个用英文写作的林语堂,也从他的书中看到了一个真实的中国。

1939年,中国的抗日战争正处于艰苦卓绝之时,林语堂在《吾国与吾民》的修订本上又增加了"中日战争之我见"一章。他预见到日本必败,中国必胜。他为中国抗战鼓与呼——从外宣的角度上来看,林语堂的影响力是巨大的。当时,中国人要想在《纽约时报》上发一个"豆腐块"都不容易。而林语堂不仅接受《纽约时报》记者采访,强调日本必败,而且在读者来信专栏,一连发表了五封来信,毫不客气地批评美国政府向日本销售石油、军火,支持日本杀害中国的妇孺,呼吁美国政府要有政治策略。珍珠港事件后,美国政府才认识到对中国的援助太少、太晚。

接着,林语堂去了美国和欧洲等地居住,又写了一系列介绍中国文化的英文著作:《生活的艺术》《孔子的智慧》《老子的智慧》《中国印度之智慧》《苏东坡传》《武则天传》《英译重编传奇小说》等等。

当时,美国刮起了一股"林语堂热",其热度不亚于好莱坞的当红明星。据林语堂的女儿林太乙说,正在美国的林语堂收到了数以万计的读者来信,各种社团组织邀请他去演讲,书评家普雷斯科特在《纽约时报》上撰文说,读完林语堂的书之后,"令我想跑到唐人街,遇见一个中国人便向他深深鞠躬"。

这其中还发生了很多有趣的故事。

一个叫西登·皮尔顿的19岁澳大利亚士兵驻守新加坡,日军攻来时,他被俘虏了。上囚车之前,匆忙之中他仅仅抓到了一本书——林语堂的《生活的艺术》。头几天,他每天把书拿出来三四次,仔细端详,封面、装帧以及封面上的图案,每一根线条,每一块色块,每一个符号。在铁丝网中,看守的眼皮下,这本书给他带来了前所未有的慰藉,或者说仅有的幸福。他不希望这种幸福过快地被稀释,他没有继续往下看书中的一字一句,他决心珍惜这美好的一切,像情人的来信,像手中的最后一个铜板,像大饥荒来临前最后一顿晚餐。直到一个晴朗而又美丽无比的黄昏,他才郑重地打开书的正文。他仔细地研读扉页和前面的环衬,序文他分了三次才读完。接下来的两晚,他只读了三页半的目录。到了第二个周末,他才看到第十一页。书中的每一组词语,每一个句子,他都要琢磨半天。

他从书中听到了中国瓷器在煮茶时的碰撞声,听到了煮茶时水的沸腾声,他感受到了芬芳的茶香留在舌尖上的滋味,雪中蜡梅的缕缕暗香。这时,集中营中非人的生活,对他来说,仿佛无关紧要了。后来,很多人死于非命，但他靠着《生活的艺术》的精神营养，坚强地活了下来。

后来，日本投降了，他把自己在集中营中的故事写了出来。

林语堂的书被翻译成西班牙文后，南美洲有了很多粉丝。一位贵妇人买了匹名马，为了表达自己对作者的热爱，他将这匹马取名叫"林语堂"。于是，这匹马参加比赛的消息不断登上巴西报纸的头版："林语堂参加竞赛""林语堂名落孙山"……

有位女粉丝，本身是个交际花，林语堂过去也认识她。有天林语堂的太太廖翠凤出去买菜了，她就趁机跑到林语堂的家里，坐在书桌上，一个劲地用言语挑逗林语堂。还有一次，林语堂全家出游，一位30多岁的女粉丝认出了他，竟一直尾随他们一家。林语堂急中生智，只好租了一条船划到河心，岂知粉丝脱了个精光，一丝不挂地跳进河里，随着他们租的船伴游。

林语堂在全世界大火，以至于让国内的很多文人都生出嫉妒。嫉妒有什么用呢？用人家林语堂自己的话说，他是"两脚踏中西文化，一心评宇宙文章"。人家的本事就是对中国人讲西方文化，对西方人讲中国文化。说得雅致点，人家学贯中西，才会讲好中国故事。

林语堂的作品究竟好在何处？评价最为准确的当是赛珍珠。她在《吾国与吾民》的序中写道：

> 它实事求是，不为真实而羞愧。它写得骄傲，写得幽默，写得美妙，既严肃又欢快，对古今中国都能给予正确的理解和评价。我认为这是迄今为止最真实、最深刻、最完备、最重要的一部关于中国的著作。

所以，希望"走出去"向外邦讲中国故事的同仁，想想人家林语堂怎么做就行了。林语堂在《吾国与吾民》的扉页上引用了孔子的一句话，用在这儿也很恰当：

> 道不远人。人之为道而远人，不可以为道。

（原刊于"出版六家"公众号，2019年7月31日）

《荆楚文库》编纂出版大事记

(2013年12月6日—2018年5月9日)

2018年5月9日，《荆楚文库》第一批图书89种116册图书在汉首发。时任湖北省委书记、《荆楚文库》工委会、编委会主任蒋超良，省长、《荆楚文库》工委会、编委会第一副主任王晓东等领导，参与《荆楚文库》编纂的部分专家学者，见证了这个展示阶段性成果的重要时刻。回首近四年来走过的道路，如在眼前。

2013年

12月6日，湖北省新闻出版局出版管理处根据张良成局长的要求，拟出《关于组织实施〈荆楚文库〉出版工程的报告》初稿，对编辑出版《荆楚文库》的重要性、紧迫性、可行性进行了阐释，并附有《荆楚文库》编纂方案、《荆楚文库》编辑出版预算草案、各省文库一览表。方案中，提出了组织机构建设的初步意见，建议成立专家委员会、编纂委员会、出版委员会，并提出了初步的预算草案，预计总投资7200万元。

12月6日，湖北省新闻出版广电局向时任湖北省委书记的李鸿忠呈报专函，将《关于组织实施〈荆楚文库〉出版工程的报告》附上。在专函中，简要说明了组织实施《荆楚文库》编纂出版的重要意义，外省古籍整理的做法、我省古籍整理的现状，特别说明湖北编纂出版《荆楚文库》有"较好的基础和条件"。

12月17日，时任省委书记的李鸿忠在湖北省新闻出版广电局送呈的《关于组织实施〈荆楚文库〉出版工程的报告》上批示：

> 请国生、晓东、汉宁、生练同志阅。编纂出版《荆楚文库》，功在当代，利在千秋，影响深远，这项工作一定要组织抓好。请省政府

统筹研究省新闻出版局提出的方案,予以推动。我也参与。

呈罗书记审示。

2013年12月17日

原省委书记罗清泉同志在阅读了省新闻出版广电局的报告及鸿忠书记的指示后,次日即用毛笔小楷写了封专函。

请鸿忠同志阅示。完全同意鸿忠同志关于《荆楚文库》的重要批示;楚文化是中国传统文化的重要组成部分,湖北是楚文化的发祥地,编纂《荆楚文库》,在湖北文化史上前所未有,这不仅是建设湖北文化强省的重大基础工程,也将对我国文化发展有重要的意义。正如鸿忠同志所指出的:"功在当代,利在千秋,影响深远。"我坚信,在省委、省政府强有力的领导下,《荆楚文库》必将成为一部传世珍品。

2013年12月18日

王国生省长在呈批件上两次批示:

请汉宁、生练同志落实。

2013年12月17日

良成同志:完全赞成老书记和鸿忠书记意见,按两位领导的要求推进,政府大力支持。

2013年12月25日

除此之外,时任常务副省长王晓东、省委宣传部部长尹汉宁、分管文教的副省长郭生练都做了相应的指示。

2014年

3月12日,省新闻出版广电局向省委督查室上报《关于〈荆楚文库〉项目有关情况的报告》,主要说明筹备工作进展情况。

4月15日,中共湖北省委办公厅以鄂办发〔2014〕16号文下发了《省委办公厅、省政府办公厅〈关于成立《荆楚文库》工作委员会和编纂出版委员会的通知〉》。通知下发到全省地、市、州和省军区党委、省委各部门、省级国家机关各委办厅局、各人民团体。文件明确了《荆楚文库》工作委员会和编纂出版委员会的组成人员。书记李鸿忠担任工委会、编委会(简称,下同)主任,省长王国生担任第一副主任,宣传部部长、分管的副省长担任副主任，有关厅局的一把手担任工委会成员。编纂出版委员会另设总编辑、副总编辑。资深历史学家章开沅、冯天瑜担任总编辑，省新闻出版局局长张良成，省文史馆馆长、历史小说作家熊召政担任副总编辑。编委14人，其中包括：刘玉堂、赵德馨、邱久钦、周百义、宗福邦、郭齐勇、陈伟、陈锋、周国林、朱英、彭南生、阳海清、周积明、何晓明。

工委会下设办公室，办公室设在湖北省新闻出版广电局。张良成同志兼任办公室主任，马莉、何大春、李耀华、周百义同志为办公室副主任。编纂委员会下设编辑部，周百义兼任编辑部主任，周国林、胡国祥为编辑部副主任。

4月29日，张良成同志就《荆楚文库》工作开展召开了一个小范围的会议，巡视员马莉、图书管理处处长胡国祥、编辑部主任周百义参加。张局长要求近期成立编辑部，制定编纂方案、工作方案，向财政厅上报资金预算等。

当初，按照省局图书管理处处长胡国祥同志的设想，编辑部的人选除了出版社的几位同志外，还有几所大学的老师，但后来，大学的老师表示他们手头都还有研究项目，只有出版社的几位退休同志可以专职来编辑部工作。第一批来编辑部工作的同志是：冯芳华、李尔钢、蔡夏初、邹华清、易学金、王皓、李立，后来窦鸿潭、邹典佐、胡瑾、朱金波、黄晓燕也相继来到编辑部工作，再后来有些同志因工作变动又离开了编辑部。

为加强编辑部的领导，省新闻出版广电局先后派胡磊处长、主任科员梁莹雪同志来到编辑部工作。

5月13日，召开了第一次编纂出版工作会议。会议由分管副局长马莉主持，各出版社负责人，编辑部部分成员参加。张局长讲话强调编辑部正式成立，确定办公地点、财务管理、编纂方案制定等。周百义同志则强调《荆楚文库》出版的意义，希望各社予以支持，并就有关措施的落实，机构的成立，以及近期的任务进行了安排。

6月9日，编辑部召开了第一次会议。会议的主要内容是研究《荆楚文库》编纂出版方案。周百义同志主持会议，总编辑冯天瑜教授，编辑部副主任周国林，编辑部副主任、省局图书管理处处长胡国祥等出席了会议。冯天瑜教授认为《荆楚文库》的"基本框架结构很到位"，可以分为甲、乙、丙三编，其中方志要单独列为一编，要尽量利用已有的研究成果。外籍人士，如张之洞、胡林翼、李瀚章、李白、苏东坡、李贽等，主要搜集他们在鄂期间的著作。在文献编中，是否按照经、史、子、集的顺序来编纂，需编委讨论后再做决定，暂按时间顺序来处理。

考虑到编辑部刚刚组建，编纂体例与方案需要及时协商沟通，前期编辑部每周召开一次例会，会后下发一份《编辑部会议纪要》。纪要对所研究的主要事项用文字记录保存。

6月25日，省新闻出版广电局向省政府上报《关于〈荆楚文库〉编纂出版经费预算的请求》，初步预算需要20495.5万元。

7月18日，《荆楚文库》编纂出版工作启动会议在东湖宾馆洪湖厅召开。省委书记李鸿忠、省长王国生、常委副省长王晓东、省委宣传部部长尹汉宁、副省长郭生练出席了会议。省长王国生主持会议。《荆楚文库》工作委员会有关单位负责人，编纂出版委员会委员，编辑部全体成员，各出版社负责人参加了会议。会上冯天瑜先生汇报了"关于《荆楚文库》编纂出版的设想与建议"，总编辑章开沅，副总编辑熊召政，编委、教授赵德馨、阳海清、周国林，工委、省财政厅厅长王文童等分别作了发言。

接着，时任省委书记李鸿忠发表了即席讲话。他谈了三点意见：一是要充分认识《荆楚文库》编纂出版工作的重大意义；二是齐心协力把《荆楚文库》打造成传世精品；三是为《荆楚文库》编纂出版提供有力保障。他强调，"不惜花费巨资，不惜投入大量人力，不惜坐十年、二十年冷板凳"，一定要把《荆楚文库》编纂出版工作做好。并指示："以省政府的名义，专门为《荆楚文库》编纂出版出台政策。关于经费问题，我们要出台专门文件，请你们提出具体细致的建议。"

王国生省长总结时强调，要按照鸿忠书记的要求，从建设文化支点的角度来看待《荆楚文库》的编纂出版工作，要"大题大作"，"要事要快办"。荆楚文化属于整个中华民族，这个工程应该成为国家工程。三是为《荆楚文库》做好服务工作，制定一些政策。

会上，省财政厅厅长王文童表示：省财政厅一定不折不扣地落实省委、省政府的要求，有求必应，要钱即给；同时，当好"账房先生"，算好账，管好钱，用出效益。

7月30日，《荆楚文库》编辑部召开会议，主要内容是书目遴选工作的论证，以及编辑部相关管理制度的落实。冯天瑜、张良成、马莉、胡国祥、周国林及编辑成员参加了会议。周百义汇报了当前工作进展情况后，冯天瑜先生提出如下意见：一是方志编要尽快起步。二是要发掘更有价值的非传世文献，将出土文献和研究类放在一起集中展示。三是要充分利用已有的研究成果，集中搜集存目。四是对重要的湖北文人的文集如何收录应有个方案、标准。五是适当收纳海外、港台研究湖北的文人和学者的著述，壮大编辑队伍。张良成局长要求编印反映日常工作的动态简报，发布启动公告，编辑部的有关资料要妥善管理。

8月15日，《荆楚文库》工作委员会办公室向工委会各成员单位下发了《关于认真落实〈荆楚文库〉编纂出版工作会议精神的通知》，强调各有关单位采取措施落实启动会上李鸿忠书记和王国生省长等的讲话精神。

省委办公厅以"鄂办通报〔2014〕第87期"下发《李鸿忠同志在〈荆楚文库〉编纂出版工作会议上的讲话》。通报主要是根据李鸿忠同志的讲话录音整理。

8月15日，请文史专家、《湖湘文库》编辑出版委员会副主任夏剑钦介绍《湖湘文库》的编辑出版经验。

9月9日，省财政厅专函回复同意湖北省新闻出版广电局开设《荆楚文库》编辑部银行账户。

9月10日，《中国新闻出版广电报》《光明日报》《湖北日报》刊登《荆楚文库》启动公告。公告由周百义同志执笔，先后征求了熊召政、冯天瑜先生的意见。公告曰：

> 三楚八百年，风骚到如今，一江行万里，于斯多才俊。郭店竹简，记三坟五典。随州编钟，奏六律五音。东坡赤壁，歌大江东去；黄鹤楼头，唱玉笛梅花。昔武昌首义，乾坤再造；今荆楚大地，九天流霞。盛世修书，躬逢其时。《荆楚文库》，典藏古今。以文化人，慎终追远；选精遴粹，绳其祖武。特此公告，惟彰其始。"文库"千秋，兹事体大。吾等切切，仰各界贤达，荐书赐教，巨细皆纳。共襄盛举，振我中华。

9月23日，省档案馆、武汉大学、华中师范大学、湖北大学分别交来本单位《关于〈荆楚文库〉编纂工作实施方案的报告》。报告都谈了如何更好地执行省委、省政府关于《荆楚文库》编纂出版工作总体部署，落实《荆楚文库》编纂出版工作会议精神，结合学校实际所采取的具体措施，主要包括组织落实、制度落实、提供保障条件等内容。

10月8日下午、晚上及14日下午，《荆楚文库》编辑部分两次召开会议，集中论证文库书目初选稿。总编辑章开沅、冯天瑜、张良成，巡视员马莉及编辑部全体成员出席会议。会议就《荆楚文库》五个专题分别进行论证。李尔钢负责先秦至明代部分书目；邹华清负责清代部分书目；民国部分书目由蔡夏初负责；方志办司念堂编审牵头负责方志编书目（说明：初期方志编书目的编纂交由省方志办负责，后期交由易学金负责）；研究编由冯芳华、易学金负责。各位负责的专家就本人负责部分的书目编纂情况作了汇报，与会人员就此展开讨论。周百义同志针对大家的讨论情况最后进行了总结：一是明确吸取《湖湘文库》的经验教训，书目不编号。二是文献编部分压缩的书目保留供专家讨论参考，馆藏地要补上。一个作者收录两本书的称为"某某集"，只有一部著作的保留原书名。三是方志编凡是不属于方志体例的暂时剔出。对志书的相关史料要核实。四是研究编原则上以现有研究成果为主，自主设计为辅。对书目间相近的进行合并，修订后要抓紧落实。同时要做好顶层设计，先易后难。

章开沅先生参加了10月14日的会议，在听取大家发言后，他表示：《荆楚文库》的整体框架没有问题，他结合《清史》的编纂经验给编辑部提出建议：一是顶层设计很重要，工作定位要找准。二是要胜于初战，越是领导重视、社会重视，编纂压力就越大。三是从整体部署来看，要以整理文献为主。书目遴选要贯彻"厚古薄今"的宗旨，越是古的数量越少，要多收。四是《荆楚文库》工作要有重点、有先后。

11月5日，《荆楚文库》工作委员会下发《〈荆楚文库〉编辑部工作人员待遇暂行办法》。此办法由工委会办公室主任张良成签批后，又报请《荆楚文库》工作委员会副主任、副省长郭生练批准。

11月13日上午，《荆楚文库》工委办公室主任、省新闻出版广电局局长张良成同志听取了编辑部工作的汇报。

张良成同志在听取汇报后指出，鸿忠书记对《荆楚文库》的编纂非常关注，希望能在明年看到《荆楚文库》的第一批成果出来，并对当前的工作提出了四项要求：一是搭好编辑部这个台子；二是建好《荆楚文库》的编纂出版框架；三是要建立一系列的规章制度；四是要确定好阶段性目标。

11月15日，《荆楚文库》工作委员会、省新闻出版广电局向省财政厅上报《关于说明〈荆楚文库〉与〈荆楚全书〉有关情况的函》。说明一为学术研究成果；一为出版整理成果。后在财政厅协调下划拨1000万元研究经费给《荆楚全书》项目。

12月3日,《荆楚文库》工作委员会办公室印发《〈荆楚文库〉编辑部财务管理暂行办法》。

12月15日,省新闻出版广电局、《荆楚文库》工作委员会办公室向省政府报送代拟的以省委省政府两办名义下发的《关于做好〈荆楚文库〉编纂出版工作有关问题的通知》。

12月29日,《中国新闻出版广电报》发布"《荆楚文库》编纂出版项目征集Logo及丛书整体设计方案公告"。主要面向全国征集Logo、"荆楚文库"标准字体设计及丛书设计方案。Logo被采用者最高奖金5万元,丛书整体设计方案费用20万元。

2015年

1月30日上午,《荆楚文库》编辑部在省新闻出版广电局七楼会议室召开工作会议,就《荆楚文库·方志编》书目第三稿听取专家意见。编委阳海清,华中师大历史文化学院严昌洪教授,省图书馆馆长汤旭岩、特藏部主任范志毅、副主任马志立,编辑部副主任周国林,省局图书处处长胡国祥及编辑部成员参加了讨论会。在此之前,方志编的书目主要是委托省方志办负责,因其人手不够,无法按时完成,后方志编书目的编纂工作交由编辑部易学金编审负责,书目前后修改了三稿。阳海清先生认为第三稿"书目相对准确、真实、可靠,基本是成功的",但对收录范围、标准也提出了很好的建议。严昌洪教授也认为"书目解决了前二稿的问题,收录也比较全,书目质量有很大的改进和提升",但对一些特殊的志书,如《荆州驻防八旗志》等如何收录提出了建议。当天下午,编辑部就如何落实上午评审会专家的意见召开了会议,会议讨论决定方志编书目的编纂整理仍由易学金继续承担,在第三稿的基础上进行修订,然后再广泛听取专家意见。其他各编书目在吸取专家意见后继续完善,分头召开专家会议,争取早日完成文库书目制订工作。

3月6日,根据工作需要,增补时任湖北省图书馆馆长汤旭岩同志任《荆楚文库》编纂委员会编委。

3月6日,工委会办公室印发《〈荆楚文库〉编辑部聘请临时工作人员暂行规定》。

3月17日，编辑部在武汉梨园大酒店召开《荆楚文库》Logo及整体设计应征方案评审会，来自省内外的七位专家担任评委。七位专家分别是清华大学美术学院教授王红卫、中央美术学院教授肖勇、湖北美术学院教授范汉成、武汉工业大学艺术与设计学院教授周峰、湖北人民出版社美术总监汪汉、华中师范大学出版社美术设计室主任甘建英、湖北美术出版社绘本编辑室主任敖露。后因投稿数量不多，达不到征集公告的要求，专家建议再组织专业团队，并根据选定的Logo标识进行整体的设计。后编辑部在听取专家意见的基础上，聘请湖北美术学院设计系范汉成教授团队进行整体设计，湖北美术出版社向冰团队设计Logo。上述两个团队的设计特色鲜明，经样书呈现后得到了各方面的一致好评。

3月至4月之间，编辑部同志分别到武汉大学出版社、华中师范大学出版社、武汉出版社调研。省委宣传部部长梁伟年在2015年《〈荆楚文库〉编纂出版简报》（第2期）上指示，要求编辑部提供一份背景材料。

4月17日，编纂出版委员会在东湖大厦召开《荆楚文库》书目评审会，在汉编委和有关专家学者参加了评审会。与会专家在大厦门前集体合影留念。会议由省局巡视员马莉主持，周百义同志通报了书目编制进展情况，并就"大楚"与"小楚"的界定、鄂籍人士及寓鄂人士的认定、文献编辑体例、资料收集范围等问题进行了说明。总编辑章开沅、冯天瑜作了讲话。评审会审议分为五个组：文献编分先秦至明代组、清代组、民国组、方志编组、研究编组。下午局长张良成作了总结讲话。专家们肯定了书目的整体框架，对一些具体的书目提出了补充意见。

4月22日下午，《荆楚文库》编辑部召开会议，讨论落实评审会上专家的意见。总编辑冯天瑜出席了会议，针对专家建议和书目修改达成以下共识：一是关于作者籍贯认定和著作收录标准。如程颐、程颢出生地的认定。二是关于寓鄂人士的成果认定。在湖北居住时间较长，有重要建树者，且主要著作在湖北著述，可以收录。像陆九渊，虽然在中国哲学史上地位很重要，但在鄂时间只有一年半，拟不收。三是官修史书系成于多人之手，卷帙浩繁，如宋祁的《新唐书》，拟不收；但范晔的《后汉书》，系私人修史，可收录。四是关于荆楚研究及著述，不再增加新的书目。五是有专家建议收录《山海经》，研究后再决定取舍。六是编辑体例是按"四部分类法"还是"以人系书"，各有优劣，决定仍采取"以人系书"的方法。七是后续版本校勘和版本采用问题，尽量采用已出版的权威版本。八是民国期间的期刊收入数字文库。九是经济史和经济史料类著作暂不扩大范围。同时，还有一些具体的个别书目的收录问题。

5月8日，省政府办公厅以"鄂政办函〔2015〕45号"的文件，向各市、州、直管市及神农架林区政府、省政府有关部门发出《关于做好〈荆楚文库〉编纂出版工作的通知》。通知要求各地一是要高度重视文库的编纂出版工作。二是工作委员会办公室和编辑部要明确工作职责、制定工作规则，建立完善的工作机制，确保各项工作顺利推进。三是各图书馆、档案馆、博物馆、文史馆和方志办等文献收藏保存单位要为文库编纂出版提供专业、优质、顺畅的文献保障服务。四是各高校和科研院所等相关单位要整合学术资源，集中优势力量，推荐和选派科研水平高、学术造诣深的老师积极参与文库的编纂工作，要结合实际制定具体的奖励支持措施，从优保障专家学者和相关人员全力投入编纂工作。五是财政部门要以"有效有用"为前提，对文库项目实现全额经费保障并及时拨付到位。六是凡参与文库编纂出版工作的专家，符合国家延退条件的，经批准可按规定延迟退休手续；不符合延退条件的，经单位批准可返聘使用。

5月12日，编辑部将《荆楚文库》书目送编委会成员征求意见。

编辑部先后收到黄国雄、熊承家、刘文彦、文坤斗、刘玉堂、邱久钦、阳海清、周国林、陈伟、周积明、何晓明、张建民、谢贵安、杨华、李少军、胡治洪、罗运环、徐少华、王新才、周荣、杨果、罗福惠、严昌洪、王齐洲、董恩林、李国祥、郭康松、黄长义、高介华、潘洪钢、张硕、邵学海、汤旭岩、范志毅、吴志坚、陈日红、王梅、雷家宏、刘宝俊、郭莹、赵世举等的书面审读意见。

5月25日，武汉大学国学院博士生卢冰同学来编辑部协助工作。

5月29日上午，编纂委员会在北京湖北大厦召开《荆楚文库》书目评审会。中国社会科学院副院长江蓝生，研究员陈祖武、耿云志、周溯源、汪学群、宋艳萍、张炯、余敦康、路育松，国家图书馆副馆长张志清，北京大学教授安平秋、苏培成，中国人民大学教授黄爱萍，北京师范大学教授刘家和，生活·读书·新知三联书店负责人潘振平等专家出席了会议。陈祖武先生建议：第一要把"精"字摆在第一位，认真选好有学术分量、有传世价值的精品书。第二要把眼光放远，通过文库的编纂出版，培养一支优秀的中青年编辑出版队伍。第三要戒急从缓，要尊重古籍整理的规律，尊重出版规律。第四要一炮打响，优先整理能体现湖北特色的著作。评审会由省局巡视员马莉主持，张良成局长介绍了项目筹备、启动及目前的进展情况。编辑部专家成员及湖北人民出版社、湖北教育出版社负责同志参加了会议。

6月8日，《荆楚文库》工作委员会办公室、省新闻出版广电局向省委省政府领导报告文库进展情况。省委书记李鸿忠于6月20日批示"请国生、昌尔、生练、德辉、伟年同志阅"。王国生省长于6月21日批示："工作委员会组织协调有力，编辑部及有关方面形成合力。进展情况顺利，下步工作中还是要把质量放在首位。"郭生练副省长批示："请省新闻出版广电局按书记、省长批示要求，确保文库质量。"梁伟年批示："编纂工作有成效，望继续有序地高质量出版。"

6月9日，编辑部针对北京专家评审会上的意见召开工作会议。冯天瑜教授、周国林教授出席了会议。会议就一些具体问题达成了共识：一是关于出土文物收录。银雀山汉墓虽地处山东，但其出土竹简中的唐勒赋的作者为楚人且具有重要学术价值，应收入文库。另淅川墓虽地处河南，却是楚国历史上极其重要的一环，其考古报告应当收。二是关于《山海经》是否收录，冯天瑜教授认为它描述的是当时的天下，楚地是其中的一部分，应收。但不应纳入第一批出版范围。三是关于庄子，冯天瑜认为可以收录，但在前言中要有一些说明。四是关于李斯等的作品，价值很高，应当收录，但可考虑将此一时期的此类作品汇辑成书出版。五是关于王逸的《楚辞集句》，有专家认为其中的部分篇章如贾谊的不是楚人之作应当剔除，冯天瑜先生认为王逸的著作是集成性的，为保持其完整性，应全收。六是关于昭明太子《文选》，萧统出生在湖北，作注的李善是湖北人，应收。七是关于地方志，除全部影印外，对于已有的点校本可以在审订后纳入，山水志如已有点校本则放入文献编中。八是对于民国年间本省机构创作的反映湖北的著述适当收录。九是收录文献截止时间，以1949年为限，不再变动。如熊十力、胡秋原等人可以附上其1949年后的著作目录。十是关于宗教史，有专家建议改为佛教史、道教史，分别成书。冯天瑜先生认为此建议很好。十一是关于决定采用原始的考古发掘报告代替研究综述。十二是关于收录石泉著作。十三是关于决定收录湖北方言著作。十四是关于决定适当收录湖北海外研究著作。十五是关于决定入选古籍一律点校后出版，繁体横排，出校勘记。十六是关于亡佚书，冯天瑜先生认为虽然有价值，但可缓办。现阶段只利用已有的亡佚书，不增加新的辑佚本。

李尔纲、邹华清、蔡夏初、冯芳华、易学金 5 位编审还分别报告了拟选的第一批书目。冯天瑜先生认为在注意可操作性的同时要注重两个原则：一是要选录文化史上有重要影响的名人名著；二是要选录有价值的新发现的材料，如先秦简帛、民间文书等。

7 月 23 日，《荆楚文库》工作委员会下发通知，增补了工作委员会委员。

8 月 18 日，《荆楚文库》编纂出版委员会发文，聘任冯芳华同志为《荆楚文库》编辑部副主任，聘任蔡夏初同志为《荆楚文库》编辑部总编室主任。

9 月 7 日，编辑部召开例会，就经费拨付、项目预算、装帧设计、编辑培训、方志编纂问题进行讨论，明确了下一阶段的工作。

9 月 15 日，编辑部就第一批书目的实施情况召开各出版社负责人会议。省局出版管理处副处长杨萍到会讲话。

9 月 16 日，《荆楚文库》编纂出版委员会向湖北省文化厅发去"关于《荆楚文库》方志编搜集整理的函"，明确委托湖北省文化厅所属湖北省图书馆及古籍保护中心担任《荆楚文库》方志编的搜集整理工作。

10 月 12 日，《荆楚文库》编纂委员会下发通知，周凤荣同志任《荆楚文库》编辑部副主任。

10 月 13 日，湖北人民出版社原美术编审邹典佐同志到编辑部工作。

10 月 28 日，梁莹雪同志从局机关抽调到编辑部协助工作。

11 月 2 日，《荆楚文库》工作委员会下发《关于增补梁伟年同志为〈荆楚文库〉工作委员会副主任和编纂出版委员会副主任的通知》，下发《关于增补肖伏清、刘仲初同志为〈荆楚文库〉工作委员会成员的通知》。

11 月 4 日，湖北省图书馆复函《荆楚文库》编纂出版委员会编辑部，表示同意承担方志编编纂整理工作，并成立专班，由专人负责此项工作。

11 月 6 日下午，《荆楚文库》编辑部召开第二次生产调度会。省新闻出版局副局长、工委会办公室副主任胡伟出席会议并讲话。胡伟要求各单位要做到"三专"：专人负责，专班工作，专项保障。做到"三保"：保质量，保进度，保规模。做到"三要"：要加大工作力度，要快出台关于稿酬、版式等文件，要建立工作规则和管理章程，明确财务预算，立项审核、项目验收等制度。

11月12日,《荆楚文库·方志编》成立专门机构,由省图书馆成立编纂小组,汤旭岩、阳海清任组长,贺定安、刘杰民、王涛任副组长。编纂部下设办公室、编辑工作组、数字工作组。聘请吴格、李国庆任顾问。

12月17日,在翠柳客舍二楼多功能厅召开工委会、编委会第二次会议。各出版单位负责人出席了会议。承担第一批编纂出版任务的单位分管负责人列席了会议。上午会议由张良成同志主持,周百义同志汇报编纂情况。《荆楚文库》装帧设计负责人、湖北美术学院教授范汉成介绍装帧设计方案。下午由郭生练副省长主持,冯天瑜总编辑汇报编纂出版工作。冯先生谈道,"在省委、省政府及相关部门的支持下,在章开沅等先生组成的编纂出版委员会指导下,《荆楚文库》编辑部专家遍查资料,征询各方意见,历时一年有余,数易其稿(有些甚至是第五稿甚至是第六稿),终于编出文库书目"。刘玉堂、阳海清、何晓明作了发言。省委常委、宣传部部长梁伟年到会并讲话。

梁伟年部长在讲话中高度评价了《荆楚文库》编委会、工委会及编辑部的工作,认为这是一件重要的可以载于史册的工作。他强调:一是继续做好这件具有里程碑意义的大事。二是精益求精确保质量。三是确保编纂出版工作在绿色通道中进行。会议讨论通过了《荆楚文库》编纂出版书目与装帧设计方案,及第一批拟出版图书的目录。

12月18日,《荆楚文库》工作委员会下发《关于增补胡伟同志为〈荆楚文库〉工作委员会办公室副主任的通知》。

《荆楚文库》编纂出版委员会发文,任命梁莹雪同志为《荆楚文库》编辑部办公室主任。

12月22日,第一批文库图书用纸和印刷招标。

12月22日,经与省财政厅协商,《荆楚文库》工作委员会下发《关于向华中师范大学拨付〈荆楚文库〉编纂工作经费的函》,共计拨付1000万元,主要用于配套文库出版的有关文献项目的研究与整理。

12月23日,编辑部召开文库封面讨论会。周百义、王开元、范汉成、冯芳华、蔡夏初、邹典佐等参加。大家就多人合集著作中多书名在封面上如何处理达成一致意见。

2016 年

1月12日，《荆楚文库》编纂出版委员会召开总编辑办公扩大会议，讨论并决定工委会暨编委会第二次会议中专家提出的若干问题。总编辑冯天瑜，专家张建民、周国林、严昌洪、郭康松、文坤斗、司念堂、阳海清、汤旭岩、陈锋，编辑部全体成员等参加了会议。局长张良成参加了会议并讲话。副局长胡伟、图书管理处处长周凤荣也参加了会议。

会议针对专家提出的问题，负责专家李尔钢、冯芳华、邹华清、蔡夏初分别报告了处理建议。

《荆楚文库》编辑部副主任周国林介绍了本年度内由其负责的《荆楚全书》能向文库提供的书稿情况。

《荆楚文库》编辑部副主任冯芳华介绍经费拨付办法的有关情况。

1月26日，制定《荆楚文库》编辑部档案管理制度。

2月16日，《荆楚文库》编纂出版委员会发文：因工作需要，任命胡磊同志为《荆楚文库》编辑部副主任。

2月17日，《荆楚文库》编纂委员会发文成立"《荆楚文库》编辑部武汉大学工作室"，聘请陈庆辉同志协助总编辑冯天瑜开展工作，对文献进行搜集整理，审定部分稿件，检查图书质量。

2月17日，《荆楚文库》编辑部印发《〈荆楚文库〉出版资金资助标准暨拨付管理办法》。该办法对资助标准、拨付管理流程做了具体规定。

2月22日，《荆楚文库》工作委员会办公室、省新闻出版广电局以"鄂新广发〔2016〕10号"文件形式下发《关于贯彻落实"鄂政办函〔2015〕45号"文件精神的通知》。通知要求省内各有关单位，为了确保《荆楚文库》编辑出版工作的顺利推进，一要成立专门机构，二要充实编校队伍，三要提供制度保障，四要确保抽调人员待遇。

3月4日，《荆楚文库》首批图书正式在省新华印刷厂（湖北省新华印务有限公司）开印。工委办主任张良成、副主任胡伟，编辑部同仁一起见证了这一历史时刻。

3月14日，长江传媒集团股份有限公司党委书记、董事长潘启胜召开专题会议，讨论研究《荆楚文库》编纂出版工作推进事宜。《荆楚文库》编辑部主任周百义、副主任冯芳华、编审邹华清参加了会议。承担编纂出版任务的各出版社社长、总编辑参加了会议。会议听取了《荆楚文库》编辑部关于项目进展及相关情况介绍后，各社作了表态发言，最后潘启胜董事长提出三点要求：一是要讲政治，《荆楚文库》是省委省政府重点项目，其重要性、必要性、时效性排在第一位，各出版单位要将《荆楚文库》的出版工作当作一项政治任务来完成。二是要讲实干，要加大人才引进与培训力度。崇文书局要以此为契机把古籍出版做强做大。三是要讲感情。《荆楚文库》编委会将项目交给公司承担，要不负重托，把项目做好。

3月14日下午，《荆楚文库》编辑部召开会议，通报了第一批图书进展情况，对2016年选题计划，图书的储运分发问题，首批图书首发式、责任书签订会议及编校人员培训会议等重点工作进行了部署。张良成局长参加了会议，对各位专家反映的办公条件需求等具体问题当场表示尽快解决。

3月16日，湖北省图书馆上报《荆楚文库·方志编》影印编纂工作方案。该馆组建影印编纂组，负责日常工作。馆长汤旭岩、原副馆长阳海清担任组长。下设办公室，办公室分为底本工作室、数字工作室、协调工作室。

3月23日，《荆楚文库》编辑部向工委办领导报送"关于《荆楚文库》样书发放办法的请求"。计划工委会、编委会主要领导发放全套；工委会成员、编委、工委办负责人、局领导除第一批图书外，其余送书目请其挑选；出版管理处、图书室、陈列室各送存一套。

3月30日，《荆楚文库》编辑部就目前省内各社首批图书任务完成情况下发通报。截至3月29日，各社已编校完成图书14种共21册。

4月9日，《荆楚文库》编纂出版委员会发文，增补武汉大学历史学教授张建民为《荆楚文库》编纂出版委员会委员。

4月14—15日，《荆楚文库》编辑部举办了为期两天的编辑出版业务培训班。总编辑冯天瑜先生到会作开班讲话，强调《荆楚文库》编纂出版意义重大。他介绍了文库编纂由来、选目标准、目前进展情况，认为能够参与这项工作是千载难逢。承担编纂出版任务的11家出版社的文字编辑、美术编辑、校对、出版、财务、总编室工作人员近180人参加了会议。

会议邀请上海古籍出版社社长高克勤、岳麓书社原社长夏剑钦到会作专题讲座。高克勤讲授《大型古籍丛书的编辑出版》，夏剑钦讲授《文库编辑话得失》。《荆楚文库》编辑部专家李尔纲就文献编的编辑出版，蔡夏初就民国旧籍的编辑出版、古籍编纂点校工作规范、内文版式规范，邹华清就方志编的编辑出版谈了注意事项。冯芳华讲解了图书管理规定、财务支付办法、出版流程管理规定。邹典佐讲解了封面装帧设计要注意的有关事项。

15日会议由编委会办公室副主任、副局长胡伟主持，张良成局长做了总结，并与各家承担任务的出版社负责人签订了责任状。张良成局长在讲话中指出，今天举行的责任书签订仪式，不仅仅是一次仪式，更是一种庄重的承诺。

4月16日，与省新华印刷厂签订印刷协议。第一批图书14种21册图书下厂印刷。其中包括《老子·鬻子》《楚国哲学史》等。

4月20日，《荆楚文库》编辑部制订2016年度图书出版计划，计划本年度内出版146种图书。

5月3日，省委宣传部部长梁伟年在《〈荆楚文库〉编纂出版简报》（第9期）上批示"培训班办得好"。

5月10日，与湖北广播电台教育频道签订制作《荆楚文库》相关电视节目的合同。

6月13日，《荆楚文库》编辑部在省局2楼会议室召开第五次生产调度会。各社汇报了生产进度情况，省图书馆汇报所承担的旧志整理编纂工作进度情况。各出版单位对在计划执行中存在的困难和出现的问题进行了讨论。编辑部副主任胡磊就资金的使用方式进行了说明。出版管理处处长周凤荣强调各社要克服困难，迈好每一步，在质量上把好关。周百义同志最后作了总结。

6月17日，《荆楚文库》编辑部部分成员到湖北省图书馆调研，了解旧志影印整理编纂工作的进展情况，就文献编中古籍底本的提供方式进行了协商。

6月20日，《荆楚文库》工作委员会办公室向郭生练副省长送呈"关于《荆楚文库》编辑部工作人员津贴标准的请求"。省人力资源和社会保障厅回复省政府办公厅转去的《荆楚文库》工作委员会的请示后提出以下意见："编辑部可以根据聘请人员的责任和工作业绩，参考市场价格，与其本人协商确定。"

7月19日，《荆楚文库》编辑部召开《荆楚文库》印装质量推进会，对首批图书印制工作进行总结，讨论改进措施。《荆楚文库》编辑部全体成员，美术总监王开元、装帧设计负责人范汉成，《荆楚文库》承印单位省新华印刷厂及封面用纸供应公司参加了会议。

7月21日，编辑部主任周百义带领编辑部专家到武汉大学出版社检查督导文库实施进展情况。

7月22日，编辑部一行到湖北人民出版社检查督导文库实施进展情况。

8月5日，省委宣传部部长梁伟年在《〈荆楚文库〉编纂出版简报》（第12期）上批示：编辑部抓得好。印装质量是全书质量的一部分，务必做到像编书一样精益求精，确保精品。

8月19日，《荆楚文库》编辑部召开各社负责人会议，谈落实财政厅文件，规范《荆楚文库》经费使用办法，实行竞争性谈判的具体措施。朱金波同志介绍有关费用的计算原则，冯芳华就费用计算作了说明。办公室主任梁莹雪介绍竞争性谈判的流程。

9月1日，就《荆楚文库》双语版出版事宜召开讨论会。周百义、周凤荣、王开元、胡磊、冯芳华、邹典佐、王重阳参加。后确定对外称为"荆楚文萃"。

9月1日，《荆楚文库》编辑部印发《〈荆楚文库〉编辑部财务管理暂行办法》。

9月5日，《荆楚文库》编辑部印发《〈荆楚文库〉编辑部工作人员管理办法》。

9月6日，与王开元、范汉成、邹典佐等讨论《荆楚文萃》图书及包装，要求该书要做到典雅、简洁。

9月13日，报载《荆楚文库》工作委员会、编委会主任，省委书记李鸿忠调天津任市委书记。

9月14日，湖北教育出版社在武汉大学珞珈山宾馆召开《钟惺集》整理研讨会。陈文新、罗积勇、余来明、鲁小俊等教授参加，《荆楚文库》编辑部周百义、陈庆辉、李尔钢、朱金波参加。

9月27日，省局召开重大项目推进会。周百义与会，并就文库事宜提出了要求和建议。

9月29日，《荆楚文库》编辑部召开各社联络员会议，就文库图书招标流程进行辅导。

9月30日，审看由湖北广播电视台教育频道拍摄制作的《荆楚文库·书人书事》专题片。本次共审看五集,每集十五分钟。分别围绕《茶经》《诸葛亮集》《米芾集》《本草纲目》《秦简牍合集》5本书展开。

10月19日,《荆楚文库》2016年度出版项目招标开标,省内11家出版社中标。

11月3日,中共湖北省委以"鄂文〔2016〕88号"文件下发《关于省委书记蒋超良任非常设机构领导成员的通知》,蒋超良书记任《荆楚文库》工作委员会、编纂委员会主任。

11月15日,编辑部召开生产例会,要求对收入文库的图书所撰写前言必须统一体例,对于出版社在编辑部印刷数量的基础上加印的图书,由其自行结算费用。

11月28日,蒋超良书记在省新闻出版广电局报送的《关于〈荆楚文库〉编纂出版工作的情况汇报》上批示:这是一次德政、善政工程,编好文库意义重大。

11月29日,召开专家会议讨论数字文库的建设。局长张良成、副局长胡伟、图书管理处处长周凤荣及编辑部全体成员参加会议。武汉理工大学数字传媒公司和长江出版集团数字出版公司报告文库数字化建设调研情况和初步设想。

2017年

2月6日,编辑部召开例会。编辑部各位同志汇报了本人负责的工作后,周百义主任强调:从2016年情况来看,文库图书编纂出版进度不容乐观。其原因是各社重视仍然不够,编辑人手不足。今年要采取"上下结合,定期督办,项目落实,责任到人"的措施,保证完成全年任务。主要措施是:一是召开各相关单位参加的会议,分析原因,提出要求,明确目标。二是在2016年出版计划的基础上编制2017年出版计划。三是定期召开生产调度会。四是每位专家不仅负责审稿,还要负责项目的落实。五是定期编发动态简报下发各有关单位。六是再召开一次培训会议,就审稿、编稿中存在的问题集中进行培训解答。会议还就年度工作会议筹备提出了要求。最后,编辑部副主任、图书管理处处长周凤荣对整体工作安排又进一步进行了强调。

2月16日,"《荆楚文库·方志编》编纂组"揭牌仪式在湖北省图书馆举行。《荆楚文库》编辑部主任周百义、省图书馆馆长汤旭岩、编委阳海清、省文化厅公共文化处调研员张良菊共同为"《荆楚文库·方志编》编纂组"揭牌。编辑部副主任胡磊、方志编负责专家邹华清、湖北电视台教育频道总监孙汀娟、省图书馆副馆长刘杰民等参加了仪式。

3月17日，在出版局召开文库推进工作会议，张良成局长、长江出版传媒股份公司总经理邱菊生、各出版社负责人，印刷厂、纸张公司、省图书馆、出版社分管负责人，有关编辑参加会议。周百义通报了2016年编纂出版的进展情况，湖北人民出版社、湖北教育出版社、武汉大学出版社汇报了编纂出版工作情况及做法。邱菊生讲话，强调集团内各出版社要积极做好这项工作，集团在年终效益考评时将编纂出版《荆楚文库》作为考核指标。邹典佐就封面设计提出要求，李尔纲、邹华清、蔡夏初、冯芳华分别就所负责板块的编纂出版中存在的问题做出分析。张良成局长最后做总结，要求各有关单位要高度重视《荆楚文库》编纂出版工作，要抓紧进度，保证质量，领导要高度重视，将《荆楚文库》编纂出版当作社长工程、总编辑工程来做，并且强调，如果不按时完成《荆楚文库》编辑出版工作的出版社，将对书号实行总量控制，冻结项目资助，取消评奖资格。会后，张局长的讲话整理后下发到各个单位。

4月1日，《荆楚文库·书人书事》专题片召开咨询会，景高地、胡耕、李小明参加。

4月12日，《荆楚文库·方志编》编辑部专家邹华清、湖北省图书馆特藏部主任范志毅一行8人到安徽黄山书社学习调研，与黄山书社副总编辑汤吟菲等就古籍影印的相关编校与制版流程进了交流。

4月14日，编辑部与长江出版传媒股份公司数字部、武汉理工大学数字传媒公司等讨论《荆楚文库》数字化建设如何推进。会议确定通过招标确定方案制定者。

4月17日，咨询招标公司关于《荆楚文库》数字文库招标事项。

4月27日，省委办公厅发文，新任省委宣传部部长王艳玲任《荆楚文库》工作委员会、编纂委员会副主任。

5月6日，就《荆楚文库》编辑部财务内审情况研究如何改进工作。一是拨付给出版社的款项要经过局党组"三重一大"讨论。二是会议费用报销手续要全。三是专家外出乘坐交通工具要符合现行的报销标准。

5月14日，《荆楚文库·方志编》专家评审会在湖北省图书馆召开。

《荆楚文库》副总编辑、湖北省文联主席、文史馆馆长熊召政，国家古籍保护中心办公室主任王红蕾，湖北省文化厅公共文化处处长李波，国家古籍保护工作专家委员会成员沈乃文、李国庆，《荆楚文库》编委阳海清、张建民、汤旭岩，《荆楚文库》专家邹华清，武汉大学图书馆古籍部主任周荣，国家图书馆出版社副社长殷梦霞，崇文书局社长韩敏等出席会议。会议由省图书馆党委书记贺定安主持。

专家们听取了《荆楚文库·方志编》编纂工作整体情况说明，审阅了编纂工作方案、拟目等材料，对前期试编工作提出相关意见和建议。

5月21日，编辑部与武汉理工大学白立华、长江传媒曾凡亮等讨论《荆楚文库》数字文库设计方案招标事宜。

5月25日，召开《荆楚文库》生产调度会，各相关单位负责人参加。省图书馆范志毅汇报方志进展情况。省图成立了一个小组负责版本复制，召开了研讨会，聘请了相关专家担任顾问，通过招标请北京一家公司寻访底本。下午，编辑部召开例会，讨论方志的版式、开本，确定用正16开本影印。

6月2日，武汉大学出版社总编辑刘爱松、副社长王雅红汇报《荆楚文库》编纂出版情况，还表示将调整分配政策，鼓励编辑多做文库图书，同时也希望武大社能参与方志的影印工作。

6月28日，《荆楚文库》图书印刷并入库62册。

6月30日，编辑部一行到华中师范大学向总编辑章开沅先生汇报工作。周百义介绍了当前的出版进度、选题实施、队伍建设、方志编机构设立及省委领导高度重视等情况，也汇报了当前存在的问题。章开沅总编辑再次强调了关于"大楚"与"小楚"的关系，作者籍贯认定的问题。省新闻出版广电局出版管理处处长、《荆楚文库》编辑部副主任周凤荣同行。

8月10日，召开《荆楚文库·方志编》编纂出版专题会议。总编辑冯天瑜，副总编辑、省新闻出版广电局局长张良成，专家阳海清、张建民、严昌洪、郭康松，崇文书局社长韩敏及有关编辑，省图书馆党委书记贺定安及省图书馆有关人员以及编辑部部分专家出席了会议。

贺定安首先汇报了方志整理进展情况，专家们就开本、体例、地图印刷，《湖北通志》（宣统）年号的认定等问题进行了讨论，冯天瑜先生认为方志影印是大家多年来的心愿，是百年一遇的机会，《湖北通志》（宣统）仍循《中国古籍总目》所言，用"宣统"而不用"民国"编纂字样，前言只谈技术性问题，不写别的内容。至于省图书馆相关人员的劳务费，由崇文书局先行垫付。针对样本中的不足，专家建议，具有图表性质的小字和双行页面不清晰的，可以考虑用一页还一页的方法，地图如原图系四色，也可以考虑用四色印刷。最后张良成局长强调《荆楚文库·方志编》的整理及印刷标准都要有所提高，省财政经费是有保障的，不能降低标准。要在保障质量的前提下加快进度。

8月10日，编辑部召开例会，研究方志影印安排，关于下周的生产调度会安排，以及首发式的筹备。

9月1日，编辑部召开生产调度会。张良成局长，出版管理处处长周凤荣，编辑部副主任周国林，各社社长、分管副社长参加。各社汇报了本社当前《荆楚文库》图书的编纂出版进展情况，张良成局长听取了汇报后作了讲话。张局长强调，一是思想必须更加重视，不仅有"唱功"还要有"做功"。从党和国家领导人到省委省政府领导，对《荆楚文库》都十分重视。从北京国际图书博览会到其他展会上，领导都是在关注《荆楚文库》这套书。二是进度必须更加提速。三是举措必须更加有效。可以借助省外力量，集中招标，分社对接。可以将《荆楚文库》纳入省社会科学基金项目中。同时要将编纂《荆楚文库》纳入工作量考评、成果认定、评优评先等工作中去。承担任务的出版社在编校力量的组织安排上要做到"四专"：专人、专职、专酬、专心。要从培养人才的高度来做好《荆楚文库》编纂工作。局里强调，对完不成《荆楚文库》任务的出版社，书号可以适当控制一下，在申报其他项目时也要压缩一下。四是领导必须更加靠前。

张局长的讲话整理后以《新闻出版广电通报》的形式下发。

11月10日，国家新闻出版广电总局副局长周慧琳、中宣部出版局副局长张拥军等，由省局局长张良成、副局长胡伟陪同，到编辑部看望大家。周百义简单汇报了《荆楚文库》的编纂出版情况。

12月6日，召开《荆楚文库》编纂出版生产调度会。各社汇报进展，每位专家就审稿中发现的问题进行交流，并就编辑中有关的问题进行现场沟通。

12月11日，湖北电视台教育频道负责拍摄的《荆楚文库·书人书事》电视专题片审片，副局长胡伟，广电总局频道原总监景高地，周百义、李尔钢、邹华清等参加审看。方志一集没有体现出大武汉的整体面貌，建议暂不播放，待以后方志专题拍摄后再播出这一集。

2018 年

1月2日，编辑部召开例会，各位编审通报了当前所负责的图书进展情况，梁莹雪就纸张招标情况进行了通报。周百义强调希望每位专家各负其责，保证今年的出版计划按期完成。

1月4日，召集部分出版社出版科和印刷处专家就纸张招标进行询价。《荆楚文库》正文印刷纸张第一次招标每吨6500元，现在已涨到每吨8000元。此次除了文献编用的小16开规格用纸外，又增加了方志编用的正16开规格用纸。

1月13日，华中师范大学副校长、《荆楚文库》编委彭南生和周国林就《荆楚全书》一事前来沟通。提出要在"全书"项目组提供的整理书稿的基础上出版的图书扉页上要加上有关文字标识，以便其项目验收。

1月16日，审看湖北电视台教育频道《荆楚文库·书人书事》专题片。专家们认为片子的内容基本达到了播出的要求，但有个别镜头还需要丰富和调整。

1月20日，湖北电视台教育频道相关人员来编辑部就《荆楚文库》专题片后续宣传项目进行协商。

2月23日，编辑部召开例会，就如何继续推动文库编纂出版统一思想。计划召开会议，通报2017年出版情况，制订2018年工作计划。对列入出版计划的图书选题实施情况及在生产图书的进度要落实和密切跟踪。要适时到出版社和有关单位调研、督办。

2月24日，编辑部讨论方志编照排招标事宜。后决定此项费用应由出版社支付，编辑部对出版社招标。

2月26日，印刷、纸张经招标公司组织专家评标，省新华印刷厂和长江传媒物资公司中标。

3月12日下午，方志编负责人、编委阳海清，省图书馆贺定安书记、刘杰民副馆长、特藏部范志毅主任，崇文书局负责人来到编辑部就方志编纂问题进行沟通。贺书记表示图书馆对方志编的影印出版工作高度重视，设立了4个组，责任落实到人，召开了专家组评审会，聘请了学术顾问。走访了国内底本收藏单位，较好地完成了任务，目前已整理69种、8万拍，正在请专家撰写前言。2018年计划整理出100种。下一步继续到海内外寻找底本。当前存在的问题一是底本费用的支付，方志编前言的撰写与审定，方志编审稿与劳务费的支付，希望尽快定下来。

崇文书局表示请省馆拿出标准，将尽快先垫付。至于方志整理小组署名问题，阳海清提出每册一个编纂名单，据实署名。前言不要千篇一律，要突出特色。

3月19日，编辑部召开例会：一是就本周生产调度会安排部署，要求准备相关的统计材料下发各与会单位。二是讨论文库图书赠送范围。三是希望大家为下一期专刊提供稿件。

3月22日，《荆楚文库》编辑部在局二楼召开生产调度会。各出版社负责人及联络员、省图书馆负责人、编辑部全体成员参加会议。各出版社汇报了当前的工作及每一本书的进度。武汉理工大学出版社第一次派副社长来参加会议，并且承担两个项目。省新华印刷厂要求出版社的委印单应开具两份，即出版社加印的一份，编辑部印刷的单独一份，便于结账。周百义最后总结：一是要求出版社在队伍建设上还要采取措施，编辑压力大，关键是人手少。二是立足当前，着眼未来，要安排好未来几年的书稿整理工作。三是抓落实，抓进度，制订好2018年出版计划，出版社负责同志要关注并解决具体问题。四是出版社有关编辑要与文库编辑部保持沟通，不要等到稿子审完送到编辑部才发现不符合体例要求。

3月27日，长江出版社社长赵冕、副社长高伟等来访，表示该社的《荆楚文库》编纂出版将加快进度，增加力量，并就部分项目的落实交换了意见。

4月9日，省图书馆书记贺定安、副馆长刘杰民、原副馆长阳海清、方志编编纂小组工作人员刘伟等就方志出版事宜来编辑部协商，编辑部周百义、胡磊、邹华清参加协商。双方就方志编编纂小组署名问题达成一致意见。同意据实署名，按照参加具体工作的人员情况随时调整。

编辑部同时讨论下周编纂出版工作推进会有关事宜。

4月11日，协调武大《荆楚文库》工作室联系整理的项目与武汉大学出版社、崇文书局进行对接。工作室负责人陈庆辉，武汉大学出版社副社长王雅红、主任胡程立，崇文书局编辑室主任李艳丽，编辑部李尔钢、邹华清参加。

4月18日，召开2018年度编纂出版工作会议。12家出版社社长、分管的副社长，有关编辑和省图书馆方志编负责人，以及纸张、印刷、仓储单位的代表参加了会议。张良成局长、长江出版传媒股份公司编委会主任徐德欢及编辑部全体成员参加了会议。周百义代表编辑部总结了2017年的工作，布置了2018年的工作。截至目前，已出版图书116种，正在进行编校的图书123种，安排选题271个。数字化文库建设方案正在制订，《荆楚文库·书人书事》专题片已制作播出20集。

徐德欢代表公司作了发言：一是表示将以高度的政治责任感扎实完成下达的各项任务。二是股份公司已将文库的承担数量和完成情况作为考核指标。三是股份公司将对承担任务的出版社进行资助。四是要求各社补充专业人才，提高编校质量。五是要求承印的印刷厂、纸张公司保证质量，保证工期。

湖北人民出版社、湖北教育出版社、武汉大学出版社作为代表在大会上发言，介绍了本社在编辑出版过程中的经验及2018年的工作思路。

张良成局长最后总结。他充分肯定了《荆楚文库》编纂出版的成绩：一是一批成果付梓出版，质量较好，得到了业内专家的认可和社会的广泛好评。二是这批图书已成为我省文化建设的一张名片，外事活动、对外交往都赠送文库的图书。但当前要加快进度，解决人才短缺和断层的问题。他要求编辑部、局出版管理处要进一步完善工作机制，建立月调度机制、服务保障机制、考核激励机制。

4月26日下午，《荆楚文库》编辑部在省图书馆七楼召开《荆楚文库·方志编》编纂出版工作协调会议。编辑部主任周百义、副主任胡磊，编委阳海清，编辑部专家邹华清，省图书馆书记贺定安、副馆长刘杰民、特藏部主任范志毅，崇文书局编辑室主任李艳丽及其他相关人员出席会议。会议肯定了方志编纂开展的卓有成效的工作，对方志署名、前言撰写、底本扫描，费用支付等相关问题进行了沟通，达成了一致的意见，争取年内不少于60册方志编付印。

5月4日，召开方志编编辑出版招标咨询会。有关专家讨论了当前的材料价格，初步确定了招标项目和价格。

5月9日，在东湖宾馆洪湖厅召开《荆楚文库》第一批图书首发式。省委书记、《荆楚文库》工委会、编委会主任蒋超良，省长、《荆楚文库》工委会、编委会第一副主任王晓东，省委常委、省委秘书长《荆楚文库》工委会、编委会副主任梁伟年，省委常委、省委宣传部部长、《荆楚文库》工委会、编委会副主任王艳玲，副省长陈安丽，省政府秘书长别必雄出席会议,《荆楚文库》工委会成员单位负责人,编委会编委,总编辑章开沅、冯天瑜,副总编辑张良成,各出版社负责人,相关单位负责人,编辑部全体成员出席了会议。

总编辑冯天瑜先汇报了《荆楚文库》从立项到编纂出版的过程,介绍了文库的文献价值和历史意义。省委书记蒋超良、省长王晓东向国家图书馆、省图书馆、武汉大学等八家单位赠送已经出版的116册图书。

省委宣传部部长王艳玲最后讲话。王部长在讲话中指出:习近平总书记在与印度总理莫迪共同参观湖北省博物馆精品文物展时指出,荆楚文化是悠久的中华文明的重要组成部分,在中华文明发展史上地位举足轻重。……《荆楚文库》首批89种116册图书出版,对于整个工程而言,只是良好的开端,今后的任务还很艰巨。希望各位专家、学者以对历史负责、对人民负责的精神,以科学、严谨、求实的态度,继续发扬"板凳要坐十年冷"的韧劲,高质量做好后续编纂工作,开发好数字出版,努力将《荆楚文库》打造成经得起历史检验的文化精品、出版精品,奋力谱写新时代湖北文化繁荣发展的新篇章。

(原刊于《〈荆楚文库〉专刊》第五辑,2018年)

第三辑　书评影评

40年40部小说评选给我们的启示

从1978年至今,已经40年了。大多数人皆认为这40年是中国改革开放的40年,以此用来区别前29年。于是,各家媒体开始评选40年40本书。出发点不同,角度不同,评选出来的书目自然就不同。如《新京报》的"大民大国·改革开放40年40本书",是将这40年中国人读到的中外图书放在一起评。从阅读的角度看,这种评法自有其价值与意义。但我关注到,日前,由中国小说学会、小说选刊杂志社、人民日报海外网主办,青岛作家协会承办的"中国改革开放四十周年最有影响力小说"评选,共评选出了40部小说。其中包括长篇小说15部、中篇小说15部、短篇小说10部。这次评选的作品均系原创的小说,作品所描写的社会生活,折射出的人情世态,虽然已经属于过去时,但这次评选活动对于我们今天的思想解放,对于出版人所应扮演的角色,还是可以带来某些启发的。

为便于比较分析,笔者兹将这40部小说作者、篇目及作品发表、出版时间列表如下。

一、长篇小说15部

序号	篇名	作者	首发刊物	首发时间	出版单位	出版时间
1	白鹿原	陈忠实	当代	1992.6	人民文学出版社	1993.6
2	古船	张炜	当代	1986.5	人民文学出版社	1987.8
3	尘埃落定	阿来	当代	1998.2	人民文学出版社	1998.3
4	浮躁	贾平凹	收获	1987.1	作家出版社	1987.9
5	长恨歌	王安忆	钟山	1995.2/4	作家出版社	1996.2

续表

序号	篇名	作者	首发刊物	首发时间	出版单位	出版时间
6	生死疲劳	莫言	十月	2006.1	作家出版社	2006.1
7	平凡的世界	路遥	花城	1986.6	文联出版社	1986.12
8	活动变人形	王蒙	收获	1985.5	人民文学出版社	1987.3
9	芙蓉镇	古华	当代	1981.1	人民文学出版社	1981.11
10	春尽江南	格非	作家	2011.秋	上海文艺出版社	2011.8
11	笨花	铁凝	当代	2006.1	人民文学出版社	2006.1
12	繁花	金宇澄	收获	2012.秋冬	上海文艺出版社	2013.3
13	羊的门	李佩甫	中国作家	1999.4	华夏出版社	1999.7
14	沉重的翅膀	张洁	十月	1981.4/5	人民文学出版社	1984.7
15	务虚笔记	史铁生	收获	1996.1/2	上海文艺出版社	1996.4

二、中篇小说 15 部

序号	篇名	作者	发表刊物	发表时间
1	棋王	阿城	上海文学	1984.7
2	红高粱	莫言	人民文学	1986.3
3	人到中年	谌容	收获	1980.1
4	绿化树	张贤亮	十月	1984.2
5	活着	余华	收获	1992.6
6	人生	路遥	收获	1982.3
7	美食家	陆文夫	收获	1983.1
8	高山下的花环	李存葆	十月	1982.6
9	黄金时代	王小波	联合时报（台湾）	1991（连载）
10	你别无选择	刘索拉	人民文学	1985.3
11	妻妾成群	苏童	收获	1989.6
12	玉米	毕飞宇	人民文学	2001.4
13	今夜有暴风雪	梁晓声	青春增刊	1983.1
14	风景	方方	当代作家	1987.5
15	世界上所有的夜晚	迟子建	钟山	2005.3

三、短篇小说 10 部

序号	篇名	作者	发表刊物	发表时间
1	受戒	汪曾祺	北京文学	1980.10
2	班主任	刘心武	人民文学	1977.11
3	我的遥远的清平湾	史铁生	青年文学	1983.1
4	乔厂长上任记	蒋子龙	人民文学	1979.7
5	哦,香雪	铁凝	青年文学	1982.5
6	陈奂生上城	高晓声	人民文学	1980.2
7	春之声	王蒙	人民文学	1980.5
8	狗日的粮食	刘恒	中国	1986.9
9	爱是不能忘记的	张洁	北京文学	1979.11
10	为国瑞兄弟善后	尤凤伟	人民文学	1998.7

据主办者在中国作家协会网上发布的"答记者问"的材料来看,本次评奖有这么一些特点:一是评委会的组成。其中有在文学生产第一线的编辑家,有始终在文学现场的评论家,有在作协系统相关部门工作的专家和学者。评委会的组成体现了"广泛的社会性和广泛的群众基础"。二是入选作品的产生过程。此次评选由主办方提供 120 部备选作品,由评委通过通信方式背对背投票选出,入选作品严格按票数多少来确定。主办方认为"是真正意义上的票选,有点类似于民主选举"。

当然,主办方强调这只是一次"主题性"的评选活动,不是文学史意义上的全面遴选,"注重的是最具有改革开放精神的作品"。但有人认为这 40 部挂一漏万,有很多遗珠之憾,不能完全代表 40 年的创作风貌。不过,笔者认为,尽管如此,在今天的舆论环境下,能将部分过去有争议的作品重新列入并加以肯定,还是具有重要的研究价值与指标意义的。作为出版人,笔者对本次评选活动及入选作品进行分析,发现其中有不少可圈可点之处:

(1)入选作品的内容与发表时间的先后与中国 40 年思想解放的轨迹相一致。其中,1980 年以前发表的作品有 3 部,主要是短篇小说。包括刘心武的《班主任》、张洁的《爱是不能忘记的》、蒋子龙的《乔厂长上任记》。1981年至1990年发表的有23部作品,1990年至2000年有8部作品,进入21世纪后入选的作品有6部。

从这些作品发表的时间来看,上个世纪,特别是改革开放初的10年左右,是中国知识界思想最为解放的时期。小说流派纷呈,题材内容与社会生活紧密相连,"伤痕文学""反思文学""改革文学""寻根文学""先锋文学""新写实文学"不同主题、不同表现手法的美学探索相继登场。今天的读者从入选的任何一部作品中都可以触摸到那个时代热血沸腾的社会情绪,而进入21世纪,作者大多不再表露出政治热情与家国情怀。在某种程度上,不少人如格非小说《春尽江南》中的端午、庞家玉一样,跌入滚滚红尘。而最能直接体现作家这种创作指向的,是40年40部作品中的《繁花》。这部小说其实不是"改革文学",而是标准的"南方市井小说"。正如评介者程永新写道:"《繁花》建立了一座与南方有关、与城市有关的人情世态的博物馆。倘徉在这座博物馆,你可以观赏到拥有鲜明时代特征的种种日常生活和社交活动。比如出游、饭局、看电影、谈生意等等。若干年以后,人们要了解20世纪的上海,就会去读《繁花》,就像我们会从巴尔扎克的小说中感受当年的巴黎一样。"《繁花》只是一个缩影,进入21世纪,市场经济带来的社会物质化、欲望化,一些禁区对文学创作的束缚,作家们基本不再关注宏大叙事,不再提思想解放,不再关心社会的变革,因之描写各种市井百态的小说应运而生。严肃文学如此,大批量的网络小说中更找不到几部描写改革开放的社会小说。因此,从这些评选出的40部小说的内容中,可以看出40年文学流变的轨迹,40年思想解放的曲折进程。

(2)大部分入选作品体现了主办者、评选者的历史意识与文学使命感。从入选的作品来看,在当下,很多小说恐难再问世。如陈忠实的《白鹿原》、张炜的《古船》、古华的《芙蓉镇》、余华的《活着》、莫言的《生死疲劳》、张贤亮的《绿化树》、方方的《风景》等。反右斗争、"大跃进"、"文革"及极左思潮等对人的戕害与摧残在这些作品中得到了充分的展示。小说不仅体现了作家在解除思想禁锢之后敢于直面现实,探讨人性、人生与人的尊严,同时也体现了出版者的担当与责任。而进入21世纪之后,上述不少作品曾不同程度地受到批评,对这些作家及作品的指责至今在网上仍可以看到。中国作协重新肯定这40部小说的历史价值与文学价值，其意义超过了评选本身。

（3）虽然评选者一再声称这次评奖不是从文学史的角度来评选作品，而是一次对40年改革开放文学创作成果的致敬，但从这些入选作品来看，无论是作品的原创性，还是主题的崇高性以及所表现内容的历史性，不少作品已经具有经典的价值。关于文学的经典化，加拿大学者斯蒂文·托托西说："经典化产生在一个累积形成的模式里，包括了文本、它的阅读、读者、文学史、批评、出版手段（例如图书的销量、图书馆使用等等）。"从这个角度来看，这次评选活动，按照经典构成理论，是对改革开放40年文学作品又一次经典化的筛选。从文学建设的角度出发，此次评选具有一定的示范与推动作用；其对于出版人及管理者而言，也有某些启示。王安石在《登飞来峰》中写道："飞来峰上千寻塔，闻说鸡鸣见日升。不畏浮云遮望眼，只缘身在最高层。"所以，这次评奖活动告诉我们，无论是作者还是出版者，一定要站在历史的高度来看待文学创作与文学出版工作，这样，我们才能为社会贡献真正的经典作品。

（原刊于"出版六家"公众号，2018年10月15日）

为时代存史,为出版立传

从1978年算起,中国的改革开放已经走过了40个年头。40年来,中国的出版与其他行业一样,经历了天翻地覆的变化。这些变化的起因、过程、曲折、经验、教训,无论对于研究新时期的整体改革进程,还是对于当代出版人,对于中国出版未来的发展,都足有可资借鉴与研究的价值。何况,历史的发展,不仅仅是冷冰冰的数字与时间,还有那些流动着热血、饱含着激情的人参与其中的心路历程。如果我们在中国改革开放40年之际,为中国的出版留下一些史料,特别是那些参与者的第一手史料,改革开放40年的出版历史给后继者留下的就绝不是一个模糊的背影,而是一幕幕生动形象、有声有色的活剧。有幸的是,由朱胜龙先生策划、聂震宁主编、江西高校出版社于2018年12月推出的"新时期出版人改革亲历丛书",收录了10位出版人的回忆录,弥补了可能的空白。这些出版人是:人民文学出版社原社长聂震宁、生活·读书·新知三联书店原总经理樊希安、中国大百科全书出版社原社长龚莉、清华大学出版社原总编辑吴培华、高等教育出版社原总编辑张增顺、人民军医出版社原社长齐学进、解放军文艺出版社原副社长黄国荣、华龄出版社原社长常振国、长江文艺出版社原社长周百义、江西新华发行集团原总经理涂华等。这些作者不仅是改革开放的见证者、受益者,也是亲历者。他们以自述体的形式,用生动的出版案例、畅达的语言文字、概括的理论总结,饱含深情地记述了他们亲历的出版实践中的故事与所思所感。国内虽然已经出版过一些出版家的传记,但那些出版家的主要经历是在民国时期,撰写的多系后人研究成果。而这套书的作者都是改革开放之后进入出版领域的,他们大多经历了中国改革开放40年的全过程,所以,如果说这些作品是他们个人从事出版的成长史,那么也可以把它们看作中国出版40年的全记录。这些作品虽然不是严格意义上的传记,但也基本写出了作者从事出版的一生或者职业生涯的一个重要时期。在迈入新时代的今天，不同领域都在总结改革开放 40 年的得失，那么，这套中国出版改革亲历者的第一手资料的出版，便自有其特殊的意义与价值。

（1）丛书再一次证明出版对于文化传承的历史贡献。中国作为世界四大文明古国，文化能够传承，文明没有中断，其贡献在于语言文字和以文字记载的精神文明成果。而上世纪的十年"文革"，对中国悠久的文化，不仅带来了极大的破坏，而且由于出版的停顿，一度造成文化的荒漠化。"文革"结束后出版的恢复，不仅为本行业带来生机，而且为中国的现代化建设送去了精神食粮和科学知识。丛书中张增顺的《情系教育出版》、常振国的《慎守其真》、龚莉的《没有围墙的大学》，便写出了"文革"结束之际出版界为拨乱反正，让社会尽快走向正常秩序而想方设法出版图书的情景。如张增顺写他所在的高教社如何安排从"五七干校"回城的知识分子，如何为了解决"教材荒"将"文革"前出版的教材"通读一遍，没有政治问题的就直接重印"，又如何研究制订高校教材出版"三年规划"。常振国写他在中华书局工作期间，如何参与为一批老知识分子平反冤假错案，其中就包括为王蒙的父亲王锦第平反的经过。龚莉写她 1982 年被分配到中国大百科全书出版社后，如何到全国各地去聘请术有专长的"有历史问题"的知识分子，如何启动中国第一部《中国大百科全书》编辑出版。试想，改革开放 40 年来出版的巨大成就，如果没有出版人在改革开放之初所提供的文化支撑，如今很难说会有这种繁花似锦的局面。

（2）出版人亲历记述出版改革的全过程是这套书的重要特色。传记的写作中，如果系他人的研究固然更为客观，但也少了本人自述的现场感、完整性和鲜活度。有些重要的细节、亲历者内心的感受，研究者即使倾尽全力也无法全部还原。而这套丛书中的"我"，不仅见证了中国改革开放的全过程，而且用自己的实际行动，丰富了中国改革开放的壮丽篇章。40 年来，中国的出版事业，与其他行业一样，经历了一个从百废待兴到步入正轨、从计划经济进入市场经济的历程。本套丛书中的作者，以参与者的身份，推动并创造了辉煌的历史。如本套丛书主编、作者之一的聂震宁，到人民文学出版社上任后，面临着经济的压力与外部的矛盾，他通过建立激励机制，抓重点产品，将出版社带到一个新的高度，用事实打消了当初他从地方被调到中央级出版社时个别人的顾虑。4 年后他走上了中国出版集团的领导岗位，更证明了当时领导选择的正确，也说明聂震宁本人的智慧与努力。樊希安在来到三联书店负责前，曾在时代文艺出版社、吉林人民出版社、吉林省新闻出版局等单位工作过，不仅策划编辑过不少优秀图书，也从事过出版管理。他在三联书店的几年间，从策划大的出版项目到24小时书店的开办，做出了不少令人瞩目的成绩。黄国荣在《一生相许》中，不仅写出了解放军文艺出版社发行工作如何从无到有，而且写出了整个出版战线为适应从计划经济到市场经济的转变，如何一步步地摸索建立成熟的出版发行模式。特别是全国图书订货会的创建，对中国图书发行事业，是划时代的贡献。还有长江文艺出版社立足武汉，走向全国，在北京引进人才，建立分部的成功经验，今天仍是业内人士津津乐道的故事。这些鲜活的个人史，集中放在一起，无疑可成为中国出版界改革发展史的缩影。

（3）亲历者成功的改革实践与丰富的从业经验，是留给后人的一笔宝贵财富。这套丛书另一个重要的特色，就是提供了可供后人借鉴的出版管理经验和重点图书的出版案例。本书的作者，都曾在基层出版单位工作过，从普通编辑到编辑部主任、出版社负责人或者单位领导。他们在不同岗位上的成功实践经验、其间所经历的曲折及克服困难的方法与路径、成功发展的措施与经验，都是可供后人学习与借鉴的。这里，既有中央级出版社如何发挥优势，在原有基础上重放光芒；也有地方出版社、军队出版社如何由小到大，成为行业的翘楚。有出版社体制机制改革的探索，也有出版流程的再造、重大选题的策划过程。如齐学进的《军旗下的出版人》，写到他担任出版社社长后，人民军医出版社制订年均增长30%的发展战略，从一个年发行只有3000万元码洋的小社，跻身为一个强社名社。其书中既有经营管理的具体思路与实践结果，也有产品规划、数字出版、人才培养的实施路径。再如涂华的《我的书业生涯四十年》，写江西新华发行集团不断开拓进取，从连锁经营到物流基地的建设，从艺术品市场的开发到走出江西去北京发展。他那种永不满足、永无止境的拼搏精神，那种科学布局、求真务实的工作作风值得书业后来者继承弘扬。这套丛书中还有一些具体的图书策划出版案例。如人民文学出版社通过持续营销，将一个引进项目《哈利·波特》做成一大套双效俱佳的图书的前后过程。虽然业内早已耳闻目睹，但现在让组织者自己来完整讲述，其过程与细节更有现场感。长江文艺出版社在打造"九头鸟长篇小说文库"的过程中，注意品牌塑造，注意通过整合营销扩大持续影响力，其详尽的推广方案也早已成为培训机构的教学案例,但今天和盘托出,更为完整系统。还有吴培华成功策划《中国丝绸通史》,他到清华大学出版社后进行产品布局、带头抓落实的详细回顾,也是让人耳目一新。常振国在现代出版社负责时组织大型项目《中国一日》,虽然因为外方的原因未能顺利在中国出版,但那种利用外方力量开展出版"走出去"的思路,从今天来看都有其开创性。应当说,这套改革亲历丛书中,每一本都不乏这样可资借鉴的成功案例,它不仅能让今人从中学习实操经验,也为后人研究40年出版改革留下了宝贵的第一手资料。

(4)情感充沛,溢于言表,体现了一代出版人对中国出版的深厚感情。刘勰在《文心雕龙·神思》中谈到感情对构思作品的作用时说:"登山则情满于山,观海则意溢于海。"这十本自述体的作品有一个共同的特点,就是字里行间,无不流露着自述者对自己所从事的出版工作,对自己曾经策划编辑的出版物的那种深情厚谊。吴培华在《追梦》中,道出了自己的心声:"钟情于出版,愿为华夏出版尽心尽力。"他在苏州大学出版社退居二线后,又来到清华大学出版社一线的岗位奉献余热,为的就是"追梦"。龚莉这个正处花样年华的湘妹子,在中国大百科全书出版社一直干到"鬓毛衰"。用她自己的话说:"如'钉子户'般一生都献给了百科全书事业。"虽然中途她有从事行政和换岗的机会,她却一直留在这里,"好像自己的一生,就是为这一桩事业而来"。樊希安从地方出版社编辑的岗位上,一步一个台阶做到中国出版集团副总、国务院参事,缘于"对出版有浓厚的兴趣,且终生不渝"。周百义在"后记"中说:"人生若白驹过隙,一生能够做成一件事,足矣。"这10位作者,在自己的工作岗位上都曾遇到过这样那样的困难,他们虽然也曾有过苦恼、困惑、犹豫,但现在回忆往事,个个都无怨无悔,认为终生从事出版事业,是一生中最正确的选择。

(5)文字活泼,情节生动,发扬了中国史传写作的传统。这10本回忆录,虽然有些文学性较强,有些史料性更足,但行文均生动活泼,简洁明快,继承了司马迁开创的纪传体写作手法。如聂震宁的《我在朝内166号的日子里》,很多章节完全是散文的笔调,语言形象生动,写人状物,三五笔便跃然纸上。他上任前在漓江边一百多天的彷徨与苦闷,细致入微而又情景交融。周百义《长江十年》中的有些篇章,也如同人物散文。如作品中写到的那位"革命家、思想家",爱诗的师妹,还有那位年逾古稀进京创业的刘硕良都神情毕现,让读者如见其人,如闻其声。龚莉的《没有围墙的大学》，有桐城派散文之风，简洁而又明快，具体而不琐碎。这些人中，很多是作家，他们的文学作品有些曾经获得过文学大奖，或者改编成各种文学样式，在中国文学界有一定的影响。所以，当他们提笔来回忆出版生涯时，增添了更多的文学色彩，给读者带来了愉悦的阅读体验和快感。

总之，《新时期出版人改革亲历丛书》可观可赏，可学可用，可读耐读，可阅可存，是近年来出版人物传记丛书的重大收获，也是总结改革开放40年来出版改革发展历程的重要成果。

（本文发表时用笔名"冬至"。原刊于《光明日报》，2019年3月11日，《新华文摘》2019年第10期转载）

给刘道玉校长出自传

前天，也就是 2018 年 11 月 24 日，是刘道玉校长 85 岁生日，北京的校友从很早就开始筹划，要为到京领取"改革开放四十周年时代人物"大奖的老校长庆祝生日，结果校长夫人有恙未能成行，微信朋友圈里一片唏嘘之声。

感谢新华网和北京热心的校友，人心自有公道。三十年前，校长已下野，但在珞珈学子的心中，他是"永远的校长"。吾与校长虽咫尺之隔，却不敢常去叨扰。长夜扪心，聊以自慰的是，十年前，我作为学生，拍板为校长出版了自传《一个大学校长的自白》。这是刘道玉校长的第一本自传，也是一本引起争议的自传。

接到刘道玉校长自传手稿，已是我离开武大校园十八年后的光景。当时，我已担任了长江出版传媒集团的总编辑，但还在兼任长江文艺出版社社长。

在此之前，我能当面聆听刘校长教诲的时间并不多：一次是刚入学时学校大操场上召开的开学典礼，校长胪列珞珈过往；一次是在行政楼会议室召开的插班生会议上，校长倡言插班生制度是"集天下英才而教之"；一次是我们毕业前夕，校长来与我们中文系插班生合影；还有一次，是 1986 年，在学校操场的舞台上，校长与学生对话，恳请学生以大局为重。虽然作为一个普通学生，我对校长只有高山仰止的份儿，但对刘校长的诸多改革举措，我不仅如雷贯耳，而且是直接的受益者。吾此生能进武大读插班生，改变人生的轨迹，就是拜他厉行的诸多教育改革措施所赐。

读插班生，顾名思义，我们进校就读三年级，与一帮小学妹、小学弟到教学楼抢位置。我们中文系进校时考三门课：现代汉语、写作、文学概论，但有一个条件，每人要提供创作成果。创作成果经老师评估后算一半的分，考试算一半的分。第一届插班生经审核有 600 人参加考试，后来全校各系共录了 90 人。据说，我在这个班里入学考试总分是第一，但班里创作的牛人很多，与他们相比，我只能算是小儿科，所以我知道自己是"冠军"后，依然夹着尾巴，没敢显摆。

虽然我们读的是中文系，但可以选择上其他系的课，这就是刘校长开全国高校风气之先实行的"学分制"。我选了哲学系的几门课，如"西方哲学思潮""中国哲学史"，还有艺术系的"音乐欣赏"等。

这种跨系上课的制度，与"主辅修制"有关。主修课是这个专业必须学习的基础课程，如中文系开设的中外文学史、现代汉语、古代汉语、英语是一定要学的；但其他课程可以上本系的，也可以学外系的，一门课几个学分，学分选够为准。

"导师制"也是刘校长改革的另一个方面，各班不再设辅导员。我们班的导师，是知名的文学评论家陈美兰先生。与此相关的，是学生可以自主选择老师的课程，每学期开学时，教务处公布当期每位老师开设的课程。如果某一位老师的课没有人选，或者选了后学生认为讲得不好，中途可以弃学。

另外，学生入校后还可以转系，参加考试后经学校批准，可以选择自己感兴趣的专业读。不过，我们插班生都没有这个跳槽的底气。很多人虽然"术有专攻"，但基础教育往往不及那些学弟学妹。再说，我们都老大不小了也没时间再折腾。学校也允许"双学位制"，我们更是不敢奢望。但我们中文系插班生也成立了"白校徽"文学社，与大学校园里的俊男靓女各领风骚。

当然，这一切都得益于刘校长的改革试验。自豪的是，我们的插班生活，自然而然，成了刘校长自传中的重要组成部分。

这次为校长出书，记得是校长先给了我电话（我不知道他从哪儿找到了我的电话），说是要来拜访我。这时候，距他从校长位置下来，已有十六七年了。但我听说校长大人要驾到，心里还是激动如初。当年校长高高在上，我们只敢远眺而不敢近睹，现在校长大驾光临，能听他耳提面命，能不心潮澎湃吗？

72 岁的老校长依然是那样的矫健，他握着我的手，白色镜框后，是温暖慈祥的目光。他用襄阳口音叫着我的名字："百义！"然后，从皮包里掏出一摞打印得整整齐齐的书稿。

我有受宠若惊的感觉，但也暗中生出几分自豪——能为老校长尽犬马之劳是我作为学生的荣幸。

我虽未净手沐香，但心怀崇敬之情，先拜读了校长的文稿。从"冒名顶替初考"到"假文凭混进高中"，求学心切而又敢于冒险的枣阳少年跃然纸上。往下是珞珈求学，情定东湖；苏联留学，反修回国；"文革"乱起，神州陆沉。直到拨乱反正，48岁的刘道玉执武汉大学牛耳，改革大幕徐徐拉开⋯⋯

不过，校长从1988年就开始走麦城，个人的恩恩怨怨、政治的博弈斗争，校长虽娓娓道来，文皆有据。但事涉多次政治运动，又语涉从京都到本地的诸多要员，我不由担心有人从字里行间找出诛心之论。我将稿子交给了从武汉大学毕业来社的编辑姚梅和高毫林，吩咐他们共同担任校长自传的责任编辑。作为社长，我已有多次前车之鉴。写作有自由，出版有纪律，有司对校长虽然奈何不得，但我也不能带着他的书稿将头撞向罗网。

书稿是我终审的。责任编辑做了不少工作，文字中那种秉笔直书风格尚在，但指名道姓之处大多已被处理。封面是校长的肖像，眉头紧锁，光与影的勾勒，恰到好处地表现了正在思索中国教育向何方去的一位老知识分子忧国忧民的心绪。

2005年9月，《一个大学校长的自白》面世。国内媒体争相报道，《光明日报》《中国青年报》《新京报》《南方周末》《深圳特区报》《长江日报》及各个网站均用大篇幅介绍自传出版的消息。很多媒体的负责人都是武汉大学的毕业生，他们对宣传老校长的图书表示了极大的热情。

9月25日，由武大北京校友会组织，在泰康人寿大厦举行了隆重热烈的作品研讨会。在京的武大校友纷纷登台，祝贺图书出版，表达对校长的崇敬之心。泰康人寿的董事长陈东升慷慨设宴，招待出席会议的诸多武大校友。

《一个大学校长的自白》出版自然也引起了本省媒体的关注，省内发行量最大的《楚天都市报》闻讯主动要求连载。连载是文艺类图书销售的助推器，我们何乐不为？但是报上仅仅连载了三天，突然接到上面指示，说此书不宜连载了。但上面也担心突然中止连载对外不好交代，同意压缩后尽快结束。

此书虽然未有加印，但盗版不胫而走，据称不下数十万册。于今网上,仍有此书销售。2010年,世界知识出版社又以《拓荒与呐喊——一个大学校长的教改历程》为题,出版了此书的增订本。增订本中,校长又增加了十万字。虽然,学生只是做了些分内工作,但在旧版与新版的"跋"中,校长一再提及感谢学生出版此书之事。

　　学生一饭之恩先生仍时时不忘,先生于学生再生之恩,又当何以报?

(原刊于《长江日报》,2019年4月30日)

诗史互证的时尚读本

中国不会背几首唐诗的人不多,但如果要弄清楚每一首诗作者写作时历史变化的关节和微妙之处,以及其间的文化密码,还是需要下功夫去考证的。同道章雪峰先生在山东文艺出版社出版的《唐诗现场》一书,则在带大家读诗之余,将视线拓展到了那短短几行唐诗外的大千世界。

《唐诗现场》选了26首诗,诗人为二类:一类是政界人物的诗。如女皇武则天,权宦高力士,美人杨贵妃,武夫史思明,枭雄李密、黄巢等。第二类是白居易、王维、刘禹锡、张九龄、李商隐、贾岛、宋之问、杜牧、沈佺期等大诗人。武则天才貌双全,先嫁老子李世民后嫁儿子李治,把个李唐王朝搅得乾坤颠倒。青史有名的武媚娘知者众多,但会写诗的武则天则知者甚少。何况这首《如意娘》诗是她当尼姑时写给"儿子"——后来的丈夫李治的,"看朱成碧思纷纷/憔悴支离为忆君/不信比来长下泪/开箱验取石榴裙"。这石榴裙引出的故事让人遐想联翩,还有那石榴裙的制作过程也让人大开眼界。一代枭雄史思明,写下了《樱桃诗》:"樱桃子/半赤半亦黄/一半与怀王/一半与周至。"这樱桃诗是"安史之乱"的贼酋史思明写给儿子史朝义的。而一年之后,史朝义却杀了自己的父亲史思明。所以这首樱桃诗不仅是写娇艳欲滴的樱桃,更是在叙述一段血腥的历史。政治人物的诗与历史有密切关系,文人的诗与历史也难以截然分开。刘禹锡两游玄都观,两次写桃花,两次写到刘郎,刘郎还在,桃花还在开,种桃的道士却不知在否。这一来一去,时隔23年,其间却是大唐王朝政治的风云变幻。

当然,诗史互证能开拓人的视野,历史夹缝中不经意间坠落的那些细节更让人兴趣盎然,作者在对诗进行诠释时,对历史文化的考证、铺陈,更显出这本书的与众不同。如朱庆馀送给张籍的那首写洞房花烛夜的"行卷"诗,不仅交代了唐朝科举制度,而且对诗里"画眉深浅入时无"的解读，让人了解到唐朝还有如此妖娆的十种画眉法。一首诗引出一系列考证，可见作者所下功夫之深。如介绍史思明的樱桃诗时，写到吃樱桃设宴的诸种方法。在武则天"开厢验取石榴裙"诗里，则写唐朝裙子的各种样式与材质、穿戴。写唐太宗李世民的饮酒诗时则写到唐朝酿酒的不同种类、饮酒的不同方法。这种用细节营造出的浓浓的历史文化氛围，真让人有回到现场之感。

唐诗故事之类的书我看过几本，各有擅长。但这本诗史互证的《唐诗现场》，幽默、风趣、时尚，在细节的打磨上，他书则未能及，我乐于推荐，希望能给读者诸君带去会心一笑。

（原刊于"出版人周百义"公众号，2017年12月4日）

从此"章"到彼"章"

先说此"章"。

说起来惭愧,我这个做了几十年出版的人,到现在才知道前贤章锡琛是开明书店的创办人。

其实,我读过吴永贵先生撰写的《中国出版通史·民国卷》,阅读时在书上还做了许多记号。尽管如此,提到开明书店,我眼前浮现的总是圣陶叶老,这一次,读了由同道章雪峰先生撰写的《中国出版家·章锡琛》,才算是弄清开明书店的老板其实是被商务印书馆辞退的章锡琛。这又从一个侧面印证了本书"出版说明"中所指的,"描绘一个时代文化风貌,再回旋折冲于其间者,则是那些幕后活跃、台前无闻的各类出版人"。按通俗的说法,编辑出版是"为他人作嫁衣",所以彼"裁缝"不知此"裁缝"。

章锡琛的学历与我有点相似,先读师范,后来当教师,再后来做出版。在商务印书馆十五秋,从当助手开始,最后主编《妇女杂志》,因为讨论性意识、性道德,惹起天大的风波,遂被迫辞职。岂知歪打正着,窘迫中朋友和家族相助,办起了开明书店,成就了中国出版的一段佳话。

上世纪30年代上海滩做出版犹如今天申办杂货店,但随开随关者不计其数。开明书店能成功跻身于前茅,原因不外乎:其一,建立企业产权制度。开明书店在产权结构上,从当初的家族企业,很快改组为同商务印书馆和中华书局一样的股份有限公司,建立了今天都还可以认为是最具活力的企业产权制度。其经营权与所有权分开,相互制衡,克服了家族式企业或私营企业的弊端,从制度上保证了开明书店历经磨难而始终基业长青。其二,尊重人才。开明书店无论是经营团队还是作者,在当时都属佼佼者。如开明书店的畅销书《爱的教育》和《开明英文读本》,作者分别是夏丏尊和林语堂。夏丏尊的书是在商务印书馆没受到待见而转投给开明书店的，林语堂的《开明英文读本》是其他公司达不到作者开出的付酬条件而被开明书店接纳的。章锡琛尊重作者从重视作者的作品、维护作者的权益开始，赢得了作者的信任，积聚了一大批人才。同时，开明书店无论是第一任总编辑赵景深还是后来的夏丏尊、叶圣陶，均系作家、教育家，在那个时代即名声大噪。还有担任公司董事长的邵力子，身居高位，在当时属达官贵人。其三，与时俱进，抓住机遇。开明书店在夏丏尊主持下，制定了"以青少年学生读物为出版重点"的指导方针，并贯彻始终，出版了《开明活页文选》《开明英文读本》《开明算术读本》及《中学生》杂志和系列学生教材等，其核心产品特色鲜明，效益明显，保证了公司的可持续发展。与此同时，也出版了一批具有文化积累价值的工具书，整理出版了有价值有市场的古籍图书，奠定了其在出版界的地位。其四，企业文化。开明书店在成立20周年时，叶圣陶先生概括了开明书店的开明精神。用叶至善的话说，开明精神用"开明、进步、认真、正派"八个字可以概括。正是在这种开明风的吹拂下，开明书店能够"书林张一军"，团结各方力量，获得读者信任，独树一帜而不倒。

  当然，开明书店的成功，在很大程度上与传主章锡琛有密切的关系。一是开明书店的创办者是章锡琛，他的深谋远虑、精明果断及丰富的编辑出版经验和广泛的人脉，使开明书店亮相之初即旗开得胜，先后出版了畅销书《爱的教育》与《开明英语读本》等。二是开业2年即改组为股份有限公司，不担心肥水流到外人田，与其同时起步的泰东书局，本来有创造社加盟这样一个好的机遇，结果因为主要负责人赵南公的处事风格而夭折。三是他不贪功、不图名，甚至功成不居，抱平常之心。章锡琛虽是创办者，但在开明书店27年的历史中，章锡琛只担任过很少一段时间的总经理。他尊重人才，只把自己当成普通一员，埋头做事。与此同时的有些出版公司，虽然也是股份有限公司，但因高层的不团结也无疾而终。四是他待人宽厚，无论是对作者，对读者，对朋友，都是设身处地为他人着想，赢得了他们的尊重与信任。

  再说彼"章"。

  彼"章"是此书的作者，我的同事章雪峰。雪峰年轻，30郎当岁，年龄与此"章"出来创办开明书店差不多。雪峰人勤奋，快言快语，笔头子也很快，我在任时，有单位约我去讲《狼图腾》版权输出情况，我嘱雪峰为之写个材料，后来略作改动，以《〈狼图腾〉走向世界的启示》一文用两人的名义发表。雪峰曾在一家数字公司负责，后来到省人民出版社屈居副职之位，他无论是人在庙堂还是身居江湖，总是"先天下之忧而忧"，这点与此"章"倒有点相似。

说实在的，章锡琛虽然对开明书店有草创之功，但与张元济、陆费逵、王云五诸公比，有些事他还只是个参与者。所以写作这样一本传记，材料的收集与考辨、人物的审视与评品，还需要下功夫披沙拣金，谋篇布局。现在，雪峰的书在中国天字第一号大社出版，让我等对彼"章"有了新的认识。

首先，这本书是国内目前第一本最全面地研究章锡琛的著作。过去关于章锡琛的行状，虽然在出版史和一些回忆录中有人写过，但只能算是吉光片羽，不系统，不全面。本书以传主本人的一生为经，以开明书店为纬，既写出了传主一生的经历，也着重写出了他创办与经营开明书店的历程。所以这本书既是了解传主人生与心路历程的读本，也可以当作开明书店的发展史来看。除此之外，围绕着开明书店，本书还对民国时期出版界的发展状况、涉及的主要人物，以及当时的政治、经济、文化、社会等诸方面的情况做了比较深入的介绍，对于全方位地理解开明书店的发展背景，了解民国的出版界态势，有很大的裨益。

其次，这本书对传主的评价忠于史实，客观、全面、准确，既不为尊者讳，也不文过饰非。一是章锡琛在主编《妇女杂志》时，因发表出格的性道德观念而受到王云五等人的批评，章锡琛在被调离杂志社后自己到外面创办《新女性》杂志，结果被服务了15年的商务印书馆辞退。虽然作者没有对章锡琛被迫离职做出臧否，但从引用的众多材料来看，无疑是章锡琛违背了竞业规则；从职业道德角度看，章锡琛是不妥的。二是章锡琛在日本即将全面进攻中国的前夕，许多出版公司都做出了向内地撤退的准备，而章锡琛却判断失误，给公司造成了很大损失。三是章锡琛与总经理范洗人产生矛盾而出走台湾散心，18位同人写信逼其辞去常务董事职务等，都客观地记录下来。研究历史者，按照刘知几的观点，不仅要有史才、史学，还要有史识。彼"章"——雪峰先生虽然没有站出来对传主和他的开明史做出判断，但在材料的选择与运用中却已经表明了自己的观点。

本书是史传，介入历史与文学之间，作者要有研究历史的功底与学问，还需要用文学的语言和技法来还原事实的真相。雪峰是学历史的，史才是有的，文学修养也胜人一筹。本书的结构像一棵大树，章锡琛是其中的一个主要人物，是树干，而众多与章锡琛有关的人物就如同枝叶，形成一尊骨干硕壮、枝叶繁茂的参天大树。而这棵文学之树是有生命的，除了鲜活的史实，还有生动的语言。作者注意用细节来刻画人物，偶尔也用一些富有时代感的语言来描绘他笔下的主人公。如他认为19世纪50年代的混乱，是各种思潮、各种流派"把国家当作试验田的结果"；谈到绍兴人才辈出，他说"近代以来，绍兴频出高水平的文化名人"。

我本来是不了解先贤章锡琛先生的，对民国时期出版的格局只能算是一知半解，读了雪峰先生的《中国出版家·章锡琛》一书，我算是补了一课。当然，书中对开明书店成功历程的描述，对今天出版界而言，也有很大的参考价值。作为国有企业，如何调整生产关系，解放生产力，开明书店的产权改革是值得借鉴的。作为一个出版人，如何确立办社方向，如何与作者交往，如何构建产品线，如何与时俱进，在这本书里，都可以找到答案。

（原刊于《出版参考》2017年第10期）

一部民国出版生态的百科全书
——浅谈《民国图书出版史编年》的特点与价值

吴永贵教授研究民国出版经年，曾著有《民国出版史》《中国出版通史·民国出版卷》，主编《民国时期出版史料汇编》《民国时期出版史料续编》《民国时期出版书目汇编》等，在民国出版史的研究领域，是卓有成就者。现在，他又历时数年爬梳整理，以时间为经，用编年体将民国时期散见在各出版发行机构，各地报刊上的重要图书出版史料汇编成三大册，对于民国出版史料的整理而言，无疑是创新之举。

编年体是中国古代史书编纂形式之一。从先秦的《春秋》《左传》《公羊传》《谷梁传》《竹书纪年》《汉纪》《后汉纪》《国榷》开始，均采取以时间为经、以史事为纬的历史记载方法，到宋代司马光的《资治通鉴》，在继承前人的基础上加以完善，除按时间先后叙次史事，又用追叙和终言的手法，说明史事的前因后果，容易使人得到系统而明晰的印象。所以章学诚称它是"合纪传之互文，而编次总括乎荀、袁"，谓之"正编年之的"（见《文史通义·释通》）。吴永贵先生借用编年体的著史方法，将1912年至1949年38年间的民国图书出版史料依时序汇编辑录，其主要内容按年、月、日顺序编排，又变通处理无明确日期的史料，形成皇皇三大卷150万言的巨著。这套书对于研究民国出版发展历程，提供了一套完整、清晰、翔实的史料，从出版史的研究角度来看，于推动出版史的史料学学科建设，其功莫大焉。依笔者来看，本书有如下几个特点：

一、以时间为纲，以事件为目，有利于研究者"辨章学术、考镜源流"。民国肇始，中国出版在宽松的语境下，以其主体的多元化进入一个大发展的时期。以商务印书馆为代表的晚清以来形成的新式出版在这个特殊时期得到长足发展。以上海为主要阵地的出版业，涌现了一批有影响的出版机构和出版家群体，他们以其先进的出版理念和出版实践影响全国，引领着中国出版与世界出版接轨。作为文化传播主体的出版业，其自身在生产经营、出版管理、出版技术、出版流程上形成了自己的特色，同时，也以其众多的出版物推动了中国社会的发展。研究民国图书出版史，不仅可以从中找到民国出版的发展轨迹，总结出版的规律，在一定程度上还能为今天的出版提供有益的借鉴。

在此之前，尽管有宋原放先生主编的《中国出版史料》和吴永贵教授的《民国出版史料汇编》等分类分专题研究著作，但缺少这种历时性的、编年体的出版史料汇编。正如主编在"凡例"中所言，该书对1912年至1949年间这一时段图书出版的重要事件，如出版机构的创立，大型丛书、工具书、教科书、古籍图书的刊印，出版法、著作权法等法律法规的颁布，书业章程业规的制定，各种版权上的争端，劳资双方权益的纠纷，查禁与反查禁的斗争，以及出版机构的有关经营活动，均"详加辑录汇抄"。这种按年、月、日编年史的体例辑录的史料，无论是对一个出版机构的建立与发展，还是重要图书的出版流程，抑或出版环境的变化，都可以从中找到事件发生、发展的前因后果。

章学诚在他的《校雠通义》里也谈到通过图书科学分类来"辨章学术，考镜源流"，使读者能"即类求书，因书究学"。吴永贵的图书编年体史料汇编，用于"考镜源流"，也是最适用不过的。这种历时性的记录，虽然没有纪事本末体那种叙事方式给人以整体印象，但能揭示事物发生发展的全过程。如在中国出版史上有着重要地位的重镇中华书局的创立与发展，通过这种编年体史料所辑录的内容就可以清晰地看到其发展轨迹。如中华书局1912年1月1日宣布成立，2月20日召开第一次股东会议，2月23日在《申报》上刊登《宣言书》，2月26日在《申报》上刊登教科书广告等等，通过这些线索，就可以清楚地了解中华书局初创时的情况。从中华版教科书在成立很短的时间内即推出，就可以看出中华书局在此之前实际上已经做了充分的准备。再如民国期间第一部出版法之制定与废止过程，在本书中均有详细史料记载。第一部出版法的制定讨论，始于1914年10月27日，11月1日的《申报》详细报道了此事。1925年1月，从北京新闻界开始，在全国范围内掀起了要求废止这部限制人民言论自由的出版法的请愿运动。同年9月1日，《申报》载北京法制院起草《保护出版条例》，待通过后废止这部法律。1926年1月30日，政府明令废止民国三年十二月五日公布之出版法。

当然，本书虽然以编年为体，但也有变通处理之处。吴永贵先生在"凡例"中指出，对于有纪事本末体性质的事件，尽量归诸一处，并以三角形标示。如1922年10月16日开始发生的关于印刷物邮费事，一直延续到这年年底，编者将有关资料放在一处，串成一线，给读者以全面的印象。此类重要事件的记叙，书中尚有多处。

二、突出文献性，强调实证性，原汁原味地向读者呈现初始的文献，淡化编者个人的主观色彩。如主编在"凡例"中声明："只做客观记录，不加评论。"也未对史料做"改动和删除"。其实，很多的资料汇编，虽然主编者强调不掺杂个人的观点，但是在史料的选取上，由于缺少广博性，也在一定程度上遮蔽了某些真实的信息。本书作为国家社科基金后期资助课题，虽然立项时间是在2012年，但早在20年前吴永贵先生读研究生期间，即开始接触这些史料。大到《申报》这种贯穿民国始终的报纸，小到某一藏书家书评、书信，皆在吴永贵的视野之内。据吴永贵本人介绍，本书的参考资料，近400余种。除此之外，吴永贵先生注意借助数字化手段，从互联网和数据库中寻找资料。正如彭斐章先生在《数字时代目录学的理论变革与发展研究》一书中所指出："数字化技术将带来信息的生产、聚集、包装、检索、传播、复制、再生方式的变化。"（武汉大学出版社，2009年9月，第2页）吴永贵先生在本书的"序"中，特意提到在史料的搜集中"触网与入库"的体会。虽然吴永贵先生是介绍自己在史料搜集的过程中是如何"一网打尽"的，但也进一步说明了这本编年体史料的丰富与全面。如中华书局历史上的"民六危机"，是该出版机构生死存亡的一次重大考验，对于研究出版史以及今天研究企业经营管理，都有借鉴作用。该书详细收录了1917年6月中华书局历史上这次危机留下的许多宝贵史料。如股东会纪事、法院审讯记录、中华书局声明、债权人索债、陆费逵交保过堂等资料，把陆费逵"含垢忍辱"的前后经过原原本本地实录下来，如果有人要研究这段历史，无疑不用再费力四处搜检。

三、选用史料突出重点，"择其重要和不易见者"，或全录或提供史料线索，"便于研究者征引与利用"。一本编年体的民国图书出版史，尽管有洋洋三大卷，但对于38年的民国图书出版浩如烟海的史料而言，还必须择其要者才能体现主编的编选意图和主旨。本书选择了民国出版史上尤为重要的出版机构、出版事件和容易被人忽视的出版现象。如文人办的书店，史料"辑录甚详"。教科书是各家出版机构的重点产品，该书对此类史料也选择较多。关于中国现代文学的发端及出版与文学的互动，该书对此史料均有完整收录。如胡适的第一部白话诗集《尝试集》的出版、鲁迅第一部小说集《呐喊》的出版、郭沫若第一本诗集《女神》的出版、郁达夫的第一部小说《沉沦》的出版、郭沫若第一部翻译小说《少年维特之烦恼》的出版等等，著者通过辑录《申报》上的广告，为研究者提供了第一手的资料，也提供了深入研究的线索。工潮运动，也是民国出版史上的一个重要的现象，编年史上比较详细地选择了工潮发生、发展的一些事件，为人们研究民国时期劳资关系提供了翔实的资料，让人们看到当时工人运动的影响。

四、为其他学科的研究提供了有益的史料。民国是一个特殊的历史时期，从帝制到共和、从袁世凯复辟到下台、从国统区到苏区、从抵御外侮到国内战争，各种政治力量、各种文化思潮此起彼伏。民国的出版，因为这种特殊的历史环境，不仅承担了知识与信息的积累和传播功能，为社会的变革与进步提供了思想的武器，还记录了整个社会变革的过程。民国时期的政治、经济、历史、文化、教育、军事的诸多领域、诸多学科，都可从图书本身以及出版的过程中找到本学科研究的资讯。因此，这三卷本的民国图书出版编年史提供的史料，就不仅仅局限于研究出版本身。如从陕甘宁边区、解放区、新中国成立前夕共产党领导的出版事业的发展，可以总结党对意识形态领域的重视。从教科书的编写、使用，科目的设置，内容的调整，可以研究中国教育事业的发展。如史料中收录的关于鲁迅的创作与出版以及围绕着鲁迅著作的争议，可以为鲁迅研究提供线索和史料。

在"序"中，作者提到在整理民国出版史料的过程中，互联网和计算机技术的巨大作用。虽然目前各家图书馆的数据库已经比较丰富，查阅也比较方便，但对于普通研究者而言，全部购买这些数据库仍不现实。何况，在一定程度上，本书已经类似于一部民国图书出版的小型工具书。如果吴永贵先生的《民国图书出版史编年》在出版纸质图书的同时，能够推出可供检索的电子出版物，这本书的史料价值将会进一步地得到发挥。笔者建议，现在不少图书采取在书上放置二维码的形式，与后台网站相连，即可实现这种阅读与检索功能。当然，这种为读者提供增值服务的举措，需要出版社通盘考虑。

（原刊于《中国编辑》2019 年第 2 期）

款款深情写芳华

《乌蒙战歌》是樊希安先生的第一部长篇小说，也是国内描写上世纪"大三线"工程建设的第一部小说。

樊希安先生是出版家，从吉林出版的岗位上选调进京，从三联书店总经理的位置高升到中国出版集团领导层，现在退休后仍被聘为国务院参事。作为出版家的樊希安在业内人尽皆知，但作为作家的樊希安，一亮相就让人刮目相看。这部小说，便是他向读者奉献出的一道饕餮大餐。

小说的故事发生在20世纪70年代，面对来自北方的军事压力，全国上下响应中央号召备战备荒，深挖洞、广积粮，将事关国计民生的战略性企业转移到内地。新组建的基建工程兵部队的一个支队，奔赴贵州山区开采煤矿。一批批来自不同地区的工程技术人员，特别是农村入伍的青年人，为了响应领袖号召，也为了实现自己的理想，在地心深处奉献青春和生命。所以，这一部小说，既是对基建工程兵战斗经历的回顾、总结，也是对那一批为之而奉献青春的战士的礼赞，对逝去的芳华的祭奠，更是对那一代人无私无畏、勇于牺牲精神的弘扬和褒奖。

在我看来，这部小说的特殊价值主要体现在以下两个方面：

一是真实地记录了那个时代的社会生活风貌，再现了"文革"时期基建兵组建和发展的历史环境。20世纪70年代，正是"文化大革命"的中后期，无论是地方还是部队，在政治生活、精神面貌、思维方式、人际关系上，均有鲜明的时代特色。但作者没有着力渲染这段非正常的社会生活，而只是作为人物活动的背景而展开。如开展活动前学习毛主席语录，宣传队女声小合唱《毛主席著作闪金光》，"批林批孔"运动，"狠斗私字一闪念"，抓革命、促生产，老谷头下放煤矿，邓小平复出推进整顿。老干部老谷头与造反派朱北方关于"文革"的争论。作者尊重历史真相，没有有意渲染这段历史，也没有回避"文革"这一重大的历史事件，而是从一个侧面写出了在历史的复杂条件下,基建兵队伍克服政治气候的干扰,为"三线"建设做出的巨大贡献。小说虽然选取的是贵州盘县煤矿开发这样一个小的角度,但写出了整个基建兵队伍敢打敢拼的军人气质。在某种程度上,这部小说,不仅写出了盘县煤矿开发的历史,而且全面回顾了基建工程兵的奋斗历程和在特殊时期做出的重要贡献。

二是作为小说,最重要的任务便是塑造出典型环境中的典型人物。《乌蒙战歌》虽然写部队生活,写煤田开发,如果缺少艺术驾驭的能力,这种生活写出来很容易让人觉得枯燥,但作者从塑造人物形象出发,写出了一批栩栩如生的人物。如农村兵夏志武、夏志文兄弟俩,宣传队员宋宁琪、杨文天、雷亚静,给毛主席写信的原造反派朱北方,宣传科长宋洋,女医生蓝月亮,麻子大学生"丁不住",坚持原则的支队长肖红述,老抗联雷黑子等。同是在"三线"建设,由于这些人来自不同的地方,家庭背景不同,性格不同,处理事物的方式方法也不同,因此,这些人在一起,便碰撞出多姿多彩的生活浪花。如夏志武、夏志文这对孪生兄弟,一个脚踏实地"出苦力、干实活",一个靠"耍嘴皮子"博得个别领导的欣赏。刚开始,夏志文受到重视,提干在机关写材料,夏志武一直在掌子面浴血奋战。虽然短时间内夏志文这种人得到重用,但当人们认识了夏志武的高尚品德后,这位曾经脱离部队要逃到越南去打美帝的战士还是得到人们的喜爱。在兄弟俩对待美女阎红的态度上,一个用不正当手段强占,一个用感情赢得尊重。还有老抗联雷黑子,复职后敢抓敢管,组织科学施工,展现了领导魄力与大无畏精神。带病参加"战斗"的冯国忠。下派老干部老谷头,深入基层,心忧天下,是我党培养出的并且经过"文革"洗礼的优秀干部代表。当然,小说还塑造了志愿军伤残战士、夏志武和夏志文父母亲夏家威、何菊花的可敬形象。除此之外,还有一些人物,虽然出场不多,但作者三言两语,就把人物的性格给刻画了出来。

三是感情充沛。小说中写了,战士正是处于荷尔蒙最为旺盛的年龄,对情欲的压抑,是战士的一种牺牲,特别是结婚了的人,两地分居,除了要承受这种生理压抑之外,还要把思念放在心底,他们的这种压抑,实际上也是对祖国的一种奉献。我们的读者,应当了解并理解我们战士在做出的诸多牺牲之外的这种牺牲。如新婚离家的炊事员小陈,因为控制不住自己而犯下错误;战士王小新因为自责而跳入长江中;而丁干事则因为长年的分居,妻子红杏出墙。除此之外,作者在注意调动各种艺术手段来塑造人物性格的同时，注意通过死亡这个视角来透视人生演绎和嬗变的轨迹。小说中写这个支队有一个"八大队"，其实是一处烈士陵园。如孤儿许际执为抢救战友夏志武而献身；老丁、女医生蓝月亮因为掌子面出现事故而牺牲；"文革"中积极参加运动的学生领袖朱北方为抢救煤矿设备而牺牲。在一个个鲜活的生命凋亡的过程中，作品展现了生命的脆弱与灿烂；同时通过死亡这面镜子，反映了那些"明知山有虎，偏向虎山行"的工程兵战士的精神境界。因此，这些鲜活生命的凋亡，也更能起到打动人心的艺术效果。

在经典小说的叙事结构中，爱情与死亡同样是重要的话题。因为，在人的精神世界里，爱情是最能烛照出主人公精神高度与丰富程度的试金石。夏志武、夏志文兄弟俩的爱情生活是一种类型；杨文天与"小燕子"的同窗情谊是一种类型；宋宁琪与朱干事的"凑合"是一种类型；"我"——尚志云与女医生蓝月亮的感情生活则是整部小说中最引人关注的一条重要的线索。小说中写"我"爱上了一个比自己大五岁、曾离过婚、心上人龚连长又死于矿难的女军医蓝月亮。女军医面对"我"的热烈追求，始终保持着一种矜持与距离，但是，又对"我"有一种无微不至的关怀。正当读者希望"有情人终成眷属"时，女医生蓝月亮因为下井在掌子面牺牲，人们在遗憾之余，在心灵的震动之余，更加感到美的毁灭的璀璨。

（原刊于《中华读书报》，2019年5月29日。《作家文摘》转载，2019年6月14日）

雅俗共赏的《中国戏曲》

在北京召开的第二届"一带一路"国际合作高峰论坛会议期间，习近平主席夫人彭丽媛邀请参会的外方领导人配偶到钓鱼台国宾馆欣赏昆曲《牡丹亭·游园惊梦》和京剧《大唐贵妃》主题曲《梨花颂》，向来宾展示中国戏曲独特的艺术魅力。中国戏曲是在中华民族这块土壤上诞生并发展成熟的一种且歌且舞的艺术形式，研究、普及中国戏曲，是弘扬传承中国优秀传统文化的一项重要工作。湖北教育出版社推出的由戏曲研究专家郑传寅教授撰写的《中国戏曲》一书，系统全面，深入浅出，为普通读者了解中国戏曲的发展历程、艺术形态以及重要的剧目，提供了一个雅俗共赏的范本。

一、学术性与普及性相结合，具有文献史料价值，又有一定的可读性

近年来关于中国戏曲研究的图书已出版了不少，但这些书要么比较偏重学理性，重视理论分析而缺少可读性；要么偏重对戏曲的艺术形态的介绍而缺少理论高度。本书分上、中、下三编，上编主要介绍中国戏曲的发展历程，中编介绍中国戏曲的艺术形态，下编介绍中国戏曲中 22 部经典剧目的主要内容和艺术特色。这种安排，既让读者有史的宏观把握，又能对中国戏曲的审美特质有全面了解。如作品从中国戏曲的滥觞开始探索，将中国戏曲的诞生放在世界戏剧产生的宏阔背景下来比较，在分析了中国戏曲产生的不同学术观点后，郑教授认为戏曲的起源既有远古宗教仪式等"远源"，也有宋金时期的杂剧、院本和诸宫调等"近源"。他赞同王国维在《宋元戏曲史》中关于中国戏曲"渐进发展"的观点，认为中国戏曲的遗传因子很多，但母体是宋金时期的民间艺术形式，才催生了中国戏曲的

第一个高峰元杂剧的诞生。

在分析中国戏曲"晚熟"的原因时，他在扼要介绍了戏曲理论界的几种不同观点后，着重分析了古希腊戏剧与印度梵剧比中国戏曲要更早产生的原因，认为中国戏曲"晚熟"在于中国叙事文学发育迟缓与儒家正统美学思想对戏曲的轻视而导致。

该书作者郑传寅先生多年来从事戏曲理论的研究，曾有《传统文化与古典戏曲》《中国戏曲文化概论》《中国戏曲史》等多部理论专著问世，而这部书则既发挥了作者的学术专长，又考虑到普通读者的接受，从普及戏曲理论和介绍中国戏曲的精华入手，通过全书体例的巧妙安排，化繁为简，深入浅出，做到学术性与普及性、理论性与知识性的巧妙结合，达到雅俗共赏的目的。一册在手，读者对中国戏曲的全貌就了然于胸。

二、寓论于史，点面结合

有些历史著作，作者在呈现历史的发展过程时，要么是只罗列别人的观点，而没有自己的历史判断；要么是写成了论文，整篇纠缠于考证已有的材料，没有作者的"史识"。在《中国戏曲》一书中，作者既有对史的勾勒，对不同观点的呈现，更有自己的理论建树。如作者在对"明清传奇的雅化"的分析时，对南戏的"俗"与北杂剧的"雅"进行比较后，认为明清的传奇逐渐由俗向雅过渡。这与在题材的选择上、在语言上、在文人的参与上有很大的关系。如《浣纱记》《牡丹亭》语言的华美、典雅，主要是明清传奇特别是昆腔传奇的主要特色。再如本书中有对"十七年"戏曲发展轨迹的评价，有对"文化大革命"十年样板戏得失的论述，均体现了作者冷静的学理分析和客观公允的科学判断。对于"十七年"和"文革"十年，近年来戏曲界是仁者见仁，智者见智，全盘否定者有之，充分肯定者有之。但作者认为"十七年"戏曲主要是以"改戏、改人、改制"等的改革为主题，一大批优秀剧目焕发出光彩，促进了戏曲的发展，提高了剧种的地位。而对于"文化大革命"中的八个"样板戏"，作者认为"'样板戏'的语言精练准确，诗意盎然，通俗易懂，且富有个性特征"；同时他认为"样板戏"虽然在艺术上炉火纯青，但"实际成了'文化大革命'的一个重要符号"。"样板戏"取得的成功并不是"文化大革命"和"江青反革命集团"的功劳，因为"文革"前这些剧目已"广有影响"，同时"文革"中经过一大批"身怀绝技"的专业人才的集体打磨,"样板戏"才达到现在这种艺术水准。如《沙家浜》的剧本,就是著名作家汪曾祺根据《芦荡火种》改编后,经过多人多轮的推敲而确定下来的。

在谈到中国戏曲的艺术形态时,作者在中编用4章分别概括了中国戏曲的艺术独特性。如用"南腔北调"来概括戏曲的声腔与剧种,体现南北戏曲的表演特点;用"生旦净丑"来概括戏曲的行当艺术;用"唱念做打"来概括戏曲的表演手段;用"一桌二椅"来概括戏曲的舞台道具与布景。这些概括简明扼要、生动形象,读者很容易掌握中国戏曲的独特艺术形态。

三、行文畅达,语言典雅

这本书的上编与中编虽然写的是戏曲的发展史与戏曲艺术的表现形态,理论性比较强,但没有有些理论读物的那种故作高深,而是既重视义理、考据,还考虑今天读者的接受,在语言文字上深入浅出,晓畅明白,并与时俱进,使用少量的流行语言。如本书开头的一句话:"中国戏曲是中华民族创造的载歌载舞的传统戏剧样式,它卓然特出,雅俗共赏,既古老,又现代,是华夏文明的一张'亮丽名片'。"这段话既简短流畅,又概括全面,而且用"亮丽名片"这种流行词语来表述,接地气,又形象生动。还有如"京剧虽然诞生在帝都北京,而且进入宫廷,传播到大都市上海,但它的'根'仍深植乡土"。还有如下编第一章介绍宋代南戏《张协状元》的剧情,最后一句写"张协与已经'升值'的王贫女夫妻团圆"。

中国近代的许多有影响的原创性的理论著作,如王国维的《人间词话》《宋元戏曲史》、钱穆的《中国文化史导论》等,作者虽然写于刚刚摆脱文言文束缚的时代,但文章大多采用当时的白话文书写,没有诘屈聱牙的文字。而目前有很多理论读物读来却让人不知所云:欧化的句子,从理论到理论,缺少文采不说,还有存心让人不要看懂的艰涩。《中国戏曲》一书正如它所研究的中国戏曲一样,且歌且舞,足以达到雅俗共赏的地步。

四、图文并茂,印制精美

作为一本大众读物,内容的深入浅出很重要,但印刷质量也很关键。

特别是作为介绍戏曲理论与美学形态的通俗理论读物，形式也是能否受到读者欢迎的一种重要因素。这本书采取轻涂纸彩色印刷，装帧设计也富有戏曲元素，与本书的内容相得益彰，富有民族特色，显得高雅华贵。如第二章"生旦净丑：戏曲的行当艺术"中，从"行当"这个角色的最初源头"参军戏"到"生旦净丑"，既有文字的分析介绍，也有出土文物和剧照直观呈现，有图有文。怡人耳目之外，看到动人之处，还会让人不由会心一笑。

（原刊于《中国新闻出版广电报》，2019年5月17日）

浅浅深深蓝花楹

韦敏是我的小师妹，17岁被保送到武汉大学中文系。她喜爱文学创作，曾经出版过多部作品，其中在长江文艺出版社就出版过两部小说。当时，我正在社里负责。不过，她那部叫《巴黎爱情》的小说我没有读。当时太忙，从书名就能知道内容的书我一般不读。其实，这部小说先是在《收获》上发表过，原名叫《米卡》，从今天来看，作为一部文学作品，这个书名给人留下的想象空间会更大些。

现在，韦敏又拿来了这部叫《蓝花楹》的小说（武汉出版社，2019年版）。一本12开的精装图书，46万字，200幅插图，沉得只能平放在书桌上才便于阅读。

因为要参加新书发布会，会议前几天，我就端坐在书桌前读《蓝花楹》，发现一读就放不下，为作品的艺术魅力，也为作者之一、韦敏儿子韦斯理的不幸早逝。

这是一部描写澳大利亚历史的长篇小说。故事从1841年开始，从一个爱尔兰农民的女儿玛利为了生存远渡重洋来到殖民地澳大利亚开始，初恋、结婚、生儿育女。丈夫梅恩，一个卖肉的小屠户抓住商机开疆拓土，竟成为昆士兰的地产大亨、政界明星。正当梅恩家族的威望冉冉升起之际，丈夫病危，他濒死之际的忏悔，将众人仰慕的偶像从山巅推下舆论的深渊。背负着原罪的玛利在蓝花楹的花开花落中，赋予了梅恩家族以新的生命。她波澜壮阔的一生，与梅恩家族一起，成为澳大利亚历史上的一个组成部分，一部让后人茶余饭后永远作为谈资的传奇。

这部小说，在我看来，有如下几个特点：

一是小说很好地将历史真实与艺术真实有机结合，既让读者从小说中了解澳大利亚百年发展史，又让读者从梅恩家族的兴衰中感受到人性的复杂与人生的无奈，还能享受到文学的美妙。历史小说，顾名思义，一定要将历史科学与文学艺术很好地统一，让文学自由的想象与对真实的专注高度咬合。因此，在创作的准备阶段，不仅要了解历史发展的全过程，还要对当时的政治、经济、文化乃至生活细节进行考证，这样才能准确地还原历史的骨骼与血肉，才能激发作者的创作灵感，创作出生动形象、具有艺术感染力的作品。如托尔斯泰在创作《战争与和平》前，为了准确地再现历史，他阅读了关于1812年卫国战争时代的74种书籍，并强调"……当我写历史的东西的时候，我喜欢直到最微小的细节都忠于现实"①。他广泛地阅读了1812年卫国战争参加者的回忆录，包括战俘札记，和1812年战争时代的报纸、杂志，档案库里许多未发表过的文件（命令、指令、呈文、报告、书信等），还有很多参加者的私人信件及卫国战争的参与者父亲尼古拉的亲口讲述。他还专程到鲍罗金诺战役发生地去考察，并在那儿的修道院住了两个晚上。他到鲍罗金诺村中及周围的古战场上徘徊，"通过绘制战场地形图和记下双方的兵力部署，他能够精确地想象出当时的一些关键细节，那生死攸关的一天太阳升起时最先照亮谁的眼睛"②。

韦敏在小说的结尾交待了这部书的创作缘起：儿子韦斯理利用课余时间，在昆士兰州立图书馆里几乎检索了布里斯班从1840年到1900年期间的所有报纸、期刊，把与梅恩家族有关的信息都做了摘录和归类……大量参阅了关于澳大利亚殖民史的各种文献，了解相关历史背景。……周末，儿子到这个历史故事中可能涉及的历史遗迹，如建筑、街道、雕塑、河畔、海边、山顶、荒地甚至包括当事人的墓地，在相同的空间体验过往的时间，而那些重大事件，比如水灾、火灾、抢劫案、谋杀案、教堂的捐建、物业的交易、大学的筹备等等，也是依据史料逐一对应的。③ 小说中有200幅插图，每幅图都与小说中的故事有关，都是故事发生的真实场景。所以，这部小说，在某种程度上可以当作澳大利亚布里斯班这座城市的历史来读。

同样，二月河的"落霞三部曲"《康熙大帝》《雍正皇帝》《乾隆皇

---

① 康·罗穆诺夫. 托尔斯泰传 [M]. 李桅, 译. 天津：天津人民出版社, 1981：125.
② 里莎蒙德·巴特利特. 托尔斯泰大传 [M]. 朱建迅, 等译. 北京：现代出版社, 2014：177.
③ 韦敏, 韦斯理. 蓝花楹 [M]. 武汉：武汉出版社, 2019：498-501.

帝》、熊召政的《张居正》等长篇历史小说，虽然文学性很强，但作者都十分重视在文学的世界里还原历史。然而，当下也有很多标榜为历史小说的读物，因为作者缺少对历史的研究，特别是细节的呈现，小说显得干巴而没有生气。所以，作为现实主义的历史小说，要像恩格斯在致哈克奈恩的信中称赞巴尔扎克的《人间喜剧》那样，写出社会各个领域无比丰富的生动细节和形象化的历史材料，"甚至在经济的细节方面（如革命以后动产和不动产的重新分配），我学到的东西也要比从当时所有职业历史学家、经济学家和统计学家那里学到的全部东西还要多"[①]。在某种程度上，《蓝花楹》达到了这种境界。

二是小说在梅恩家族的主要人物柏曲克·梅恩的塑造上，写出了英国殖民澳大利亚时期殖民者创业的艰难与人性的复杂。一个因被人激怒而杀人的爱尔兰孤儿，从在肉铺当学徒开始，到盘下偏僻小镇莫基尔的肉铺，再到在皇后大道上开出第一家肉铺，然后，在摩顿湾港口边买下1700英亩的农田，到最后，整个梅恩家的土地面积超过了布里斯班的十分之一。甚至在皇后大道上，到处是梅恩家的物业。柏曲克热心公益事业，慷慨向教堂捐钱，向消防队捐钱，他顺利当选了昆士兰第一届立法会议长老，成为当地有绝对话语权的政商名流。但是，他也经历了一连串的天灾人祸，经历了政治斗争的沉浮，在家族奇怪的疾病折磨下，他过早地离开人世，留下了妻子和五个孩子。在弥留之际，他向神父忏悔过往的罪恶，希望灵魂能得到救赎——他就是十七年前杀死醉汉的凶手，并且，还有一个因此而冤死在绞刑架上的替身。在一旁护理的护士"劫持了柏曲克想传达给神的声音"，一个成功的传奇人物片刻成了十恶不赦的魔鬼。

如果小说写到这里，柏曲克的故事不过是一个犯罪分子逃脱处罚后变成为富翁的故事，但小说却写了柏曲克的妻子，那个爱尔兰农民的女儿对丈夫的无尽思念。作为妻子，"我是爱你的，无论你是天使，还是魔鬼。我终于知道，他人眼中的撒旦，也可以是情人眼里的西施。哪怕是沦落到地狱之中的那份爱，也有它炙热和独特的光芒"。在万般的思念中，她甚至一度想去追随丈夫的脚步。但为了五个孩子，作为一个杀人犯的妻子，她只能"卑微地活在唾弃和侮辱中"。在教父柯因——她少女时的梦中情

———————
① 马克思，恩格斯. 马克思恩格斯文集：第十卷[M]. 中央编译局，译. 北京：人民出版社，2009：571.

人的教诲下，从此，她开始了寻找生存意义的救赎之路。作为梅恩的妻子，她维护了柏曲克留下的所有产业，清偿了全部的债务，并让五个孩子都受到了良好的教育。晚年她留下遗嘱，希望孩子们"不要结婚成家"，因为"任何无辜的人和梅恩家族扯上关系都是不理智的，哪怕是以爱的名义"。她的孩子遵从了她的遗嘱，梅恩家族最后一位成员去世之前，将家族所有的财产捐赠给了昆士兰大学和天主大教堂。

所以，小说不仅写了天使和魔鬼的故事，也写了救赎与永生的意义。从整个故事看，虽然其中包含有谋杀、商战、天灾人祸，有悬疑、宗教，但真正能撼动人心的，还是从玛利身上折射出的人性的光芒。这位从爱尔兰漂洋过海来到澳大利亚谋生的女孩，因为神父的牵线与同是天涯沦落人的柏曲克相识相爱。小说写出了少女对爱情的无限憧憬与向往，婚后对婚姻生活的满足与沉醉，作为母亲对孩子的奉献与关爱。特别是，小说写出了当她知道丈夫的一切秘密后，她对丈夫的原谅与宽恕。如果从信仰的角度来看，从法律的角度来看，玛利如果大义灭亲，与丈夫划清界限，可能才符合社会的道德，但她却以母性的光辉，照亮了通往天堂的道路。在她的眼中，丈夫是一个给了她"宠爱和呵护"，给了她"无边的倾城温暖"的男人。何况，丈夫患有无法治愈的"神经系统疾病"，身体里住有一个嗜血、渴望暴力的魔鬼。所以，作为梅恩的遗孀，她用善良和宽恕，用智慧和坚强，为梅恩家族，在澳大利亚的历史上留下了让人景仰的一笔。玛利的形象，让小说的主题得到了升华，为这个悬疑故事赋予了深刻的思想内涵。

三是小说将澳大利亚富有特色的植物蓝花楹作为一种意象，贯穿故事始终，使小说获得了一种诗意的美感。本来，小说故事的内核是一个关于谋杀的悬疑故事，但是，通过女主人翁个人化的叙事，整部小说反而充满了温情和浪漫。而摇曳其间的，则是贯穿全书、若隐若现的蓝花楹。

蓝花楹是从巴西引进到澳大利亚种植的一种树木，作者第一次写蓝花楹的风姿绰约，却出自长眠在家族墓地图旺公墓中女主人公玛利的回忆。玛利回忆自己经历了繁华而又离群索居时，原始的小房子旁那棵挺拔的大树——那是棵"孤独而骄傲"的大树：

> 当期盼春天的那些日子里，当绿叶还在孕育着萌芽的时候，它就会先开出满树的花朵来，蓝紫色的，绚烂得铺天盖地，单纯而又空灵得像是染上了来自仙境的色彩。一阵春风吹过，便会洒落满地的花瓣，天上地下，恍若花海仙境。

这种独具特色的植物的意象，贯穿于小说的始终。正如莫言笔下的红高粱，苏童笔下的枫杨树，不仅呈现了故事发生地的独特风光，突出自然之美，而且情景交融，烘托了主人公的心绪，也暗示了主人公的命运。如小说写玛利从初恋、新婚，到成为孩子的母亲，到丈夫去世，以至为两代人购置的墓地旁，到处是蓝花楹那美丽而妖娆的倩影。正如书中所写："懂得它的人们，抬眼之处，尽是风情；不懂它的人们，也会惊艳于它那平凡的美丽。"其实，蓝花楹在一定程度上象征了梅恩家族：曾经风光无限但也归于历史的深处；象征了女性的美丽、人生的短暂，繁华散尽，绚丽但终归于无。这一点，类似于日本人对樱花精神的感悟，"生得辉煌，死得壮烈"；也有如《红楼梦》中的黛玉，以花喻人，"一朝春尽红颜老，花落人亡两不知"；又如泰戈尔在《飞鸟集》中所写："生如夏花之绚烂，死如秋叶之静美。"

四是这部小说写作背后的故事，同样有着感人泪下的励志元素。小说是作者韦敏与其 16 岁早逝的儿子韦斯理合作的作品。韦斯理 2000 年出生于澳洲，从小就对中国历史故事有着浓厚的兴趣。10 岁时，韦斯理被学校推荐参加了昆士兰州教育部举办的神童计划，系统学习了莎士比亚戏剧创作课程。12 岁时，韦斯理被世界顶级智商俱乐部门萨学会吸收成为会员。13 岁起，韦斯理连续两年获得澳大利亚国际数学竞赛 IMO 一等奖；14 岁时，他获得澳大利亚音乐考试委员会 AMEB 颁发的钢琴类 L-musA 专业文凭，同年用中文完成的论文《金庸作品的古典文献分析》在国际文凭 IB 汉语类写作中被评为 A＋。还在 13 岁时，韦斯理对梅恩家族传奇故事发生了兴趣，便开始广泛搜集有关资料，与家人一起踏勘梅恩家族的足迹，讨论小说情节和人物的性格，用他的话说，全家都到了"走火入魔的地步"。不幸的是，韦斯理突患脑部肿瘤，几起几落，不幸去世，年仅 16 岁。身为作家的母亲，韦敏决定续写儿子遗作，完成他的遗愿。

一个 16 岁天才儿子的早夭，对于母亲而言，内心的创伤不言而喻。但韦敏坚持数年，带着对儿子的无限思念，终于完成了这部用中文书写的澳大利亚历史的小说。在这本书中，当主人公柏曲克·梅恩因病去世后，韦敏不仅浓笔重墨地写到女主人公玛利对逝去丈夫的思念，还通过丈夫的早逝以及十七年前那桩旧案的重新发现，来思考生命的价值与意义、人的灵魂的救赎与永生等带有普遍价值的话题。这些从内心奔涌而出的对早逝者的思念与自我的安慰，我们不难看出其中寄托了韦敏对儿子的无限深情与自我救赎的心路历程。这部小说与其说是韦敏母子俩对澳大利亚百年历史的回顾，毋宁说是天人相隔的母子俩用文字架起的一座通天塔。如果说，这部小说的文学价值在于用中文成功书写异邦历史的话，那么它的另一重价值，就是创造了由母亲为早逝的儿子续写小说的文学神话。在世界文学史上，这是我知道的仅有的一例。

当然，这部小说也不是没有一点遗憾。我以为，既然是写澳大利亚的百年史，不妨将笔触宕开一些，把当时的世界形势做一简要交待，让故事在一个更宏阔的背景下展开。同时，我认为除了写殖民澳大利亚的异国人的命运，也要交待下澳大利亚土著人的生活境况。作为澳大利亚历史小说，如果回避土著人的存在，也是不完整的缺憾。另外，小说用12开本，排版比较疏朗，如果作为纪念版，这种开本与设计可以理解；但如果作为一种供普通读者阅读或者携带的版本，明显不适宜。如果再版时，建议用小16开本印行，以方便更多的人能欣赏到这本书的历史价值与文学价值。

（原刊于《长江文艺评论》2019年第5期）

周大新与他的泣血之作

我与大新交往已有些年头了。

大新的第一部短篇小说集《汉家女》是1988年在长江文艺出版社出版的。在此之前，大新没有结集出版过作品。不过这部作品的责任编辑是我们的编辑部主任秦文仲。他的小说集出版这一年，我到南阳找二月河组稿，当时尚在世的《南阳日报》副刊部的编辑周熠兄，带我去见了大新。

当时，大新尚在山东部队服役，他刚好休假在家。大新的夫人杨小瑛在南阳市人事局工作，她是武汉大学图书馆系毕业，与我是校友。大新和夫人见长江文艺出版社来了人，在宾馆里隆重地招待我。我至今尚记得饭桌的正中是一尊用蔬菜雕刻的孔雀，色彩艳丽，栩栩如生。一道道的菜、一杯杯的酒，大新在南阳的文朋诗友都被请来作陪，都来向我这个小编辑敬酒。离开南阳时，大新的夫人给我准备了丰盛的土特产。

大新属于谦谦君子，尽管他的短篇小说《汉家女》刚刚获得全国短篇小说奖，他见人还是十分地谦恭，没有大作家盛气凌人的样子。他说话声调始终是缓缓的，仿佛没有抑扬顿挫。与他通电话，你能感觉到电话那头的大新和蔼的神态。时至今天，他获得各种大奖，赢得荣誉无数，胸有千军万马，表面依然是平静如水的夫子自道。1994年，长江文艺出版社《跨世纪文丛》第四辑收录了他的中短篇小说集《瓦解》一书。能够收录进这套书的，大多数都是中国文坛一线水平的作家。收录大新的作品的时候，我还未回到出版社，第四辑虽然编辑工作已经做完，但由于社里当时资金短缺，印刷厂又不愿垫资印刷，版型一直放在那儿。当时，对这套书是否继续出版社内外也有不同意见。我本着对文学的热爱，请求出版局印刷处的负责同志帮联系印刷厂，总算将这套书付印。接着，我们又在汉召开了《跨世纪文丛》出版研讨会。

2003年，我策划了一套"九头鸟长篇小说文库"，其中收录了大新的长篇历史小说《战争传说》。这本书,是我与吴双共同担任责编的。

小说出版后,为了让更多的读者了解这本图书,我与大新有一个对谈。我拟好提纲,请他就《战争传说》的创作缘起、结构、视角、主要人物、对战争的思考、现实意义等进行回答。

问:你过去的作品,大多是以你的故乡为背景展开你艺术想象的触角的,即使涉及军队生活,也是写当代军人风貌的,这一次你却一下子跳到了15世纪,写了明代北京保卫战这场决定明王朝生死存亡的战事,这对于你的创作生涯而言,可以称得上是一次新的挑战与超越,我们不知为什么你要放弃自己熟悉的有把握写好的生活,而选择写这场对你来说十分陌生的历史上的战争。

答:战争是每个民族都躲不开的一个凶神,战争生活在每个民族的发展史上都占去了不少的时间,要想全面表现和反映人类的生存状况和经历,不能不涉及战争,因此,写一部表现战争生活的长篇小说,一直是我长存于心的愿望。再者,我当兵三十多年,对军旅生涯中战争这个怪物或多或少有了些认识,我也想通过自己的作品把这些认识传达给我的读者。至于为何要选择"北京保卫战"作为表现对象,主要出于三点考察:其一,这场战争离我较远,给我的想象空间很大,我可以充分张扬自己的想象力;其二,这场战争关系到一个王朝的生死存亡,其过程本身就很具戏剧性;其三,这场战争就发生在我所住的北京,战争中瓦刺人主攻的德胜门是我常常经过的地方,它让我深感兴趣。

一个作家就是在题材的选择上也应该不断地给自己提出挑战,这就是我这次没有再在熟悉的题材领域里寻觅的原因。

问:土木堡之战与北京保卫战都是历史上曾经发生过的战事,但你为什么又将此称之为"传说"呢?小说中的女主人公在历史上是实有其事还是你塑造的一个人物?

答:正式史书一般是不记普通人的经历的,任何一场战争中普通人的喜怒哀乐都很难保存下来,土木堡之战和北京保卫战也是这样,无数普通人的遭遇与痛楚大都和战死者的尸骨一起埋在了地下。要想写出他们的生活,你不可能凭借正史,你只能依靠民间传说,依靠想象,小说中的女主人公是真有其人还是塑造的,相信读者们是会看明白的,我这里先不说,有些话说透就没有意思了。现在能说的是,在她身上,寄托了我对普通百姓的全部深情,我是一个普通百姓的儿子，我的心和她是相通的。

　　正因为我依靠的是民间对历史和战争的诠释，所以我不想把这部小说称作历史小说，而只称它为战争题材小说。

……

这个对谈，国内的几家报纸曾发表过。

虽然我只担任过他的作品一次责任编辑，但因为同是河南人，加之大新为人忠厚、谦逊、朴实，并且勤奋多产，我们一直保持着联系。2005年，他在武汉举办解放军总后勤部系统创作人员培训班，曾让我去讲过一次课。我讲的题目是《创作与出版》，分析了图书市场的走势、文学作品与市场的关系、获茅盾文学奖图书的市场表现等。我讲完后，大新有一个总结，给予了较高的评价。从今天来看，我对文学与市场的分析还是具有一些现实意义的。

后来我关注着大新的创作，他的创作势头很旺，新作迭出，他的《湖光山色》获茅盾文学奖，我曾去过一次电话向他表示祝贺。这部小说我最近才在Kindle上看了电子版，感觉小说虽然谈不上厚重，但及时地反映了当下社会变革中人的异化与坚守，其中塑造了暖暖这个纯朴、善良，但又不屈不挠的农村姑娘的形象。我近来还读了他的长篇小说《曲终人在》，小说从一个官员的角度写出腐败的多重因素，一反已有反腐败小说的窠臼。一位在文艺出版社负责的同志曾经告诉我，《曲终人在》放在他手上是不敢出版的。这也说明了小说对权力运作内幕的揭露、对官场高层的涉足都突破了禁区。小说出版后，适逢华中图书交易会召开，我受湖北省发行协会之托，邀请大新来汉签名。他本来同意了的，结果临时决定随同总理李克强一起出访拉美。他告诉我，这部小说的书名本来叫《曲终人尽》，出版社一方认为有些太悲观，改为《曲终人在》。去年，我读到人民文学出版社出版的大新的长篇小说《安魂》。这部作品，是大新献给他因患癌症、29岁早逝的儿子周宁的泣血之作。

大新儿子周宁去世的消息，我是很久以后从一个朋友处才获悉的。苍天不公，万不该断大新这种好人父子之缘。按说，我应当立即打电话去安慰大新夫妇，但犹豫再三，觉得此时再提起此事，有在伤口上撒盐的可能，便作罢了。2015年夏天，我从集团岗位上下来后，集团的新领导又要我去北京一家出版社主事，我策划了一个套书的选题，便约大新一起坐坐，想听听他对这套书的意见。

聚餐的地点离大新工作的总后勤部不远，是一个河南老乡开设的餐馆。我们谈文学，谈出版，也谈到我们计划的一套选题，我问到了他的夫人——杨小瑛女士，但仍是没敢提及他的儿子——我仍然担心会揭开他已尘封的记忆。

大新的儿子周宁我见过两次。第一次是1988年在大新南阳家里，那时周宁还是一个9岁的孩子，见人很懂礼貌，一口一个叔叔的叫。第二次是我与大新签长篇历史小说《战争传说》的合同，在总后勤部家属院大新的家中。这是2003年的一个秋天，那时周宁已经在读研究生了。十几年前的一个小小少年，已经成为一个帅气英俊的小伙子，他礼貌地与我们打了个招呼后，就去忙自己的事了。谈话间，大新说起儿子，看似十分随意但仍能感觉到慈父的怜爱。

但没想到上天无情，2008年，大新的独子周宁因患脑癌英年早逝，白发人送黑发人，任何人都可以体会得到大新与妻子是何等痛彻肺腑！当大新心情平复后，他用对话体，记下了儿子呱呱坠地到童年、少年、青年的一生，写下了作为一个父亲椎心泣血般的忏悔。正如在《安魂》一书的扉页上大新所写："献给我英年早逝的儿子周宁，献给天下所有因疾病和意外灾难而失去儿女的父母。"尽管，大新"以彻底的真诚和勇气直面死亡，从哲学的广度和高度反思生命"，并且通过小说的后半部分，写儿子在天国向父亲倾诉极乐世界的欢乐图景，但读来仍然让天下的父母心碎。恕我直言，这本书后半部分的浪漫主义虽然有宽慰父母的作用，但真正感人的，还是前半部分那种极度写实的现实主义书写。我相信，大新在写下这些文字时，不知流下了多少眼泪，大新的妻子读到这些文字时，更是无以复加地绝望与悲伤。正如评论家胡平所说："我们尊敬的作家中，恐怕只有两位曾点燃自身，以生命为火炬，照亮了我们意识到的生死两界，一位是史铁生，一位是周大新。"

读了大新的泣血之作，为人父者，我感同身受，热泪不时涌上我的眼眶。我后悔没有在大新面前说几句安慰的话——哪怕有些迟到，于我也是一种忏悔与解脱，或者正如这本书名：《安魂》——安慰我的灵魂。

我建议天下的父母都读读这本书，学会珍惜生命，热爱当下，学会怎样与孩子相处。

（原刊于《长江日报》，2018年9月25日）

"挖"来的获大奖图书

河南作家张一弓的长篇小说《远去的驿站》，2002年在长江文艺出版社出版后，分别获得了中宣部"五个一工程"奖、国家图书奖、九头鸟长篇小说奖，还入围了第六届茅盾文学奖的终评。而这本屡获大奖的图书，则是我们从兄弟社手中"挖"过来的。

2001年夏天，我与编辑部主任秦文仲一起到河南郑州找作家李佩甫组稿。佩甫的长篇小说《城的灯》还没有写完，但他告诉我们，张一弓写了部长篇小说。这部长篇小说他写了十年，估计会是部好东西。不知为什么，我一听说张一弓有了新作，顿时生出一种势在必得的冲动。于是央求佩甫带着我们，径直找到同在河南省文联大院另一栋楼的张一弓家。对于张一弓的创作实力，我丝毫不怀疑。在此之前，他的中篇小说《犯人李铜钟的故事》《张铁匠的罗曼史》《春妞儿和她的小嘎斯》分别荣获三届全国优秀中篇小说奖、《黑娃照相》获1981年全国优秀短篇小说奖。凭他的才情和生活积累，写好长篇小说没有任何问题。何况这部长篇小说，是他十年磨一剑的倾心之作呢。

一弓戴着副眼镜，皮肤白皙，脸上笑眯眯的，儒雅中透着精明，主宾客气一番后，我们说明来意，他一听不无遗憾地说："唉呀！你们晚了一步，稿子已经让河南文艺出版社拿走了。"

我一听心里凉了半截，同行的秦文仲却不甘心，紧接着问："我们能看看稿子吗？只要没签合同就好办。"

一弓略显歉意地说："合同已经签了。"

"他们和你签了多少册？"我单刀直入，追问张一弓。他告诉我，是起印1.5万册。"如果给我们的话，我们3万册起印数，10%的版税。"我不假思索，当即表态，稿费在河南文艺出版社的基础上翻一番。我相信凭着张一弓多年的创作积累和影响力，销售3万册应当没有问题。何况，只要是好的原创长篇，社里赔一点钱也不要紧。

张一弓一听有了兴趣，镜片后的眼睛泛着喜悦的光芒。我接着向他描述我们的"九头鸟长篇小说文库"的出版阵容和准备采取的奖励措施等等。我希望打动张一弓，让他立即表态将稿件交给我们。他略思忖了一下说，我与河南文艺出版社商量下。

这天晚上，我与秦文仲分析，既然合同签了，对方不会轻易答应毁约，我们只是尽力争取罢了。但第二天，张一弓电话打到我们住的招待所，兴奋地告诉我们："稿子给你们啦！"原来，河南文艺社一听说我们起印3万册，他们估计凭本社的发行力量很难超过这个数字，再加上他们可能没有意识到这本书的文学价值，就同意张一弓终止合同拿走稿件。

我和秦文仲一听高兴坏了。回汉的路上，我迫不及待地浏览张一弓誊抄得整整齐齐的稿件。

小说从一个孩童的经历和视角，写出了战火纷飞的年代里，以"我"的大舅、父亲以及姨夫为核心的三个家族所发生的一系列故事。书中有四十多个人物相继出场。他们是由中国传统文化所造就而又较早接受了外来文化的一批人，其中有清末的举人和接受西学的绅士，有早期的职业革命家，有教授、"洋博士"和不那么循规蹈矩的私塾先生，还有浪漫的薛姨和温婉多情的宛儿姨。作者把人物思想、情感的冲突，心灵的对话描绘得生动感人。与张一弓过去的作品比较，无论是作品的题材，还是人物、视角，完全是面目一新。这部作品不仅与张一弓过去在中短篇小说中的社会叙事完全不同，就是和一些已经出版了的家族叙事的小说相比较，也因其注入的情感因素和鲜明的时代旋律而更有诗意和亮色。这部小说是张一弓创作生涯上的一次突破，也是近年来家族叙事类小说中独辟蹊径之作。

一路上，我和秦文仲都沉浸在不期而至的兴奋中。

回后我们紧赶慢赶，这部23万字的小说在2002年5月就出版了。两个月后，我们与河南省作协联合在郑州召开了《远去的驿站》研讨会，与会的专家和作家都对张一弓的作品给予了很高的评价。同时，我们也约请部分专家和学者撰写评介文章，在全国各地的媒体推介张一弓这部小说。

按照计划，我们在这年的8月，在北京如期举行九头鸟长篇小说奖活动。在策划和宣传九头鸟长篇小说奖时，社里就决定每两年举行一次评奖活动。作品初评由出版社编辑担任，复评由武汉的专家和学者担任，终评由北京的专家和学者担任。这届的终评委主任由李国文担任，评委有雷达、曾镇南、李敬泽、曹文轩，还有从武汉专程赶去的陈美兰、王先霈老师。在此之前，我们已经提前将参评的十余部小说寄给了评委。评选经过讨论和无记名投票，《远去的驿站》全票通过获得了一等奖。评委认为：小说结构很精致，有特点，突破了长篇小说原有的叙事方法。故事情节也不错，传奇、浪漫、诗意兼具。小说体现了一种历史情怀、国家意识和民族认同。2003年1月在北京订货会期间，我们在国展馆举行了隆重的颁奖仪式，当场宣布奖给九头鸟长篇小说奖一等奖获奖者张一弓先生10万元奖金。因为本书的品质和我们持续的推介，这年年底，该书经过多轮的评选，高票获得了中宣部第九届"五个一工程"奖优秀作品奖。同年该书又获得了国家图书奖提名奖。2005年，在第六届茅盾文学奖评选中，《远去的驿站》又进入了21部终评图书名单，排位在第7名。2007年，人民文学出版社将其收入了"中国当代名家长篇小说代表作丛书"中。

2016年1月，81岁高龄的张一弓因病去世。知名作家李洱在悼词中说："惊闻张一弓先生辞世，不胜痛惜。2004年12月28日在郑州将军宾馆，一弓说：'就在昨天，当我捂住一只眼睛的时候，我的另一只眼睛看不见了。'当时他的激情一如往昔。我安慰说：'有了《远去的驿站》，您此生无憾！'"

张一弓无憾，《远去的驿站》是他创作生涯中的巅峰之作、传世之作。而作为出版人，我们也庆幸"挖"到了这个无价之宝。

（原刊于《长江日报》，2018年10月25日）

为孩子搭建一座成长的桥梁

  白鸽在天上盘旋着，当时正是一番最好的秋天的阳光，鸽群从天空滑过时，满空中泛着迷人的白光。这些小家伙，居然在见了陌生人之后，产生了表演的欲望，在空中潇洒而优美地展翅，滑翔或集体性的俯冲、拔高与穿梭。

这是曹文轩的长篇小说《草房子》中纸月到桑桑家时看到的一番情景。读着这些文字，我的眼前仿佛有无数的白鸽在飞翔。

实际上，在曹文轩的作品中，这样富有画面感而又意境深邃的文字比比皆是：芦苇林、草房子、河中的小船、红灯笼、甜橙树，不知不觉，你会沉浸在作者笔下雅致而又纯净的文字中，为作品中人物的喜怒哀乐而歌哭。你读完了他的作品，合上书本，书中作者营造的意境会让你身临其中而依依不舍，一股淡淡的忧伤将久久地回荡在你的心头。

  他将右脚从芦花鞋里拔了出来，站在了雪地上。他的脚板顿时感到了一股针刺般的寒冷。他又将左脚从芦花鞋里拔了出来，站到了雪地上。又是一股刺骨的寒冷。

青铜为了多卖一双芦花鞋，将自己脚上正穿着的一双也脱了下来，然后，赤脚走在雪地上。今天的孩子读到这里，也许难以理解青铜所处时代的困窘，但他们一定会被曹文轩笔下的青铜这个可亲可敬的小哥哥的形象所感动。

这就是曹文轩作品的艺术魅力。他的油麻地、大麦地、稻香渡、葵花田，成了中国文学版图中一块独特的领地，成了世界文学中一枝散发着中国气味的康乃馨。曹文轩的作品，有人批评，不该过多地展示苦难；但依我来看，他的作品，其实是架在儿童文学和成人文学之间的一座桥梁。桥的一头，是儿童的天真无邪、两小无猜、顽皮好动；而桥的另一头，则是成人世界的生老病死与离愁别绪。如果说曹文轩作品的主旋律是"成长"

这个主题的话，那么这座桥梁，则是孩子从少年走向成年的必经之地。曹文轩希望孩子们能从这里看到人世间的真善美，也看到生活的艰辛与困苦，看到未来的希望与温暖。

曹文轩的作品，应当是中国学生读物中最受欢迎的品种之一。出版者以不同的版本、不同的编选形式，诠释着曹文轩作品的审美价值，丰富学生的阅读体验。现在，长江文艺出版社又以"朗读本"的形式，集中推出了曹文轩的主要作品精华。这套《曹文轩朗读本》共有八种，作家本人从自己的所有作品中，选编出适合朗读的作品章节，其中包括他的经典长篇小说《草房子》《青铜葵花》《细米》《大王书》《山羊不吃天堂草》等。如果说，曹文轩过去作品的编选本各有其特点的话，这套读本的特点，就是突出了"朗读"二字。

曹文轩在卷首写道：

> 可以朗读的文本，一定是美文，是抒情的或成长智慧的文字，不然是无法朗读的；能被朗读的文本，更接近灵魂，是自发的或天然的文字，否则是无法庄重的。

在中国的教学方法中，从中国传统的私塾到今天的语文课教学，都十分重视学生的朗读能力的培养。朗读不仅能让学生感受到文字之美，还能让学生集中精力，深入领会文章的魅力。现在，学校中无论是上课之前的朝读，还是课堂上的语文教学，都把阅读课文当作学生掌握语文知识、理解文章精华的一种重要的教学方法。如选入各级各类教材的白话文，皆要求是朗朗上口、可诵可背的精品。但是，由于课文的内容有限，不能满足学生课堂内外的朗读之需，而长江文艺出版社策划推出的《曹文轩朗读本》，刚好就应运而生。

曹文轩的作品，无论是情节的铺设还是语言文字的使用，都有一种节奏之美。作品的情节虽然跌宕起伏，但起承转合，如行云流水，自然畅达。他的文字，虽有古典之韵，但又符合这个年龄段孩子的阅读趣味，清新而又活泼。尤其是列入"朗读本"的文章，都经过曹文轩本人的甄选，无论是思想内容，还是语言文字，都适合学生用来朗读。我作为一个爷爷辈的读者，乐于在这里向家长、向孩子们推荐《曹文轩朗读本》。如果你一卷在手，我建议你大声地朗读，感受书中文字的无穷魅力，领会人生的丰富多彩。

（原刊于"出版六家"公众号，2018 年 10 月 1 日）

狗年抖擞狗精神

作家野莽在他的微信朋友圈里晒了一张莫言的墨宝，上书莫言为迎接戊戌春节自创的一首"地沟油诗"：

骂声如雷天外来/刀光剑影枪成林/貌丑非因人之过/腹黑确系鬼缠身/左墨误泼书家案/旁诗错叩诗人门/我本愚氓不可训/狗年抖擞狗精神——左书地沟油诗迎接戊戌春节

诗不难理解，莫言用他惯常的幽默把自己给幽默了一把，他用这首"地沟油诗"献给即将到来的属于他的狗年春节。

2012年莫言获诺贝尔文学奖后，先是大红大紫了一番，中央高层发表讲话以示祝贺，然后图书大卖，各地争睹"新科状元"的光辉形象，不少国人和作家们认为莫言为中国人、中国作家长了脸。但接着传出的消息是，似乎获奖并没有为莫言带来什么红利，反而是上下都不待见他。在某些网刊上，大量刊载批判莫言的文章。在他们的笔下，莫言成了一个十恶不赦的"卖国贼"，心怀鬼胎的"阶级敌人"。

"左墨"们如何泼莫言我暂不评价——我先谈谈我认识的莫言。

我供职的长江文艺出版社，在1993年出版的《跨世纪文丛》第二辑中，收录了莫言的中短篇小说集《金发婴儿》的部分作品，其中有《大风》《枯河》《秋水》《老枪》《白狗秋千架》《透明的红萝卜》《球状闪电》《爆炸》《金发婴儿》《你的行为使我们恐惧》等。该书原为民间出版人彭想林投资，1995年9月我到出版社负责后，次年2月我们又重印了一次。后来又重新设计封面加印了一万册，结果造成了一定的积压。后来有一个书商租我们的纸型，又重新印刷了一次。

在当时的情况下，作品能够收入到《跨世纪文丛》中的作家，都是在文坛上崭露头角的新锐。从集子中附录的作品目录来看，当时莫言已经发表了《红高粱家族》《天堂蒜薹之歌》《酒国》等作品，在全国已经具有一定的影响。但作为主编陈骏涛而言，还是对莫言有嘉许与鼓励之意。因为当时的莫言，正处在一个艺术成熟期，正如评论家张志忠在莫言《金发婴儿》集子后的跋中所言，莫言作品的整体质量，也还有些不足。如集子中的《你的行为使我们恐惧》，以"悬念结撰作品，那么，悬念一旦消解，作品的可读性和吸引力便所剩无几"。同时，作品中还有关于描写与叙述关系的处理不够妥当等问题。

后来我们一直还想出版莫言的作品，大约是2002年，我联系莫言，希望重版他的《丰乳肥臀》。这本书虽然获得了《大家》杂志的奖项，但出版后还是受到了比较严厉的批评——据说莫言因此而转业。因此，我们希望他将作品作一定的修改，对于当初有些刺眼的文字作些调整。莫言同意了我们的意见，并且将书名改为《金童玉女》。稿子由现任长江文艺出版社社长的尹志勇担任责任编辑，书稿我们全部编辑完毕了，并且与莫言也签了合同。在付印的前夕，我还是有些担心，便以私人身份向出版总署图书司一位处长咨询，她建议我最好不要出版。犹豫再三，我只好忍痛割爱，莫言听了我们的解释，也十分理解，此书出版便搁了下来。

我离开社长任上后，出版社与莫言有过很多的合作，2005年，出版社推出《跨世纪文丛》精华本，其中有莫言一本。这个集子中收录了他的《月光斩》《一匹误入民宅的狼》《冰雪美人》《倒立》《挂像》《鱼市》《秋水》《白狗秋千架》等作品。2009年11月，长江文艺出版社重新出版了莫言的长篇小说《檀香刑》。2013年，莫言获诺奖后，出版社第一次出版了由莫言本人编著的《盛典——我的诺奖之行》一书。这本书记述了莫言一行在瑞典七天七夜的所见所闻。图书出版后，适逢全国书市在海南举办，出版集团与出版社在海南举行了隆重的首发仪式。全国的媒体高度关注莫言获奖后的第一本新书，广泛报道了该书出版的消息。时任新闻出版总署副署长的阎晓宏先生出席了这次会议并发表了讲话。但此书由于是资料汇编，销售并未如预期的那样理想。

后来，我们一直关注着获奖后的莫言创作的进展，一年前我退休后单位又计划让我去北京一家出版社负责，我便想到了找莫言组稿。此时刚好一位为余秋雨代理作品的经纪人也与莫言很熟悉，他主动向我推荐了莫言一部正在写作的长篇小说。小说写什么我尚且不知，只是经纪人提出的条件是，起印50万册，作者稿费按版税的18%，代理人费用为5%。我们做了个预算，如果按此条件，出版社需要投入3000余万元，如果50万册全部销完,可能有 10% 的毛利,风险太大。我希望直接与莫言的女儿小管沟通,打了电话,她却告诉我,莫言长篇小说还没开始写。

莫言获诺贝尔文学奖后的几年,除了到各地演讲,没有发表什么作品,到了 2017 年,他集中在《收获》《人民文学》上发表了一组短篇小说和诗歌。叫好的不多,结果被一个叫杨光祖先生的在 2018 年第 1 期《文学自由谈》上撰文称这些作品显露出莫言的"败象"。人们对诺奖获奖者期许多多,虽然这位杨先生批评毫不留情,但尚属文学批评的范畴。

我们现在是可以理解盛名之下的莫言的处境了。

2014 年,我随湖北省作家及传媒代表团访问了瑞典,同行的有冯天瑜、熊召政、徐鲁等先生,大家除了与瑞典国家图书馆做一些交流外,主要还是带着对诺贝尔的崇敬而来。

我们到了举行诺贝尔奖招待晚宴的斯德哥尔摩市政厅。市政厅在国王岛上,坐落在梅拉伦湖畔。每年的 12 月 10 日是诺贝尔逝世日。这一天,诺贝尔奖奖金颁发后,瑞典国王和王后都要在宴会厅,为诺贝尔奖奖金获得者举行隆重盛大的宴会,表示热烈的祝贺。

宴会厅被称为"蓝厅",实际是用 800 万块红砖盖成的红色建筑。这座带有维京时期风格的建筑与梅拉伦湖碧蓝的湖水、与北欧蔚蓝色的天空相映衬,愈显典雅与秀美。我们在大厅里徜徉,想象着两年前莫言在这里领奖的情形。我们从一楼通向二楼的楼梯上来回上下走,体验那天莫言穿着燕尾服从楼梯上挽着妻子的胳膊走下的情景。楼梯中间有一个平台,那儿就是莫言讲述家乡故事的地方。那一天,一个长得并不英俊的中国人站在上面,用汉民族的母语向全世界传递着中华文化的魅力。

当时,我绝对没有想到,几年后,一个自称为"大于"的人,会在互联网上写文章,称"莫言获诺贝尔文学奖,从本质上来说,也是西方对中国实施文化霸权,推行资产阶级意识形态的一个结果"。而且,这种二十世纪六七十年代可以听到的声音,却赢得了不少的掌声。参观完市政厅,我们来到了诺贝尔博物馆。诺贝尔博物馆坐落在老城中心,这座两层的建筑的前身是瑞典证券交易所。博物馆分为当年获奖者介绍、历史回顾、诺贝尔奖介绍、阿尔弗雷德·诺贝尔生平等几部分,旨在通过介绍诺贝尔奖的方方面面,向人们展示超过 800 位诺贝尔奖获得者带来的社会进步。对于这些代表着人类科学发展和精神发展最高成果的获奖者,不管我对他们及其成果是否熟悉,但他们对人类的贡献让我心怀敬意。看完展览,我走进了博物馆纪念品小卖部，一眼看见了放在展架上正在售卖的莫言的照片。虽然我与莫言见过多次，但在异国他乡突然看见这张中国人的面孔，无异于在沙漠中看见一片绿洲，在晴空中看见一只飞翔的红顶鹤，看见一位久违的远行的亲人，他给我带来极强的视觉冲击。我没有犹豫，立即买下了一张莫言的照片。我要将他放在我的书架上，放在莫言的作品旁。

我走出博物馆，前面是一个小广场，瑞典的老师正带着一群可爱的孩子来这里参观。我想，老师们一定会告诉孩子，这个叫莫言的黄皮肤的作家，是 2012 年获诺贝尔文学奖的中国人。这个中国在亚洲，在地球的另一端。

作家野莽在他的微信中提到许金龙，许金龙是中国社会科学院的专家，均是我大学的同学，他们也是莫言的朋友。野莽将莫言的"地沟油诗"改了几个字。

骂声如雷天外生（来）/刀光剑影枪成林/貌丑非因人之过/腹黑确系鬼缠身/左墨误泼书家案/歪（旁）诗错叩骚客（诗人）门/我本愚氓不可训/狗年抖擞狗精神

莫言的"地沟油诗"文采确实一般，野莽兄几字之改确实在炼字和音韵上有所增色。不过，我要说的是，时逢中国人的狗年刚刚开始，莫言如果要发扬狗精神，一定不要发扬鲁迅批评过的那种宠物狗的精神，要有藏獒的精神，保持几分野性，为自己，也为这个国家。

（原刊于"出版六家"公众号，2018 年 2 月 26 日）

阳海清与《现存湖北著作总录》

作者阳海清一头撞在玻璃门上，嘭的一声，顿时，头晕目眩。

是时，省图书馆组织专家讨论即将付梓的《现存湖北著作总录》，会议刚刚结束，他与同事们在走廊上边走边谈。也许是兴奋，谈兴正浓，忘了前面硕大的玻璃门；也许，是他根本没有看见：肾病四期，眼底黄斑变性，视力微乎其微，等他发现眼前的庞然大物，一切都晚了。

他继续修改稿件，只到收尾，几天后，他突然发现自己不会走路了，家里人将他抬进医院，检查结果出来了，脑震荡，轻度出血，水肿。都是玻璃门惹的祸。

这不是第一次住院，阳海清因为高血压导致肾病，尿蛋白三个加号，血肌酐上升，肾脏已经出现衰竭的现象了。每当病情加重，他就到医院里住一阵，待病情稍有缓解，便又回到家中，开始伏案工作。

1938年出生、年至耄耋的阳海清，卸去湖北省图书馆副馆长职务已经20多年了。但他并未休息，而是夜以继日、加倍地努力工作，要完成他为之花费了50年的《现存湖北著作总录》。

4万余张卡片、如山的典籍，铺就了他的一条人生求索之路。18岁从湖南考入武汉大学，毕业后即来到湖北省图书馆从事古籍编目和整理工作的他，出于对第二故乡乡邦先贤丰厚的文献著述的崇敬之心，开始留意搜集相关的信息。无论是在本馆做古籍编目的日常工作，还是出差到外地，他只要发现湖北籍作者的著述，就马上抄在随身携带的卡片上。2014年的初夏，为筹备编纂《荆楚文库》事宜，我主动提出到他在常青花园的寓所拜访请益，他那并不宽敞的二居室内，除了书还是书，凝聚着他大半生心血的书目卡片，一排排静静地躺在特制的书橱中，等候着主人的召唤。

"我读的湖北书，吃的湖北饭，干的湖北活"，阳海清不止一次这样恳切地表示。正是这种感恩之心和强烈的责任感，驱使这位仍有浓厚乡音的湖南客老而弥坚,埋首书山,皓首穷经,广搜博采,爬梳诸多史料。

目录学究竟有"学"还是无"学"？乍一看来,书目只是记录了书名、作者、出版单位、保存地点等信息,但实际上目录不仅有保存文献、方便专家学者和普通读者检索的功能,还起着"辨章学术,考镜源流",揭橥学术发展的脉络与传承、记录不同类别、不同学科之间共同演进的历史的作用。二千年前,汉宗室刘歆与其父刘向领校"中秘书",协助校理秦代留下的焚余典籍。刘向死后,刘歆承继父业,负责总校群书。刘歆在父亲刘向所撰《别录》的基础上,修订成为中国历史上第一部图书分类目录《七略》,开创了中国目录学的先河。

如果没有刘向、刘歆父子的努力,中国先秦以前书写在竹简上漫漶杂乱的典籍将无从传播,中国思想史上最为辉煌的"轴心时代"的元典我们今天将无从得见。换而言之,如果没有这些元典,中华民族的精神底色将会黯淡许多,我们谈起五千年历史,会有三千年文明将缺少底气。

试想,如果没有阳海清和他的助手们的努力,未能将湖北地区从先秦至今的文化典籍进行梳理,我们又怎样用事实去证明荆楚文化的博大精深,又怎样将历史缝隙中散落在时间角落的断章残篇一一归拢,让他们回归精神的家园？

这就是湖北有史以来第一部《现存湖北著作总录》,洋洋三大卷,一千四百多页,一万三千多条款目,十三万多个知识节点的版本目录。

《现存湖北著作总录》付梓前,省图书馆组织省内外有关的专家对书稿进行了评审。专家们一致认为,这部书稿有三个明显的特点：

一是收录齐全。《现存湖北著作总录》第一次全面地对湖北历史文献进行了梳理；同时以湖北人写和写湖北这样双重角度来编选的书目也是首创。

二是紧扣住了"现存"二字。《现存湖北著作总录》对于有目无书的典籍,不再收入本书目；对于来自不同线索而呈现歧异者,进行辨析和考证后方收录。

三是为方便查检。《现存湖北著作总录》编纂有《书名索引》《著者索引》《湖北历代著作人物总表》,使用者可以从不同角度来检索。

2014年4月,经湖北省委、省政府批准,由省委、省政府主要领导亲自牵头,集中了全省有关的专家学者的力量,启动了大型出版文化工程《荆楚文库》的编纂出版工作。该项工程计划对湖北省自先秦以来至

1949年止的所有文献典籍进行一次全面的搜集、整理，分为文献编、方志编、研究编三个部分来出版。而文献的整理出版工作，首要任务是描绘一幅蓝图，制订好出版计划。阳海清先生整理中的《现存湖北著作总录》，无疑为《荆楚文库》文献编中的古籍部分和方志编书目的编纂、厘定，奠定了坚实的基础。试想，如果没有阳海清先生披肝沥胆搜集、整理的湖北先贤的著作目录，《荆楚文库》编纂出版草创伊始，又该需要多少时间来做这份浩繁的调研搜集工作。如果说，《荆楚文库》在很短的时间内能够制定出编纂书目，并得到省内外专家的认可，阳海清先生功莫大焉！

何谓地理上的湖北，何谓文化上的荆楚？《现存湖北著作总录》努力寻求两者的统一，这一点，与《荆楚文库》的编纂指导思想不谋而合。文化上的荆楚，是从先秦开始，《史记·楚世纪》有载："周文王之时，季连之苗裔曰鬻熊。"八百年大楚，文化繁盛，影响深远，为溯及源流，编者"不泥于后世之行政区划"。地理上的湖北，虽清康熙年间湖北区划方理清眉目，但考虑不至于掠人之美，先秦以后，则以今日湖北管辖区域为界。

湖北作者，湖北籍贯也。若有迁徙情形者，由外省徙鄂定居并在鄂繁衍子孙者，为湖北人。如果生长于湖北而后徙居外省者，仍认定为湖北籍作者。女性作者，无论婚否均收录。在鄂僧人，俗籍湖北者收录，并注明其法号。

《荆楚文库》吸收并丰富了阳海清先生关于作者籍贯的划分原则，既便于探讨荆楚文化的发展源流，又考虑到了现今区划的实际，避免了荆楚概念的外延与内涵的泛化和局限。

凝结着阳海清先生心血的《现存湖北著作总录》于2016年8月在国家图书馆出版社正式出版，这部书目著作，以其收录得较为全面完整、考证精到、查检方便受到业内的肯定。除此之外，《现存湖北著作总录》修订版也将收入《荆楚文库》的研究编之中。目前，作为《荆楚文库》编委的阳海清先生，以抱病之躯，担任了方志编编纂小组的组长，他正在与时间赛跑，带领着馆里的一批中青年人，全力以赴地投入湖北历代旧志的搜集与整理工作之中。

（原刊于《中国新闻出版广电报》，2018年5月30日）

读《往事》，忆往事

路用元老局长（湖北省原新闻出版局局长）本是学财务的，退休后当起了作家，著述颇丰，先是在《湖北省出版资料选编》中写了大量的文章，现在又出版了《往事》一书。书中除了有几次出访纪行外，弥足珍贵的是记录了湖北出版发展的进程，如《落实干部政策琐忆》《出版文化城申批追记》《六届书市与出版城筹建花絮》《德寿双高 文武皆杰——我所了解的于溪同志》等。

说路局长当作家是玩笑，这几年他笔耕不辍是真的。我刚到《荆楚文库》那阵，路局长经常拿着他的大作来出版局办公室与我交流。他说起话来，眉飞色舞，全然不像一个得过胰腺癌、切掉了一个肾、又年过古稀的老人。说到高兴处，他见我眼神游移，会突然打住，眉毛朝下一扫，说："你忙，我走了。"匆匆的，有几次，我那个高门槛把他绊得直趔趄，好在他至今仍是保龄球高手，据说在省里老年队比赛得过名次，故身手依然矫健。

26年前，我被从长江文艺出版社调到湖北省新闻出版局工作，路局长正在局里"执政"。虽然我一度在办公室里工作了8个月，与路局长在一层楼上，但见他每天挥斥方遒，指点江山，忙得不亦乐乎，我们只好仰视而不敢近觑。除非开会，我不敢轻易去打扰他。

真正与路局长"亲密接触"是我又到长江文艺出版社任职前夕。我去找路局长要粮草。路局长把我批评了一顿，我背着他流了点眼泪。当然，钱后来他也还是给了，教材政策也给了，但我平时从没流过泪的，所以这次因为"革命工作"在他面前流了泪记忆犹新。

实际上，我去长江文艺出版社任职是路局长做出的决定。你想，一个没有干过编辑室主任的人突然回到社里当一把手，作为局长的他肯定是要承担些风险的。何况，那年我才41岁。

在路局长面前流泪还有一个原因，是我把他当成亲人，当成长辈。人只有在亲人面前才会感到委屈，才会流泪。何况男儿呢？从此之后，我是没有流过泪的。虽然有时也想流泪，但泪水还是能控制，大约是还没有真正地伤心至极。

第二次与路局长"亲密接触"是我与他一起到美国举办三峡书展。

这时我已经荣任了长江文艺出版社的社长，因为去美国的活动是早就安排了的，所以我 9 月初去出版社报到，10 月份跟着路局长去了美国。这次参访团路局长是团长，我是秘书长。临行前，刚刚退休的湖北教育出版社的武修敬社长在美国办了家公司，给了我几万美元，让我带着在路上用。去洛杉矶这回事，在《往事》这本书中，路局长详细记述了书展的很多情况。很多细节我都忘记了，路局长却记述得十分详细：如几个人，到什么地方去，见了什么人，还有我们带些什么书，哪些书销售得好，有文有图。好像他当初就打算退休后当"作家"或者"历史学家"似的，把这些资料保存得完完整整。除了写到美国这次旅途，他还写到朝鲜、到台湾地区访问，每顿饭吃了什么、几个菜，他居然都还记得一清二楚。从历史学的角度，这些细枝末节增加了很多史料性和现场感。

武修敬给我的一大包美金，成了我的累赘，临行前我让家人在内裤前面缝了个口袋，将钱统统放在里面。不管做什么，这包钱总顶着我的肚子，感觉真是不舒服。在洛杉矶时，我与路局长一共五个人住在一栋别墅里，我们自己做饭，我负责记账，费用平摊，路局长虽然是团长，也一五一十地照交。有时，到外面买些纪念品，我们也是各自掏钱。我临走时也忘了问武修敬，我带的这钱到底是干什么用的。直到回到了武汉，我向武修敬交账，把那沓我带了上万公里的美金又交还给他。他才说："你们没用？你没给路局长买点什么回国要送人的礼品？"现在想想我当时真是太"嫩"了，还说是秘书长呢！

去到长江文艺社没几年，路局长在局里的大会小会上没少表扬我。大约是 1999 年，有一天，分管领导邱久钦局长找我到出版局来，说是局党组决定，让我担任局长助理，配合副局长王建辉工作。谈完话，我到路局长办公室探个头，打了声招呼。我到王建辉副局长办公室，他拉着我的手说："以后我们一起干。"

局长助理的动议后来被否了。据说是要成立出版集团，说一起安排，没必要这样折腾，但这事路局长、邱局长前前后后都没有找过我。现在想想，那时上下级的关系真的是十分简单。

退休前夕出版局让我来做《荆楚文库》这个大项目，倒是经常在院子里可以看见一头白发、几乎整天穿着运动衫的路局长了。虽然我的记忆常常停留在 26 年前某一个春天的清晨，但现在的路局长与 26 年前那个穿起西服，潇洒无比的帅哥比，也不能不让你痛惜岁月的无情了。不过，你如果到他的微信朋友圈中去看看，你依然可以看见 26 年前，甚至更早一些时间里年轻的路用元。他的微信里没有那些风花雪月，或者养生之类的软文，而是"先天下之忧而忧"，让人感受到一颗"年轻"的心仍在怦怦跳动。一个老作家，不，一个老出版人的襟怀，在字里行间，如宇宙般无穷大。

听说，他的下一本书正在整理中，书名叫《背影》。我们期待着，希望看到更精彩的文章，更翔实的出版史料。

（原刊于《中华读书报》，2018 年 8 月 15 日）

《芳华》与《无问西东》成功之因

一部文艺片《芳华》,院线本已准备在 2017 年 9 月 29 日上映,结果一纸公文,该片因故暂停放映。直到 2017 年 12 月 15 日,千呼万唤《芳华》才出来。文艺片嘛,按说不会多么景气,结果票房一路飙升,到 2018 年 1 月 29 日,票房收入达到了 14.18 亿元。据说冯小刚投了 1.3 亿元来拍摄这部片子,如果按照惯常的分成比例,无论是制片方,还是院线,都赚了个盆满钵满。

《芳华》还未散去,文艺片《无问西东》同样实现逆袭。截至 1 月 28 日,《无问西东》上映 17 天,票房收入就达到 5.93 亿元。该片也是命运多舛,7 年前开始筹备,5 年前拍摄完成,今年才正式公映。但影片一上映,无论是传统媒体还是自媒体,大多数人对《无问西东》都给予了关注。无论评价如何,估计在未来的一段时间,《无问西东》的票房收入仍会持续上升。

两部文艺片为什么取得了一定的成功?

媒体上有很多文章,对于《芳华》和《无问西东》进行了评价。大家普遍认为,两部片子都再现了年代感,体现了人文关怀,也有批评者指责影片廉价、煽情,甚至自恋。在影评公众号"虹膜"上,有人给《无问西东》打了 9 分,有人只给了 2 分。差别之大,足见影片有很大的言说空间。

我认为,无论观众对两部影片持何种评价,票房是最有说服力的证据。两部片子尽管在艺术上还存在这样那样的缺陷,但从整体上看,应当说是比较成功的。成功的因素有多种,但关键一点,我认为,是影片较为真实地再现了当时的历史。

在电影《芳华》中,因为故事发生的背景是在"文革"中,不可避免地要出现关于"文革"的镜头。导演冯小刚通过文工团大门和影壁上的标语口号以及无处不在的领袖像、党徽、军徽，颜色明亮鲜艳的旗帜、横幅和宣传画，交待了时代背景。主人公何小萍父亲的遭遇，折射了"文革"和极左路线对人的摧残。同时，在对待对越自卫反击战这段历史时，尽管是侧写，但也反映了战争的残酷。如果这些片子放在若干年前，出现"文革"和对越自卫反击战不足为奇，在近年能够出现"文革"的背景，编剧和导演已经够努力了。何况剧中何小萍的遭遇，都有点"反思"的意味。电影虽然没有着意渲染"文革"对人性的挤压，但未出场的何小萍的父亲已经让久已忘却的时代曲折再现在人们面前。而对越自卫反击战这种"高山下的花环"，也成了中国与邻国关系的晴雨表。现在电影从侧面写出了这场流血冲突的残酷，对于青年一代而言，也算是补了一节历史课。

《无问西东》中，首先涉及的是抗日这个话题，是写在美国支持下，国民党空军抗日这段史实。还有那个带着一群流浪儿童的外国教会人士，这与我们过去的认知不搭。在另一个单元里，是上个世纪60年代阶级斗争的画面。这不是"文革"，但已经是"文革"的前奏。阶级斗争天天讲、月月讲、年年讲。批斗会上对"电影章"的殴打，"文革"中栖身偏僻山村也未能幸免的"电影章"的结局，也让今天"生在红旗下，长在红旗下"的80后、90后，甚至00后们大开眼界。

电影写了这么一群人，尽管受尽委屈，遭受不公正的待遇，但他们"爱你所爱，行你所行，听从你心，无问西东"。有人批电影"矫情"，但我以为能够做到这一步，已经很不容易了。其实，从观影的年轻人来看，他们并不关心那黑暗隧道中的过往，怀旧与激情燃烧成了一种时代的符号。

这两部片子的可贵之处，成功之处，则是基本做到了生活真实与艺术真实的有机统一。前者缘于小说的作者严歌苓本人曾经经历了那样一段生活，后者则是"影片团队查阅百万字文字资料和10万多张图像照片的付出，力求每一个细节有据可依"。真实的力量是无穷的。中国电影界目前还有这样的勇气去打破禁区，已经起到了拓荒的作用。所以，两部文艺片尽管有这样的那样的缺点，但还是征服了我们的观众。此话是否有理，还是前面那句话，有电影票房为证。

（原刊于"出版六家"公众号，2018年2月5日）

《流浪地球》的灾难意识与悲剧情怀

2019年2月13日的外交部新闻发布会上，端庄稳重的女发言人华春莹向中外记者推荐了当下大火的科幻电影《流浪地球》，希望大家都去看看。

当然，华春莹是在回答外国记者就张艺谋的一部电影为什么没有参加国外电影节的提问时而推荐这部电影的，外交辞令，也许只代表她个人观点。但无论如何，猪年春节，活跃在荧屏上的却非《流浪地球》莫属。据媒体披露，上映十几天，《流浪地球》票房逆袭，目前将近达到40亿元。

对于《流浪地球》的情节、科学设定以及电影与小说的违合，媒体上陟罚臧否，皆有不同声音。我这种年龄，加之过去的阅读习惯，对科幻小说关注不够；但后来听说大名鼎鼎的科幻作家刘慈欣是我的信阳乡党，顿生爱屋及乌的念头。湖北科技出版社在北京举行的新书首发式上，我见过这位年轻英俊的作者，并与之合影留念。所以根据他的小说改编的电影，不管别人怎么评价，我如果不看的话有点对不起老乡。

《流浪地球》的情节不用我再赘述，网络上都冠之以"硬核科幻"，即指这种科幻是有科学依据的。太阳有一天会燃烧殆尽，地球和人类将会殃及，科学界都认可这个。在中国的电影史中，如此全面描写地球灾难的影片，《流浪地球》是第一部。不过，大过年的，将这个灾难片用来贺岁，细思虽恐，但却是有警醒之意。关于电影《流浪地球》的种种优劣得失，方家已经轮番指出，但我觉得，《流浪地球》大火之因，虽然与题材新颖、场面宏大、特效制作精美密不可分，但也与电影透露出的灾难意识、悲剧情怀有很大的关系。电影不仅向观众普及了宇宙知识，而且传播了我们整个社会缺乏的科学精神。在某种程度上，有若禅宗传法时的当头"棒喝"。所以，它歪打正着。说穿了，是这部电影暗合了社会的心理思潮。

《流浪地球》表现的其实就是一个"灰犀牛"事件。太阳燃烧到了一定的时候会变成红巨星，会毁灭，这是一个科学判断，已经得到人们认可。但是，太阳毁灭到底会何时出现人们并不重视，反正认为不会发生在我们这代人的身上，甚至有人认为这是"杞人忧天"，没事找事。所以刘慈欣的小说中也有走与不走的两派在争论。地球面临灾难而人们并没有察觉，这便如中国的经济状况，隐藏了"经常被提示却没有得到充分重视的大概率风险事件"。

　　其实，据天文学家研究，太阳诞生于约 50 亿年前的一次星云坍缩。按照现有的数据估算，太阳还可以再燃烧 50 亿年左右。不过人类学家曾经估算过，因为周围环境的各种变化，人类在地球上还可以存在的时间大约是 200 万年。对此，物理学家霍金更为悲观，他认为人类使用能源没有节制，预言几百年后人类就需要考虑离开地球。即使如霍金所言，几百年对于现在的人类来说，也还很遥远，但是，会不会出现"灰犀牛"事件？按宇宙的时间观来看，几百年只是一瞬间，明清两朝加起来就是几百年，想想仿佛就是昨天。当然，只要人类不再破坏地球的生态环境，大概率是不会在短时间内发生这种悲剧的。

　　不过，我的乡党刘慈欣先生想象丰富，他早想好了拯救人类的方法，要将地球移到半人马座比邻星附近去，因为那里适合人类居住。为此，他设想地球上成立了一个联合政府，在联合政府的领导下，在全球安装了上万台行星发动机，先是让地球停止转动，再让地球移到木星"刚体洛希极限"点附近，希望借助木星的反作用力，让地球跳出太阳系。据刘慈欣的想象，这个迁徙的过程是 2500 年。此时有人会说，上帝不是万能的吗？信奉基督教的信众可能会对刘慈欣忽略主的力量感到愤怒。中国本土虽然没有产生真正的宗教，但中国的"神"也是无所不能。这些"神"不仅神通广大而且种类众多。从玉皇大帝到土地公公，从床神到厕神，据民俗学家统计有一百多种。而且因地而异、因时而异，根据需要还可以创造性发挥，如有时候人们为了寻找精神寄托，或者达到自己的目的，干脆再造一个神来供奉。刘慈欣在《流浪地球》中表示：拯救地球不是靠某一国或某一个英雄，而是要靠整个地球上超越国别、种族和宗教信仰的人们的共同努力。说白了，地球是一个命运共同体，地球的迁徙不能依靠任何的宗教，也不能靠偏居地球一隅的某一个国家。如果是这种理论，电影不是对神打脸吗？

其实，刘慈欣不是有意而为之想去打谁的脸。宇宙的诞生与地球的寿命，是一个具有争议的话题，但刘慈欣所构筑的宇宙哲学及他在小说《流浪地球》中所揭橥的灾难意识，却是人们应当记取的。这也是我观看电影《流浪地球》后首先想到的——太阳有一天都可能会毁灭，在这个世界上，我们还有什么不能放下的呢？

大过年的，大刘的这尿点还真有些出人意料。

（原刊于"出版天地"公众号，2019年2月16日）

《海寇诗经》与瑞典小镇

《海寇诗经》？海寇还会写诗？是的。

海寇不就是海盗吗？是的。

海寇与瑞典还有关系？是的。

海寇是瑞典人的祖先，又称维京人、斯堪的纳维亚人。

不过，这些海寇生活在公元700多年至900年之间。那时，正是中国的唐朝。

一

2014年9月，正是秋高气爽的时节，我与冯天瑜、熊召政、徐鲁一行经俄罗斯飞到了瑞典。拜访了瑞典文化委员会，参观了瑞典国家图书馆和颁发诺贝尔奖的市政厅后，我们来到了距斯德哥尔摩约50分钟车程的西格图纳小镇。

小镇坐落在梅拉伦湖畔，参差错落的小别墅不规则地散落在寂静的树林里。红色的、蓝色的、赭色的、黑色的铁皮屋顶，和那座已经颓圮的石砌古堡，在9月热烈而又温婉的阳光下，无声地诉说着这个昔日首都的秘密。湖水很蓝，仿佛从天上延伸而来。一排排蓝白相间的游艇间，一群群灰褐色的野鸭子悠哉游哉地慢慢游到岸边，旁若无人地从我们脚下绿茸茸的草地上踱过，一一躺在维京时期的石雕脚下，享受秋风的抚慰。

正是下午时分，小镇很安静。我走在石子路上，能听见自己橐橐的脚步声。三五间店铺，开着慵懒的门，任凭游客进出。小街尽头，夹竹桃和玫瑰花掩映的巷子里，挂着瑞典十字国旗的地方，有浓烈的咖啡味儿飘逸到空中。

小镇有一广场，广场边绿树簇拥的是一长方形的建筑。两层的黄色屋顶上，一个尖尖的黑色小钟楼。楼很沧桑，据说曾是市政厅。如今厅里空空荡荡，靠左边的房子里，有一个销售纪念品的摊位，在蛇与十字架的维京人图腾间，我一眼看见其中有一本中文的图书：《海寇诗经》。

在异国他乡看见母语，我心里一阵悸动。

二

《海寇诗经》是北欧最古老、最流行的经典著作《埃达文集》中最脍炙人口的诗集。这七十一首诗歌与《埃达文集》中其他诗歌截然不同。它不像英雄史诗，也不是神话传奇，而是如中国人的《了凡四训》《朱子家训》《增广贤文》等修身养性书一样，记录下了维京人的生活哲理和处世哲学。

《海寇诗经》原是用冰岛文字写作，现代冰文系北欧挪威、瑞典、丹麦的古文字。一千多年来，北欧与西欧的语言已有了很大的变化，而冰岛文字却变化很少。这部诗集在冰文原文中为 Havamal，意思是高者之言。在译成中文时，译者王超女士将其译为《海寇诗经》，是因为本书体现了北欧海寇时代文化遗产中最典型的世界观和人生观。

海寇又可译为海盗，是北欧维京人，即现在瑞典所在的斯堪的纳维亚半岛上的先民。他们拥有健壮的体魄、苍白的皮肤，编着长辫的红色或金色头发。维京人是一群冒险家、残忍的杀戮者，以其可怕的海上攻击和难以置信的创造能力闻名于世。Viking，在北欧的语言中，这个词语就包含着两重意思：首先是旅行，然后是掠夺。他们远航的足迹遍及整个欧洲，南临红海，西到北美，东至巴格达。但他们第一次在当地百姓面前出现时，总是以海盗的身份抢劫掠夺。

北欧是苦寒之地，冬天阴冷潮湿，维京人需要拓展生存的空间。他们在耕作之余便四处偷盗牲口和谷物，当然也不放过任何有价值的财宝。他们先是打劫修道院，因为那里收藏着众多的食物。他们会毫不犹豫地杀害教士和掠夺教会的财产。一般人都会惧怕于他们的无情和残暴，他们就像来自地狱的魔鬼。他们驾着船头和船尾都雕上龙头的平底小船横渡海洋，来无影去无踪。789 年，一伙维京海盗洗劫了英格兰多赛特郡，《盎格鲁-撒克逊编年史》中最早记述了这段历史。当地人与强盗英勇战斗，但抵挡不住凶猛的维京人。英国人只好缴纳赎金，称为 danegeld，希望灾星快快离去。但海盗前赴后继，城头变幻大王旗，此一波离去，彼一波头领又翩翩登场。阿尔弗雷德执政威赛克斯期间，他跟主要的维京部族达成协议，允许他们定居在英格兰东南部的地区，称为Danelaw。即便如此，脆弱的和平还是时时被打破，海盗的族群众多，意味着劫掠永远不会停止。哪怕是挪威和丹麦的国王，征服了英格兰之后，他的领地还是常常被瑞典的海盗骚扰。不胜其害之下，这位强大的君主也不得不缴纳赎金。

维京人从公元8世纪到11世纪一直侵扰欧洲沿海和英国岛屿，其足迹遍及从欧洲大陆至北极的广阔疆域。他们入侵法国和诺曼底公国，入侵苏格兰和爱尔兰，发现了冰岛，登上了美洲。他们一度在这些地区建立政权，并殖民当地人，随后一部分人融入了当地，一部分人继续在世界各地游荡。

但是维京人最终融入了那个时代。1066年，是挪威国王——"无情者"哈拉尔德·哈拉尔迪战死的年份，作为最后一个一生四处征战的北欧海盗领袖，他的死标志着北欧海盗在欧洲疯狂侵略扩张年代的终结。

不过，据英国2014年5月15日《每日邮报》报道，目前瑞典南部海岸小镇Foteviken仍生活着一群维京人，他们沿袭着古代维京人的生活方式，过着悠闲的田园生活。虽然他们与每一个北欧人一样，血管里仍流淌着维京人的血液，但他们现在不再四处出击，行抢掠的勾当，而是充分地享受着人类的和平。

三

在外人看来，维京人是杀人越货的海盗，其实，他们在征服世界、掠夺钱财的同时，也有自己的生活方式和精神追求。早期的维京人，信仰多神教。他们注重家庭，重视家族。女性的婚姻既尊重父母之命又保持着一定的选择权。虽然维京的男人们渴望劫掠四方建功立业，但他们在修身养性上，又主张温柔敦厚，其主张犹如中国的儒家。他们追求品德高尚，主张身心健康超过对物质和名利的追求。他们珍惜生命，重视人与自然的和谐。他们重视人际关系，主张尊老爱幼。

如《海寇诗经》中有很多教人处世的诗歌，如《如何待客》《好客》《礼貌》《赴宴》《赴宴之道》等。如《如何待客》云：佳宾若进门/排座不可轻/位置偏而远/不乐怀闷情/上座促膝谈/主雅客来勤。如《好客》云：跋涉过山岭/远客扣家扉/生火客身暖/食物解客馁/被单洁又净/宾客至如归。

也有教人如何交朋友的诗歌，如《永恒的友谊》《论狡猾》《要有敌情意识》《如何培育友谊》等。如《永恒的友谊》云：宝剑酬壮士/霓裳赠佳人/华服显友谊/乡里美言频/礼尚来而往/至情万年春。如《虚饰》云：朋友不可靠/无法敞内心/微笑以敷衍/巧言礼彬彬/虚饰对虚伪/交往无纷争。

还有教人如何成长成才的诗歌，如《论意志》《论远见》《论自尊》《论权力》，以及如何对待人生的诗歌，如《乐观看人生》《活着》《不被金钱驱使》《名誉》等。

《海寇诗经》到底起源于何时、何地？专家们众说纷纭。有人说起源于挪威，有说起源于冰岛，有说起源于英伦。这些所谓的"诗经"如中国的《诗经》一样，都是早期先民们口头创作的结晶。中国《诗经》的产生，2000年前班固在《汉书》中曾有明确的记载："孟春之月，群居者将散，行人振木铎徇于路以采诗，献之太师，比其音律，以闻于天子。"今天，专家学者对《海寇诗经》起源于何地仍有争议，但对诗歌所体现的北欧海盗鼎盛时期的文化和哲学思想则无争议。谈到《海寇诗经》的写作年代，专家们一致认为诗歌创作于公元700年至900年之间。而此时，正是我国的唐朝文化辉煌灿烂的时期。当然，我们不能用鉴赏唐诗一样的标准来看待这些口头文学，《海寇诗经》对于我们认识维京人毕竟还是多了一种参照系。

所以，我们还是要感谢王超女士，北欧的古典文学虽然很多，但译成中文的寥若晨星；感谢耶鲁大学的郑愁予先生，对《海寇诗经》给予了正面的评价，让我们看到了一个流淌着海盗血液的民族，也曾有着诗和远方。正如北欧人所信仰的多神教，让人看到了神的两面性，这些神灵像人一样，并非完美无缺。今天，当世界的目光再次因为三位中国游客在斯德哥尔摩的遭遇而聚焦瑞典时，我突然想到了这本在瑞典西格图拉小镇购买的精装小书。我想从这本小书中，探究下瑞典人的文化基因。

四

在西格图拉的下午，连同在斯德哥尔摩逗留的几天，都是一个美好的回忆。我回国后曾经写了一组文字记述瑞典之行，后来我又有幸读到了同行的诗人熊召政写下的诗歌。他的诗《西格图拉的下午》中有这样几句：

西格图拉啊,你是宁静的
我相信,只要玛丽教堂的钟声敲响
那些心灵的污垢就会像败叶一样簌簌坠落
西格图拉啊,你不是我的故乡
我是在东方水墨中旅行的游子
但是在今天,你给了我新的乡愁
明日归去,我会有新的相思

(原刊于"出版人周百义"公众号,2019年9月19日)

第四辑　序与跋

《长江十年》跋

十年,对于一个人来说,并不算短。从41岁到51岁,应当说是人生经验最为丰富、精力最为充沛的十年。这十年,我交给了长江文艺出版社,是我最为欣慰、也最为引以为自豪的"长江十年"。如果我没有这十年的拼搏,我的一生可能会是另外一种风景。二十年前,长江文艺出版社不像今天这样风生水起。一天上午,当我得到要去长江文艺出版社任职的消息后,并没有去过多考虑出版社眼下的经济困难,没有考虑到自己能否胜任社长职务,没有想到会否因缺少经验而铩羽而归,或者可能因经营不善而身败名裂。我只想能有一个岗位,让我去尝试,去摸索,去出版自己心仪的图书,我就是天下最幸运的人了。

在长江文艺出版社的十年,我全身心地投入到工作中,放弃了我曾有的写作爱好及休息时间,在我的心中,出版社是比家庭更重要的地方,那里承载着上百个人、几十个家庭的希望。当一本本书稿变成散发着墨香的印刷品,当读者在书店里捧着出版社的新书,当报章刊载对出版社图书的褒奖,当上级领导对出版社工作予以肯定,我感到自己的付出得到了超值的回报。

一个个春夏秋冬的轮回,都记载在这本小书中。我记述了艰难的开始,也记述了走麦城的经过,当然,更多是成功的喜悦,还有事后的总结与回顾。

感谢人在天堂的父母亲的眷顾,感谢我的家人的理解与支持。当然,我能在长江文艺出版社取得一点成就,更与全社员工的努力与拼搏分不开。想到昔日我对员工的严苛与抠门,至今我都有些自责。虽然出版社与当初相比有了一些进步,但因为我的疏忽给出版社造成的某些损失,我每忆及此仍感到深深的追悔。

记述我在长江文艺出版社的十年,我并不是在炫耀过往,而是在总结思考，给希望了解中国改革开放以来出版发展历史的后人留下一些史料，希望同行人能从中汲取一些经验教训，让中国的出版走得更好。

感谢江西省新闻出版局图书处原处长朱胜龙先生的厚爱，将我的《长江十年》列入"出版人自述"这套丛书中，促使我在眼睛不适的情况下坚持写完了全书；感谢江西高校出版社，提供机会让我对"长江十年"有了系统的回顾；感谢聂震宁先生，出任这套书的编委会主任。我虽然有写作这十年的念头，但如果不是各位的督促，我可能不会这么早就拿起笔来；感谢我的同事邹典佐先生，他帮我翻拍了许多的照片放在书中；还感谢我的一些同事，如陈辉平、李正武、康志刚等，我将他们当年写的一些营销体会收录在其中。

人生若白驹过隙，一生能够做成一件事，足矣！

(《长江十年》，江西高校出版社2018年版)

过往岁月的一部分
——《周百义文存》跋

我迟迟没有写下这些总结回顾的文字,皆因为怯于面对这套并不丰盈的"文存"。我的青春、我的梦想,我那晃在眼前却又分明逝去的日子,就在这一字一句的接力中,化为了昨日的晨露。我似乎不敢想象,我已经到了倚门而立、细数过往的年龄了。我也感到惶惶,挑来选去,能让自己满意的文字,就是这百余万字各种不同体裁的作品。

这已经成了历史,成了过往岁月的一部分。"文存"的第一卷,主要是文学作品。从时间顺序上来看,我走上文学道路,撇开那些带有明显时代痕迹的诗歌,主要还是从儿童文学起步的。上个世纪,我小学毕业即失学,但后来读过中级师范,当过教师。我从小学教到初中、高中,还教过师范。我了解孩子们,特别是山区孩子的喜怒哀乐。于是,在教学之余,面对着窗外重重叠叠的大山和蒙蒙的月色,我乐此不疲地就着并不明亮的油灯,在白色油光纸上勾勒孩子们的身影。是时,山腰若有若无的雾霭、弯弯曲曲的山路、山路两边盛开的野花,还有那蓊蓊郁郁的竹林,便和着我的思绪一起涌到笔下。我以为此生会和孩子终生相伴的,然而命运之舟又把我抛向了中国政治结构中一个承上启下的部门。我目睹了中国政治运作的流程和在其中奋斗、挣扎的诸多小人物,当我插班走进武汉大学后,这些小人物便一一闪现到了我的眼前。于是我记录下了彼时的机关生活。当然,这些人物是典型化了的。他们有些是我尊敬的领导和同呼吸共命运的同事,他们在这个体制的轨道上,身不由己地扮演着不同的角色。离开大学来到出版社后,我的创作热情高涨,不断地在各种刊物上亮相。可是,我在几年后又去到了一个上级机关,接着又来到出版社负责,于是,我尽管在从事文艺出版,但几乎与文学创作绝缘。我把生命中长达十年的春夏秋冬,连同属于自己梦中的空间,都交给了可以叫作"事业"的出版。但失之东隅，收之桑榆，"文存"第三卷便是我关于出版的思考。这些文字部分是经验的总结，部分是关于这个行业的探讨。从编辑到发行到营销，从传统媒体到数字出版，小到一本书的广告词，大到整个行业的现在与未来，我结合自己从业近三十年的体会，贡献着我的一点点赤子之心。我是从热爱文学起步，结果出版成了我安身立命的归宿。

"文存"中还有一部分是关于作家作品的研究。这些大多与我的工作有关。我编书，于是也评书，既是工作之需要，也锻炼了我文学鉴赏和文学批评的能力。当编辑时，我乐此不疲，凡是我编辑的稍有分量的一些图书，我都会写上一篇评论。后来有文友出版图书，邀我写上一段话，情之难却，便有了若干篇序言。当然，"文存"中我敝帚自爱的，是我写家族、写亲人的几篇文字。这些文字虽然没有太多的修饰，也不具有曲折动人的故事，但那是我从心底流泻出的真情实感。我那一个个去了天堂的至亲至爱的亲人，尽管是这个世界中卑微的一粒沙子，但在他们的生命历程中，都烙上了那个历史时期的累累伤痕。他们的经历虽是个体的，但却又有着鲜明的时代的特征。我写这些亲人，不仅表达我由衷的思念，也希冀为这个时代留下文学的记忆。

这几本书冠之以"文存"，一是说明这并非我全部的文字。未有收入"文存"的，有我早期写的一些诗歌、曲艺作品，还有一个反映"大革命时期"一位乡村教师生涯的小长篇，还有古籍《武经七书》和《劝忍百箴》的白话翻译。后者在台湾曾用繁体字出版发行过。二是本人虽已近耳顺之年，但觉有生之时还会写些文字，现在用"文存"以示此为阶段性的总结。

年轻时读苏俄文学，印象最深者是奥斯特洛夫斯基在《钢铁是怎样炼成的》中的那段话。其意是人在临死的时候，回忆一生，不会为自己的碌碌无为而懊悔。我曾将其写在书桌前，作为座右铭。现在回顾大半生，"有为"谈不上，但我确实努力了。我就像家乡大别山中那个布满鹅卵石的小河中的流水，不舍日夜，九曲回环。终于，我终于汇入了奔腾不息的长江。有幸如斯，存此为鉴。

是为跋。

（原刊于《出版参考》2014年第12期）

一个 85 后的青春记忆
——周昊《清醒梦》序

十年前，儿子周昊在某一个周末的傍晚悄悄告诉我，他写了一篇小说，想让我看看。在此之前，他在刊物上发表过一些较短的书评，这次在我毫不知情的情况下突然拿出一篇小说，我有些疑信参半。此时，他已考入武汉大学中文系，成了我的校友及系友。小说的背景我一眼就可以看出是我曾生活了两年的武汉大学，不过，这里写的是 21 世纪初的大学校园。小说中的大学生入校后便进入了伊甸园，并且偷吃了禁果，然后有了一些误会，出现一些纠葛，最后就分手了。小说的情节并不曲折，但细节描写让人如身临其境，文笔旖旎，字里行间有一种淡淡的忧伤。也许是年龄的缘故，我虽然也写过一些小说，并且在一家文艺出版社负过责，看了无数的稿子，但这次看儿子的小说，我却有些拿不准了。我将小说转给另外一位校友、时任《长江文艺》杂志的编辑何子英，她却说周昊的文字语感很好，有张力，情节虽然不是峰回路转之类的；但注意营造氛围，节奏感上把握得很有分寸。

这部小说就是收在集子中的中篇小说处女作《在树上》。

也许是这部小说的发表使他得到了鼓励，他相继又写了《我会牢记四月》《来不及说再见》两部中篇小说。这期间，他正喜欢村上春树，喜欢米兰·昆德拉，凡是这两位作家的作品，几乎悉数购回。当然，他阅读速度很快，我书架上的外国文学作品，包括他读高中时学校图书馆的外国文学作品，他都通读了一遍。所以，他的小说语言，在某种程度上，有村上春树的流畅，有米兰·昆德拉的机智。缺点是，他的小说尽管都是以自己的大学生活为原型，有现实感；但从传统的接受者角度来看，情节如行云流水，显得有些散淡。

他后来去了美国读东亚研究，但不是研究东亚的政治与经济，而是研究东亚的文学，主要是中国的文学。因为有语言的优势，加上有文学的功底，他为长江文艺出版社先后翻译了四部小说和人物传记。在那位加拿大籍美国老师的指导下，他得以站在异域的角度上，来观照中国的文学。他研究张爱玲笔下的香港，老舍笔下的北京，巴金笔下的重庆，茅盾笔下的上海。从社会学、西方现代哲学、美学、建筑学的角度，探讨人与城市、人与文学的关系。毕业的时候，他用英文写作的《现代文学中的城市意象》被德国的蓝波特学术出版社以单行本出版了。同时，他创作了具有象征色彩的《好像下过雨》，写了《一个冬天的童话》。《好像下过雨》是关于一个独生子女求职的挫折与孤独，整体像一个寓言。《一个冬天的童话》讲述一对远在异国他乡的男女留学生之间的感情纠葛。小说通过女留学生在私生活上的随遇而安，写出了当下留学生的无奈与异变。这篇小说与他以往发表的几部中篇小说比较而言，情节要紧凑多了，故事与人物情绪的起承转合浑然一体。特别是他笔下的留学生生活，引起当下许多希望送孩子出去留学的家庭所关注。小说很快在郭敬明与笛安主编的《文艺风赏》上发表了，后来在豆瓣上还得到了一些好评。读者认为在这一期的刊物上，周昊的作品表达手法比较娴熟。

我本来以为，读大学中文系、在国外读东亚研究的周昊会一直沿着文学这条路走下去，结果硕士毕业后，他改读了法律，并且去了美国最繁华的经济中心纽约。他虽然从形象思维转到了逻辑思维，但他对文学的热爱似乎未有减少。他开始写纽约，写了一系列的散文，后来他又写了反映纽约黑帮生活的小说《哈德逊河左岸》。这部作品一改他过去主要写自己生活的路数，以第三者的眼光，来透视纽约这座大都市的众生相。当然，作品主要还是借两个留学生的视角来观察与思考美国这个移民国家的文化冲突。在这部中篇小说的末尾，主人公流露出了归国的念头。其实，那正是他此刻的心情。

周昊在美国生活、学习了六年后终于又回国了。六年的留学生活，他没有成为"美分党"，恰恰相反，在梦中，他总是渴望回到国内，回到让人有些烦恼的高中时代。他从美国一直写到国内，完成了他的探索小说《清醒梦》。之所以是探索小说，他没有像传统小说对现实生活的描摹，而是写一个人对自己梦境的操控。对梦境的操控是心理学的一种现象，人在半梦半醒之间，可以对梦境进行调整和影响。这次小说的主人公是一个成年的律师，他在梦里总是回到自己的高中时代。初恋、死亡及无尽的烦恼，他总是希望通过操控梦境，寻找昨天的故事，抚平心中的疼痛。

周昊从上小学到出国留学，一直在读书，虽然在成长的路上有挫折、有悲伤，但在我们这些历经社会大创痛的上世纪五十年代的人看来，儿子这代人赶上了国内的经济飞速发展，他们能够顺顺利利地考上大学，能够去国外读书，应当说是十分幸运的。但我们无论是作为家长，还是作为社会的一分子，都不能用彼时标准来要求此时的年轻人，不能用一种居高临下的姿态对现在的年轻人指指点点，要他们再去忆苦思甜。恰恰相反，我们应当放下身段，倾听这一代人的呼吸。周昊的小说，恰好就用文学的形式，记录下了 85 后这一代人生理与心理的成长轨迹。这其中，有烦恼，有忧伤，也有永远的遗憾。

作为父亲，为儿子孜孜矻矻读书向学而自豪，也为他热爱文学创作而欣慰，现在儿子由于工作性质的变化而暂时搁笔，我想这只是在体验生活、补充生活的一个过程，律师是为了实现社会的公平与正义，文学则是为了引领人类的灵魂。所以，我提议儿子将他过去发表的中篇小说结集出版，以此祭奠他曾经经历并正在经历的青春岁月，以此纪念他六年的留学生活；也可以让成年人从中看到这一代年轻人的心路历程，也希望与他同时代的人能看到自己的影子，从中咀嚼成长的曼妙。

周昊的小说得到了青年作家、《文艺风赏》主编笛安的好评，承蒙她为之作序。我想，知子莫如父，我也在这里附上几笔，算是向读者介绍一下自己的儿子，介绍一下他的关于青春的梦想。

（《清醒梦》，长江文艺出版社 2014 年版）

为《出版科学》20岁生日放歌

20岁,对于一个人而言,是五彩缤纷的花样年华。这是个走过了童年的蹒跚期,走过了充满幻想和叛逆的少年时光,心底虽还有些"为赋新诗强说愁"的淡淡的忧伤,但更多是对未来充满了无限憧憬的兴奋与向往。20岁,是青春,是阳光,是少男嘴唇上茸茸的胡子,是少女微微隆起的胸脯,是人的生命中最最充满活力、最最璀璨的时刻。

我想到这一切,缘于我们的《出版科学》也走过了20年的岁月。刊物从试刊,到内刊,到公开发行,到武大信息学院承办,到成为全国核心期刊。刊物走过的道路,不也正如一个人的一生吗?

今天我们有幸来为《出版科学》庆生,为湖北省编辑学会的会刊庆生,也为我们每一个热爱出版科学研究的同仁们庆生!因为,《出版科学》属于这个时代,属于每一个热爱出版事业的同志们。

为《出版科学》庆生,我们首先想到了这本刊物的孕育者——耄耋老人蔡学俭先生。20年前,已经退居二线的蔡学俭先生怀揣着理想与热情,在"一隅"的湖北,于期刊丛林中种下了幼苗。蔡老以自己在编辑出版工作中的严谨、求实,以自己在出版界的威望与影响,拓展着出版研究的天地。这本倡导"学术性、时代性、创新性、规范性"的出版研究刊物,在蔡老的亲自培育下,次第生长,在全国的出版研究期刊中,渐渐繁茂出一片绿地,盎然着自己的生机。

于是,我们聚集在《出版科学》的旗帜下,探讨出版的基础理论,探讨出版史上曾经的过往,总结出版实践中的得失,遥望大洋彼岸的灯火,随着时代的步伐,随着市场经济的降临,我们的视野在不断拓宽,我们的队伍在不断壮大。

诚然,我们庆祝《出版科学》20岁的生日,我们不能忘了刊物的孕育期,不能忘了十月怀胎、一朝分娩的期待。这就是由胡光清、田胜立、郑津舟、孙天赦等人试办的一期《出版科学》，这期《出版科学》从试刊到正式办成内刊历时 8 年。过程虽然漫长了些，但在一个地方省份的编辑学会，终于能够拥有一份属于自己的期刊，足以让全国的同仁们仰望与羡慕了。所以，我们庆祝 20 岁的生日，有必要提及斯时的努力与奠基。

当然，我们今天庆祝《出版科学》20 岁生日，与百年老校武汉大学、与美丽的珞珈山更是分不开了。2006 年，省编辑学会决定将《出版科学》移交给武汉大学信息管理学院承办。这里是中国第一个出版专业的诞生地，这里聚集了一批出版教学与研究的专家教授。更重要的是，他们具有献身出版科学研究的热情与牺牲精神。在这个团队的努力下，刊物的学术性进一步增强，并以自己的特色相继成为全国中文核心期刊和 CSSCI 期刊。2012 年，刊物选载率跃居全国同类刊物第 4 名，他们用自己的智慧，又跨越了一个新的高度。

作为《出版科学》的一名作者，作为湖北省编辑学会的一员，适逢《出版科学》20 岁生日，我们有必要在这里放歌，为所有人的努力与奉献，为我们光辉灿烂的明天！

（原刊于《出版科学》2013 年第 3 期）

一山有歌山山应
——"商城民间文化艺术丛书"序

摊开中国地图,偌大一个中原,从黄河往南铺展开来,一马平川到了淮河,渐渐地有了起伏,先是无数的丘陵,然后就兀地腾起一座山脉。这山脉蜿蜒而去,将鄂、豫、皖分割开来。就在这三省的交界之处,一座高达1500余米的巨型屏风拔地而起,这便是大别山主峰之一金岗台。台之西北,便是商城的十里八乡。这无数的村落先是散落在大山的沟沟汊汊里,然后,又在小片的盆地和河滩边伸展。

所以,人称这里是豫尾楚头。从地理位置上讲,这里是千里大平原的一个休止符,是亚热带向暖温带过渡的一个分野,这里既有北方地理与人文余绪,更有吴楚之乡的自然风光和民风民俗。俗话说,一方水土养育一方人,一方水土也成就一方的艺术。商城是我的故乡,故乡的民间艺术,便是在这片南北相融的山水间生长和生动起来。故乡的民间艺术,最典型的代表就是民歌、民谣。民歌全国各地都有,青海的花儿、陕北的信天游、西藏的牧歌;还有如歌如泣的秦腔、声遏行云的乌苏里江号子。但商城的民歌,正如这里的地形地貌,既有险峰峻岭、沟壑纵横、林海苍茫、竹影婆娑,也有圆润丘陵、如织河网。商城的民歌委婉中透着豪爽,柔媚中渗出刚健,欲说还休的比兴,一咏三叹的衬词,楚风吴韵中交融着中原的粗犷和豪放。商城人爱唱歌,唱歌仿佛是生命中的一个重要组成部分。他们上山唱歌,下田也唱歌。《插秧歌》《薅秧歌》《采茶歌》《拾棉歌》《车水歌》,举凡劳作,皆有歌声相伴。在故乡人的心中,劳动是透着诗意和旋律的。你看,在云雾缭绕的山上,云雀般的姑娘穿行茶林,纤手翻飞,碧叶如雨,采茶的歌声就响起来了。一山有歌,山山响应;山山有歌,百谷不绝。"小小公鸡唱(啊)三遍

（唻），唱（啊）三遍（唻），采茶姑娘上茶山，上茶（哟）山（哟），采香（哟）茶（哟）。"河畔田头，古老的龙骨水车架起来了。"小小（唻咳咳）水车（唻哎）六（耶）楞头（哟噢），窨到（唻咳咳）淮河（唻）乌龙（哎）口。六人（唻咳咳）齐心（唻哎）来（耶）车水（哟噢），脚踏（唻咳咳）榔头（唻）转悠（哎）悠。"锣鼓敲起来，田歌唱起来，汉子们的歌声虽然并不属于优美之列，但明快、欢愉，伴着哗哗的水声，每一句都是从心底迸发而出。人们高兴了唱歌，不高兴了也唱歌。高兴了就唱《一朵茉莉花》，"一朵茉莉花，一朵茉莉花，茉莉子开花，人人都爱它"。但更多的民歌是咏叹亘古不变的爱情，倾诉男女之间的相思。《十二月望郎》《十二月探妹》《十想》《小妹自有心上人》，从标题就能感受到其内容的炽烈大胆和直抒胸臆。

　　有人说，河南民歌看信阳，信阳民歌看商城。为什么地处鄂、豫、皖三省交界的商城出民歌呢？商城民歌的起源虽然没有明确的记载，但人们知道，追求欢乐，倾诉心声，是人与生俱来的精神向往。这些民歌在一代代人的传诵中丰富着、完善着，每一个吟唱者都把自己的人生体会渗透进去。当然，商城民歌的传承，也与无数知名的和不知名的记录者、整理者分不开，与商城厚重的人文传统分不开。

　　有歌声，毫无疑问，也就有了舞蹈。歌以咏之，舞之蹈之。在我的记忆中，那道具很简单，一把花伞、一把扇子、一个碟子、一块竹板，甚至是一个简单的竹竿，也舞得意兴阑珊，风生水起。那舞台也很简陋，田间地头，有个台子更好，没有台子就找个平坦的场子。胡琴一响，锣鼓一敲，花伞转得让人目不暇接，扇子摇得如彩云飘飞。姑娘们一曲未完，小伙子们的叫好声便吼成一团。东村跳得好，西村不服气，便放话要比个高低。寒冬腊月，村村的锣鼓响得人心里都是热的。村里能歌善舞的俊男靓女和资深的乐师们便沉醉在自编自导的节目中。他们从村比到乡，从乡比到县，更有出类拔萃的尖苗苗冒出来，到地区、到省里表演，还有的进了京城，又从京城唱呀跳呀到了维也纳。人们便说这商城果然是歌舞之乡，是民间艺术之乡。

　　现在，故乡县文化局的有识之士，将这些宝贝东西挖掘整理出来，形成了这套"商城民间文化艺术丛书"。这套书有歌、有舞，还有图片和声情并茂的音频资料。编撰者历经数载，几易其稿，这套丛书无论是从资料性还是理论性来说,均为我看到的研究民间文艺著述里最好的。编撰者决心要让商城的文化遗产彰显出去,留存下来,其功莫大焉。相信有了这套书,人们对山清水秀的锦绣商城、对引人入胜的商城民间艺术,会有更全面的了解。敝以为,这不仅对故乡民间文艺的发展是总结与提高,而且对全国的民间文艺研究者,也是一套极佳的范本。

("商城民间文化艺术丛书",长江少年儿童出版社2017年版)

我们应当救赎什么
——《生死救赎》序

几年前,我读过老乡胡昌国的长篇小说《爱如山水》,为他小说中男女主人公忠贞不渝的爱情而感动。没有想到在短短的时间内,他又写出了《生死救赎》这部三十多万字的长篇小说。

小说中的主人公林振川,参加过抗日战争,曾经一个人打死了将近五百个日本鬼子;参加过解放战争,率领部队消灭了国民党的一个团。就这样一个英雄,却因为误释放了一个蹲在狱中的国民党的县长,加之被人诬陷为特务,最后只好出走他乡。几十年后,为了救赎自己也为了救赎这段被曲解的历史,他回到了为之梦牵魂绕的故乡。一连串的故事,因之展开。

其实,小说中主人公的故乡是昌国的故乡,也是我的故乡。

故乡在大别山,那里有金刚台,有黑龙潭,有朝阳洞。每一座山峦,每一条沟壑,都写满了厚重的历史。历史的褶皱中,有曲折,有低谷,有血与火的斗争,有悲欢离合。但这里有血性亢奋的汉子,将生命置之度外;有多愁善感的儿女,书写缠绵不尽的爱情。这一切,都化为曲折的故事和丰满的人物形象,出现在昌国的这部小说中。昌国立足于故乡,但又映照了整个时代,从抗日战争一直写到改革开放,历史的壮丽画卷逐次展开,使整部小说呈现出史诗的品格。

关于史诗,无论是经典的文艺理论还是新时期小说的创作实践,其突出的美学特征是必须具有广阔的文化时空和体现历史的某些规律;同时,按照神话史诗的传统,还必须具有英雄主义的气质。在这两点上,昌国的小说恰恰已经具备这些特质。

小说从遥远的边疆写起,其中不乏动人的边疆风情与波谲云诡的生死搏斗,但真正的故事,是从主人公回到故乡开始的。在历史的闪回和当事人的讲述中,抗日战争、解放战争、"大跃进"、"文化大革命",中国历史

第四辑 序与跋

上的若干重大历史事件，通过林振川一家人不同的命运遭际，跌宕起伏地展现在读者面前；共和国的历史，或悲壮或苍凉地呈现在时间的底色上。

当然，小说的主角是林振川，一切因他而起，一切因他而生，这场悲剧一方面缘于自己人的误会，一方面缘于潜伏下来的敌人，这种历史的偶然改变了他及他一家人的命运，而几十年的极"左"思潮，又加剧了悲剧的发生。林振川的妻子雷淑娴，因袭着丈夫的种种罪名，含辛茹苦，承担着哺养子女的责任，最后为揭露"浮夸风"而受到非人的待遇，直到献出生命。林振川的一对儿女林海和林英在"文化大革命"中被迫跳下长江大桥，流落他乡，结局悲惨。老师长杨海功，也被"打入冷宫"，受到非人的待遇，直到"文革"结束。

虽然小说充满了悲剧色彩，但作者并没有刻意书写历史的"伤痕"，而是从林振川、雷淑娴、杨海功等形象的刻画上，高扬理想主义的大旗，谱写着英雄的赞歌。如主人公林振川无论是在抗日战争中与日本鬼子浴血奋战，还是在解放战争中与国民党反动派作斗争，他一直是视死如归，表现出了大无畏的英雄气概。最后在与牛跃进的斗争中，他也不顾个人的安危，与潜伏在党内的敌人针锋相对。雷淑娴虽然自己的处境并不好，但在"浮夸风"盛行的时候，她向上级反映真实情况，受到批斗和羞辱也无愧无悔。老师长杨海功恢复工作后，带病坚持工作直到倒在工厂方才罢休。从作品来看，虽然命运对这些人并不公，但他们毫无怨言，对社会、对时代依然充满信心。

除此之外，小说中还写出了一批痴情的儿女。如雷飞侠对林振川的深深的爱，她因为不能与心上人结为夫妻而上山落草为王，但听说心上人遭受不公时，毅然舍身相救相许，最后以死铭志。雷淑娴在身处逆境时仍然守身如玉，也是满怀着对林振川的爱恋。哈萨克姑娘依赛古丽不慕地位和钱财，嫁给了逃难来到新疆的林振川。小说中，一个个中国女性的光辉形象通过情节的铺陈跃然纸上。

将近四十年前，我与昌国在家乡商城时，受到涂白玉老师的影响与支持，走上了文学创作的道路。昌国后来走上了重要的领导岗位，但热爱文学之心依然，在退休之际，捧出了一本本有历史厚重感和浓郁地域风情的长篇小说，让我等艳羡不已。付梓之际，昌国嘱我这位出版人写几句话，却之不恭，只好献芹于前，算是给读者诸君做一次导读。

（《生死救赎》，作家出版社 2019 年版）

诗痴陈有才

有才老师要出书，电话那头吩咐我："百义，给写个序吧！"一口河南固始腔，中气特足，如果不看他的履历，没人相信他已是七十五岁的人了。

年过七十，按说应当颐养天年，悠哉游哉，可他好像这一生就是为了诗歌而活。他上小学时开始收集家乡的民歌，读高中时开始与缪斯结缘，上大学时因诗而收获爱情，因爱情而弃学返乡，但最后却又因这诗歌改变了人生。诗一首首地写，书一本本地出，纵观他这一生，喜怒哀乐，悲欢离合，全与这诗歌联系在一起。有人称他是民歌天王，我看不如说他是一个诗痴。你想，年少时且不说"为赋新诗强说愁"，一个耄耋老翁，爱妻不在了，整天在家孤灯独坐，面壁而立，满脑瓜子却还都是诗；出门进门哼哼叽叽，语不惊人死不休。诗写了他又想出版，到头来说不准又要把从牙缝里省出来的菜钱拿来补贴，真真地让人"哎呀呀"了。

也许这是俗人的看法，其实，我走上文学道路，与他一样沉醉在字里行间，在一定程度上，与有才老师有很大的关系。

1977年，《地区文艺作品选》第2期和第3期分别发表了我的《女夯队》《巡回进深山》两首诗，这是我步入文坛的肇始。我不知这些带有时代印记的诗歌的发表是不是得益于他的青眼，但无疑，后来我经常可以聆听他的教诲了。潢川师范学校办油印小报《雏菊》，有才老师写《奶浆》一诗相赠。我在潢川文联主席任上，有才老师经常下来视察指导工作。特别是有才老师搜集整理豫南民歌，对信阳诗歌创作的影响功莫大焉。"芝麻多了要流油，山歌多了挤破喉，三餐俺用歌拌饭，睡觉俺用歌枕头，干活俺用歌加油。"这是有才老师发在1978年第4期《郑州文艺》上的山歌。因为这期上也有我的五句子山歌《丰收捷报书不尽》，我至今还保存着这本发黄的杂志。有一段时间，我追随有才老师，也迷上了创作此类的

第四辑 序与跋

山歌，陆续在几家刊物上发表了十余首。不过我这个学生见异思迁，几年后我竟弃"五句子"而去，遗憾没有继承有才老师的衣钵。

不过，有才老师是一个诗歌篓子。我虽然后来没写诗，但在小说创作中，也曾得益于他山歌的滋养。记不清是哪一年在省城郑州开会，我与他邻座，他脱口而出，用河南固始话吟起"俺村有个张秀才，来把老娘门拍拍"这首叙事民歌。这首民歌很幽默：张秀才最后上了老娘的床，老娘还在说不是"那货色"。民歌的精髓可能就在于含蓄、简约与幽默，让人言犹未尽，加上有才老师用卷舌固始腔绘声绘色地唱诵，那对欲盖弥彰的孤男寡女活色生香。后来我把这首山歌用到了我的小说《窑神》中。一位作家看了小说，故事情节他们没记住，其中引用的山歌却奉为至宝。据他讲有段时间与同事见面，就互相模仿张秀才，一时成为办公室里的风景。

后来我漂泊他乡，与有才老师见面的机会不多，但有一次回到信阳，在他家的阁楼上谈文学，第一次见到他年轻时为之"折腰"的夫人张老师。想当年一个才子，一个玉女，诗人宁要美人不要文凭，时代赐予，诗人努力，果然爱情美满，家庭幸福。但这次与陈有才老师通话，说起他的家人，他告诉我，"你张老师已经走了"。我没有看到有才老师的表情，但我听后黯然许久。

有才老师也许知道人终究要离开这个世界的，包括他自己，所以他才这样淡然，所以他才将余生献给自己钟情的诗歌。也许他知道诗是不朽的，所以以此陪伴终生。他已出版了五卷本的《陈有才诗文集》，近来又创作了这本新诗集。诗集以"赤橙黄绿青蓝紫"为元素，分为七个章节。说心里话，我离开诗坛太久了，对诗歌已经很陌生。但看见有才老师的新诗，我突然想起艾青的《大堰河——我的保姆》，两者都真诚、率性，充满深情，歌唱家乡、亲人、自然、土地、生命、死亡。他没有雕琢文字，诗句仿佛是从心底喷薄而出，那些充满生活气息的意象，犹如带着山花的芬芳扑面而来。尽管有才老师的诗歌不再是五句子，他早已吸收了现代诗歌的元素，但仍可以看出他的诗是得益于民歌滋养的。这是一个诗人自己的烙印，是区别于他人的特色，我为有才老师的坚守而自豪。相信日月经天，江河万古，有才老师带有泥土气息的诗歌也会永远留在这个星球上。

（《乡土乡音乡情》，中国民间文艺出版社 2018 年版）

玫瑰园中的夜莺
——《泥土书》序

　　山的雄奇，水的优雅，花的妩媚，鸟的天真，雪的高洁，云的自由……在金鑫的笔下，自然界的万事万物，生活中的点点滴滴，思绪上的起起伏伏，都是具有诗意的。我很惊讶，这多年来，在基层从事教育工作的他，会有这样一颗纤细的诗心，一直生活在一个用玫瑰和宝石搭建的精神家园里。

　　我与金鑫是在潢川师范学校相识的。他毕业后，我们少有联系。去岁通过他的另一同学绍金，方知他一直在坚持文学创作，写了不少诗歌，出版了几本诗集。金鑫的这本散文诗集《泥土书》便是他最新创作的成果。

　　对于散文诗，我虽然也曾一度痴迷，读泰戈尔、屠格涅夫、纪伯伦、郭风等人的作品，也曾写过一些散文诗，但始终没有坚持下来。一是生活的阵地多变，陷入琐事之中；二是觉得写散文诗是青年人的专利。从金鑫的创作道路来看，我这个观点是错误的，一个人有没有锦心绣口，不是看他在从事什么工作，也不是看他的年龄，关键是看他的眼睛里有没有缪斯。

　　散文诗，顾名思义，既能扬散文灵活舒展之长，又无诗歌囿于韵律之短。但与一切文体一样，文学本质上是诗，何况是兼有散文与诗这种特征的文体。金鑫在农村长大，对于土地与土地上生长的一切，都怀有深厚的感情。他用长短错落、富有节奏的句子，用凝结着诗情画意的语言，描绘乡村土地上的一景一物，记录自己的一瞥一思。当然，他的书写带有浓厚的主观色彩，所以，他的观察是富有个性的。如他写油菜花是"春的封面"，封面里面是"春天的盛典"，各种花儿先后客串，各种鸟儿激情登场。不过，油菜花在"引爆一场没完没了的花事后"，却站到了后台，在

"孕育自己的果实"。再如《槐花记》，作者充满了想象力，槐花是故乡的象征，是"邻家走出的众多姐妹"，"村庄最柔软的部分"，希望游子把槐花永远珍藏在心中。同时，作者的观察十分仔细，如果不是脚踏泥土的人无论如何也是想象不出来的。在《芝麻开花》一文中，作者写芝麻如"跳蚤一般，从农人的手掌中，一头扎进春天的泥土"。夏天时，芝麻"站在正午的阳光下，脚踩40℃的泥土，打坐入定。汲取山川的灵气、土地的芬芳"。最后，芝麻花开，"一步步走上高处"。

不仅写土地，也写土地上发生的变化。《高铁图》《地铁行》《高速公路》等，则写出了科学技术对人类生活的贡献。但作者充满想象，地铁是"潜伏者"，是"骑着电"的蚂蚁，是"提着光"的土行孙。《高铁图》里则写对向行驶的列车是"扑面而来的兄弟，你南辕我北辙"。"你从我的明天驶来，我朝你的故乡奔去。"《致微信时代》则写出了我们这个时代生活方式最具代表性的变化。在诙谐幽默的文字中，作者准确地描写微信的各种功能，捕捉使用微信人的各种神态，读后让人不禁会心一笑。

当然，作者也写了土地上的人民。他写了自己的同学、农民、种花人，还写了自己的亲人外祖母、外祖父、父亲等。虽然作者对同学及亲人充满了感情，但作为散文诗这种题材，只能撷取吉光片羽。如果用来表述历时性的题材，总让人感到未尽其意。如开头几章写雷堂小学和最后写父亲的一生，似乎没有达到应有的艺术效果。散文诗这种题材，因其篇幅短小，如同诗歌一样，长于抒情而短于叙事。虽然泰戈尔的散文诗也有叙事体，但他主要用来表达自己的哲思；虽然中国诗歌史上有杜甫的"三吏三别"这种叙事长诗，但主要也还是写作者目睹人们在兵荒马乱中的悲惨遭遇时的诗人心情，写史不是他的主要目的。散文诗这种体裁，适合截取时间的一刹那或生活中的一片段，无论抒情还是说理，都能让人会心一笑或者受到触动。当然，我的观点未必正确，仅供商榷。

金鑫无论创作还是人生，都处于成熟期。除了这本散文诗外，他另外还先后出版了四本书。他在师范学校毕业后，一直在基层工作，虽然生活琐碎如日子般绵长，世俗的各种诱惑一直渗透进空气的每一个分子中，他也曾为了稻粱而远离缪斯，但终于又回到了诗的天地，在他向往的玫瑰园中尽情地歌唱。在我家乡潢川师范学校的同学中，特别是我曾经代过课的同学中，金鑫属于比较少的几位之一。经过多年的历练，他现在已经掌握了诗歌创作的密码，有了生活的积淀，如果坚持下去，相信还会在他自己喜爱的领域里为读者贡献更多的好诗歌。我期待着，在他的努力下，诗歌创作能取得更大的成就。

是为序。

（《泥土书》，崇文书局2019年版）

去年想你到今朝
——读余水主编《商城民间文学集成》

一

若干年前，余水先生曾嘱我为他的《商城文坛撷英》一书写序，却之不恭，我续貂于后。尔后我们断断续续有些联系，上个月他索要地址，一次寄来了近年来整理和创作的十本册子，嘱我"赏脸"为他的《商城民间文学集成》再写个序。他计划将这十本内部印行的册子正式出版一次。

余水是我的患难之交。四十年前在家乡时，我们都被打入"另册"，小学毕业即失学，而后下乡当农民，当民办教师，参加文艺演出，尝试文学创作。不过，我和他的朋友涂白玉、胡昌国先后都离开了家乡，而他则坚守在这片土地上，从事地方民间文艺的搜集、整理工作。眼前这十本集子，便是他退休前后与一帮爱好者自费印刷的。

这十本册子我都一一看过，那些民歌、灯歌、情歌、小调、大鼓书，还有我并不知道的花篮戏"找出"，皮影戏"杂出"，唤起了我对故乡的记忆。少年时，我在小镇的空场上看过皮影戏，听过大鼓书，春节期间挤在人堆里看舞龙舞狮。青年时，我与余水一样，参加宣传队，在大队、公社和县里先后演出过改编的花篮戏、火绫子，演唱过民歌，曾为夺得金牌而兴奋异常。但当时的内容大多是应景，不是什么"农业学大寨"，就是"批林批孔""反击右倾翻案风"。当时我并不知道，在家乡的土地上，还有这么多丰富的表现普通民众喜怒哀乐，说唱英雄豪杰，展现人际交往以及亲情和友情的民间文艺遗存。从这十本厚厚的小册子中可以看出，这是一个多么大的民间文艺的富矿，无怪乎有些项目都被列入了非物质文化遗产的名录，明确了传承人，成为地方文化的名片。

二

人们知道，民间文学的特点，就在于它是劳动人民日常生活中的即兴之作，通过口耳相传，集体加工和传播而一代代流传下来的。商城民歌研究会是一个自发组织的群众团体，主要成员是七旬上下的老人，他们抱着搜集、发掘、整理商城民间文学的热情，攀山越岭，穿村过巷，历尽千辛万苦，寻找传承人，记录下众多的声音和文字资料，然后披沙拣金，修饰润色。不知经历过多少个寒来暑往，才整理出这些散落在四乡八村的民间文艺珍品。如果不是他们的挖掘和整理，随着农村经济结构的调整、信息传播手段的变化和青壮年人口的流动，这些靠口耳相传的民间文学可能就会流失。保留和传承这些民间的记忆，与其说是在整理民间文学，不如说是在留住商城的根和文化的魂。这套书的重要价值，首先体现在这个方面。

当然，搜集只是第一步，而整理则是传承文化遗产的重要一环。从先秦起，就有采诗官。他们每年春天摇着木铎，到民间去收集民间歌谣，把能够反映人民欢乐、疾苦的作品整理后交给太师谱曲，演唱给天子听，作为施政的参考。《诗经·国风》里的篇章即是从民间搜集、整理后的民歌。还有载于文学史的汉代乐府、南北朝民歌、唐代的敦煌曲子词、宋元的话本、明清的歌谣，都是一批有识之士从民间搜集、整理加工而传之后世的。"五四"以来，民间文学得到了学术界的重视，各地成立了民俗研究会，北京大学专门成立了歌谣研究会，出版了《歌谣周刊》，歌谣对于推动新文化运动发挥了重要的作用。余水搜集、整理的这些商城民歌，不仅保留了文化的活化石，而且经过加工提高，剔除了口耳相传中的讹误，以文字的形式固定下来。相信这对推动商城民间文学自身的发展，也会起到积极的作用。同时，商城从涂白玉开始，形成了文学创作的传统，培养了一支热爱文学创作的队伍，而这些民间文学，恰恰是作家创作的素材和营养，作家们可以从民间文学中找到创作的灵感，让民间文学的素材成为创作的对象和材料，促进商城文学创作的发展。另外，从民间文学整理的规范来看，我从余水提供给我的这些已经铅印的集子来看，他们在做田野调查时不仅按照程序记录下了原始的素材，而且整理时分门别类，在保持原貌的前提下，在文字上做了适当的加工和提高，这为商城民间文学的传承与研究也提供了一个很好的范例。

三

阅读这些用家乡方言说唱并表演的民歌、戏曲，我既为之感到亲切，但又在思索，为什么在商城这片土地上，能够涌现出这么多民间文艺的样式和丰富多彩的民间歌舞？在这块半是高山、半是丘陵的几千平方公里的土地上，传统的农耕文明是怎样孕育出如许的民间文艺之花的呢？

一般而言，文学创作是作家对社会生活的能动反映。民间文学，同样是劳动大众在劳动和生活中的一种能动的反映。尽管，民间文学是一种口头创作、口耳相传的文学样式，是一种集体创作的产物；但从民间文学的产生来看，同样反映了客体对主体的影响。民间文学在表现内容上，如希腊与中欧的区别、中国少数民族与汉民族的区别、农耕文明与游牧文明的区别，均在一定程度上说明了民间文学的形式、内容都与一定的自然地理环境和文化基因有关系。

商城这块土地，早在新石器时期已有人类定居生息。夏商为诸侯封地；西周属黄国封地；春秋战国时期，先属吴国，后属楚国，故有"吴头楚尾"之称。所以，商城较早受到中原儒家文化的影响，后来又受到荆楚道家文化的浸润。同时，商城地处北亚热带北缘，气候温和，雨量充沛，四季分明，适合农耕，较少受到洪涝干旱灾害的侵袭，基本上风调雨顺。加之商城宋元明清以来重视教育，乡绅文明和乡贤教化在一定程度上提高了整个社会的文化水准，民间文学的形式与内容相对更加丰富多彩。

已经搜集到的民歌和曲艺作品也体现了这种文化地理因素，如商城并没有像边疆或少数民族那样产生和流传如《苗族古歌》《鲧禹治水》那样的创世神话，也没有《阿诗玛》《格萨尔王传》那样的史诗性作品。商城的民歌和曲艺作品，主要是反映世俗劳动生活场景的歌谣、休闲时借以消遣的传说和历史故事、男女之间的情感生活，以及反映婚丧嫁娶时的咏叹。

余水搜集的作品，就体现了这种地域文化的特点。如民歌《打八行》，写到的打鱼、砍柴、耕田、篾匠、铁匠、裁缝、剃头、读书都与商城这个鱼米之乡有关，与商城半是高山、半是丘陵的地理环境有关。即使是情歌，无论是比兴还是譬喻、谐谑、抒情，都与当地的农林业生产与风俗习惯有密切的关系,如《大山做媒万万年》《今年想姐难种田》《八月十五赏桂花》《摘罢新茶就回家》;再如大鼓书书帽子,开宗明义宣传儒家思想。书帽子《二十八宿》开头就唱"孔夫子名下写二行,上书仁义礼智信,下书三纲和五常"。《打婆婆》提出了尊敬老人、孝敬老人的问题。当然,像火绫子这种群众自娱自乐的曲艺节目,据说源于祈雨的《雩舞》,在流传中吸收了凤阳花鼓灯的形式,结合商城地方文化,形成了一种商城特有的民间文化遗产。我以为,研究商城民间文学的渊源,我们不仅要找到一些共性的特点,还要深入分析商城这块土地的历史积淀和自然地理环境对民间文学发生与发展的影响,分析商城民间文学与相邻区域民间文学的关系。所以我建议,对商城民间文学的认识,在保存资料的基础上,还要进行必要的学术研究,以彰显商城民间文学的价值。

四

从余水的简历看,他今年已经73岁了。余水在给我的信中说:"人来世上总不能白活,总要留个印子让人们记着。我是这样想的,也是这样做的。"这上十册的民间文学集成,就是余水这位古稀老人和他的朋友们留给商城的瑰宝,是余水在商城这块土地上踏下的深深的印子。余水与他的作品无疑会永远留在商城的历史上,果真如此,我这位献芹的商城老乡附骥于尾,也就感到极大的满足了!

(《商城民间文学集成》,华中师范大学出版社2019年版)

睹乔木而怀故家

——作渊公《杜诗约选五律串解》整理札记

作渊公是吾商城第十二世祖，字澄怀，号潜斋。清雍正八年（1730年）生，清嘉庆二年（1797年）去世，距今已220年了。周家虽史称"商城望族，簪缨世家"，但真正让周氏家族科名鼎盛的，是从作渊公始。

作渊公是国子监廪贡生出身。贡生是府州县经过秀才考试后，选拔成绩优异者到京师国子监读书，是向皇帝贡献的优秀人才。作渊公读书之事，清嘉庆五年（1800年）《商城县志》和《光州志》载江南名儒许亦鲁《乡贤澄怀周司马传》中写道：作渊公十九岁失怙，次年长兄殁，接着三四兄殁，数年后母亲因病"濒死"。兄弟七人，"七门颠沛皆公曲折支撑"。作渊公"少好读书，慷慨有志节"，"荐为光郡知名士"。总之，作渊公是因为品学皆优才被保送到国子监读书的。由此看来，家庭如此状况，筹钱读书更显来之不易。

这国子监又名太学，相当于今天的中央党校或国家行政学院。作渊公肄业后，先选任河南鹿邑县训导。训导是学官，从八品，协助知县抓教育。但他亲自授课，帮助生员改作业，生员个个对他心悦诚服。别看作渊公仅是个学官，知府有了难事，也登门拜访，向他讨教。恰逢当地有个邪教首领，四处为非作歹，蛊惑人心。他向知府献了个奇计，结果一举捕获首恶。有一年鹿邑洪水泛滥，知府委派作渊公负责救灾。作渊公不惧生死，乘坐民船，到滔天巨浪中拯救落水的灾民。说起这些事，知府总是夸奖作渊公有学问，但不迂腐，将来定有大用，形容他"不是一顶破毡能盖住骏马双脚的"。这年考察官员，作渊公被评为优等。很快，好消息传来，他被擢升为建平县令。

作渊公离开鹿邑时，门人念及作渊公种种好处，很多人相邀为他饯行。吃饭喝酒的时候,有人竟然热泪滂沱。等他上路这天,鹿邑士绅制了好多把写有名字的万民伞送给作渊公。当然,清代官员离任士绅送万民伞成了形式,以我的七世祖官声应不在此列。

作渊公千里迢迢到了长江边的安徽东南一隅的建平(今郎溪)县,这次由副转正,成了正七品芝麻官。建平这地方虽在江南,鱼米之乡,但教育落后,科第名次在全郡排在最后。作渊公上任第一件事是在城西修了座塔,建个亭子,表示重振教育的决心。在衙署东北有一个南朝萧梁时建的开法寺,本来是一所学宫,但年久失修,破败不堪。作渊公号召当地士绅出资修葺古刹,在里边办了所书院,聘请硕儒名士为当地生员授业。几年下来,府试、院试,建平人才辈出。当地的绅士对其交口称赞,三十年衰退的文运一旦振兴。

作渊公在建平还有两件载于史册的事。一是有一年建平大旱,鱼米之乡结果无粮可供灾民。原因在于邻近的浙江商人,每年来这儿收储大米,然后运往外地牟利。如果放在平常年景,这也无可厚非。这年作渊公便要求商人大米不得外运,主要保证本县灾民用粮,并发布谕令:"吾以建米救建民,非与若辈为难也。"粮商为了到外省牟取厚利,便到上司去告状,邻郡上司来文交涉,要求不得阻止商货流通。作渊公慷慨回文:"米者,民之血汗也,而岁饥则民之性命也。不以民之血汗救民之性命,而只顾商人利益,孰得孰失乎?且货不通则商人无利,米不留则民无食。商无利未尽至死,民无食则立转沟壑!孰援乎?且商仅数十人耳,民则千百万人。利及数十人与利及数千百万人,孰多而孰寡,孰大而孰小乎?且岁不岁岁饥,商则岁岁至;以商数十岁中一岁之利,救民数十岁中一岁之饥,孰久而孰暂,孰厚而孰薄乎?"邻郡上宪见作渊公言之有理,也就作罢。

还有一件事是作渊公的上司听说建平大灾,派人来勘验灾情,走到沿河之处,见田中禾苗生长茁壮,稻穗已经结实,十分气愤,怒斥州县官员谎报灾情,长江以南的地区,根本不存在什么受灾一说,要将此情上报朝廷。宁郡官员十分害怕,没有一人敢对上司做解释。作渊公闻声奋然而出,说:"万民之命悬于此,这是什么时候,还唯唯诺诺,不敢作一言声辩。"他从袖子里掏出建平地图,向上司边指点地形地貌边介绍受灾情况,全无一丝惧怕的样子。上司也被他的直言相告而感动,重新深入灾区了解灾情,最后报朝廷拨款赈济江南各受灾州县。

作渊公任建平县令时，办案尤其重视实事求是，施法得当。前任有判决偏重的，他想方设法减轻处罚。作渊公深得民众信任，民众之间不会因为几句话不合就产生冲突，也有些案子经过双方协商而不再诉诸公堂。因此，建平县十几年都没有出现越级上诉的情况，也没有一件积案。上司都认为作渊公有海瑞的遗风，不愧是民众的好父母官，要求各位同僚都要效法作渊公。因为作渊公以德服人，建平县基本做到夜不闭户，道不拾遗，邻里无纠纷，监狱无囚犯，上司便向朝廷奏报，作渊公得以升任广东惠州海防同知。

作渊公动身赴任前，建平士绅在开法寺道上搭起帐篷，为作渊公饯行。等到作渊公走的这一天，很多人攀着轿辕，一直送了几十里，还有人跟着送得更远的。有些受了恩惠的人，在家里为作渊公立长生牌供奉。

他在广东惠州海防同知任上虽然时间并不长，但此地海盗甚多，有些还是外国的洋盗，勾结当地的海匪，打家劫舍。作渊公奉命清剿，设计擒得洋盗首领及盗匪十余人，另捕得邪教十余人。作渊公正春风得意，仕途看好，但因劳累过度，旧疾腹疼复发，不能视事，只好以病乞休，时年仅62岁。

回到祖籍商城后，作渊公病情稍有好转，便潜心著述，督导子侄学习。他为子侄亲自授课，讲习"四书五经"和诗文写作。先后著有《周易辑要》《杜诗约选五律串解》《郎川公事略》《岭南诗草》等。《杜诗约选五律串解》融会明末清初著名学者仇兆鳌《杜诗详注》，参以众家关于杜诗的理解，以串讲杜诗的形式，为初学者提供了较好的选本。此书为清代研究杜甫诗的版本之一，今人列为古籍善本之列，《杜甫诗学引论》等书多次引用其研究成果。

为研究十二世祖作渊公，我四处搜罗寻找其著作，虽从《商城县志》和家谱中得知书名，但只在今人所编古籍善本书目中觅得《杜诗约选五律串解》一书，余皆不见踪影。后委托湖北省图书馆朋友查找《杜诗约选五律串解》下落，才得知河南大学图书馆有藏。承蒙武汉大学出版社派员专程到河南大学，通过熟人疏通始允得拍照。《杜诗约选五律串解》原为二卷，拍摄回来的仅有一卷。后发现国家图书馆有藏，便委托国家图书馆出版社总编辑殷梦霞女士，始得全本。目前计划先影印若干，供宗亲瞻仰。河南中原出版集团正计划出版《中原文库》，拟将此收入其中。

《杜诗约选五律串解》为乾隆庚戌年（1790年）刻本，文鸟堂藏板。

其中选杜诗五律 134 首，分为二卷。卷一 51 首，卷二 83 首。除了江南名士许亦鲁的"序"外，前有作渊公串解杜诗缘起，有杜甫本传，正文主要概括每首杜诗大意，分析写作特色。

作渊公《杜诗约选五律串解》流传至今，成为研究杜诗的参考版本，是有其一定的独到之处的。正如诗有"诗眼"，此串讲中亦有不少"文眼"。如《画鹰》一诗，"素练风霜起，苍鹰画作殊。㧑身思狡兔，侧目似愁胡。绦镟光堪摘，轩楹势可呼。何当击凡鸟，毛血洒平芜"。作渊公评点曰："此描写鹰之神状以见画之精妙也，言此素练之上，而若风霜顿起者，由练有苍鹰之殊异……律诗八句须分起承转合，若中间平铺四语，则堆垛不灵，此三四承上固也，五六仍是转下语。欲摘去绦镟而呼之使击，语气却紧注末联。"再如《夜宴左氏庄》一诗，杜甫写"暗水流花径，春星带草堂"。作渊公评点曰："黄生曰，夜景有月易佳，无月难佳。三四就无月时写景，语更精切。上句妙在一'暗'字，觉水声之入耳，下句妙在一'带'字，见星光之遥映。"此种串讲，每首诗后均可见。

《杜诗约选五律串解》为什么不注解杜甫全诗以传之于后世呢？为其作序的江苏名士许亦鲁曾经也问过作渊公。作渊公认为，"而今之学者，为诗必自五律始"。因为清代的乡试和会试，均增加了五言排律。只要读懂了杜律，"诸家之律可广，读杜五律而诸体之律可推"。并且言明，这本《杜诗约选五律串解》，是"此将以为家课本，使子弟学诗得所深入"。如果掌握了这个诀窍，就如"游河者见星宿，游山者见昆仑"。作渊公于嘉庆二年逝世，在他的教导和影响下，其子侄相继中式。三子周钺，六子周锜，孙周祖衔、周祖荫、周祖植、周祖培，重孙周文焘、周文浚，玄孙周德荣相继金榜题名，获进士功名，商城周家出现了"文风大振，人才鹊起"的盛况。嘉庆皇帝有次召见十三世祖周钺时垂询家事，赞曰："汝父子叔侄兄弟皆成进士，可谓一门之盛矣！"

嘉庆二年秋，作渊公旧病发作而寿终，享年 68 岁，后被葬在商城观庙乡姜寨，墓前有神道，立有翁仲和石兽。因其子孙均在朝为官，尤其是其孙周祖培后任体仁阁大学士，故获赠谥颇多，后获恩准在县城内建"光禄大夫祠"供奉。

嘉庆五年，《商城县志》收录了作渊公旧体诗，其中《饮田家》一首可见杜诗遗韵。

三义分曲径,遥指老农家。
摇绿村前柳,翻黄麦里花。
瓦盆盛野笋,松叶煮山茶。
向晚觅归路,渔灯动浅沙。

(原载于《商城文史资料》,2019 年)

游子心中的故乡
——《曾庆棠散文集》序

壬辰年春，庆棠出版散文集，嘱余为之序。我虽非散文里手，系于乡情友情，却之不恭。羊年岁末，庆棠再寄来文稿，让我为他计划出版的新散文集再说上几句。

庆棠是公务员，且担负一定的领导职务，其繁忙是可想而知的。三年里出版两本散文集，足见他的勤奋与对文学的热爱。这些年，一些官员给人留下的印象并不佳，像庆棠这样潜心文学的官员，可就是凤毛麟角了。读书做官，做官写文章，其实是常态。一部中国文学史，基本就是官员写作史。一介布衣而诗文流传至今的，少之又少。无论唐诗宋词元曲汉赋，代表作家基本都有个一官半职，有些甚至身居高位。《诗经》里的作品虽然没有明确的作者，属于集体创作之类的，但最后的整理者孔子仍然担任过鲁国的公务员。

庆棠这本散文集的内容，分为四个单元，但内容其实只是两类：故乡与他乡。故乡是他一生梦牵魂绕、挥之不去的意象与心结，是他心灵的根所系所在。他一定读过鲁迅笔下的故乡，鲁迅心中的故乡已经幻灭；但庆棠笔下的故乡永远永远都是美的源泉，是生命的动力。哪怕故乡曾经"馈赠"他贫穷和苦难，但故乡的一草一木今天看来都是美丽无比的。当然，怀念故乡，其实与留在故乡泥土中的亲人有关，与他记忆中的亲人无私的爱有关，与他成长路上每一朵闪烁的浪花有关。上一部散文集中，庆棠曾经用很大的篇幅写故乡，现在这部散文集中，有十二篇文章还是写故乡的风物、故乡的亲人。尽管都是在写故乡，但我感觉庆棠这几篇散文不仅角度不同，描写的对象不同，在描摹景物上、在借物抒情上，都有了新的尝试。

如在《葵花金灿灿》中，作者写道：

到了葵花开放时节，只见远洼近坡的那一片片葵花海洋，像是天边欢呼雀跃中的集会少年的天真笑脸，让你遐想无限。一棵棵粗壮的葵干笔挺地站立着，以其圆圆的花盘迎接着阳光的亲吻。金黄色的花瓣让艳阳照得透亮，散发出纯金般的光泽，一如无数迎风招展的小小黄旗，将其近空辉映出徐徐升腾的金色光晕。一处处黄灿灿的葵花，分布在村子的各个山冲、山洼及田野的广袤世界里，衬着蓝天白云与绿色田园，在清朗的晴空下，是那样粲然，那样炽烈，那样浓丽鲜艳。我曾经这么想过，也许只有在我的家乡，才可见到这种葵花绽放的别样风景。

作者用少年的脸、一面面小黄旗来比喻满山遍野的葵花，然后写在蓝天白云和绿色田园的映衬下，葵花的别样风景。作者写景状物，如剥茧抽丝，娓娓道来。那色彩、温度、氛围，让人如临其境。然后借景抒情，表达自己对家乡的赞美与怀念。诗中有画，画中有诗，文章一气呵成，天然而无雕饰。

在《月光下的稻场》里，作者写月光下孩童的游戏，月光下学习吹奏笛子，月光下学习打稻谷。在记忆的故乡中，月光是那样的富有诗意和无比的温婉美丽。作者以月光为线，选取记忆中的几个片段，将它们连缀在一起。"进入秋天，山村的夜晚星空高远，银河灿灿。月亮呢，明彻，皎洁，澄净，安详"，接着，他写道，"说话之间，明月用它浩浩的白光，把村子四周的山峦，把宽宽展展的稻场，把我和万富哥两个人，全都拢在了它温婉的情怀里"。他看着天空，想象着神话中的吴刚与嫦娥，"他们又飘然而下，来到了身边的稻场上。这片稻场，立时把天与地连接成了一个奇美的世界，且把我一同融入这仙境般的氛围里"。

故乡在作者的笔下，一直是美丽如昔，留在少年心中的，永远是难以忘却的记忆。当然，除了美丽的山水，还有对亲人无尽的思念。作品除了写恩重如山的父母，还写到祖父、奶奶、大伯和二伯等亲人。他们的勇敢、勤劳、坚韧、无私，通过一系列细节，栩栩如生地呈现在读者面前。在中国的散文发展史上，历久弥新，让人百读不厌的，主要是那些描写亲情的作品。如韩愈的《祭十二郎文》、袁枚的《祭妹文》，作品都是寓抒情于叙事之中，看似不动声色，实则一唱三叹，倾诉对亲人的思念与哀悼。

除了写故乡，作品的另两个部分主要是写他在走南闯北中的所见所闻。作者的散文不是余秋雨式的"文化苦旅"，也不是纵横捭阖的"大散文"，作者的散文继承了柳宗元、袁宏道等人小品文的写作特点，写一山一水、一景一物，所见所感，意到笔随，情景交融。此类散文，如无文采、无慧眼，容易写成流水账。这部分文章虽然谈不上字字珠玑，但其中的有些篇章，写得紧凑而生动。

    仙女潭坐落于海拔600余米的山腰间，悬挂的瀑布高达十六七米。原来，由于常年水流不断，再加上山洪携带的石沙冲刷，天长日久，水滴石穿，在瀑布下方的整体平石上形成了一泓约30平方米的圆形水潭。置身潭边，流泻而下的瀑布在潭面上击起团团水花，抛下串串碎银，将清凉的水气散及人的周身，直达你的心灵。碧潭的下围浅处，倒映着崖上的绿树野花，时而有手指般长短的小鱼自在游弋，穿来穿去，给倒影弄得斑驳陆离。清风一溜儿一溜儿地吹来，摇曳的野花在追撵上下翻飞的彩蝶。半空中，黄鹂欻地一下掠过，丢下一串"啾——唧啾"的脆亮叫声，给人的心头添入了新的惊喜。

作者观察细腻，文章犹如一幅画，一首诗，呈现在读者的面前。这让我不由想到了柳宗元的《游小石潭记》。但柳宗元借景抒情，抒发的是自己被贬后的孤凄悲凉之情，而庆棠抒发的则是自己的欣喜欢快之意。

  散文如何才算写得好，可能是仁者见仁，智者见智。俗话说"文无第一，武无第二"即此意。但散文的写作，一是要有真情，二是要有新意，这是大家都认可了的。何谓新意，即不拾人牙慧，在语言、结构、叙述的方式上，有自己的特点。庆棠勤于写作，散文创作已经达到一定的高度，但如何在未来的创作中，汲取古今中外名家的营养，形成自己的创作风格，还是一个需要努力的方向。我相信，有他丰富的人生阅历与生命体验，有他孜孜矻矻的勤勉努力，未来的散文写作一定会攀上一个新的高度。

  是为序。

2016年6月20日

不忍回眸的一段历史

世锋论辈分是我的侄儿，他拿来了他的父亲——我的哥哥百强的回忆录，嘱我写篇序。对于周家的历史，近年来我略有研究，也曾撰写过少量的文章。但读了百强记述人生苦旅的回忆录《岁月回眸》，我感慨万千，心情久久不能平复。

百强与我同系商城周氏长房子孙，同为十二世祖周作渊的后人。读他的回忆录，我如同穿行在历史的隧道中，回到了先祖生活的岁月里。在他的娓娓叙说中，我既分享了祖先的无限荣光，也感同身受在历史的大变动中，作为商城周氏子孙，在曲折前行的过程中所受到的不公正的待遇与命运的煎熬。

商城周氏自贞四公始，截至民国，已经繁衍了十几代，无论是明末的改朝换代，还是近300年的异族统治，中国社会的秩序虽然有些调整，但基本还是按照两千年来乡村社会自己的运行轨迹在前行。周氏族人从汝南周姓的发源地迁徙到江西，又从江西而安徽，我们这一支，最后落脚在河南。在明代万历年间到清朝的乾隆始，商城周家耕读传家，明清两朝前后出了十三个进士，还有众多的举人、秀才。嘉庆二十四年（1819年）中式的十四世祖周祖培从庶吉士到翰林院编修，从礼部左侍郎到刑部、兵部、工部、吏部、户部尚书，再到体仁阁大学士、文渊阁领事，商城周氏以他为代表达到了一个极盛的顶峰。但20世纪中期的社会动荡，商城周氏经受了一百年来之巨创。家园被毁，家庭破裂，妻离子散，惨不忍睹。百强的这部回忆录，与其说是写他那个四世同堂的大家庭，如何一步步地四分五裂而导致家破人亡的，也是商城周作渊的儿孙大多数家庭在时代巨变中悲惨命运的写照。

如果历史允许假如：清朝的君主立宪能够成功，日本人没有侵略中国，中国没有出现军阀割据的局面，像世界上很多国家那样，中国的社会变革在和平的方式下运行，商城周家及百强的命运会是另外一种局面。至少，中国的乡村士绅文化传统不会中断，商城周家即使是一个没落的贵族，也可能依然是五世或者四世同堂。当然，社会并不是仅仅对百强一家不公，在那个时代被打入地狱的何止一家？但百强如果能够顺应时代潮流，善于权变，人生也许又是另外一道轨迹。百强如果在父亲遭受血光之灾、36岁的母亲患病去世之后，能听从姥姥和小舅的劝告，在武汉舅舅家读书谋生，也可能不会有后面的颠沛流离；如果他在西北冶金学院毕业后能够忍受政治上的歧视，继续在酒泉钢厂工作，后面的曲折也可能会少些，也不至于带着一家人到深山老林中去当农民；如果在上世纪中国改革开放后他同意回到甘肃恢复工作，或者让妻子恢复公安局的工作，他的家庭遭遇的困难也许会少些。当然，历史没有假设，百强及其一家人的命运，是历史这个冷漠无情的巨轮，驶到了风口浪尖之上，把他们抛弃在政治漩涡中的结果。我们不应责怪百强不会随机应变。不过，我也看到，尽管命运对百强不公，在艰难困苦的岁月里，无论他担任民办教师，还是在生产队里劳动，在乡镇企业里负责，他都尽自己的所能，为社会奉献光和热。作为丈夫、作为父亲，他张开自己柔弱的臂膀，一直呵护着温暖的家庭，履行着男子汉的职责。

近年来，人们在谈论口述史写作的价值与作用，百强的这部并不太长的回忆录，进一步地验证了个人口述历史的意义。如果没有这部回忆录，我便无从得知商城周家在20世纪中期的那场巨创，无从知道在政治的漩涡中一个人是多么地无助。这部回忆录不仅是百强的子孙们了解他的前辈的血泪史、奋斗史，更是过去一个时代真实的记录。当然，让子孙后代了解这代人的艰难困苦，并不是希望孩子们再纠结其中，而是希望我们的社会多些宽容，我们的后人要牢记教训，暴力能够消灭肉体，但不能赢得尊重，也不能推动社会的进步。如果整个社会以暴制暴，将会陷入恶性循环之中。如果一个社会再将人划成不同的阶级，不同阶级之间的冤冤相报会无休无止。如果一个社会不尊重公民的基本权利，这个社会也是畸形和不健全的。如果一个国家的统治者仍然用斗争的思维去对待自己的国民，那这个社会将永无宁日。中国几千年的历史已经证明了这一点，封建社会王朝兴亡盛衰的周期律证明了这一点。中国改革开放20年带来的经济快速发展，人民生活水平不断提高，也从另一个侧面说明了这个道理。

从世锋的前言中我得知，百强在世的时候，回忆录只写了一万多字，是世锋利用休息时间，四处调研，丰富、补充了这部回忆录，使之完整并详细地记叙了一个时代的变迁、一个人物的命运、一个家庭的悲欢离合。同时，其也昭示周氏后人们要珍惜现在的生活，努力学习，努力工作，将命运握在自己的手中，不负长眠在地下的先祖们的期望。世锋虽然不在文化单位工作，但他热衷于研究家族史，热衷于为族内的事情去操劳。我作为商城周氏族人，为他感动，也为他骄傲。如果我们的后人都能持这种敦睦族谊，孝亲尊老的态度，商城周家再现昔日的辉煌将不久矣。

（原刊于"出版六家"公众号，2019年3月18日）

我与湖北少年儿童出版社

欣闻湖北少年儿童出版社（以下简称湖北少儿社）建社 30 周年，要举行一系列庆祝活动：其中就包括出版一本纪念文集——作为读者、作为作者、作为曾经分管出版社的一位同仁，我对湖北少儿社进入"而立之年"表示热烈的祝贺！

"三十而立"，孔子是指一个人到了建功立业的年龄，如果用此来形容湖北少儿社，则也有几分中肯。湖北少儿社从分家独立呱呱坠地，到茁壮成长如今成为全国少儿出版中的佼佼者，我几乎目睹了其整个成长的历程。30 年前，当我还在大别山里当乡村教师时，最开始走向文学道路，就是从写我身边的学生和老师开始。我订阅了当时所有的儿童刊物，阅读了可以找到的儿童文学读物。从这些书和刊物中，我获得了儿童文学创作的基本经验和写作技巧。当然，这里也包括读到了湖北少儿社出版的一些儿童文学作品和理论书籍。1987 年，当我从武汉大学毕业被分配到长江文艺出版社工作后，与湖北少儿社同在一个院子里，我则真正成了湖北少儿社的一名作者。我先是在《少年世界》的刊物上发表了一些儿童小说，后来在湖北少儿社出版了短篇小说集《山野的呼唤》。作为一位作者，我与湖北少儿社的一些老同志建立了深厚的友谊。我从他们那里学到了编辑的经验、态度及对事业的忠诚。

再后来，我到了省新闻出版局图书处，与湖北少儿社有了直接的渊源。湖北少儿社出版的《少年科学瞭望台》及"365 系列"等一批知识性读物，获得了一系列各级各类奖项，为我省出版界争了光。湖北长江出版传媒集团成立后，我又分管出版社，这样不仅关注到了各出版社的选题，还关注到各出版社的经营与管理。就在这一个时期，湖北少儿社的出版，又悄悄地出现了一些变化。先是出版社的教辅占了图书生产的很大比重，接着调整产品结构，一批重点图书相继出版，如《百年百部中国儿童文学经典书系》《少儿科普名人名著书系》等。这些成系列、成规模图书的出版，当初也曾因其大投入让人担心，但事实很快证明这些图书不仅为出版社带来了持续的销售码洋，同时带来了声誉，带来了品牌影响力。一批重量级的作者，如杨红缨等，为湖北少儿社的大手笔制作和热情的服务而感动，相继加盟湖北少儿社。如今，由于发展战略的校正、产品结构的调整、人才的不断成长，湖北少儿社呈现出一种良性发展的局面。无论是教育产品还是市场图书，无论是畅销书还是常销书，都出现了快速增长的态势。湖北少儿社的市场占有率，从2004年10月的第14位，上升到2012年8月的第6位。出版社的整体销售收入，在五年间增长了四倍，而今年有望突破2亿元。这一串串数字，让人从内心里为他们的成功感到高兴。

当然，湖北少儿社的成功，是与一代又一代出版人的努力分不开的。试想，如果没有老一代出版人积累的出版资源和创造的品牌，没有老一代出版人打下的经济基础和开拓的市场，湖北少儿社也不会取得今天这样跨越式的发展。我们在纪念建社30周年之际，首先应当铭记他们所做出的贡献，他们所留给我们的精神资源。我们应当继承并发扬光大老一辈出版人的奉献精神和敬业精神，为出版事业做出不懈的努力。

作为湖北少儿社的一名读者、作者和管理者，我为湖北少儿社的健康、快速成长感到高兴。因为只有为小读者提供了优秀产品的出版社，才会得到市场优厚的回报；只有坚持了科学发展观，出版社才能多年持续发展；只有重视人才并调动人才的积极性，出版社才会展现这样蓬勃向上的局面。2012年，是湖北少儿社建社30周年，也是湖北长江出版传媒集团贯彻"十二五"规划的关键之年，我有幸看到湖北少儿社在新的发展规划中，制订了更为宏伟的发展蓝图：在未来的三到五年内，实现销售收入、利润翻番，力争成为中国少儿出版的领军型品牌。

我相信，只要坚持正确的发展战略，创造健康的发展环境，不断提升核心竞争力和执行力，湖北少儿社的宏伟目标就是可以实现的。我预祝湖北少儿社取得圆满成功！宋代的诗人陆游曾经写道："王师北定中原日，家祭无忘告乃翁。"我希望这一天早日到来。

2012年12月8日

心存感激的祝福
——为《编辑之友》创刊十周年而作

因为忙于出版社的杂事,之前我很少有时间对我自己从事的出版工作进行研究。真正在外省的出版科研刊物上发表文章,是从《编辑之友》开始的。

记得在《编辑之友》发表的第一篇文章是我在北京一次论坛上的讲稿——《创新,出版社永恒的追求》。大约在另一次会上见了庞沁文先生,他找我约稿。这篇文章是《编辑之友》2004 年发表的。后来,庞沁文先生隔三岔五给我电话,问我最近在写什么,有什么写作的打算。我便一一道来,他也与我讨论一些话题,说这样可以、那样不可以之类的。后来我到了湖北长江出版传媒集团,比在出版社时要清闲些,我就遵命写了几篇文章。其中发表在《编辑之友》2006 年第 2 期的《论出版社可持续发展》被人大复印报刊资料转载了,还被收入 2007 年《出版年鉴》,并获得了第二届中华优秀出版物(论文)奖;发表在 2006 年第 6 期的《案例分析,编辑成长的必修课》一文也被人大复印报刊资料转载了。以后,我又断断续续在《编辑之友》上发表了几篇文章。特别让我感动的是,2009 年,也就是在新中国成立六十周年之际,刊物组织全国的专家学者评选"六十年"系列,我很荣幸地当选为"六十年六十名优秀编辑"之一。

因为我不是专业研究人员,以上提到的几篇拙文,都是庞沁文先生给催出来的,所以,我特别心存感激。我也是做编辑出身的,自己的亲身体会是,一个编辑要善于与人交朋友,也要善于催稿。如果不是庞沁文先生的催促,上面几篇文章我可能也不会写,更谈不上那些许影响了。

《编辑之友》创办十年了,十年来,刊物发表了不少重要的文章,在社会上产生了广泛的影响,这与刊物的主编及编辑们的努力是分不开的。我衷心祝愿《编辑之友》成为编辑界的良师益友,祝愿《编辑之友》永远伴随着中国的出版事业发展壮大!

(原刊于《编辑之友》2010年第2期)

相约江城

金秋十月，我们再度相聚江城武汉。

如果说春天是播种的季节，那么秋天就是收获的时刻。我们用智慧耕耘知识；我们用汗水酿造书香；我们用沉甸甸的双脚，为万千读者丈量一条通向精神家园的光明之路。有人说，人类的成长史，就是一部阅读史。今天，我们把带领人类前行的担当放在自己的肩上。

因此，大家从四面八方来到九省通衢。

出版的价值与作用无需我们再重复，作为出版企业，无论是国有，还是民营，在改革的大潮中，都曾是弄潮儿。在出版的繁荣与发展中，我们都曾拥有无限的辉煌。科学技术的发展、互联网与移动互联网的诞生，为出版开创了新的天地，但也对我们提出了新的挑战。传统媒体如何与科学技术融合，走出一条持续发展之路，需要全体从业者思考与探索。

因此，我们有了自己的节日，一年一度的华中图书交易会。

通江达海，辐辏四方，是地理的湖北。荆楚八百年，风骚今犹在，才是读书的力量。我们景仰屈原，年年端午的粽子，年年龙舟竞渡的号子，其实，是《九歌》、是《天问》，才使我们记住了那个三峡的儿子。"将进酒，杯莫停。"这不是酒歌，是客居安陆十年的诗仙李太白为荆楚、为华夏留下的杰作。"大江东去，浪淘尽，千古风流人物。"荆楚大地敞开胸怀，为贬谪黄州四年的东坡遮风挡雨，诗人才以人生的低谷筑就了文学的高地。惟楚有才，是因为荆楚人重视教育；惟楚有才，是因为荆楚俊杰喜爱读书。所以，无论是祖籍襄阳的杜工部、终身未仕的田园诗人孟浩然、边塞诗人岑参，还是一代名相张居正等，都是荆楚人爱读书、会读书的典范。

相聚江城武汉，各位要展示自己的出版成果，收获属于自己的赞许，分享读书的快乐，当然，还要播撒友谊的种子。江城十月，天高云淡，丹桂飘香，正是令人心旷神怡的时节。黄鹤楼上，望大江东去，临风把酒，心潮逐浪高。东湖岸边，寻屈贾旧踪，忆美人香草，发思古之幽情。当然，呼朋唤友，荡舟赤壁，远足三峡，与自然为侣，过一次神仙日子；或寻踪道教武当，参拜禅宗道场，晨钟暮鼓中，放下繁忙，让心灵得到修行。江城十月，鱼与熊掌兼得，岂不乐乎？

书香湖北，文化武汉，江城欢迎你！

（此系华中图书交易会2014年会刊刊首语）

致五月书市

正是江南好风景,落花时节又逢君。

去岁金秋,诸君曾在江城光谷分享图书的盛宴、阅读的节日,时隔半载,我们又相聚在大汉口,相聚在江南的落花时节里。五月的江南,桃花开过,梅花开过,海棠花开过,但江南依旧美丽:日出江花红似火,春来江水绿如蓝。如果你登临黄鹤楼头,徜徉两江三镇,聆听大江流日夜,品味明月伴潮生,你会明白江城仍跳跃在诗人的意境中。诸位从长白山下、从天涯海角相会江城,无疑是用渴望与激情在江城续写新的诗篇。

当然,如果我们把这次聚会也当成一次大的 party 的话,那么毫无疑问,它的音乐主旋律就是图书;如果我们把这次聚会看成是与读者的一次约会,它的媒介也是图书。也许责任使然,我们此生注定是与读者有关的——不管是使用纸介质还是数字时代新的介质。当我们灵感第一次迸发,当我们有了书籍最初的雏形,当我们将愿望变成方块汉字,当立体的图书散发着墨香,我们心里始终装着读者。我们不会说读者是上帝,但我们会说读者在你我的心中。所以,我们今天来到大汉口,接受同行的检阅,接受读者的检阅,是对彼此过往的审视,也是对未来的眺望。

读屏时代的来临,或许会增加我们几分惶惑。作为传统出版的接棒人,昔日的辉煌是否成了记忆中的往事?从甲骨文、金文、竹简、木牍到纸张,历史虽然很久远,但今天的变化却很突然,突然得仿佛在一夜之间。所以有人叹息,有人放弃了理想,仍然坚守的人,也把悲壮写在脸上。

时代是发生了变化,但自从人类进入文明社会,阅读便伴随着时代前进的脚步。文字无论是刻在龟甲上,刻在竹简上,还是印刷在纸张上,变的是载体,不变的是方块汉字中透露出的文化的力量。我们的祖先可以把文字刻在龟甲上,刻在竹简上,我们也可以舞动数字的精灵,让文明在读屏时代传承。

所以当五月我们相会在江城，书市便被赋予了不同于以往的意义。我们用图书承载理想，传播的不仅仅是信息，传播的还是出版人的信心和担当。

金秋已经成了历史，成了美好的记忆；五月正成为现实，成了我们切磋交流的时光。愿我们在这里大显身手，愿我们在这里收获成功，愿我们在这里重温友谊，愿我们永远记住九省通衢以书会友的每一个日日夜夜。

江城欢迎您！五月欢迎您！

（此系华中图书交易会2015年会刊刊首语）

十月放歌

年年十月,今又十月,你我又相聚在十月的江城里。

时序的更替,岁月总让人想起"芳草无情""衡阳雁去","秋色连波,波上寒烟翠"。十月的江城,虽有"袅袅兮秋风",但秋水长天,晴空一鹤,三秋桂子,东篱菊黄,江城仍是风景如画的宜人季节。

宜人的当然不仅仅是风景,相聚江城,共话西窗剪烛时,交流彼此的收获与体会,再谈行业的发展与未来,岂不快哉!

曾几何时,我们举起双手,欢迎数字出版的来临,为新科技新技术对阅读的推动而欢呼,但与之相伴的,是我们对传统出版的忧虑。我们没有忘记,有人曾放言预测,传统出版将很快退出历史舞台,但去年的权威统计表明,尽管数字阅读仍在呈上升趋势,传统出版也取得了难能可贵的增长。增长的幅度,超过了国民经济的发展水平。也许我们不用再杞人忧天,纸张和油墨将会成为博物馆中的文物。还在不断增长的阅读率说明,数字出版与传统出版并非零和关系,两种阅读方式在竞争中互相促进、相辅相成,正书写着中国出版的新篇章。

传统出版的发展与成人阅读的增长,其实与中国经济的转型密切相关。庞大的人口基数、分众人群的体积、国民经济的发展、城市化的不断加速、消费方式的转变,都为出版业和阅读提供了增长的空间,可以想见不久的未来,中国出版将会伴随着国民渴求知识的需求而持续发展。

与此同时,十一部委关于对实体书店的政策支持,在人们盼望已久的目光里姗姗而来。无论是税收政策还是财政支持,配套建设,都是前所未有的重大利好。不分国有、民有,不分城市、乡村,提高全民族的文化素质,让书店成为一座座城市、一个个集镇上不灭的长明灯,用书籍照亮千万读者的心灵,那将是一幅多么美丽的图画。当一座座风格各异的地面书店在中国九百六十万平方公里的土地上再度辉煌时,那不仅是无数读者的

第四辑 序与跋

福音，也是中国出版产业发展的新起点。

年年十月，年年相聚江城，相聚在华中图书交易会。交易会是沟通的平台，也是展示你我智慧的 T 型台。产品是无声的解说员，是走秀的模特。你的聪明才智、你的春夏秋冬，都凝结在书籍的形态上。相聚江城，产品的交易也许是我们原初的动力，但彼此的沟通、切磋、交流，甚至是竞争、超越，都会垫高你未来发展的起跳台。所以，相聚十月，是一年一度的承诺，是天南海北的会师；相聚十月，是一次胜利的检阅，更是对未来的期许。助力全民阅读，推动产业发展，是你，是我，回应时代的召唤，更是书写人生的答卷。

朋友，记住丙申年（2016 年）的江城十月吧！

（此系华中图书交易会 2016 年会刊刊首语）

桥

两江而分三镇，武汉的交通便仰仗大大小小的桥。于是，这长江上便有了长江大桥、长江二桥、白沙洲大桥、军山大桥、阳逻大桥、天兴洲大桥、二七大桥、鹦鹉洲大桥、沌口大桥。汉江上也有很多桥：长丰桥、知音桥、汉水铁路桥、月湖桥、江汉桥、晴川桥。

这些桥梁或因修建先后而得名，或因所建方位而得名。如这长江大桥，至今已 60 大寿，而年龄最短的，是沌口大桥，还不到一岁。当然，武汉也还有一些桥，有名而无实，星移斗转，山河易位，当年的问津渡口已成通衢闹市。如汉口的六渡桥、武昌的积玉桥、汉阳的青石桥——桥已成历史而地名独存矣。

不过我们今天也在架设一座桥——一座不需要钢筋水泥，不需要机车轰鸣，而是用凝结着人类智慧的一本本书搭建而成的桥。桥的一端是出版人，一端是读者。而这座桥，就是一年一度的华中图书交易会。

不是吗？每当十月，秋风乍起，大江南北、长城内外的书友便从四面八方来到九省通衢的武汉，相聚于长江之滨，沿着这座知识之桥，友谊之桥，走进彼此的记忆。

年年十月，年年有新的话题。国家教材出版的调整，在书业掀起一股微微的涟漪，风已止而波未平，走在市场经济前沿的民营书业，更是感受到大王之风的威力。是适应还是放弃，是调整还是坚持？早已在市场中摸爬滚打的出版人闻风而动，收获着属于自己的果实。实体书店虽然萎缩有限，但网络销售却快马加鞭。传统出版虽然顽强坚持阵地，但数字出版却华丽转身，展示诱人的魅力。信息技术与互联网、移动互联网技术的触角，已经伸到我们生活的每一个角落。人工智能的魔力，如那只阿尔法狗，冲着人类吠叫，有专家认为它不亚于玄武纪的大爆炸，会对人类产生不可思议的影响。传统出版如何挖掘内容的潜力，张扬文化的优势；新媒

第四辑 序与跋

体如何高扬时尚的旗帜，吸引年轻一代投奔？是冲突还是融合，是鹿死谁手还是共生共存？这是需要我们出版人做出回答的世纪之问。

也许我们不需要心情过于沉重，人类不就是在适者生存中前进的吗？人工智能再先进，也是人的产物。人类前进的脚步，正在于能够战胜自然馈赠给我们的春夏秋冬。一部中国的出版史，就是在适应中生存与发展的历史。科学技术从来不是我们的敌人，而是出版的翅膀与车轮。

今天，我们相聚华中图书交易会，展示最新的成果，交流彼此的体会，谋划书业的明天。这也许只是一次聚会，但短暂的相逢不仅仅是增进友谊，还会让我们学习彼此的优点，迸发灵感的火花，汲取前进的力量，坚定必胜的信心。

我们正站在一座桥上，一座通向未来的桥上。我们沐浴时代之风，远眺两岸的风景，前方，正是晨曦初露的黎明。让我们守正创新，不负使命，阔步向前，迎接新的挑战！

（此系华中图书交易会 2017 年会刊刊首语）

幸运撞了我的腰

年届花甲,没想到又获了个奖。

作为一个出版人,能与尊敬的韬奋先生挂上钩,是一种莫大的荣誉。当长江文艺出版社社长时,我曾经有过这种奢望,但不幸名落孙山。原来以为无缘此奖了,这届评选又开始申报时,孙永平董事长说,非百义莫属,我就惴惴地又填了表。结果在我要离开工作岗位时,用一句时髦的话,幸运撞了我的腰。

虽然说人老了,但还是爱听人表扬,特别是有人说获奖是给我的出版生涯做个总结,画了个句号,我更是觉得像中了个头彩。

到今年,我从事出版行业已经27年了。27年前,我在珞珈山坐上出版社来接我的小面包车从江南到了江北,进了出版社的大门,现在想起好像就是昨天的下午,那阳光依然是十分明媚和热烈。当编辑,当社长,又当了湖北长江出版传媒集团总编辑,整天"孔夫子进门",除了书还是书。一个人陶醉在自己喜欢的事业中,是天底下最幸福的事情。但眨眨眼的工夫,我就到了六十岁,我就获了这个全国的大奖。在前不久与长江文艺社部下的一次聚会上,我曾经说过,我能走到今天,要感谢各位的陪伴,感谢各位的支持。如果说我对出版事业有什么些许贡献的话,也有大家的一份功劳。一个人一生很短暂,我做了些微不足道的事,获得了一些虚名,我很满足了。这话我是在那种场合说的,其实,用在与我共同走过的所有的同事身上,也都是恰当的。

当然,如果与我尊敬的邹韬奋先生相比,那我就觉得十分惭愧。邹先生的丰功伟绩,出版人当是如雷贯耳。1925年,当那个不起眼的职业教育周刊到了邹韬奋先生的手上,如同被施了魔法,销量从2000册扩大到15.5万册。《生活》还是那个《生活》,邹先生精益求精,贴近读者,革新文风,开创了刊物的一片新天地。邹先生从办刊物、出书到办生活书店,竭诚为读者服务,赢得了读者的尊敬。最让出版人敬佩的是,邹先生有知识分子的傲骨,坚持真理,敢于与黑暗势力斗争,冒着生命危险,为民主自由而呐喊。当民族危亡时,他振臂疾呼,抵御外侮,视死如归。我们用先生的名字装点自己,不能玷污了先生的英名,我们要学习他的精神,在新的时代、新的起点,做出新的贡献。

六十岁了,有人安慰我,说这是人生的第二个春天。

从年龄上来讲,我不可能像二十郎当岁的小伙子一样地蹦蹦跳跳了,说"青春"二字是有些奢侈,但我的血还是热的,谈不上老骥伏枥,但壮心依旧。每每忆及六十岁后的设想,常有陆游"铁马冰河入梦来"的激动。我要转移到另一个战场了,去做《荆楚文库》这套大书,用多年的经验为出版做些力所能及的事。想想邹韬奋先生,在生命的最后时刻,身患绝症,仍然还是惦记着革命的事业,惦记着建设一个繁荣富强的新中国,我们生活在和平的年代,有着健康的躯体,有何理由不为我们的读者、我们的后代提供更多更好的精神食粮呢?

获奖只能属于过去,我向往着未来。

(原刊于《出版科学》2015年第1期,标题为《获第十二届韬奋出版奖的感言》)

新年祈望

当诸君读到这些文字时,2018年已悄然来到我们之间。但2017年与诸君的相伴,依然激荡在我的心中。

2017年的8月25日,我这位年过花甲的老出版人,应邀来到了互联网上,发出了第一条"关于我"的公众号创办宣言。从此,我与诸君在虚拟的世界里,共同度过了4个多月的时日。于是,我深切地体会到互联网时代信息传播的便捷与社群交往的新方式是多么的与时俱进。

感谢诸君的"围观"和"点赞",更感谢友人的转发。是你们的支持,使我坚持一直走到了2018年。

在新媒体上,我无疑还是一个新兵,因为种种原因,公众号的创办尚在探索和完善之中。内容的聚焦、形式的创新、互动的方式、编排的美感,都还需要在实践中不断地提升。

但我希望在公司后台的支持下,在诸君的鼓励下,能够每天前进一点点,让这个以我名义创办的公众号,成为出版界中一个能发出自己独到的声音、能对中国编辑出版的进步尽绵薄之力的平台。当然,这一切都还需要诸君的支持,需要你们奉献在实践中的思考与总结。在这里,我只是一个符号,一个中国出版同行者的符号。

中国的出版,自改革开放以来已经迈过了四十个春秋。但中国出版仍然面临着计划经济与市场经济,传统媒体与新媒体相互交织、相依相存的格局。出版社数量的控制,决定了中国出版的意识形态属性与计划经济属性并存的现实,中国出版虽然仍在分享着计划经济的红利,而市场经济的资源配置方式和赢利模式,又决定了出版社发展天生的不平衡。于是,矛盾的存在也就促进了动力的产生。

中国出版就是在这种混沌状态下,探索着属于自己特色的生存方式。我们必须承认这种现实而在这种现实中寻找其中的生存密码。无论是计划经济还是市场经济，在经济活动中，成功总是属于那些不断探索者。敝人的公众号，将在一定程度上关注着中国出版前进的步履。

当然，新技术革命的浪潮，对中国的出版既增加了机遇也提出了挑战。以传播信息为主的纸质报纸和期刊在强劲的季风中虽努力挣扎，但终挡不住科技的力量。

图书会不会是下一个多米诺骨牌？

纸介质读者数量的减少已成定局，出版人是改变战术，实行传统媒体与新媒体的融合，实现内容呈现方式的变化，还是准备渐次转移阵地，用新介质新方式呈现自己的精神追求？

依吾人所看，科技发展的未来不可估量，出版方式的变化是大势所趋，关键是，新媒体将会发展到何种程度，传统媒体将会退却到何种地步？我们今天也许不能准确地预测未来的发展，出版只能且走且看，用最大的努力坚守传统出版的阵地，用最大的努力探索新的出版方式。我这个公众号也将与时代同行，关注这一变化的过程，关注新的出版方式的探索。

我始终认为，无论是传统出版还是新媒体出版，编辑都是这场变革中的主人公。

编辑队伍的素质与创新意识，将决定着中国出版的方向与质量。探索如何提高编辑的素质，如何在实践中不断创新，将是本公众号努力的主要方向。新的一年里，我们将会通过各种形式，集中在编辑素质的提升上，提供必要的服务。希望我们的探索，能得到诸君的支持。

办好一个出版社不容易，做好一个公众号也不容易，特别是在人手不足的情况下，我更是倍感压力。但我当年在从事出版管理的过程中，始终坚信做任何事情，只要用心去做，找寻并掌握其中的规律，天下没有过不去的坎，没有办不成的事情。我相信在各方的支持下，我们会有一些长足的进步。

时代在前进。2018年，我们将会紧跟一些社会关注的热点，尽可能地及时提供与出版有关的信息。我们将会根据读屏时代的特点，让公众号的内容更时尚，形式更活泼。我们会为编辑提供必要的服务，通过公众号牵起彼此的双手。我们相信公众号既已出生，就一定要让她成长得更健康，更美丽。

最后，我用同学华姿的诗句结束。她的诗的题目是《再见，2017》：

这是 12 月 31 日的傍晚
太阳眼看就要落去
但并不比一枝蔷薇的凋落
更令人感伤
……
然而，日落之后
我还是等了你一个小时
结束即为开始
举世欢腾中，我跟你说再见
也说晚安。如此幸福
丧失可忽略不计

（原刊于"出版人周百义"公众号，2018 年 1 月 1 日）

"出版六家"开张序语

一

当我在键盘上敲下这行字时,时间的脚步已悄悄地迈进2018年了。春花秋月,往事迢遥,确有时不我待的意味。几年前,曾有人放言,到2018年,纸介质出版物将会消亡。岂知岁月如梭,这一天真的到来了。

不过,消亡是夸张之言,我们曾一笑了之。

但我们六位在纸介质上耕耘了多年的出版人,今天却要在屏幕上圈起一块自留地,用来抒发我们的所思所想。

"出版六家"是包括了50后、60后、70后、80后的六位出版人。六十而不言老,三十而不言少。我们不感叹岁月的倥偬,不幻想人生的漫长。我们有的是对出版的景仰与热爱,对文字的渴望与拥抱。我们有幸走到一起,要用匆匆的脚步去丈量那一片绿荫,一方热土。

当然,这里不会有高楼大厦,不会有鸿篇巨制。但这里有"我手写我心"的信步从容,有茶余饭后的袅袅思绪,有共话西窗的潺潺夜雨,有小楼一春的满园杏花,有以纸为媒的漫天飞雪,有思绪万千的长天一鹤。

我们不是迎合,我们出版人天生是走在时代的前列,从简帛开始,到告别铅与火,迎来声光电。我们受惠于科学技术的发展,拜数字化所赐,要到互联网上体验书写的快感与传播的便捷。我们不会放弃对纸张的崇拜,但我们也不排斥对鼠标的钟情。我们不奢望闻达于诸侯,只是觉得生命应当是这种寻找的匆匆。

我们,是周百义、范军、徐鲁、吴永贵、章雪峰、眉睫(梅杰)六位出版人,这里,将是我们六位用文字搭就的小家。

欢迎各位"围观",希望诸君点赞,更盼望朋友圈转发。

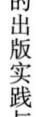

你们驻留的目光,是对我们的最大嘉许。

是为开张序语。

(原刊于"出版六家",2018年1月1日)

二

细心的读者会发现,今天的作者不再只是原"出版六家"的老面孔,还有河南大学新闻与传播学院副院长、教授、博士王鹏飞先生。那我告诉你,从今天开始,"出版六家"将由过去的"老六家"再增加"新六家",而成为十二家。不过,我们继续保持大家熟悉的"出版六家"的名称,只是在作者队伍上,由过去的单六家,变成了双六家。

新增的六位出版人,除了上面介绍的王鹏飞外,还有国家出版基金规划办的刘兰肖编审、武汉大学的李明杰教授、山东大学的何朝晖教授、南昌大学的张国功教授、岳麓书社的优秀编辑胡宝亮先生(后来由济南大学的陈静教授接棒)。新六家的共同特点是,他们对出版管理、出版史、出版教育、出版实践乃至历史学、中国现当代文学等都有自己在某一方面,或者多个方面的理论探索与实践,并且,都是年富力强的青年才俊,不少人著述等身。

嘤其鸣矣,求其友声。新六家的加入,功在吴教授永贵先生。永贵先生人在珞珈山,登高一呼,四方皆应。这一方面说明"出版六家"一年来的耕耘得到了业内外朋友的认可,另一方面说明无论是新六家还是老六家,大家是"同声相应,同气相求"的同道。大家对出版文化的建设,都有自己的体察与研究,彼此愿意借助新媒体,表达内心的诉求。

"出版六家"将继续保持一周六发的频率,更多的新文章,更多的新观点,希望各位多多点赞呵!

(原刊于"出版六家",2019年1月28日)

岁末随想

"出版六家"一岁了。

年初公众号刚刚开办的时候，我曾经写过一篇短文，算是个宣言。没想到大狗小狗还没有叫上几声，猪年就哼哼地要来了。这正应了古人常感叹的，日月如梭，白驹过隙。

年初的时候信心满满，于我而言，有点老夫聊发少年狂的味道，说什么杏花春雨、飞雪满天的豪情壮语；走到中途，一周一人一篇文章，感觉还有些压力——何况，还有一个公众号等着我打理，《荆楚文库》的稿子，也还等着我看。几个年轻点的更是重任在肩，手上工作任务很重，大家"哇哇"叫，差一点改弦更张，改为两周一发，但最后范君发了话，大家咬咬牙，还是坚持过来了。现在回头看看，人是有懒惰性的，文章是逼出来的。300多篇文章，不说蔚为大观，如果汇编成册，恐也有几大本。

年初的时候，公众号刚刚上线，大约知之者寡，"粉丝"寥寥，但日积月累，到了小猪快要拱门的时候，与年初相比，竟然涨粉10倍以上。让我们欣慰的是，《中国编辑》杂志在第六期上免费为我们做广告，推广"出版六家"公众号，很多同侪转载公众号上的文章，为我们刷屏站台，让我们感之念之！

文人结社，从魏晋始，以竹林七贤为最；明为甚，复社、几社为代表。到了清代，曹雪芹笔下《红楼梦》里的姑娘们，也结社咏诗，叫什么"海棠诗社"。诗社成立旨在"宴集诗人于风庭月榭；醉飞吟盏于帘杏溪桃，作诗吟辞以显大观园众姊妹之文采不让桃李须眉"。诗社成员有林黛玉、薛宝钗、史湘云、贾迎春、贾探春、贾惜春、贾宝玉及李纨等一众人。到了民国，文人们自费办起同人刊物，编辑部成员合作经营，共同主持编辑业务。他们不依赖任何的组织与政党，我手写我心，保持同一种文学主张，《语丝》《论语》《学衡》《观察》等刊物便应运而生，缤纷着中国现代文学的天空。

当然，我们不是什么结社之类的组织，现代社会，尤其在中国，我们都是整个革命机器上的一颗小小螺丝钉。只是互联网提供了方便，公众号有了这种形式，让我们这些爱好者有了舞文弄墨的一块阵地。说穿了，我们有点像大观园里的姑娘们，叽叽喳喳，凑凑热闹而已。每当文章发布上去，看见有人点赞，有人阅读，就满足了自己的一点虚荣心。我想，如果公众号上的文章还能给读者带来点滴的帮助，能让读者会心一笑，我们这些键盘侠就觉得值了。

另外，从"出版六家"的文章看，我们不是"有组织、有预谋"的一类。六位虽是出版同人，但有在一线做头头脑脑的，有做出版教育的，有侧重文学创作的，还有如我等在发挥余热的。可谓萝卜白菜，各有所爱。研究出版史，开展文学批评，谈作家作品，解读传统文化，甚至，也还有些散文、游记、序、跋之类的。作品题材不同，内容不同，文字风格也不同，但我们有一点是共同的，就是兴之所至，随心所欲，没有命题作文，也没有高头讲章。特别值得一提的是，大家都愿意用自己的业余时间，探索出版的价值，寻找文字的魅力，体现生命的意义。如果若干年后，我们这些文字还能有人提及，说互联网上曾经有一个"出版六家"公众号，曾经有某篇文章给大家留下了印象，我们就觉得足矣。

不过，盘点过去的一年，聊以让我们六位欣慰。发在公众号上的很多文章，大多纸媒又转载了，或者说是纸媒早就约了。其中有一些还结集出版了。当然，我不是贬低手机阅读，认为纸媒发表才算得到承认，而是以为在互联网时代，融合出版才是最大的公约数。文章能通过不同介质同时传播，让更多的人广而知之，是传媒的题中应有之义，也是我们的初衷。

岁月匆匆，眨眨眼，新的一年就要来了。新年之际，武汉一场初雪，正应了瑞雪兆丰年的景儿。朋友们，在新一年里，愿我们共同努力，抓住时间的一点一滴，让它滋润有限的人生。愿"出版六家"，伴随大家迎来一个丰收的未来。

（原刊于"出版六家"，2018年12月31日）

附 录

我和我的两个责任编辑

二月河

我这人"张空拳于战文之场,策蹇步于利足之途",写稿子写了一辈子,投稿子投了一辈子,和两个编辑交道也就打了一辈子。

在我的印象里,最本分正直的一位是我的启蒙编辑顾仕鹏。《康熙大帝·夺宫》书稿未成,顾老师就告诉我:"你一定要把康熙这个人的阴险、毒辣、虚伪和残忍……这些方面写足。"我当时答道:"不能这样写。康熙是'大帝',一定要把'大'字写足。"我没按他的意思去做。

世上的道理是"店大欺客、客大欺店",似乎永恒不变。当时二月河只是一个小小文津渡口的"过客",我自己也晓得只有任人家责任编辑"欺"的,只有受欺的份儿。我所以敢作"不能这样写"的"仗马之鸣",是因为我懂得,如果我不能接受领悟编辑的话意,即使"努力去做",也巴结不上编辑的思路。与其左右为难,不如"顶"字为好。

然而,顾仕鹏似乎没有"店大欺客"的思维。《康熙大帝》第一卷小磨小擦,第二卷则大磨大擦,几乎翻天覆地。有时二人争得面红耳赤,有时甚或拍案而起,但终究没有把稿子出书的事给废了。可见他是没有私意的。顾仕鹏永远是一副朋友和老大哥的严肃面目:"你来郑州住我家来,我吃什么你吃什么,没有床就睡沙发。"没有客气,有的只是真切地照拂。说到"事上",各说各的。吵红了脸,该吃饭时"请坐,拿家里最好的东西给你吃",吃完饭咱们接着吵。

大约在《康熙大帝》第二卷尚未出书,我正和顾老师"吵稿子"的时候,周百义来了。

他看上去很弱,也瘦,身上挎个帆布提包,说是湖北长江文艺出版社的,小编辑,是个只有初审权的小编辑。很寒伧的样子,自我介绍说,

"我在湖北工作，但我是信阳人"。

我当时已经出了《康熙大帝》第一卷，印了7万多册；第二卷也基本成型，即将付梓。名气不算很大，但郑州广播电台天天都在播我的小说，按现在说法，"区域性"的名气已相当可以。自然的，我也许就有了点牛气。我告诉他，"我和黄河文艺出版社合作得很好，不打算在你们那儿出书"。他则说，"没有听说哪个作家专门给一个出版社出书，也没听说哪个出版社把一个作家'包起来的'"。他还说："你走过了'黄河'，再走过'长江'，你就占领了全中国。"

他很执拗，坚持说，"我就住在南阳，你写一章我带走一章"。

好说歹说，我才劝走他，条件是"雍正的书给你（长江）"。

有点意外的是，《雍正皇帝》第一卷出版后，我把第二卷书稿寄去，周百义却调离了出版社，到湖北省新闻出版局工作去了，也升职了。意外的是，他反复强调，不会给我退稿。他认为《雍正皇帝》是"传世之作"，他坚持仍要当这责任编辑。

读过我的书的人都晓得，《康熙大帝》第四卷与《雍正·九王夺嫡》写的是同一时期的人与事，未免就有相同的情节与表述。康熙的书已出，《雍正皇帝》稿子在出版社，周百义不是出版社的人，却又当着责编。若许情形，谁都能明了其中的不便与尴尬。

大约一两年的光景吧，周百义终于调回出版社了，当了领导，三卷书全都出来了。他告诉我他与出版社的艰难谈判的出书经历，听了真的让人有些鼻酸。他的坚强与韧柔个性，真的十分突出。

他年轻，也确实有点孩子气。有次他来讨稿子，我说"没有"，这时我们熟得很了，他说"三不信"。他就蹲在我的稿子箱前，看着我翻积稿，瞪着眼："那，那不是一篇？还有那一篇！对，就你手底下那个……也是一篇……"有点像小孩蹲在鸡窝前看母鸡下蛋，下一个收一个，"那……那里还有一个蛋"，他也就又为我出了《匣剑帷灯》这部散文集。

顾老师与百义都有几年没见了，不知现在如何？《邹阳狱中致梁孝王书》说，人之交有"白头如新"，有"倾盖如故"，知与不知而已也。

（原刊于《光明日报》，2007年11月13日）

一个作者对编辑的祝福

二月河

百义老弟电话告诉我，说他已届花甲，给自己出版了本书，希望我能给他写点文字。待我收到他寄来的沉甸甸的三卷本《周百义文存》，才知道这家伙深藏不露，工作之余还写了不少的文章。

在我过去的印象中，百义主要是一个出版家。我与他交往了近三十年，当初他刚从学校分到长江文艺出版社的时候我们就认识了。那时他还是一个白白净净的纤瘦青年，拎着个包来南阳找我。初见面便心生好感：智慧、执着、精明、善意……直到他成为出版界的"大腕"，这些基本印象不仅没有改变，反而愈磨愈明。从那时起至今，我们就一直没间断联系。《雍正皇帝》一本本地出了，他又千方百计地要出我的文集。文集也交给他出版十三年了，百义从一个三十郎当岁的小伙子到了花甲之年。岁月虽然不饶人，但友谊却如一杯浓酒，越久越醇厚。百义虽然离开了出版社社长的位置，但我的文集还委托他管理，如有什么版权之类的事，我首先想到的就是咨询他。他也乐此不疲，给我义务当顾问。

他的"文存"主要包括他创作的文学作品、作家作品研究、出版研究三类。文学作品中，我看了他写的短篇小说，机关生活、大学生活，还有家族的生活。篇幅虽然都不长，但有生活气息，人物的形象写得生动传神。如一篇《水难》，把机关改革的艰难写得惟妙惟肖。如《京城来了名角儿》，写小城干部心态和所谓的文化名人，妙趣横生。集子中还有他写的一些少年生活的小说，文字细腻，童趣盎然，不时唤起读者，包括"我"对少年生活的美好回忆。百义的报告文学作品，有不少直砭社会弊端，赤子之心溢于纸上。目前正轰轰烈烈开展的反腐运动，从另一个侧面印证了百义报告文学作品的价值。当然，他的作品研究中有不少是关于历史小说研究的，其中包括研究我的作品。百义研究我的帝王系列虽然不是第一人，但相对是比较早的。他1992年发表在《小说评论》上的论文，是研究《雍正皇帝》这部书有分量的文章。后来他又写了关于熊召政以及赵玫的历史小说研究文章。这些文章更显现了百义在历史小说研究上的专业水准和理论功底。

百义"文存"的第三卷是出版研究文章的结集。出版研究我是门外汉，但百义作为一个好编辑、好社长，我想这与他自己能够兼及文学创作、理论研究是分不开的。做一个成功的编辑，首先要对作家的作品有很高的鉴赏力，才会分辨作品的好坏。鉴赏力的培养，无外乎自己动手写写文章，或者自己也从事创作，尝尝梨子的味道，才能体谅作家的甘苦。一个编辑能自己写写研究性的文章，就会从感性到理性，比较客观地评价一部作品，或者说能给作者提出好的建议。当个好的社长，能够对出版规律进行总结，对自己的工作进行反思，才会让自己的工作做得顺风顺水，锦上添花。对于一个从事出版的工作者而言，工作之余自己能够从事创作、开展文学批评和研究出版，却是弥足珍贵的。百义"文存"的出版，不仅是他写作生涯一次历史性的总结，对于一个作家了解出版人，也是具有不可替代的价值与意义。鉴于此，我向这位多年的朋友出版"文存"表示衷心地祝贺！

（原刊于《河南日报》，2014年12月4日）

说说我的责任编辑

熊召政

1997年暮秋的一个晚上,我接到了周百义的一个电话,他问我:"听说你在写一部关于张居正的长篇历史小说?"我回答"是的"。他接着说:"这本书我来给你出,我亲自当你的责任编辑。"可以说,这次通电话是我们友谊与愉快合作的开始。

应该说,此前,我与周百义就是朋友了,我们同一年进武汉大学作家班学习。1995年,他接任长江文艺出版社社长时,该社正是举步维艰、最为困难的时候,用"受命于危难之际"来形容他的就职,一点都不过分。谁知此后几年,他带领出版社的同仁们二度创业,将该社一步步领出低谷,并一跃成为全国地方文艺出版社的龙头,真的可以说是功劳大大的。而他自己,因为独具慧眼拿到了二月河的《雍正皇帝》,并担任责任编辑,也令同行刮目相看。

相比于他,我那些年的运气没有他好。20世纪90年代初,我就离开了文坛下海经商。虽然小有斩获,然从来都没有想过在商海终老其身。别人称我为"儒商",我则称自己为"商儒",并解释说,儒商是把学来的本事用于赚钱,商儒却是把赚来的钱用于研究学问,二者虽不是势同水火,却也大相径庭。我的人生的理想还是落脚在文学上。因此,在周百义那次给我打电话的时候,我已决心告别商海回到文坛了。虽然在那以后的日子里,我并没有完全告别商海,但大部分精力,却都花在了创作上。

我在开始《张居正》创作时,几乎是一个已被文坛遗忘的人。我同过去的许许多多的文友断绝了联系,只同极少的几位保持交往,散文家徐鲁便是其中的一位。正是他,把我要写《张居正》的消息透露给周百义。当周百义说要给我出书时，他并不知道我会怎么写，也并不知道我这位诗人出身的作家，是否有这个能力写出一部真正像样的历史小说来。但他却如此急迫且干脆地表示要给我出书。记得我当时问他："你这么快表态，凭什么知道我会写成这本书呢？"他回答："凭我对你的了解，以及你的人生经历，相信这本书不会差到哪里去。"

所以说，周百义买的是我这本书的"期货"。此前，我已看过他编辑的《雍正皇帝》，对他的眼光和魄力，丝毫没有怀疑过。一年后，我写出了《张居正》的第一卷《木兰歌》，打电话给周百义，他立即到我家来取走书稿。一个星期后，他来电话说他看过了书稿，觉得"出是可以出，但有些地方还要稍作改动"。不久，他把书稿退给我修改，我细心地看了他的多处眉批。如我写戚继光时，搁下故事的进展而插入对戚继光的出身及名字介绍，他批曰："此种叙述，有伤文气，建议删改。"我写高拱设计让邵大侠杀两广总督李延，他批曰："不要把高拱写得过于歹毒，建议修改这个情节。"凡此种种，有数十处之多。虽然他很认真，但我从他最初的"出是可以出"的口气中，听出了"这本书一般"的弦外之音。那年春节，我又将此书稿打印三份送给三个不同职业、不同文化程度的朋友看，没有一个人下"这本书真好看"的断语。我于是痛下决心，学一次"黛玉焚稿"，把写成的第一卷的书稿全部烧掉，从头再来。当我把这个决定告诉周百义时，他有些惊讶，他说："这样，你一年的心血就白费了，要不你作一次大改动，还是可以出的。"我告诉他我决心已定，一切推倒重来。既然文学是我实现理想的一种方式，我就决不能退而求其次。又一年过去，当我将重新写出的《木兰歌》交到周百义手上时，三天后他就打电话来说："我一口气读完，非常好，只是感觉到你写短了。"其实不短，有37万字呢。在这一稿中，我多处采纳了周百义的建议。

此后，我以一年一本的速度，于2002年完成4卷本《张居正》，这本书给我带来的种种殊荣，周百义功不可没。

回忆那埋头创作的五年时间里，周百义始终与我保持热线。隔三岔五，他就会与我相聚一次，小饮三杯。哪怕没什么事，在一起坐一坐也觉得顺畅。他知道我喜欢喝工夫茶，访问台湾时，专门买来宝岛特产冻顶乌龙送给我；访问美国，又给我买深海鱼油以治疗我的高血脂。古人讲"礼轻情义重"，他这是礼不轻而情更重。当然，我们也有为书稿争得面红耳赤的时候，但争吵归争吵，最终总有一方妥协。若要问我们妥协的方式是什么？从我个人的角度讲，就是找一个小酒店，点几样家常菜喝一杯。只有在那时候，主动权才完全在我手上。因为，周百义虽然充满智慧，却不胜酒力，在那种场合，怎么说，他也是个理屈的人。

（原刊于《湖北日报》，2006 年 3 月 26 日）

文化的脊梁
——致周百义和他的出版时代

安波舜

我把百义尊为兄长。

我几乎和周总百义差不多同时进入文艺出版社并当编辑。我虽然比百义兄年龄小一些，但他在农村吃的苦、他在苦难中读的书、他在著名作家面前的谦恭和执着，我都经历过。我当总编辑的时候，兄长也在任上。记得那时，我们一见面就兴奋地交流各自的出版心得，交流各自手头作家的创作动向，交流文学乃至文化发展的未来。他执着于历史小说的原创，得益于当代作家作品的集合。他有创作功底，但为了他人的"嫁衣"，放弃了自己，也放弃了自己成名的机会。这和我的命运几乎是一模一样，因为文学创作当了编辑，为了出版社的责任和效益，又放弃了创作。但是，我们没有后悔，也没有精致的个人的算计。因为那个时代的出版人，心里都有一个大的情怀和目标：我们要为这个苦难的民族传播先进的文明和文化。因此，经自己的手编辑的书只要有影响能获奖，比自己获奖还要高兴还要骄傲。我们那个时代的编辑们几乎都认定自己是共和国真正的脊梁——民族的脊梁是文化。而我们不正在干引进先进文化、为改革开放的市场经济输送自由、公平和正义吗？

我也把百义尊为榜样。

因为年龄小，也因为我没有吃过百义兄长在农村被压制的苦，或许还有血型和祖籍山东的原因，我性格刚烈，不愿意把自由放到别人的口袋里。所以，辞去体制内的职务以后，与金丽红、黎波一起加入了长江文艺出版社北京图书中心。一转眼，百义兄长成了我的领导。我之所以心悦诚服地接受领导,实在是因为他没有把自己当成领导,而是一个心怀坦荡的兄长:尊重我的文学选择、小说爱好、专业判断。记得出版《狼图腾》的时候,许多评论家和出版界人士不看好这部书,认为是一部极其平常的知青小说。但当我喋喋不休地向他陈述《狼图腾》中的狼性自由是最大的卖点,是可以点燃读者的自由基因,可以卖 5 万册以上的时候,他满面笑容地表示支持。其实,我的观点和他的文学专业相去甚远。但他的宽容和胸怀、他对编辑热情的保护本能、他对艺术的尊重和敬畏,使他的笑容看上去非常真诚。这让我在很长一段时间内,把百义兄当成宽宏大量的榜样。

我更把百义当成警戒。

百义有文学才华。如果他不当编辑,定当是个有名有利的作家,且"出有车,食有鱼",职位也不会低;但他选择了出版的行当,又具备了一般出版家不具备的经营才能。这让他的辛苦和勤奋不断地叠加分流:领导和群众、作家和读者。国企的每一分成就几乎都激起前者更大的期望,他的压力也就越来越大。与百义兄同事十年,眼见得他的眼疾越来越严重,身体日渐消瘦……而他扶持的作家,个个"肥头大耳",官场文场"容光焕发"。我试图劝他,当出版不再纯粹,当我们为他人做的"嫁衣"已经散发出乡镇黑板报的粗鄙和铜臭,还有必要为蚊子的歌唱浪费墨香吗?但我知道,百义兄长还在路上,出版已经是他的信仰,他继续为湖北的一个地方大项目担纲。我只能默默地祝福他,并以他为戒。

一个时代的出版行将落幕,另一个时代的出版鸣锣开始,但可以肯定的是,我再也没有百义兄这样的脊梁和英雄……

(说明:韬奋基金会要为获得第十二届韬奋出版奖的得主每人写一篇小传,并邀请一位专家给以点评。安波舜先生身体欠佳,但仍洋洋洒洒写下了这篇具有激情和思想穿透力的点评文章。在此表示由衷感谢,并祝他早日恢复健康!)

(原刊《迈入出版家行列——韬奋出版奖获奖者小传丛书之二》线装书局 2015 年版)

论周百义的出版评论活动及特征

范 军 曾建辉

周百义，河南商城人，当代著名编辑出版家。自 1987 年大学毕业到长江文艺出版社做编辑开始，他已经在出版事业上整整奋斗了三十年。在这三十年的出版岁月里，周百义从出版工作基层的编辑做起，历任湖北省新闻出版局图书处干部、长江文艺出版社社长、湖北长江出版集团总编辑和副总裁、长江出版传媒股份有限公司副董事长，成长为湖北乃至全国出版界的领军人物。他亲自策划并担任责任编辑的图书获得过包括河南省政府优秀文学艺术成果奖、茅盾文学奖、中宣部"五个一工程"奖、国家图书奖等各级各类多个重要出版奖项。在经营管理方面，其治下的出版单位也都松茂竹苞，蒸蒸日上，呈现双效俱佳的良好局面。正因这些出色的出版成绩和出众的经营业绩，周百义获得了诸多奖项。2002 年获第三届"湖北出版名人奖"；2009 年荣获湖北省政府首届优秀出版人物奖，并于次年入选了"新中国 60 年 100 名优秀出版人物"；2014 年被授予湖北省"文化名家"称号，并获得出版业个人成就最高奖项——第十二届"韬奋出版奖"。在繁忙的工作之余，周百义创作并发表了大量的出版评论文章，表达出一名职业出版人对中国出版事业持续地关注、思考和探索。文章既有宏观的出版产业观察和图书市场瞭望，也有微观的编辑经验总结和书业品牌运筹；既有条分缕析、全面客观地对出版态势的深刻洞悉，也有暴风骤雨、声色俱厉地对市场乱象的批评；既有理想满怀、踌躇满志的改革设计，也有脚踏实地、实事求是的对策分析；既有高屋建瓴、见解深刻的长篇大论，又有细微韵致、扼要鲜明的杂感短文。可以说，出版评论活动是周百义出版工作中的一种特殊方式和一个重要组成部分。论述、分析这位当代杰出出版家的出版评论实践，研究、总结其出版评论活动的主要特征，不但对于出版单位的生产和经营创新，政府管理部门的政策和规章调整，社会各界对出版业发展现状、趋势的认知和理解等方面有重要的影响，而且对于推进我国出版评论学理论和实践的发展、深入也大有裨益。

一

与同时代的许多编辑出版人类似，周百义也是从文坛转战出版界的，把对文学的热爱倾注于书籍出版，将出版当成自己文学初心的进路和安身立命的归宿。在三十多年的编辑出版历练中，他对于出版活动本质及出版产业发展规律的认知和理解步步深入，确立了自己的出版观念和工作思路。作为一个文人，周百义在骨子里天然地认为出版业是"昌明教育，开启民智"的高尚而特殊的行业，他在一篇文章中这样描述出版，"它是一个很小的行业，也不是一个能带来丰厚利润的行业，但是，它为这个社会架设了通向文明世界的天梯，给这个社会送来了光明和放置灵魂的殿堂"，"它不是暴发户的掘金场，也不是钻营者理想的朝堂"[1]。作为一个出版从业者，周百义并没有停留在传统的固有观念里，而是与时俱进，反对过分拔高出版业的非经济属性，将出版活动当成是远离人间烟火的象牙塔；而是充分尊重现实，强调出版业的"产业"属性，主张在做大做强、增加收入的基础上体现出版业的价值和地位。基于此，周百义在多篇出版评论中，不断阐述他对出版本质的观点："图书尽管作为特殊商品具有其二重性，但首先它是一个商品，具有商品的一般属性……出版社本来就是一个既有文化传承的责任，但同时又创造财富的机构。"[2] "出版工作者，要有使命，要积累传播人类文明的优秀传统，能够让中国的文化得到传承，当然，也要为出版社带来经济效益，这样出版业才能够发展。"[3] "出版社不同于工业企业，也不同于商业企业，出版社生产的产品既有物质性，更附载有精神性，所以出版社可以直接为发展经济做贡献，也可以影响或决定读者的价值取向。"[4] "出版社的产品是特殊商品，它有一般商品的交换属

---

① 周百义. 敬畏出版［J］. 出版参考，2013（15）：1.
② 周百义. 中国出版业与其他行业的差距在哪里［J］. 编辑之友，2005（3）：17.
③ 周百义. 出版，像狼一样敏锐［J］. 图书情报论坛，2008（3）：78.
④ 周百义. 文化体制改革不能一蹴而就［N］. 长江商报，2011-11-18（A10）.

性，又是积累和传播信息的载体。出版社的产品既可以娱人益智，还可以引导世道、敦风化俗。"①

《商业化时代出版人的文化追求》一文集中展现了他在这个问题上的思考。该文开篇就提出了一个尖锐的事实："随着中国市场经济时代的全面降临，人们更多地关注码洋、利润等可以量化的数字，对出版业的精神属性渐渐遗忘……出版界越来越多的急功近利甚至见利忘义的行为不禁让国人担忧。"② 进而指出这种现象是与出版的本质与使命相悖离的，"出版是一种经济活动，是一种具有二重性的经济活动，我们无形的精神追求是附着在可触可感的经济活动上的"③。在周百义看来，出版是商业性的经济行为，但并不等同于纯粹的商业活动，经济效益并非唯一的目标。出版家和出版商的区别就在于有没有文化理想和文化追求。市场经济大潮中的出版者需要秉持理想主义，像杰出的出版家张元济、陆费逵、邹韬奋那样充满着文化追求和责任担当。那么在时代环境发生了巨变的今天，出版家以及出版机构的文化追求和责任担当体现在哪里呢？按照周百义一贯的"编辑出版工作的评价要看产品"的观点，他认为在当前图书种类繁多、良莠不齐和浅层的快餐式阅读盛行的状况下，出版、传播高质量的经典书籍是出版工作文化特性和责任精神的集中体现。"出版社不仅要出版经典，更要主动'建构'经典。建构经典是作家'经典化'的过程，需要出版单位在这个长长的链条中发挥主体作用。"④ 古今中外许多的例子说明了出版是经典书籍的助产士，周百义建议出版机构可以采用创办选刊、出版选本、编纂丛书、建立评奖机制等手段主动出击，树立经典品牌，引领社会阅读。最后他还不忘告诫同行："作为出版单位，在市场经济和新技术带来的双重挤压下，要承担出版人传承文明的神圣职责，则一定要坚守本位，不能做金钱的奴隶，商品的附庸，我们要赢得尊敬，就要多出好书，就要让好书成为经典传之后世。这是时代赋予我们这一代人的责任，这需要全体出版工作者为之努力。"⑤ 这种对出版本质的深刻洞悉和精准把握

---

① 周百义. 社长这个活儿 [J]. 编辑之友，2016（11）：1.
② 周百义. 商业化时代出版人的文化追求 [J]. 出版科学，2007（2）：5-7.
③ 周百义. 商业化时代出版人的文化追求 [J]. 出版科学，2007（2）：5-7.
④ 周百义. 出版在经典建构中的作用 [J]. 出版科学，2017（6）：7-12.
⑤ 周百义. 出版在经典建构中的作用 [J]. 出版科学，2017（6）：7-12.

是周百义一切编辑实践和出版工作的基础,也是他作为出版人的一个"心灵奇点",所有的擘画战略、因应措施都由此生发并不断拓展延伸和改革创新。就出版评论而言,这既是他观察和思考的视角和立场,也是其文本话语的立论基础和思想底色。

二

周百义出版工作的起点是图书编辑。从1987年长江文艺出版社的一名普通编辑,到2004年任湖北长江出版传媒集团总编辑,中间几经换岗,但编辑是他贯穿始终的"头衔"。几十年来的一线编辑经历,让周百义累积了丰富的实践经验,对于编辑精神的体悟与理解更加深入、深切和深远。他继承了中国传统编辑致力于文化传承的历史使命感,曾在评论中写道,"一切的物质财富都会消失,但精神的财富却会流传千古","一个做编辑的使命就是要为后代留下有价值的精神产品"[1]。周百义对于当下如过江之鲫的错讹百出、制作粗糙的图书嗤之以鼻,认为这都是编辑不专业、不尽职造成的恶果。他始终强调编辑的专业精神和职业素质,推崇弘扬邹韬奋、周振甫、珀金斯等编辑大家们认真、细致、执着的工匠精神。同时,因为以前是业余作家,有过多次投稿的经历,周百义认为编辑在严格把关、追求品质实现筛选取优职能的同时,更重要的是要尊重作者,尊重文稿,主张编辑要有宽容的心态,"宽容绝不仅仅是一种生活态度,而应是一种职业要求,在某种程度上,宽容是一部伟大作品的出生证"[2]。因为"一个编辑的一封信、一句话,对一个作者而言,都是十分重要的,有时可能会影响他的一生"[3]。也正是凭着厚重的历史使命感、扎实的文学专业背景和热情宽容的态度,周百义在自己的编辑生涯中,与《雍正皇帝》《张居正》等精品图书,与"跨世纪文丛""九头鸟长篇小说文库"等出版品牌,与二月河、熊召政、张一弓、周大新等著名作家紧密地联系在了一起。

---

[1] 周百义. 我的编辑生涯[M] // 周百义文存:第三卷. 武汉:长江文艺出版社,2014:308-312.

[2] 周百义. 编辑的宽容[J]. 编辑之友,2012(12):1.

[3] 周百义. 我的编辑生涯[M] // 周百义文存:第三卷. 武汉:长江文艺出版社,2014:308-312.

周百义善于总结编辑得失与成败，撰写了多篇以编辑工作为主题的评论。在这些文章中他形成了属于自己的具有鲜明市场化、网络化时代特色的新编辑观。首先，周百义认为编辑在出版工作中的核心地位并没有随着出版技术的进步和出版方式的变化而发生动摇，"编辑工作不仅是出版业发展的'源头'，也是出版工作的'龙头'"①。编辑是出版机构挺拔主业的内驱力和建设者，是出版企业的核心竞争力的主体力量。在任何一部出版精品中编辑的价值仍然是居功至伟的，"一部作品的责任编辑，其对作品的鉴赏、选择、加工、提升、宣传等环节上发挥的主体作用则至关重要"②。其次，周百义重视和强调编辑的市场化职能，力主树立编辑的现代营销意识，培养营销型编辑，将编辑和营销统合起来，改变过去出版机构中编辑、发行、宣传等各个岗位之间职能分割、流程断裂所导致的不能形成一致的规划和协调的行动的弊端。在《〈雍正皇帝〉一书编辑谈》《咬定青山不放松》《"九头鸟长篇小说文库"策划始末》文章中，他详细分析了以《雍正皇帝》《坚硬如水》《上官婉儿》等精品畅销书籍的编辑过程，提出了新时代编辑应该是复合型人才，"策划＋营销"是必备的技能和必需的工作内容。作为图书的责任编辑，不仅是沟通作者和修订文稿，更重要的是"需要在市场拓展上做一些工作"③。这些市场拓展的工作在周百义的眼里，就是对"编辑资源"的优化配置和创新开发。他在《编辑对作者资源的开发与建立》《作者资源的开发与维护》《再论编辑对文化资源的再创新》等文中都论证了编辑需要以市场为导向，培育、开发、维护、创新作者资源、渠道资源、文化资源的必要性和重要性。第三，周百义深化了网络化时代对编辑本质特征的认识，他提出，编辑作为一种有着极高文化含量又不易被读者察觉的社会工作，中介性质往往被认作为其本质特征。"而实际上，中介性质只是编辑的特征之一，编辑工作的本质特征在于创造性。"④ 特别是在全媒体时代，新材料、新技术、新平台、新渠道

① 周百义，黄嗣. 推动出版集团转企改制　提高编辑适应市场能力［J］. 中国编辑，2008（6）：13.

② 周百义. 编辑在打造出版精品中的主体作用［EB/OL］.［2018-01-05］. 周百义新浪博客 http://blog.sina.com.cn/s/blog_48c256690102x2w1.html.

③ 周百义.《雍正皇帝》一书编辑谈［J］. 出版科学，1999（3）：54.

④ 周百义，芦姗姗. 再论编辑对文化资源的再创新［J］. 出版科学，2010（3）：6-7.

的不断涌现，对编辑主体既是挑战，更是机遇。挑战向机遇转化的关键就在于编辑的创新意识和创造能力，"新的技术手段让人类的文化资源得以更加丰富多彩，也使得编辑的创造性特征显得更加重要"①。从这个角度来说，在数字化环境下，编辑对各类资源的创新性加工、制作是实现出版业向全媒体转型的一个重要倚靠。

三

从周百义涉足出版界的1987年算起，迄今已逾三十年。在这三十多年里，中国出版业历经转企改制、资本上市、跨地区经营、集团化整合、全媒体融合、国际化竞争等变革浪潮，周百义也从图书编辑成长为地方出版社的掌舵人，并担任了大型出版集团的主要领导。他审时度势，顺应潮流实行的很多改革措施和制度也都取得了良好的效果。作为出版改革的亲历者、实践者甚至设计者，出版评论成了周百义阐释改革意图、解读管理政策、诊治市场症结、探索经营方式、寻求应对之策的首选场域，有理论有事实，或褒扬或批评，这些有的放矢、内容充实的出版评论都是他知行合一的思考结晶，也体现了一名职业出版人可贵的沉淀反思意识。

关于出版业转企改制，周百义认为很多出版社仅仅是在形式上完成了手续，让外部名称发生了变化，而实际上并没有实质性的改变。出版业的企业化改制需要从领导到职工上上下下一同转变观念，结合出版业的特点真正落实改制措施，可以从产权、管理团队、机构设置、生产效率、规模品牌、企业文化六方面着手，做到"把握出版导向，恪守职业道德；解开'事业情结'，增强企业意识；注重以人为本，保证持续发展；探索取胜之道，有所为有所不为；注重微观改造、锻造企业活力"②。对于出版创新，周百义高度重视，认为"创新是一个民族不竭的动力，是成就天下英雄的利器，更是一个企业永恒的追求"，"是一个企业基业长青的保证，也是一

---

① 周百义，芦姗姗. 再论编辑对文化资源的再创新［J］. 出版科学，2010(3)：6-7.

② 周百义. 后转企时代出版社发展中需注意的五个问题［J］. 中国出版，2009(23)：10-13.

个企业从优秀到卓越的前提"①。提出在中国特色的社会主义制度下出版业需要从观念、机制、流程、产品、体制这五个方面进行创新。在如何打造属于中国的出版百年企业，实现出版社可持续发展方面，周百义认为关键是要坚持科学发展观，将改革与发展的重点放在"出版社的产权制度设计、出版社的战略构想、出版社的团队建设、产品线的构建与更新、渠道开发与维护"上，另外"流程再造、投资融资，资金的控制与利用，也都是十分关键的环节"②。对于数字化对图书市场的冲击和出版人"纸媒将亡"的悲观，周百义也在探索出版机构的应对方法，思索着出版业的新媒体运营战略，在《论出版集团如何应对数字化挑战》《传统文学出版企业开展网络文学出版业务路径探析》《出版集团新媒体运营战略》等文中，他从目标、模式、内容、资本等方面进行了探讨。在承认数字化具有"拓展了图书的蓝海，架设了作者、编者与读者沟通的桥梁，让单一产品的形态变得丰富而生动"的独特优势，而且"互联网＋"是不可逆转的趋势的前提下，他坚持认为"出版人的价值在于选择，在于对人类思想和智慧、科学技术的发明创造和社会实践活动的经验与成果进行加工和升华。至于我们采用何种载体，无论是物质的还是虚拟的，在本质上，其区别只在于传播的效率与速度，而不会碰撞出新的思想火花"。他呼吁出版人要增强自信："作为人类灵魂的引导者，我们不要盲从和妄自菲薄。我们不要将现象当成了本质，不要将技术武器当成了精神长矛。对于出版而言，要拥抱互联网的春天，插上互联网的翅膀，该转型的可以转型，该融合的就要融合，但该坚守的一定要坚守，不能用令人眼花缭乱的说辞去代替扎扎实实的耕耘，用碎片化、娱乐化去冒充知识的系统与缜密。"③ 近年来，传统出版与数字出版融合发展，两翼齐飞的态势，也充分地证明了周百义的这些预判与建议、观点及断言的可行性和前瞻性。

众所周知，出版业是典型的"内容为王"，高质量的内容是一家出版社的生命线。长江文艺出版社在竞争激烈的图书市场里脱颖而出的撒手锏是畅销书的运作，几乎每年都能推出一款"爆卖"图书，《雍正皇帝》《张居正》《狼图腾》《我把青春献给你》《小时代》都曾长期驻扎在畅销书榜

---

① 周百义. 创新，我们永恒的追求［J］. 出版发行研究，2004（9）：9-14.
② 周百义. 论出版社可持续发展［J］. 编辑之友，2006（2）：16-18.
③ 周百义. 融合与坚守［J］. 出版参考，2017（3）：1.

单的前列。周百义作为畅销书生产和营销的亲历者，对于畅销书这一出版现象感触很深，着笔甚多。在对中国畅销书市场进行了调查后，周百义指出"少量的畅销书创造了主要的销售额"，市场分化的趋势明显，由"二八定律"走向了更为集中的"一九定律"，"在很多图书门类中，产品集中度越来越明显，品牌书、品牌社的图书越来越受到读者的关注，优秀图书集中的趋势越来越明显"①。在这样的现实环境下，出版社要生存，要发展，就必须制造畅销书，打造出版品牌。在出版实践中，周百义逐渐形成了"以畅销书为龙头，以常销书为后盾，兼顾小众市场"的图书运作和建设模式，他在《畅销书运作及其追求》《〈狼图腾〉走向世界的启示》《畅销书概念影响大众出版形态》《数字化时代畅销书营销的新特点》《畅销书出版三十年》《出版社应确立自己的品牌图书战略》等多篇评论中系统地阐发了自己在畅销书、常销书的策划、运作、营销以及出版品牌战略的形成、实施等方面的所思所得，为出版同行提供了弥足珍贵的成功样板。更为难得的是，周百义在打造诸多畅销书，创造辉煌市场业绩的同时，还保持着清醒的头脑，并不讳言失败，坦诚地"自暴家丑"。在《得失三章》中剖析了自己经历的图书策划和营销的败局，有出版流程回顾，有教训梳理归纳，有总结检视鉴戒。全文井井有条，一目了然，虽然只是个别图书的案例，但却是一篇见微知著的预警之文，为职业出版人的规范运营、防范风险提供了生动而理性的"反面教材"。

四

纵观周百义的出版评论，可以发现其中镌刻着编辑者、出版人和作家多重身份的深刻印记。这种身份间性在其评论文本和话语模式中都有所显现，它让出版评论的内容更加丰富多彩，别具一格，凸现出与众不同的个性特征。

首先是评论文本的专业性，这是周百义出版评论最突出的一个特征。作为全国出版行业领军人物，丰富的出版实践让周百义对中国出版业的历史、现状、优势、问题、走向都洞悉于心，对出版法律、法规、政策、规则有着行家般的理解和认识，在出版评论中实现了实践特质和理论特质的

---

① 周百义. 中国畅销书市场状况的调查与分析 [J]. 中国编辑，2005 (6): 27.

结合。于是我们可以发现周百义在《畅销书出版三十年》中对各个阶段畅销书的前世今生、来龙去脉娓娓道来，在《文学创作与文学出版》里对文学图书的出版品种、销售册数、排名情况等数据信手拈来，在《出版集团公司治理现状分析及对策研究》中对股份制集团的权利和义务、监管与激励等制度的熟稔于心。特别是对占据中国出版重要一隅但并不被重视的民营书业，周百义因为在出版体制改革的实践中有过密切接触而生发深切感触。在他眼里，民营书业是"新兴出版生产力"，"是中华民族文化复兴的一个重要组成部分，是发展文化产业的具体体现"，"无论是对文化的传承与传播，对于推动文化产业的发展，都是积极与建设性的"，并且相对于国有出版业它具有"产权结构明晰、运行机制灵活、人事制度市场化、品牌和产品创新的速度快、力度强、发展战略和定位合理"① 等优势，所以中国出版业的高质量的全面进步，不能落下民营书业，要给予民营出版国民待遇，为民营书业的健康快速发展创造良好的内外部环境。"在税收政策、经营环境、人才认定、银行资信等方面对民营书业进行扶持，在全行业实行一视同仁的政策。"② 在出版"走出去"的国家战略中也不能忘记民营书业，"政府成立协调机构组织民营书业参加各国书展"，"支持民营书业在其他国家兴办出版机构"，"鼓励民营书业输出版权，并提供必要的资金支持"③。在为民营书业鼓呼添力的同时，周百义还清醒地意识到民营书业面临着"产品结构、产权结构、资本结构"三大亟待解决的问题，主张国有出版和民营书业加大合作力度，实现优势互补，共同做大做强。这些专业色彩浓厚的出版评论对中国出版业的整体均衡发展进行了深度剖析和科学评估，深具全局观和指导性意义。

其次是评论文体的多样性。质文沿时，崇替在选。不同的文体随着时代的变迁而相应地发生变化，关键在于作者是否善于根据内容来选择合适的文体来实现文质的和谐统一。在周百义的出版评论里，既有一针见血、直抒胸臆的杂文体，也有博引旁征、形散意聚的随笔体和材料丰赡、理论

---

① 周百义. 民营出版相对国有出版业的比较优势 [J]. 编辑之友，2007（5）：17-19.

② 周百义，李金兰. 发展新兴出版生产力的必要性与迫切性探讨 [J]. 出版科学，2009（3）：9.

③ 周百义. "走出去"不要忘了民营书业 [N]. 中国新闻出版报，2009-08-21.

演绎的论文体，还有赏析赞许、移情寓理的序跋体，甚至特殊的与记者问答的对话体等。周百义出版评论的一个显著特征就是能够灵活地运用评论文体的原则和规范，做到不落俗套，通权达变。在保持求真务实、逻辑思辨、时效实用的评论文体特征的前提下，他会根据不同角度和评论对象的不同特征灵活运用各种评论文体。针对出版业存在的某些问题或乱象，周百义通常使用杂文体的出版评论迅捷反映现实，进行有针对性的揭露和批评。他敏锐发觉书业博览会上征订码洋注水，批评这是败坏书业甚至社会风气的造假行为，直呼"希望看到一个真实的产业链的运转情况"，"给出版人一个真实的书市数字吧"①。对于转企改制中出现的人员分流"一刀切"乱象，他表示强烈愤慨，认为这是"买椟还珠"的举措，"一方面说要尊重人才，另一方面又将在市场中摸爬滚打多年的业务骨干遣散回家，这岂不是人才的极大浪费？"② 而对于出版业面临的重大且带有普遍性的问题，周百义则多利用论文体的出版评论进行专门而深入的研究和探讨。他擅长由感性材料出发，描述经验事实，将其进行有目的、有方向的类比、贯通、概括与总合，最后阐发观点和意见。《论出版社可持续发展》《民营书业发展要迈的三道"坎"》《关于图书库存问题的思考》《出版人才的培养、引进与使用》等文都是见解独到、论证完备的洞悉之作。

周百义从事文学创作多年，投身出版界后仍笔耕不辍，形成了"周氏"印记的叙述话语和言说方式，这也就是其出版评论的第三个特征——评论文字的风格化。这种风格化主要体现在两个方面：其一，平实与清新。周百义的评论内容广博，基于出版而又不囿于出版，但在文字上简单朴实，通俗易懂，就像长江文艺出版社的口号"精英文化、大众趣味、百姓情怀"那样，出版是锻造文化精品的事业，出版评论则需要贴近现实，靠近百姓，这样才接地气，才有生命力。在他的出版评论中很少看到概念的新造和理论的抽象，有时通篇就是大实话。从《中国出版业与其他行业的差距在哪里》《必须培养和造就一批懂经营、会管理的出版家队伍》《后转企时代出版社发展中需注意的五个问题》等评论标题中就可见一斑，既没有刻意雕琢，也没有晦涩之意，简单完整，清晰明白。然而，平实并不

---

① 周百义. 数字书市应休矣 [N]. 中国新闻出版报，2009-04-25.
② 周百义. 转企改制中人员分流切莫"一刀切" [N]. 中国新闻出版报，2009-07-01.

等于寒碜。周百义能在平实中生发新意，善于化用俗语、谚语和社会流行语，令人耳目一新，颇具陌生化效果。民营书业的利好政策是"春风已度玉门关"；文学出版市场是"U形的马鞍"；图书流通环节是"酒香也怕巷子深"；领导倡导阅读是"大王之风"；作者和编辑是"太阳与月亮"；国有出版与民营书业的合作是"恋爱和结婚"，可能是"恩爱好合"，也可能是"劳燕分飞"。其二，严谨与疏放。出版评论作为一种从现象到本质的反思性研究活动，需要有理有据，严肃严谨，做到以理服人。周百义多通过古今对比、中外对比的方式来体现"论"的特色。如通过对改革开放30年来宏观经济与出版产业的波动情况各类数据的详尽对比，得出"出版产业受宏观调控和金融危机影响，但往往并不同步，而且自身因素也是其发展的重要制约"的科学结论。但严谨也不是僵硬、死板和冷漠，抒发真性情的率意书写、畅意表达也贯穿于他的出版评论之中。周百义笔端常常自然地流露情感，鲜明地表达态度，甚至会出现幽默谐趣的桥段。他用"一个成熟的风姿绰约的女孩儿，一颦一笑都是风情万种"来表示对《出版广角》的赞许，用"谷贱伤农"来表达对图书低定价、低折扣幕后黑手的愤慨。《我们能否再培养出张元济和王云五似的出版家》则是诙谐之作，张元济和王云五在文中从民国穿越而来，却遭遇现代出版业审批、人事、管理制度上的"水土不服"，难以施展其才华。读时令人忍俊不禁，引人深思，体现出文字的独特魅力和巨大力量，也显现了作者创新的构思和杰出的写作技巧。

"出版人的精神境界首先来自对出版业比较深层次的认识。"[①] 从周百义的出版评论里，我们可以觉察到他对出版业深切的认识，更能体会到那沁透纸卷之间的对出版工作的热爱之情。在周百义的出版生涯里，出版评论不再是隔岸观火式的外界观察和批判者，而是深入出版实践，参与到出版活动中；而是他学用行知，博求出版之理的重要方式。可以说，周百义创作、发表的上百篇具备鲜明特征的出版评论，既是一位作家、编辑、出版人的笔耕收获，更是当代出版界的重要财富。

（原刊于《河南大学学报》，2018年第5期）

---

① 聂震宁. 洞察出版：出版理论与实务论稿［M］. 北京：人民出版社，2014：486.

汇入奔腾不息的长江

胡思勇

中国知识分子素有立德立功立言的"三不朽"情怀。唐朝经学家孔颖达注云:"立德谓创制垂法,博施济众;立功谓拯厄除难,功济于时;立言谓言得其要,理足可传。"司马迁则这样激励自己作《史记》:"文王拘而演《周易》;仲尼厄而作《春秋》;屈原放逐,乃赋《离骚》;左丘失明,厥有《国语》;孙子膑脚,《兵法》修列;不韦迁蜀,世传《吕览》;韩非囚秦,《说难》《孤愤》;《诗》三百篇,大抵贤圣发愤之所为作也。"说的就是即使在困厄之中,"士人"也可以通过"立言"来"立功"。在司马迁看来,"立言"甚至比"立功"更有"垂史"的意义。

在我看来,周百义是"三立"皆备的,这三卷本的《周百义文存》便足以证明。此套著作选录了他三十年思考的结晶,囊括文学创作、编辑出版、文化公司治理等三个领域的丰硕成果。这实际上也是他人生之旅的"三部曲"。百义青年时期即以写作之长,考上武汉大学作家班,由此翻开了人生精彩的篇章。从作家到文学编辑,再到文化产业机构的领导者,他实现了一次次华丽的跨越。换句话说,这三种身份的自然融合,成就他的人生,也成就了《周百义文存》。周百义文学创作成果丰富,尤其以小说创作更为突出。他笔下的短篇小说,大多取材于山区生活、机关生活、大学生活。他怀揣一颗火热的心,善于观察时代变化对普通个体的影响,加以自己的理性思考,从而创作出一篇篇妙趣横生、惟妙惟肖、感动人心的作品。短篇小说集《竹溪上的笋叶船》是周百义的早期代表作。彼时,他在乡下中学教书,山区孩子们的天真质朴、一颦一笑打动着他的心。每每夜里,万籁俱寂,只有他屋里的一盏油灯与山顶的月盘辉映,他的思绪亦像山泉一样汩汩奔涌。他把温泉、竹林、山溪、野花,还有孩子们的天真烂漫，写在一页一页的油光纸上。简洁、清新的文字，生动、鲜明的人物，充分展现了那个时代充满的真诚与希望。正如二月河对周百义的短篇小说所评价的："篇幅虽然都不长，但有生活气息，人物的形象写得生动传神。如一篇《水难》，把机关改革的艰难写得惟妙惟肖。如《京城来了名角儿》，写小城干部心态和所谓的文化名人，妙趣横生。"

俗话说得好：要想教人游泳，必须自己会游泳。正是因为自己拥有深厚的文学创作底蕴，周百义与作家沟通也更加顺畅。有位文学评论家说："编辑的最高境界是发现有潜力的作家，并且拯救他成为一个伟大的作家。"显然，周百义达到了这种境界。他不仅关注着当代题材的作品，而且站在历史的长河之畔，看秦皇汉武，观唐宗宋祖。从大历史观出发，挖掘具有深厚历史内蕴且对当代中国具有映照价值的历史题材作品。比如，他是最早发现二月河的文学编辑之一。他当年只身到南阳，朦胧的夜里，坐在引荐人的自行车后座上，在一个寂静的小巷子深处见到了二月河，他靠着智慧、诚恳与执着"征服"了二月河，促成了二月河"帝王三部曲"的出版，创造了当代历史小说的新高峰。多少年过去了，这种"高山流水"的知音友谊，像一坛浓酒愈发醇厚，现在每天必有的短信交流已成为他们的"日常生活"。

改革30多年的历程，是中国经济市场化不断深化的历程。由"事业单位"向市场主体转变，是出版社转型发展的时代"考点"。周百义也正是在这个"考点"上交出了一份优秀答卷。他积极主动地站在改革、发展的"风口"上，一方面，遵循"精英文化、大众趣味、百姓情怀"的出版理念，推出精品图书，比如以"跨世纪文丛"为代表的中国当代文学选本系列，以《雍正皇帝》《张居正》等为代表的长篇历史小说系列，以"九头鸟长篇小说文库"等为代表的原创长篇系列，以《我把青春献给你》《心相约》等为代表的人物传记系列，以《告诉孩子你真棒》《跨一步就成功》等为代表的青春励志系列，都取得了较好的社会效益和经济效益。另一方面，他打破传统"地方出版社"所受行政区域束缚的苑囿，不断拓展市场的边界，在"地方出版社"全国化的拓展中步伐稳健。比如，他北上成立北京图书中心，仅仅三年时间，北京图书中心的资产就达到700多万元，增值十多倍。北京开卷图书市场研究所监测的数据表明：2004年、2005年和2006年上半年，长江文艺社在全国文学类图书零售市场占有率一直紧随人民文学出版社之后，牢牢保持着第二位的市场占有率排名。由是观之,《周百义文存》皇皇三卷,既是他三十年工作总结,前进的足迹,又是立德、立功、立言的历史的存照。对于中国出版界而言,《周百义文存》的问世也是一件业界盛事。

但是,周百义是谦逊的。他说:"我就像家乡大别山中那个布满鹅卵石的小河中的流水,不舍日夜,九曲回环,终于,我终于汇入了奔腾不息的长江。"他所言的长江,是时代潮流,是历史长河。

(原刊于《湖北日报》,2016年11月17日。发表时笔名为江流)

长江上的击浪者

朱勇慧

引子：三个瞬间

1995年秋，某夜，初任长江文艺出版社（有时简称长江文艺社）社长的周百义在湖北清江畔一个招待所房间里刚刚坐定，三个大汉闯进了门。话很客气，要请他出去走走。为首的高个子男人他认识，是社里的债主，曾经多次到社里吵闹。他明白对方的用意，淡然一笑说："好哇，不就是那点钱吗？"几番周旋，对方相信了他还款的诚意。次日，当全社职工准备返回省城里时才发现，大门口被对方用一辆卸掉一个轮子的卡车堵住了。对方要他签个协议，害怕已经负债累累的出版社言而无信。协议签了，人回了，但还是没有钱还。社里债台高筑，已处于借债无门的地步。几天后，感到走投无路的债主在他的办公室里用头朝墙上撞去……

1996年秋，长江文艺出版社的经济状况开始好转。之前，在出版社举步维艰时出去自谋生路的一位旧同事，提出要重新回到出版社上班。此类情况尚有，周百义担心有人攀比而没有同意。那人就每天坐在社办公室里，嘴里叼个烟圈，手里拿着砖头一样大小的诺基亚手机，扬言要到他家去吃住。社内有说情的，也有替周百义担心的。周百义说："不行！出版社的同志们艰苦度日的时候，他出去挣了钱，现在要回来，这对其他的同志公平吗？出版社还有没有个制度？"后来，这种事发生了几起，有人带家人把他的办公室给砸了，有人一直跟到他的家里。他耐心地向对方讲："如果你们是企业的老板，你的员工说来就来，说走就走，你们同意吗？"当然，他并不是不害怕，孩子还小，但他知道，做一个负责任的社长，是没有退路的。

2003年，夏末，上海书展。周百义到上海的第一件事，是到书城看看本社图书上架情况。这是他的习惯，每到一地，逛书店是他的首要任务。社里的书放在某个书城的某个位置上，他有时比业务员还熟悉。这次他感到惊讶，本社图书在上海书城的上架率出奇地高，他甚至有些怀疑。第二天，他避开市场部副主任，又去了一次上海书城——他担心这是刚上任的市场部副主任与书城的同志之间达成了某种默契，做做面子工程。要知道，为了引进这个市场部副主任，社里曾经有很多不同的意见。看到巨大的变化，他不仅欣慰，更进一步坚定了加快人才引进的步伐。

这样的故事，在周百义的从业生涯中屡见不鲜。之所以截取这三个瞬间，是因为，从这三件事情中，我们可以看到周百义身上最明显的几个特质：充满勇气、公私分明、敢于担当、深入实际，同时也十分关注细节。

十年磨一剑：带领长江文艺出版社走向辉煌

负债经营　初试锋芒

1987年，33岁的周百义从武汉大学中文系作家班毕业，被分配到长江文艺出版社任助理编辑。第一次外出组稿，他便抓住了二月河"这条大鱼"——截至2015年5月，《二月河文集》发行量已是上千万册，总销售码洋超过两个亿。二月河先生曾经在一篇小文中生动地回忆第一次见到周百义——

> 他看上去很弱，很瘦，身上挎了个帆布提包，说是湖北长江文艺出版社的，小编辑，是个只有初审权的小编辑。很寒伧的样子，自我介绍说"我在湖北工作，但我是信阳人"。我当时已经出版了第一卷《康熙大帝》，印了7万多册……自然地，我也许就有了点牛气。我告诉他："我和黄河文艺出版社合作得很好，不打算在你们那儿出书。"他则说，"没有听说哪个作家专门给一个出版社出书，也没听说哪个出版社把一个作家'包起来的'"。他还说："你走过了'黄河'，再走过'长江'，你就占领了全中国。"他很执拗，坚持说："我就住在南阳，你写一章，我带走一章。"好说歹说，我才劝走他，条件是雍正的书"给你（长江文艺出版社）"。

其实，《雍正皇帝》第一卷出版后，周百义就调离了出版社，去了湖北省新闻出版局图书处任职。可是，他认为《雍正皇帝》是"传世之作"，坚持要在长江文艺社出完，并且坚持要当这部书的责任编辑。二月河先生回忆道——

> 大约一两年的光景吧，周百义终于调回出版社了，当了领导，三卷书也都出来了。他告诉我他与出版社的艰难谈判出书经历，真的让人有些鼻酸。——他的坚强与韧柔个性，真的十分突出。

时间和市场都已经证明了《雍正皇帝》的"传世"价值，它入围了第四届、第五届茅盾文学奖，获得河南省政府奖、全国优秀长篇小说奖、首届姚雪垠长篇历史小说奖，被香港《亚洲周刊》评为"二十世纪中文小说一百强"之一，在纽约获得"最受欢迎的海外华人作家作品奖"。在《二月河文集》"康雍乾"三个皇帝的传记中，它被公认为是写得最好的一部，其销量也一直遥遥领先。周百义跟二月河从陌生到成为莫逆之交的过程，既是编辑成功组稿的鲜活案例，更是编辑成长的生动教材。

二月河先生在文中还写到一个细节，"他年轻，也确实有点孩子气。有次他来讨稿子，我说'没有'，这时我们熟得很了，他说'三不信'。他就蹲在我的稿子箱前，看着我翻积稿，瞪着眼：'那，那不是一篇？还有那一篇！对，就你手底下那个……也是一篇……'有点像小孩蹲在窝前看母鸡下蛋，下一个收一个，'那……那里还有一个蛋'"。

周百义是1995年秋走马上任长江文艺出版社社长的。当时的出版社已经陷入难以为继的困境，几十人的出版社，账面上的流动资金一度只有8万元，年出版新书只有二十余种，外面还欠着几百万元的印刷费和稿费。出版局长找了几个人，没有谁愿意往那个"烂泥潭"里跳。或许正是周百义身上的那种"孩子气"，让他依然保留着几分理想主义和浪漫主义的情怀，他没有患得患失，领导一声召唤，他立即跃马上前。他渴望有一个平台去实现理想呢。他的"三不信"精神，也给了他迎难而上的勇气，他临危受命，接任长江文艺出版社社长，从此开始了他出版事业的征程。

湖南卫视时下正在播放的一个大型国防教育节目《真正男子汉》中，英雄的"杨根思连"就一直坚持着"三不信"的信念——不相信有克服不了的困难，不相信有战胜不了的敌人，不相信有完成不了的任务。看到这个节目时，笔者很自然地就想到了二月河先生的这篇小文，周百义的"三不信"同样使他成了出版战线上的英雄。

付不起印刷费，没有钱发工资，穷家难当啊。没办法，刚开始，周百义也曾到处求援，想借些钱解决眼前的困难。可是伸手"乞讨"的日子实在令人自尊扫地，而且，常常是两手空空，无功而返。这些经历更加刺激了他要带领长江文艺出版社发愤图强的决心，必须尽快使出版社的业务工作走上正轨，要激发编辑的工作热情和希望，要出好产品，尽快打开市场，有了效益，眼前的困难也就迎刃而解。

要突破，最好的办法就是找到一个进击点。1995年，图书营销这个概念还并不盛行，也就是说，当时整个出版业尤其是国营出版单位中，市场意识还比较淡薄，营销手段也十分简单。周百义决定把《雍正皇帝》作为营销突破点，一是这套书的文本好，二是这套书的码洋大，三是自己就是这套书的责任编辑，他对编辑们提出了要求和希望，作为一社之长，自己就要身体力行，率先垂范。他开始为《雍正皇帝》撰写相关的评论文章。

20世纪80年代周百义曾从事文学创作，在《上海文学》《长江文艺》等文学刊物发表并出版了一百多万字的小说、散文及儿童文学作品。武大中文系作家班就学的经历以及扎实的文学创作功底，不仅让他在撰写文学评论时得心应手，也让他拥有着超乎寻常的文学鉴赏力。

这些评论文章对图书发行商影响甚微，却在文学圈内起到了一定的作用。1995年，《雍正皇帝》入围第五届茅盾文学奖，周百义决定借此市场利好消息，在1996年1月北京图书订货会上，召开面向经销商、发行商的《雍正皇帝》作品研讨会。以研讨会的形式，由作家、评论家、媒体人一起联合向发行商推介图书的活动，这在当时也是一种创新。"书店的订货人员认识了此书的市场潜力，纷纷订购此书"，只是数量还相对保守。

周百义还积极跟进《雍正皇帝》影视制作的状态，把握节奏，在电视剧《雍正皇帝》开播之前，出版社决定加印3万套图书。可是，问题来了，没钱！印刷厂不敢印，要"先交钱，后印书"。怎么办？周百义决定向内使力，他发动全社员工集资180万元加印《雍正皇帝》。这在当时是需要极大的勇气的，既需要敢冒风险，更需要敢于承担责任——失败了也不丢人，成功了就能创造奇迹，让出版社起死回生。

宣传、推介、影视推动等相互激发的营销措施，使《雍正皇帝》一书获得了巨大成功，电视剧播放到第五集的时候，各地的添货信息不断，出版社同时在三家印刷厂加印此书，才能及时满足订单需求——"一本书，救活一家社"，也成了出版界的一段佳话，一个传奇。

附录

435

有条不紊 全面出击

同样的，2001年，在决定买断二月河"帝王系列"长篇小说，结集出版《二月河文集》时，周百义再一次表现出了他对文学作品高度的艺术判断力、对市场需求的高度敏感以及面对风险勇于担当、敢为天下先的勇气。

《雍正皇帝》的成功，让二月河名气大振。2001年，《雍正皇帝》在长江文艺出版社的版权即将到期，这时又传出二月河先生计划出版文集的消息，多家出版社以及民营出版商纷纷使出各种招数，都想把这套"摇钱树"一般的图书的版权"抢走"。面对竞争，周百义放了大招儿，不管谁出什么价格，我一定要比他们高。合同终于签了，第一笔预付稿费不少于一百万元。他亲赴南阳，将一只装有百万元现金和支票的密码箱交给了二月河。《二月河文集》当年销售码洋过千万（元），迄今为止，《二月河文集》已经为长江文艺出版社创造了两个多亿（元）码洋的销售奇迹——他第一次去找二月河时说过"没听说有哪家出版社把一个作家'包起来'的"，而长江文艺出版社自己却成了第一个把作家"包起来"的出版社。

到2000年后，长江文艺出版社的销售上去了，市场打开了，编辑队伍也逐渐成长起来了，出版社借由《雍正皇帝》和《二月河文集》在市场上也已形成了一定的品牌影响力。可是，全社的产品规模不够，产品结构也过于单一，尤其缺乏效益稳定的常销图书，必须尽快构建更为合理的产品结构，丰富长效品种，扩大规模效益，并为将来的后续发展奠定牢固的基础。从2000年到2005年，除了持续扩充上世纪九十年代开发的"跨世纪文丛"系列，长江文艺出版社不断推出一个又一个新的出版品牌——由中国作家协会组织编选的"年度文学作品精选系列"、精选当代作家原创的"九头鸟长篇小说文库""外国文学名著系列""百年百篇精选系列""当代长篇历史小说系列""现代文学名家系列""当代文学名家系列""古典文学名著系列"等等；他还致力于把长江文艺出版社打造成中国的"长篇历史小说出版重镇"，吸纳了二月河、唐浩明、熊召政、凌力、赵玫、孙皓晖等一大批中国当代优秀长篇历史小说作家及其作品，这些作品中大部分至今仍然为出版社创造着良好的市场效益。这些品牌的持续开发，迅速扩大了品种规模，使出版社的市场规模效益逐年提升。从1995年到2005年，长江文艺出版社的品种从过去的几十个发展到几千个；销售码洋从过去的不足千万元发展到年销售码洋过亿元。

到2005年，长江文艺出版社在开卷市场调查中，在全国文艺社中的市场地位从过去的倒数几位跑入了前三名，个别月份的市场排名甚至达到了第一名。

在总结那些年品种开发的得失体会时，周百义曾说："除了'不唯上，不唯书，只唯实'，也就是尊重编辑出版事业发展的客观规律，我最自豪的还是自己对出版事业的热爱。作为一个出版人，要有情怀，既要把出版社当作安身立命的地方，也要把这里当作创造事业的平台，还要把这里当作自己人生理想的寄托。"

在这样的情怀之下，他决策的依据清晰明了，甚至可谓简单：出好书！服务社会，成就他人！

当年，9岁的蒋方舟的处女作《打开天窗》，曾经投稿给50多家出版社，没有一家社愿意出。长江文艺社出了。原因很简单，这部作品虽然尚有不足，可是这个9岁的天才少女需要得到业界的认可和社会的鼓励，一本书，或许就成就了一个未来的作家；"跨世纪文丛"是周百义到任之前就已开发的系列，他认为这个品牌很有价值，他在任的十年间，不断地扩充着这个品牌的阵容，每年的对外宣传也都把这个系列作为重点；女作家盛可以的长篇小说《北妹》，当年曾颇受争议，可是长江文艺社还是出了，如今，这部作品也成了作家的代表作；他拿到熊召政的长篇历史小说《张居正》第一稿时，提出了许多修改意见，熊召政"痛定思痛"，把已经写了35万字的书稿全部推倒重来，《张居正》后来全票获得了第六届茅盾文学奖。

周百义说自己的"想法很简单，好，就做下去。在这个问题上我从未有过杂念，没有考虑过这些工作对我个人有什么影响"。

在周百义的心中，渐渐有了一幅清晰的发展蓝图：做好每一本书——内容为王；做大企业规模——品种是核心；快速发展——必须对外扩张；而这一切都离不开——人！抓住一切机会，引进行业最顶尖的人才，一直是周百义心中不变的用人准则，哪怕遭受非议，也从未动摇。

"立足湖北，面向全国，走向世界"，是周百义对长江文艺出版社发展目标的明确定位。他还是最早践行"向外拓展、合作发展"的出版家之一。长江文艺出版社早在2003年就在北京设立了报告文学编辑部，不久又将金丽红、黎波这样的职业出版人纳入长江文艺社的阵营，仅投入

50万元就创立了长江文艺出版社的第一个全资子公司"长江文艺出版社北京图书中心"。后来"布老虎之父"安波舜带着《狼图腾》加盟北京图书中心,以策划出版动辄发行几十甚至上百万册畅销书而成为行业风向标的"金黎组合"又添一员猛将,"金黎组合"发展成为中国出版界的"金三角"。长篇小说《狼图腾》,创造了无数的出版奇迹——它至今保持着版权输出的最高纪录,已被翻译成30多种语言在几十个国家出版,至今在国内销售超过500万册,电影《狼图腾》已在世界范围内上映……从出版至今已逾十年的《狼图腾》效应还在持续发酵;青春文学的领军人物郭敬明也加入了北京图书中心,出版了在青春文学市场独领风骚的《小时代》系列(电影《小时代》1、2、3、4每一部都有数亿票房的不俗表现)。长江文艺出版社北京图书中心的设立,不仅为地方出版社向外拓展提供了成功范例,也为推进出版业体制改革做了一次有益的探索,甚至可以说,这一次勇敢且成功的前行,也对当时整个中国出版事业的发展格局产生了深刻的影响——自那时起,地方出版社开始纷纷在北京这个政治、经济、文化中心开设出版分支机构。这种现象的出现绝不是巧合,更非偶然,它既与出版事业的发展趋势密切相关,更与长江文艺出版社北京图书中心这种"强强联合"产生的巨大而且成功的先驱效应和引领作用有着不容忽视的关联。

成功路上　木秀于林

引进人才总归是有限的,最重要的是,要持续不断地培养社内的精英骨干。周百义在长江文艺出版社的十年,不仅带领这家出版社走向了成功与辉煌,还带出了一支特别能战斗的编辑发行队伍。

出版社每年都会进新人,主要是应届毕业的大学本科生及研究生。曾有华中师范大学毕业的文学博士,因仰慕周百义的工作热情及敬业精神,主动找到他,要求从其他出版社调入长江文艺出版社。

在培养人才方面,他是严格的,也是宽容的,允许犯错,但不允许一错再错。他经常从自身经历出发去理解和激励年轻人,说"我们都是在战争中学习战争"。周百义带领大家进行的"战争",大多是没有先例可循的;而他们的探索与实践,却为同业者提供了足以借鉴和学习的榜样与标准。

周百义深知,作为在市场打拼的企业,效益是生存的前提,必须有向

死而生的准备，必须有危机意识，他那时有句口头禅："我们要吃饭啊！"这是最为简单朴素的道理，能生存才可能求发展，而要保障发展，就必须进行制度改革与建设。在人事问题上，必须优先考虑人才发展，必须首先激励先进，政策要向那些能够为出版社创造效益的岗位和人员倾斜（后来，已经离开长江文艺出版社到集团担任领导的周百义，为了留住人才，及时对北京图书中心进行了股份制改造，这在业内也是胆气过人的超前之举）；制度建设的目的必须服务于完善出版社的流程管理，流程设计要合理，既要环环相扣，互相监督与促进，又不能过于烦琐，形成掣肘；同时还要控制成本，节约开支，抑制浪费（曾经有人因为在饭局上点了一盘虾遭到周百义的严厉批评）。

一个出版社的成功与一个人的成功是同样的道理，都不是由某个方面的因素决定的。长江文艺出版社的成功既有周百义的个人智慧、能力与魅力的作用，也有一大批前赴后继跟随他共同奋斗的同事们的努力。可以说，周百义成就了长江文艺出版社，长江文艺出版社也成就了周百义。在回忆过往岁月的时候，周百义也对自己当年某些过于简单甚至偏激的行为感到后悔与自责。那时候，他眼里、心里、嘴上只有工作，凡是对工作不利的事、对工作不利的人，他都表现得比较激愤。跟他共过事的人大都有这样的印象，他上班谈工作，走路、吃饭也都在谈工作。他没有闲聊的习惯，除了工作、读书、写各种与工作相关的研究性文章，他几乎是一个没有任何业余爱好的"无趣"的人。他爱人叫他"拼命三郎"（他在家是老三），爱人抱怨他没有节假日，说："陪我去散个步总可以吧？"他却说："散步？等我60岁以后吧。"

以身作则，严于律己，一切从工作出发；对待人才，宽严相济，为他们提供充分的成长空间和发展机遇。在长江文艺出版社的十年，周百义始终坚持这样的律己待人的原则。从长江文艺出版社走出来的人才，如今大都在集团内外各出版社独当一面，担任社长、总编辑、副社长的多达8人，有人笑称他们为"长江帮"，因为他们身上多多少少都带着"长江文艺出版社"或者说周百义精神的印记——敬业、踏实、执着。

在获得2014年的"韬奋出版奖"之前，周百义已先后获得过"湖北省有突出贡献中青年专家"（1999年）、第三届"湖北出版名人奖"（2002年）、湖北省政府"首届优秀出版人物奖"（2009年）、被授予"新中国60年100名优秀出版人物"称号（2010年）、"湖北省文化名家"称号（2014年）。

周百义在第三届韬奋人才论坛的发言中曾经说："领军人才不是凭学历和暂时的成绩，也不是靠组织钦定，而是靠领军人建功立业来证明自身的价值，靠领军人高尚的人格魅力来证明其木秀于林，靠领军人著书立说来赢得后来者的尊敬。"这应当就是他个人特点的鲜明写照，也是他成为领军人物的最深刻的心得体会。

用坚毅的性格　为苦难命名

翻开2014年出版的三卷本《周百义文存》第一卷的扉页，在清瘦的青年时代周百义照片的背后，是他1974年5月18日手书的三段摘抄："天才就是勤奋。——马克思""时间就是生命。——鲁迅""人最宝贵的是生命。这生命人只能得到一次。人的一生应当这样度过：当他回忆往事的时候，不至于因为过去的碌碌无为而羞愧，也不至于因为过去的虚度年华而痛悔。在临死的时候，他能够说，我的整个生命和全部精力，都已经献给世界上最壮丽的事业——为人类的解放而斗争。——奥斯特洛夫斯基"。这些摘抄当然保留着那个时代的鲜明印记，可是，就像发现奥斯特洛夫斯基《钢铁是怎样炼成的》一样，我们也可以从这里出发，去发现周百义这样的出版实践家是怎样"炼"成的。

1950年元月，新中国刚刚成立两个月，一个25岁的年轻女人，带着自己两个年幼的儿女，"怀揣着手榴弹，走进了云封雾障的大别山"。那时候山区里匪患未尽，土匪们想当然地认为教师都是共产党，见一个杀一个，已经有两名教师丧身匪手。这个勇敢的年轻女人就是周百义的母亲。因为地主出身，初级师范毕业的她别无选择，只能到偏远贫困的山区去当一名小学教师。1954年12月，周百义就出生在母亲任教的山区，其后，就读于山区小学校。

可想而知，大山深处的童年生活是十分艰苦的。母亲执教30年，在大山里辗转奔波了30年，始终过着居无定所的日子，学校没有教职工宿舍，他们也不可能自己盖房子，就只有借住在村民家中。甚至，1968年，他们一家五口下放农村后，包括外祖母在内，住过5年牛棚。

周百义一生酷爱读书，经他手编辑、审阅的图书也多达数千种，而事实上，这个成分不好的孩子，小学毕业就辍学了——按他的成绩完全可以考上县城的初中，可是他考了两次都名落孙山。没有人告诉他为什么他不能上学，他也没有地方可以去申诉；他唯一能做的就是，继续复习，继续考，他唯一能够相信的只有自己的努力，他要一直考，考到有书读为止。第三年，他终于等来了入学通知，虽然不是正规的中学，而是村里的农业中学，沮丧之余他也感到欣慰，因为对于渴望读书的他而言，只要能上学，管它是什么学校，三尺课桌足矣。

农业中学只上了一年，他就跟着母亲下放到了农村。春种秋收，五载寒暑，他学会了所有的农活，犁田打耙，插秧割麦，十六岁的他除了在生产队干农活，还要和大队的所有"地富反坏右"们一起"义务劳动"。抬石头，修水渠，到很远很远的高山上砍树、抬树，稍不注意脚下打滑，还会被树干压伤。当然，受伤的还有尚年轻的心。这种"义务劳动"其实就是变相的劳改，没有工分，只有无数的呵斥和白眼。不是出身不由己，道路可选择吗？他带着满腹的狐疑只身去了公社，他想问一问，这样的改造有没有尽头？到底要改造到什么程度？意外的是，公社书记说，需要改造的是那些"五类分子"，不包括像他这样的"子弟"。他的这次上访，让与他相同命运的人全都获得了解放，他赢得了整个大队"五类分子"子弟无数的注目礼。

山区小学缺老师，在妈妈的努力下，21 岁的周百义在山区一个村小学里当了一名代课老师。他说，那是他最幸福的时光之一，因为终于又可以读书了。他中午从不休息，每天早早地起床读书。那时书荒，没有什么书可读，他从一位正在读高中的发小手上借来了《红楼梦》，书中的诗词佳句他全都抄录下来，字字句句，反复琢磨；哥哥送给他的一本长篇小说《江畔朝阳》，他像拆机器零件一样地进行归类分析……他渐渐萌生了创作的渴望，开始写一些与生活、与形势贴近的小诗。他四处投稿，竟然有不少豆腐块发表了。

1977 年，高考失利的他被录取到了潢川师范学校读书，其后被留校教书。执教期间的周百义一直坚持文学创作，在山村当小学老师的经历让他对孩子倍感亲切与熟悉。他写山区老师，写乡里的孩子。1984 年，他的第一本儿童文学作品集《竹溪上的笋叶船》在浙江出版并获得了河南省优秀儿童文学作品奖，他也因为文学创作的成绩当选了河南省潢川县文联主席。

1983 年，当时已荣升"主席"的周百义，偶然在《河南日报》右下角处发现了武汉大学作家班招考插班生的信息，曾经失落的大学梦重新浮上心头。1985 年 9 月，31 岁的周百义走进了武汉大学。当他大学毕业进入长江文艺出版社当编辑时,他说:"一个热爱读书、热爱写作的人,到了出版社工作,感觉自己简直就是到了天堂!"所以,他一直非常真诚地对待作者以及他们的作品,因为他们就是自己的昨天。

从1954年到1985年的31年间,周百义百年人生中的三分之一的时光,都是在这样不断跟命运的抗争与搏斗中走过——面对困难,他从不退缩;面对不公,他从不抱怨;面对机遇,他从不放过。在苦难面前,他对自己的人生有了清醒的定位——人生的路要靠自己去走,只有自己能够对自己负责。谁都不喜欢苦难,可是当你被苦难团团包围时,那就面对它,杀出一条血路,看看到最后,谁能够战胜谁——只有不屈服于苦难并最终胜出者,才有资格给苦难命名。

可以说,周百义后来职业生涯里所表现出的坚毅、执着、高度的责任感以及勇往直前、开拓创新的个性特质,与他早期生活的磨炼是分不开的。与他有着相同经历的那个大时代背景下的同代人,似乎或多或少都有着这样的性格缩影,但随波逐流者也不在少数——性格,也是需要自我塑造的。而早期生活经历磨砺出的:勤于思考,勇于实践,敢于创新的性格特质,也成为贯穿周百义编辑出版事业始终的一条精神主线。

不遗余力:从实践到理论,从微观到宏观

2004年,周百义升任湖北长江出版传媒集团的总编辑。2005年起,他不再兼任长江文艺出版社的社长。这样,他有了"两个十年"。"长江十年",他打造了一个品牌出版社;"集团十年",他写了一百多万字的研究文章。他深究《中国出版业与其他行业的差距在哪里》,思考《出版业如何进一步提升市场竞争力》,探索《中国版权贸易的现状与对策》,关注《中国出版的现状与发展态势》,研究《经济波动对出版产业有何影响》,思索《出版集团如何应对数字化出版》以及《传统文学出版企业开展网络文学出版业务路径探析》,呼吁《必须培养和造就一批懂经营、会管理的出版家队伍》,提出了《后转企时代出版社发展中需要注意的五个问题》,等等。

他对自己过去十多年的工作实践,进行了全面深入地梳理,撰写了《畅销书运作及其追求》《文学创作与文学出版》《畅销书三十年》《阅读的变迁与思考》《新编辑观的实践与探索》《作者资源开发与维护》《再论编

我的出版实践与观察

辑对文化资源的再创新》《出版社应确立自己的品牌图书战略》《出版企业实施精品战略时的若干策略》等等。

他还多次接受国内外大学、兄弟出版单位、国外出版机构的邀请，去宣讲自己的出版思想、思考与总结，分享自己的经历与心得。

可以说，在60岁退休前的这十年，他几乎是不遗余力地升华并无私地与世界范围内的同业者分享着自己的实践经验。

而这样不遗余力的代价却是，周百义的眼睛快被废掉了——右眼几乎失明，左眼的视力也仅有0.5了。他曾写过一篇《眼睛蒙难记》的散文，记叙了他的眼睛从三十多年前就开始的一次又一次因为遭遇庸医也因为自己的无知而蒙受的灾难。可是，如果他注意休息，如果他不是这样拼命，如果他用更多的时间去关注和保护自己的眼睛，恐怕也不至于到今天这样的地步。

在被问及他有没有什么遗憾的时候，他说："离开长江文艺社的前两年我们还是进人太少了，太保守，每年最多也就进四五个人，一般都只有一两个人。面向市场的出版社，应该多进年轻人！特别是当时，我们已经有了很好的人才成长机制和环境……"

今年，周百义已经退休了，但他仍然没有休息。湖北要出版大型文化工程《荆楚文库》，他在负责带人实施，每天仍早出晚归。长江出版传媒股份有限公司还计划到北京发展，他责无旁贷，又在京汉两地频繁奔走。他就像长江上的击浪者，永不疲倦，向着生命的彼岸。

（原刊于《迈入出版家行列——韬奋出版奖获奖者小传丛书之二》，线装书局2015年版）